Zwischen Wettbewerb und Subsidiarität

Forschung aus der Hans-Böckler-Stiftung 61

Herausgegeben von der Hans-Böckler-Stiftung, Düsseldorf

Heinz-Jürgen Dahme
Gertrud Kühnlein
Norbert Wohlfahrt
unter Mitarbeit von
Monika Burmester

Zwischen Wettbewerb und Subsidiarität

Wohlfahrtsverbände
unterwegs in die Sozialwirtschaft

Bibliografische Informationen Der Deutschen Bibliothek

Die Deutsche Bibliothek verzeichnet diese
Publikation in der Deutschen Nationalbibliografie;
detaillierte bibliografische Daten sind im Internet
über http://dnb.ddb.de abrufbar.

ISBN 3-89404-992-8

© Copyright 2005 by edition sigma, Berlin.
Alle Rechte vorbehalten. Dieses Werk einschließlich aller seiner Teile ist urheberrechtlich geschützt. Jede Verwertung außerhalb der engen Grenzen des Urheberrechtsgesetzes ist ohne schriftliche Zustimmung des Verlags unzulässig und strafbar. Das gilt insbesondere für Vervielfältigungen, Mikroverfilmungen, Übersetzungen und die Einspeicherung in elektronische Systeme.

Umschlaggestaltung: Neumann Kommunikationsdesign, Wuppertal

Druck: Rosch-Buch, Scheßlitz   Printed in Germany

Inhalt

	Vorwort	11
	Einleitung: Modernisierung ohne Ziel? Der Weg der bundesdeutschen Wohlfahrtsverbände in die Sozialwirtschaft	13
1.	**Die sozialwirtschaftliche Bedeutung der Freien Wohlfahrtspflege**	21
2.	**Wohlfahrtsverbände auf dem Weg in die Sozialwirtschaft** Strategische Unternehmensentwicklung zwischen Wettbewerb, Kontraktmanagement und sozialpolitischem Selbstverständnis	35
2.1	Vorbemerkung	35
2.2	Zur Einführung von Wettbewerb in das wohlfahrtsstaatliche Organisationsmodell	38
2.3	Europäische Sozialpolitik und europäisches Gemeinschaftsrecht als Katalysator der sozialwirtschaftlichen Transformation	43
2.4	Zwischen Wettbewerb und Korporatismus: Kontraktmanagement als Instrument der sozialwirtschaftlichen Transformation auf lokaler Ebene	49
2.4.1	Kontraktmanagement als Instrument der Haushaltskonsolidierung	51
2.4.2	Zusammenfassung: Widersprüchliche Tendenzen sozialwirtschaftlicher Modernisierung und ihre Auswirkungen auf die Wohlfahrtsverbände	53
2.4.3	Besonderheiten der Spitzenverbände der Freien Wohlfahrtspflege	54
2.5	Das Ende des Neokorporatismus?	60
2.6	Organisationsmodernisierung auf der Ebene der Spitzenverbände der Freien Wohlfahrtspflege	63
2.7	Strategisches Management als Antwort der Spitzenverbände auf die Herausforderungen der Sozialwirtschaft	83
2.8	Zur Modernisierung der Anwaltsfunktion und des Lobbying	88
2.9	Die Transformation der Träger und Einrichtungen in die Sozialwirtschaft: die Verbetrieblichung der Freien Wohlfahrtspflege	93

2.9.1	Die Neuordnung der Geschäftsfeldpolitik	94
2.9.2	Die Tendenz zu größeren Betriebseinheiten: Netzwerke, Fusionen und neue Kooperationsformen	95
2.9.3	Mehr Flexibilität durch Ausgliederung und Schaffung neuer Rechtsformen	99
2.10	Zusammenfassung: Organisationsmodernisierung der Träger und Einrichtungen zwischen verbandlicher Regulierung und sozialunternehmerischer Autonomie	102
3.	**Kontraktmanagement: extern induzierte Modernisierung der Freien Wohlfahrtspflege**	**105**
3.1	Vorbemerkung	105
3.2	Das Versagen der Kommunalpolitik: Budgetierung als entpolitisierter Prozess	111
3.3	Die Trennung von Gewährleistungs- und Durchführungsfunktion	115
3.4	„Radikales" Kontraktmanagement: Sozialraumbudgets und die Übertragung von Gewährleistungsverantwortung auf freie Träger	118
3.5	Die Renaissance zentraler Steuerung: auf dem Weg zur „Neo-Weberianischen" Bürokratie	121
3.6	Kontraktmanagement: organisierter Wettbewerb im sozialen Dienstleistungssektor	125
3.6.1	(Quasi-) Marktlicher Wettbewerb	127
3.6.2	Formen nicht-marktlichen Wettbewerbs	133
3.7	Folgen des Kontraktmanagements für die Binnenorganisation freier Träger und ihre Beschäftigten	136
3.7.1	Leitbildentwicklung und Organisationsumbau	136
3.7.2	Flexibilisierungsstrategien und Mitarbeiterverantwortung	138
3.7.3	Deprofessionalisierung oder neue Fachlichkeit?	141
3.8	Hürden und Grenzen des Kontraktmanagements	144
3.8.1	Betriebsübergang: ein ambitioniertes Projekt zur Etablierung eines Kontraktmanagementsystems in der Kinder- und Jugendhilfe	144
3.8.2	Hürden: verwaltungsinterne Modernisierungsdefizite und Planungsfehler	147
3.8.3	Grenzen: die Zusatzversorgung der Mitarbeiter/innen	152
3.8.4	Organisationslernen: Betriebsübergang in kleinen Portionen	155

Inhalt 7

4.	**Personalpolitik im Spannungsfeld zwischen steigendem Kostendruck und höheren Arbeitsanforderungen: Folgen für die Beschäftigten**	**159**
4.1	Vorbemerkung	159
4.2	Personalpolitik unter neuen Vorzeichen – Suche nach „flexiblen Lösungen"	160
4.2.1	Erosion der „Leitwährung BAT" – Zunehmender „Wildwuchs" bei den Arbeits- und Beschäftigungsbedingungen	162
4.2.2	Abkoppelung vom Tarifsystem BAT. Die ostdeutschen Bundesländer als Vorreiter	164
4.2.3	Sonderregelungen, Öffnungsklauseln, Haustarife	166
4.2.4	Atomisierung des kirchlichen Arbeitsrechts. Ein „System nach Gutsherrenart"?	168
4.2.5	(Neu-)Bewertung der personenbezogenen Dienstleistungen?	170
4.2.6	Auswirkungen der „Hartz-Gesetze" auf die Bewertung der sozialen Dienstleistungen	173
4.2.7	Frauen im Reinigungs-, Catering-, Küchenbereich: Beschäftigte ohne Lobby?	174
4.2.8	Zur Diskussion um die Neugestaltung des Tarifrechts	177
4.3	Personalpolitik im Spannungsfeld zwischen steigendem Kostendruck und höheren Arbeitsanforderungen	179
4.3.1	Deregulierung, Pluralisierung und Fragmentierung der Arbeits- und Beschäftigungsverhältnisse	182
4.3.2	Labilisierung und Diskontinuität von Arbeitsverträgen – Planungsunsicherheit als Normalität	184
4.4	Folgen für die Soziale Arbeit	187
4.4.1	„Managerialisierung" der Sozialen Arbeit: Kontraktmanagement, Qualitätsmanagement, Casemanagement	187
4.4.2	Einsatz von neuen Steuerungs- und Controllingverfahren: „Retaylorisierung"?	188
4.4.3	Paradigmenwechsel: „Geld für Leistung", Trend zur Wirksamkeitsorientierung	189
4.4.4	Ausdifferenzierung des Berufsbildes Soziale Arbeit durch Flexibilisierung der Personaleinsatzstrategien	190
4.4.5	Einbindung von Ehrenamtlichen	194
4.4.6	Suche nach neuen Betätigungs- und Beschäftigungsfeldern (und neuen Einnahmequellen)	195

5.	**Berufsbilder und Arbeitsvollzüge in der Sozialen Arbeit Modernisierungsauswirkungen in den sozialen Diensten** Ergebnisse einer schriftlichen Befragung	199
5.1	Ausgangspunkt und Hypothesen der schriftlichen Befragung	199
5.2	Beschreibung der Stichprobe	202
5.3	Berufsbilder und Professionalitätsverständnis in der Sozialen Arbeit	205
5.3.1	Berufsorientierung und die Standards der Profession	205
5.3.2	Die Sozialwirtschaft und der Wandel des Berufsbilds	210
5.3.3	Wettbewerbsorientierung in den sozialen Diensten	215
5.4	Das „neue" Aktivierungsprinzip – die andere Modernisierungsstrategie	217
5.5	Wandel der Arbeitsvollzüge und der Arbeitsorganisation	222
5.5.1	Veränderungen am Arbeitsplatz	223
5.5.2	Wandel fachlicher Standards	227
5.5.3	Organisationale Auswirkungen der sozialwirtschaftlichen Transformation	230
5.6	Gender matters – Geschlechtsspezifisch unterschiedliche Einschätzungen der Berufsbilder und der Arbeitsvollzüge in der Sozialen Arbeit	233
5.6.1	Unterschiede im Berufsverständnis und in der beruflichen Stellung von Männern und Frauen in der Sozialen Arbeit	234
5.6.2	Einschätzung der beruflichen Arbeitssituation und der Veränderungen am Arbeitsplatz	238
5.6.3	Die aktuellen Modernisierungstrends und ihre Auswirkungen auf das berufliche Selbstverständnis aus Sicht der weiblichen Beschäftigten	242
6.	**Zukunft der freien Wohlfahrtspflege** Organisations- und Verbandsentwicklung jenseits einer „halbierten Modernisierung"	245
6.1	Wandel des Subsidiaritätsverständnisses – zur Entwicklung einer neuen Ordnungsstruktur im sozialen Dienstleistungssektor	245
6.2	Modernisierung ohne Ziel – die betriebswirtschaftliche Restrukturierung der freien Wohlfahrtspflege	246
6.3	Die Organisationsfrage – die Multifunktionalität der Wohlfahrtsverbände auf dem Prüfstand	248

Inhalt 9

6.4	Zur Entwicklung einer postkorporativen Identität des verbandlichen Handelns	250
6.5	Personalpolitik als Gratwanderung zwischen Kostendruck und Qualitätsansprüchen	252

Literatur	255
Verzeichnis der Abbildungen und Tabellen	262
Anhang: Fragebogen der schriftlichen Befragung	265

Vorwort

Die vorliegende Untersuchung basiert auf Ergebnissen eines Forschungsprojekts, das von der Hans-Böckler-Stiftung in den Jahren 2002-2004 gefördert wurde. Die empirischen Erhebungen wurden im Wesentlichen im Jahr 2003 durchgeführt. Die Auswirkungen der so genannten *Hartz-Gesetzgebung* auf die Ausgestaltung des Verhältnisses öffentlicher und freier Träger konnten somit in dieser Studie allenfalls ansatzweise erfasst werden.

Die Studie befasst sich u.a. auch mit den Folgen des seit einigen Jahren praktizierten *Kontraktmanagements* im sozialen Dienstleistungssektor. Wir übernehmen hier den in der steuerungstheoretischen Diskussion eingeführten Begriff des Kontraktmanagement zur Beschreibung der Restrukturierung der Akteursbeziehungen im „lokalen Sozialstaat", wohl wissend, dass auf örtlicher Ebene auf Grund der politischen Budgetvorgaben nur selten von frei ausgehandelten *Verträgen* gesprochen werden kann, wie sie im kommerziellen Bereich üblich sind.

Die Wohlfahrtsverbändeforschung in der Bundesrepublik ist immer noch ein wenig entwickeltes Feld. Dabei ist die wirtschafts-, beschäftigungs- und gesellschaftspolitische Bedeutung des Nonprofit-Sektors (in dem die Wohlfahrtsverbände einen gewichtigen Part spielen) seit langem ein viel diskutierter Faktor in den wissenschaftlichen Debatten über die Zukunft der Zivilgesellschaft wie auch des Arbeitsmarktes. Da verwundert es nicht, dass die Wohlfahrtsverbände und ihre Einrichtungen seit einiger Zeit auch zunehmend das Interesse führender Wirtschaftsforschungsinstitute wecken, die sich vor allem mit der (sozial-)wirtschaftlichen Bedeutung der Verbände befassen und dabei Restrukturierungsvorschläge für die Freie Wohlfahrtspflege unterbreiten (z.B. hinsichtlich: Subventionsabbau, Kartellbildung, Marktöffnung, Qualitätsmanagement, Preisbildung u.ä.). Wie die aktuelle – und durch die Hartz-Gesetzgebung wesentlich forcierte – Entwicklung zeigt, ist die sozialwirtschaftliche Transformation des Sozialsektors in vollem Gange und nimmt an Dynamik noch zu. Wir hoffen, mit dieser Studie, die als explorative Studie angelegt war und die einen sich fortentwickelnden Prozess zum Gegenstand der Untersuchung hatte, einen Beitrag zur Fundierung der Beschäftigung mit den wohlfahrtsverbandlichen Entwicklungen wie mit der Restrukturierung der personenbezogenen sozialen Dienste leisten zu können. Der Wandlungsprozess in den Wohlfahrtsverbänden und in den sozialen Diensten ist auch ein bislang noch (zu) wenig beachteter Teil des Sozialstaatsumbaus, auf den wir mit unserer Studie aufmerksam machen wollen.

Auch wollen wir das Augenmerk auf die Tatsache lenken, dass sich in diesem Sektor gegenwärtig (im Zusammenhang mit dem Sozialstaatsumbau) gravierende Veränderungen vollziehen, mit nachhaltigen Folgen für die Beschäftigten. Die Beschäftigten des sozialen Dienstleistungssektors genießen als so genanntes *Humankapital* in den gesellschafts- und wirtschaftspolitischen Debatten der Gegenwart zwar hohe Wertschätzung, weil sie als wichtige Ressource der *Wissensgesellschaft* gelten; diese allgemeine Wertschätzung steht jedoch in krassem Widerspruch zu den (europaweit beobachtbaren) sich wandelnden und verschlechternden Arbeitsbedingungen und Vergütungsregelungen in diesem mit großen (arbeitsmarktpolitischen) Hoffnungen verbundenen und als Zukunftsmarkt gehandelten Bereich.

*

Die Autor/inn/en möchten sich an dieser Stelle bei allen bedanken, die uns auf Bundes- wie auf Landesebene für Expertengespräche und auf örtlicher Ebene im Rahmen der Fallstudien ihre Zeit geopfert haben und uns zum Teil auch recht lange und auskunftsfreudig für unsere Fragen zur Verfügung standen. Dank gilt auch der Hauptgeschäftsstelle des *Deutschen Berufsverbands für Soziale Arbeit e.V. (DBSH)* in Essen, die uns bei der schriftlichen Befragung von Sozialarbeiterinnen und Sozialarbeitern hilfreich unterstützt hat. Unser Dank gilt nicht zuletzt auch Dr. *Erika Mezger* und *Volker Grünewald* von der Hans-Böckler-Stiftung, die dieses Projekt unterstützt, begleitet und wie immer fachlich kompetent und kritisch moderiert haben.

Bochum, Dortmund, Magdeburg, im März 2005
Heinz-Jürgen Dahme
Gertrud Kühnlein
Norbert Wohlfahrt

Einleitung: Modernisierung ohne Ziel?

Der Weg der bundesdeutschen Wohlfahrtsverbände in die Sozialwirtschaft

Wer noch vor wenigen Jahren vorausgesagt hätte, dass das die Freie Wohlfahrtspflege im September 2004 beherrschende Thema die Einführung so genannter Ein-Euro-Jobs sei und dass die Verbände sich in einer gemeinsamen Presseerklärung mit der Bundesregierung für deren massenhafte Verbreitung stark machen würden, dem wäre sicherlich wenig Realitätssinn attestiert worden. Die Schnelligkeit und Intensität, in der die Verbände der Freien Wohlfahrtspflege in der Bundesrepublik in der Sozialwirtschaft angekommen sind, ist verblüffend und stellt selbst manchen altgedienten Verbandsvertreter vor erhebliche Probleme. Der kurze Weg von der Eröffnung einer Leitbilddebatte, in der das Selbstverständnis des Verbandes neu justiert werden sollte, hin zu einer Billiglohnstrategie, die noch nicht einmal den Anspruch auf Integration in den Arbeitsmarkt erhebt, würde wohl jeden Verband vor die Zerreißprobe stellen – im Vergleich dazu haben die Wohlfahrtsverbände den Weg in die Sozialwirtschaft offenbar relativ unbeschadet überstanden.

Der Freien Wohlfahrtspflege ist schon häufiger die Todesglocke geläutet worden: „Dilettantischer Funktionalismus" (Seibel 1994), Korporatismus und Kartellbildung, Markt oder Mildtätigkeit (Ottnad et al. 2000), Konkurs oder Konkurrenz (IW 2004), so lauten einige der Diagnosen und Therapieempfehlungen. Schon Ende der 1980er Jahre war von Krisen und vom Versagen der Freien Wohlfahrtspflege die Rede. Angesichts ihrer sozialpolitischen, arbeitsmarktpolitischen und wirtschaftlichen Bedeutung musste sich die Freie Wohlfahrtspflege immer wieder sagen lassen, dass sie mit ihrer Rolle als „dritter Sozialpartner" unverantwortlich umginge und sich notwendigen Veränderungen verschlösse. Übersehen wurde dabei, dass die Freie Wohlfahrtspflege nicht so unbeweglich war, wie ihr immer nachgesagt wurde. Schon seit den 1980er Jahren versucht die Freie Wohlfahrtspflege, durch die Entwicklung eines „Sozialmanagements" (Müller-Schöll/Priepke 1983) Veränderungen und Verbesserungen in der Arbeit und Organisation zu implementieren, d.h. einen intern induzierten Modernisierungsschub auszulösen. Der Modernisierungszug gewann deutlich an Fahrt, als der Sozialgesetzgeber in der zweiten Hälfte der 1990er Jahre Modernisierungsziele für den gesamten sozialen Dienstleistungssektor vorgab und in der Sozialgesetzgebung verankerte (z.b. § 93 BSHG, §§ 78aff. KJHG, SGB IX). Dieser zweite, von außen induzierte Modernisierungsschub in der Wohlfahrtspflege wurde mit ausgelöst durch die seit Beginn der 1990er Jahren in den Kommunen geführte Diskussion über Neue Steuerungsmodelle. Schnell war ersichtlich, dass insbesondere die kostenträchtige Jugendhilfe im Rahmen der Neuen Steuerung Modernisierungsgegenstand wurde. Seitdem der Sozialgesetzgeber Ende der 1990er Jahre das Kontraktmanagement zur Grundlage aller relevanten und kostenintensiven sozialstaatlichen Hilfeformen machte, werden freie Träger vor allem als externe Leistungserbringer betrachtet. Ziel des Sozialgesetzgebers und der Sozialverwaltung, die diesen Prozess vor Ort steuert, ist es, ein effizient gestaltetes und ein besser integriertes Versorgungssystem zu schaffen, um den sozialen Dienstleistungssektor sozialwirtschaftlich auszurichten.

Die Hartz-Gesetzgebung mit ihrer strikten Ausrichtung auf die Integration in den ersten Arbeitsmarkt, die Durchsetzung eines Niedriglohnsektors und die flächendeckende Herbeiführung von (durch Zwang verordneter) zusätzlicher Arbeit stellt einen weiteren Schritt der Modernisierung, auch der Freien Wohlfahrtspflege, dar. In diesem umfangreichen Gesetzeswerk tauchen die sozialen Dienste von Nonprofit-Organisationen lediglich unter dem Gesichtspunkt eines fallbezogenen Kontraktmanagements und als Zulieferer der regionalen Agenturen für Arbeit oder der Arbeitsgemeinschaften von Kommunen und Arbeitsagenturen auf. Ein eigenständiges Profil oder gar eine autonome sozialpolitische Funktion freigemeinnütziger Träger und Einrichtungen ist diesem Gesetzeswerk nicht zu entnehmen. Gleichwohl führt dies nicht zu einer Abwertung, sondern in geradezu paradoxer Weise wiederum zu einer Aufwertung der Rolle der Wohlfahrtsverbände im Sinne des eigentlich durch neue Steuerungsformen abzulösenden Korporatismus, weil sie für die Durchsetzung dieses Gesetzeswerks gebraucht werden und deshalb wieder einmal als Partner des neuen Sozialstaats unverzichtbar sind. Dies hindert den öffentlichen Partner nicht, an anderer Stelle mit der Befürwortung und Durchsetzung neuer Kreditrichtlinien („Basel 2") dafür zu sorgen, dass sich die Verbände zu Dienstleistungsunternehmen formen, die nach ökonomischen Kriterien ihre Organisations- und Personalpolitik gestalten und mit betriebswirtschaftlicher Effizienz die Soziale Arbeit mobilisieren.

Die sozialwirtschaftliche Transformation frei-gemeinnütziger Träger in der Bundesrepublik ist also ein durchaus widersprüchlicher Prozess, in dessen Verlauf neokorporatistische Formen der Zusammenarbeit zwischen Staat und Verbänden immer wieder reaktiviert werden. In diesem Zusammenhang wird auf die Verbände auch in ihrer Funktion als sozialpolitische Mitgestalter zurückgegriffen.

Die nachfolgende Studie beschreibt und analysiert den Weg der bundesdeutschen Verbändewohlfahrt in die Sozialwirtschaft und fragt nach den Auswirkungen auf die Beschäftigten. Die Studie bietet die Momentaufnahme eines im-

Einleitung: *Modernisierung ohne Ziel?* 15

mer noch weiter gehenden und in seinen endgültigen Konturen noch gar nicht erkennbaren Modernisierungsprozesses, der – so viel ist schon ersichtlich – nachhaltige Auswirkungen auf die Beschäftigten, aber auch auf die von sozialpolitischen Leistungen betroffenen Kunden/Klienten hat.

Der Begriff der Modernisierung beschreibt gewöhnlich langfristige historisch-politische und sozio-ökonomische Transformationsprozesse (vgl. Zapf 1991). Modernisierung dient in wissenschaftlichen Analysen dabei nicht nur der Beschreibung soziologisch relevanter Sachverhalte, sondern auch der Bewertung derselben im Sinne eines Fortschrittsmodells (vgl. Haring 2001). In jüngster Zeit wird der Begriff der Modernisierung auch in engem Zusammenhang mit der wohlfahrtsstaatlichen Entwicklung verwendet, wobei die grundlegende Aufgabe der sozialstaatlichen Modernisierung darin bestehen soll, dessen Institutionen an den gesellschaftlichen Wandel anzupassen (vgl. Giddens 1998; Alber 2002). Modernisierung erhält damit eine explizit normative Dimension: Der Begriff steht für die Forderung nach einem Rückbau des Staates, einem Leistungsabbau in den staatlichen Transfersystemen und einer grundsätzlichen Neubestimmung des Verhältnisses von Staat und Gesellschaft, in der letzterer wieder mehr Verantwortung zur Eigenvorsorge und Selbstversorgung zugewiesen wird (vgl. zuletzt Miegel 2002). Auch die Verbände der Freien Wohlfahrtspflege gelten als modernisierungsbedürftig, müssen also ihre Strukturen veränderten sozialpolitischen Anforderungen anpassen.

Die Ergebnisse der vorliegenden Studie zeigen, dass die Wohlfahrtsverbände diese Aufgabe mit Verve angepackt und flächendeckende Anstrengungen getätigt haben, um zu „modernen" sozialwirtschaftlich leistungsfähigen Organisationen zu werden.

Das zentrale Problem dieser Modernisierung – wie überhaupt der gesamten gegenwärtigen Modernisierungsdiskussion – besteht nun darin, dass die jeweils geschaffenen Strukturveränderungen nur die Voraussetzungen für die nächste Runde der Modernisierung darstellen und dass damit ein Prozess in Gang gesetzt ist, der schlichtweg keine Zielbestimmung mehr enthält. Er könnte – und das ist eine Hypothese der vorliegenden Studie – auch zur Auflösung der Verbände führen: ein klassischer Fall reformorientierter Selbstenthauptung. Zumindest ist schon zum gegebenen Zeitpunkt das von den Verbänden verfolgte Modell, nach dem sie soziale Dienstleister, sozialpolitische Lobbyisten und Sozialanwälte der Klienten zugleich sind, in Frage zu stellen. Diese verschiedenen Funktionen lassen sich nicht nur immer schwerer miteinander vereinbaren, sie treten – siehe die Hartz-Gesetzgebung – sogar in offenen Gegensatz zueinander und sind auch durch die mühselige Rhetorik des „eigentlich" Gewollten nicht mehr in Übereinstimmung zu bringen. Insofern stellt sich die berechtigte Frage, was nach dem bundesdeutschen Modell spitzenverbandlich organisierter Wohlfahrtspflege kommt.

Die vorliegende Studie kann hier nur Entwicklungstrends eines noch nicht abgeschlossenen Prozesses beschreiben; eine politisch durchdachte Dienstleistungsstrategie ist jedoch nicht erkennbar und würde den verfolgten Sparzwecken auch zuwiderlaufen. Gegenwärtig wird deshalb kräftig auf dem Rücken der Beschäftigten „modernisiert", die als so genannte Humanressource der heraufziehenden Wissensgesellschaft als umworbene Wissensfachkräfte gelten, die allerdings immer weniger kosten sollen. Die Grenzen dieser Verbilligungsstrategie werden sicherlich schon bald erkennbar sein, und es stellt sich die Frage, ob dies nicht nur ein Instrument, sondern schon das ganze Ziel der Reform war.

Die Ergebnisse der vorliegenden Studie weisen auch darauf hin, dass gerade von öffentlichen Trägern die Konsequenzen (und Voraussetzungen) des Kontraktmanagements und damit die Erfolgsaussichten einer entsprechenden Steuerungsstrategie zu wenig bedacht worden sind. Auch für die (lokale) Politik ist der soziale Dienstleistungssektor eine wenig beachtete Größe. Dies ist angesichts der Bedeutung dieses Sektors – nicht nur in ökonomischer Hinsicht – erstaunlich. Die Eröffnung eines politischen Diskurses darüber, welche Ziele im sozialen Dienstleistungssektor mit welchen Mitteln herbeigeführt werden sollen, ist aber für dessen zukünftige Qualität unabdingbar. Dass diese Diskussion von den Verbänden nicht nachhaltig eingefordert und geführt wird, zählt sicherlich zu den Paradoxien der eigenen Modernisierung und der eigenen Selbstbeschreibung.

Obwohl die vorliegende Studie einen Prozess beschreibt, der noch nicht abgeschlossen ist, enthält sie doch Hinweise darauf, welche Konsequenzen schon jetzt zu beobachten sind bzw. sich am Horizont abzeichnen. Als explorative Studie war dies auch ihr expliziter Auftrag. Weitere empirische Untersuchungen werden zukünftig notwendig sein, um das insgesamt wenig erforschte Gebiet der neuen Sozialwirtschaft näher zu analysieren und Auswirkungen auf die Berufsvollzüge und ihre Steuerung sichtbar zu machen. Die Umbauarbeiten am deutschen Sozialstaatsmodell haben mit der Hartz-Gesetzgebung eine neue Dynamik gewonnen, deren Auswirkungen auf den gesamten Nonprofit-Sektor gegenwärtig noch nicht abzusehen sind. Dass der in der Bundesrepublik eingeschlagene Weg nicht zu mehr Qualität und Wirksamkeit im Bereich sozialer Dienste führt, wird durch die vorliegende Studie in hoffentlich nachvollziehbarer Weise dokumentiert.

Empirische Vorgehensweise

Durch die seit einigen Jahren laufende Einführung eines organisierten Wettbewerbs und durch die sozialrechtlich geforderten neuen vertragsrechtlichen Beziehungen zwischen Kostenträgern und Leistungserbringern im Sozialsektor verstehen sich die Träger und Einrichtungen sozialer Arbeit in immer stärkerem Maße

Einleitung: *Modernisierung ohne Ziel?* 17

als *Dienstleistungsunternehmen, also als Betriebe*. Insbesondere die frei-gemeinnützigen Dienstleistungserbringer (Träger und Einrichtungen der freien, werteorientierten Wohlfahrtspflege), die auf der Grundlage des sozialstaatlichen Subsidiaritätsprinzips die bisherige Leistungserbingung im Sozialsektor dominierten, befinden sich daher derzeit in einem umfassenden organisatorischen Modernisierungsprozess. Dieser beinhaltet organisationspolitische wie beschäftigungspolitische Aspekte. Arbeitsorganisation und Arbeitsbedingungen, Aufgaben und (Qualifikations-)Anforderungen an die Beschäftigten im Bereich sozialer Dienste verändern sich nachhaltig, was auch erhebliche Konsequenzen für die Tarifpolitik in diesem Sektor hat. Dabei sind ganz unterschiedliche Strategien bei der Bewältigung dieser neuen Herausforderungen möglich, die sich zudem wechselseitig in ihren Wirkungen beeinflussen (können).

Je nachdem, welche Strategien von den Trägern und Einrichtungen gewählt werden, welche unterschiedlichen Akzentuierungen sie bei ihren Modernisierungsbemühungen setzen, ändern sich damit auch die Grundlagen für die Neu-Gestaltung und Organisation der Arbeits- und Beschäftigungsbedingungen sowie für die Grundlagen der Personalentwicklung und für das gesamte Entgelt- und Entlohnungssystem in diesem Sektor.

Abb. 1: Neue wettbewerbliche Rahmenordnung

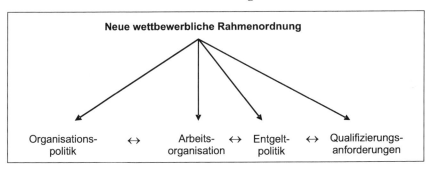

Die mittel- und langfristigen Auswirkungen dieser Entwicklungen, die in der Fachliteratur schon breit diskutiert werden, konnten bislang tatsächlich jedoch nur grob abgeschätzt werden, weil die empirische Datenbasis ungenügend ist. Erst auf der Grundlage empirisch gesicherter Kenntnisse über den Verlauf und die Intensität der ausgelösten binnenorganisatorischen Modernisierungsprozesse in der Freien Wohlfahrtspflege lassen sich daher genauere Aussagen über die künftigen Anforderungen an eine Verbesserung und Neujustierung der Arbeitsplatzgestaltung, der Arbeitsorganisation, der Personalauswahl und der Personalentwicklung treffen.

Ein zentrales Anliegen des Forschungsprojekts „Vom Wohlfahrtssektor zur Sozialwirtschaft: Wandel der Arbeitsbedingungen und Qualifikationsanforderungen in sozialen Diensten durch Wettbewerb und Kontraktmanagement" bestand vor diesem Hintergrund darin zu überprüfen und zu präzisieren, wie sich die Organisationspolitik der Träger und Einrichtungen im sozialen Sektor durch den neuen organisierten Wettbewerb verändert und darstellt und welche Konsequenzen sich daraus für die Arbeitsbedingungen der Beschäftigten in den sozialen Diensten im weitesten Sinne ergeben. Im Rahmen dieses explorativ angelegten Forschungsprojekts wurden – aufbauend auf einer umfassenden Literaturanalyse zum Stand der wissenschaftlichen Diskussion – die aktuellen Transformationsprozesse in der Freien Wohlfahrtspflege in mehreren Untersuchungsschritten empirisch untersucht:

a) In einem ersten Arbeitsschritt wurden durch qualitative Expertenbefragungen aller Spitzenverbände der Freien Wohlfahrtspflege (mit Ausnahme der Zentralwohlfahrtsstelle der Juden) und ausgewählter Träger und Einrichtungen im Bereich der Freien Wohlfahrtspflege die zentralen Modernisierungsschritte innerhalb der Freien Wohlfahrtsverbände erhoben und organisations- und personalpolitische Veränderungen analysiert.

b) In einem zweiten Schritt wurden exemplarisch im Rahmen von Fallstudien auf kommunaler Ebene und bei ausgewählten großen Trägern der Freien Wohlfahrtspflege Erfahrungen und Modernisierungsstrategien auf kommunaler und Trägerebene untersucht. Dabei sollten in Form von „Best-Practice-Beispielen" möglichst innovative Lösungen auf Trägerebene herausgearbeitet werden. Im Vordergrund standen dabei der Stand der Einführung von Kontraktmanagement und die Veränderungen im Verhältnis von Kommunen und Freien Trägern. In diesem Zusammenhang wurden neue Strategien der Träger, aber auch Veränderungen der Anforderungen an die Mitarbeiterinnen und Mitarbeiter, neue Führungsstrukturen und die Modernisierung von Sozial- und Personalmanagement untersucht.

c) Schließlich wurden in einer schriftlichen Befragung Sozialarbeiter/innen und Sozialpädagog/inn/en nach ihrem Berufsbild und dem Wandel von Arbeitsvollzügen in der Sozialen Arbeit befragt.

Alle Untersuchungsschritte wurden in enger Absprache mit der Hans-Böckler-Stiftung sowie in Abstimmung mit Kolleginnen und Kollegen der Gewerkschaft ver.di und mit dem Projektbeirat konzipiert und umgesetzt.

Insbesondere im Jahr 2002/03 wurden leitfadengestützte Interviews mit ca. 45 Expertinnen und Experten durchgeführt, davon ca. ein Viertel in östlichen Bundesländern. Im Einzelnen handelte es sich dabei um Vertreter/innen der Spitzenverbände Arbeiterwohlfahrt (AWO), Caritas, Diakonie, Deutscher Paritätischer Wohlfahrtsverband (DPWV), Deutsches Rotes Kreuz (DRK) sowie der

Einleitung: *Modernisierung ohne Ziel?* 19

Volkssolidarität (Ostdeutschland), und zwar in unterschiedlichen Funktionen und Zuständigkeitsbereichen: Geschäftsleitungen (Bund und Länder- bzw. Bezirksebene), Abteilungs- bzw. Referatsleitungen z.b. aus den Referaten Arbeits- und Sozialrecht, Berufliche Bildung, Strategisches Management, Qualitätsmanagement und mit Mitarbeitervertretungen, Gleichstellungsbeauftragten sowie Mitgliedern der Arbeitsrechtlichen Kommissionen der beiden kirchlichen Verbände Diakonie und Caritas. Des weiteren wurden Gespräche geführt mit Expert/inn/en aus den Gewerkschaften ver.di (auf Bundesebene, in Sachsen-Anhalt und Nordrhein-Westfalen) und GEW sowie mit einem Vertreter des DBSH (Deutscher Berufsverband für Soziale Arbeit e.V., Essen) und einem Vertreter des Deutschen Städtetages.

In den Bundesländern Sachsen-Anhalt und Nordrhein-Westfalen wurden insgesamt sechs Fallstudien durchgeführt (zwei in Sachsen-Anhalt und vier in NRW). Diese befassten sich im Schwerpunkt mit dem Thema Kontraktmanagement sowie Qualitätsmanagement und den Folgen dieser neuen Managementstrategien für die Beschäftigten. Befragt wurden im Rahmen der Fallstudien in erster Linie Personalverantwortliche und andere Führungskräfte (auch Teamleitungen) der einbezogenen Kommunen und verschiedener Einrichtungen sowie Geschäftsführungen örtlicher Verbände und Träger. Des Weiteren wurden Interessenvertretungen (Mitarbeitervertretungen, Betriebs- und Personalräte) und zum Teil Mitarbeiter/innen (Gruppengespräche) befragt. Diese Gespräche wurden in Einzelfällen noch ergänzt und vertieft um Interviews mit weiteren Experten, z.B. Qualitätsbeauftragten.

Da sich zeigte, dass es im Rahmen der Fallstudien nicht möglich war, die konkreten Auswirkungen neuer Steuerungsverfahren auf die professionelle Selbststeuerung der Berufsvollzüge und die neuen (Qualifizierungs-)Anforderungen an die Mitarbeiterinnen und Mitarbeiter der Sozialen Arbeit ausreichend zu erfassen, wurde im letzten Quartal 2003 ein weiteres Erhebungsinstrument konzipiert und eingesetzt: Im November und Dezember wurde eine schriftliche Befragung von Sozialarbeiter/inn/en durchgeführt, die unsere – aus den Fallstudien gewonnenen – Erkenntnisse und Hypothesen auf eine breitere empirische Basis stellen sollten. Diese Befragung wurde gemeinsam mit dem Deutschen Berufsverband für Soziale Arbeit (DBSH) vorbereitet; sie richtete sich an 250 Sozialarbeiter/innen und -pädagogen/innen, die vom DBSH nach einem Zufallsprinzip ausgewählt worden waren (Rücklaufquote: 46%).

Der Bericht gliedert sich in fünf große Kapitel:
In *Kapitel 1* werden die sozialwirtschaftliche Bedeutung und die Beschäftigungsentwicklung der Freien Wohlfahrtspflege in Deutschland (in einer Zusammenstellung aus verschiedenen Statistiken) dargestellt. *Kapitel 2* behandelt die Modernisierungsstrategien der Wohlfahrtsverbände, wie sie sich aus Sicht der befragten Experten aus der (Spitzen-)Verbands- und Verwaltungspraxis darstel-

len. Dabei wurden auch die Ergebnisse der Literaturrecherchen einbezogen. *Kapitel 3* stellt die Ergebnisse der Fallstudien dar, die sich mit dem Themenfeld „Kontraktmanagement" beschäftigen. In *Kapitel 4* geht es – auf Basis der empirischen Erhebungen – um die Personalpolitik der Träger und Verbände und Folgen für die Beschäftigten. *Kapitel 5* beschreibt Veränderungen des Berufsbilds „Soziale Arbeit" (Ergebnisse der schriftlichen Befragung).

Im *Anhang* des Berichts befindet sich der Fragebogen der schriftlichen Befragung.

1. Die sozialwirtschaftliche Bedeutung der Freien Wohlfahrtspflege

Einrichtungen der Freien Wohlfahrtspflege[1] sind in allen Bereichen Sozialer Arbeit präsent.[2] Ob es sich um Kindergärten handelt, um Krankenhäuser, Altenpflegeheime oder Dienste der offenen Hilfe, ein erheblicher Anteil von ihnen ist einem Verband der Freien Wohlfahrtspflege angeschlossen. Nach eigenen Angaben (BAGFW) gilt dies für annähernd 94.000 Einrichtungen und Dienste, in denen fast 1,2 Millionen Mitarbeiter/innen hauptamtlich beschäftigt sind (Datenstand: 1.1.2000). Gemeinsam mit nebenberuflich Tätigen sowie Ehrenamtlichen und Freiwilligen tragen die Beschäftigten zur Gesamtleistung bei, die von der Freien Wohlfahrtspflege für die Gesellschaft erbracht wird. Wie hoch diese Leistung ist, wird nirgendwo exakt beziffert. Die Verbandsstatistik gibt hierüber keine Auskunft. Wie in allen Verbänden, so erfolgen auch die Meldungen zur Statistik der Sozialverbände auf freiwilliger Basis, und ihre Finanzen legen Unternehmen in der Regel nur ungern offen. Verbände sind eben keine privatwirtschaftlichen Konzerne. In der amtlichen Statistik finden sich ebenfalls keine konkreten Angaben, denn die Freie Wohlfahrtspflege ist kein eigenständiger Wirtschaftszweig, dessen Umsatz oder Wertschöpfung in einer volkswirtschaftlichen Statistik isoliert ausgewiesen wird. Dennoch gibt es Datenmaterial, das Schlüsse über den Umfang des Engagements der Freien Wohlfahrtspflege in verschiedenen Tätigkeitsbereichen und über Marktanteile zulässt. Darüber hinaus existieren differenzierte Schätzungen über die gesamtwirtschaftliche Leistung der Freien Wohlfahrtspflege, die allerdings nicht ohne weiteres fortgeschrieben werden können.

Einen Überblick über das Leistungsangebot der Freien Wohlfahrtspflege gibt die Verbandsstatistik (BAGFW-Statistik). Neben der Anzahl der Einrichtungen und bereitgestellten Plätze bzw. Betten finden sich Angaben über die Mitarbeiterzahl in den verschiedenen Arbeitsbereichen. Die Verbandsstatistik unterscheidet die Bereiche Krankenhäuser, Jugendhilfe, Familienhilfe, Altenhilfe, Behinderteneinrichtungen sowie sonstige Einrichtungen und Dienste. Zudem sind Aus-, Fort- und Weiterbildungseinrichtungen für soziale und pflegerische Berufe nachgewiesen.

---

1 Der Begriff Freie Wohlfahrtspflege bezieht sich im Folgenden auf die sechs Spitzenverbände Arbeiterwohlfahrt, Deutscher Caritasverband, Deutsches Rotes Kreuz, Diakonisches Werk der EKD, Paritätischer Wohlfahrtsverband und Zentralwohlfahrtsstelle der Juden, die in der Bundesarbeitsgemeinschaft der Freien Wohlfahrtspflege (BAGFW) zusammenarbeiten.
2 Dieses Kapitel wurde von *Monika Burmester* verfasst.

Tab. 1: Bedeutung der verschiedenen Arbeitsbereiche für die Freie Wohlfahrtspflege

Bereiche	Einrichtungen	Betten/Plätze	Beschäftigte
	Prozentanteil insgesamt		
Krankenhäuser	1,3	6,7	27,3
Jugendhilfe	36,3	56,1	22,0
Familienhilfe	10,1	1,8	7,7
Altenhilfe	16,3	14,7	20,4
Behindertenhilfe	13,3	10,5	13,5
Sonstige Einrichtungen und Dienste	21,0	6,6	7,6
Aus- Fort- und Weiterbildungsstätten	1,7	3,5	1,4
Insgesamt	100,0	100,0	100,0
Nachrichtlich:	Anzahl in Tausend		
Insgesamt	94	3.271	1.164

Quelle: BAGFW Gesamtstatistik, Stand 1.1.2000

Welche ökonomische Bedeutung die einzelnen Bereiche für die Freie Wohlfahrtspflege haben, lässt sich aus diesen Daten nicht definitiv bestimmen, denn es fehlt ein einheitlicher Bewertungsmaßstab. Nach der Anzahl der Einrichtungen zu urteilen, ist die Jugendhilfe der größte Arbeitsbereich (36% aller Einrichtungen). Allerdings wird bei dieser Betrachtung von Differenzen in der Einrichtungsgröße und von Unterschieden in der wirtschaftlichen Leistungsfähigkeit selbst gleich großer Einrichtungen abgesehen.

Alternativ lässt sich die Bedeutung der einzelnen Arbeitsbereiche für die Freie Wohlfahrtspflege anhand der Angebotskapazitäten in Form von verfügbaren Betten oder Plätzen beurteilen. Dieses Kriterium vermittelt einen etwas anderen Gesamteindruck. Zwar ist auch danach die Jugendhilfe der größte Bereich, die „Bedeutung" ist aber deutlich gestiegen: Der Anteil der Jugendhilfe an den gesamten Platzkapazitäten liegt bei 56%. Auch dieser Maßstab weist erhebliche Defizite auf, denn beim Vergleich der Betten- bzw. Platzkapazitäten werden alle Einrichtungen aus der Betrachtung ausgeklammert, die über solche Angebote nicht verfügen. Dies sind insbesondere Einrichtungen der offenen Hilfe wie Beratungsstellen, aber auch die ambulanten Pflegedienste gehören dazu. Darüber hinaus ignoriert die Gleichsetzung von Plätzen bzw. Betten in unterschiedlichsten Einrichtungen, dass sich die Plätze in Bezug auf die mit ihnen verbundenen ökonomischen Leistungen erheblich unterscheiden; unter wirtschaftlichem Gesichtspunkt ist ein Krankenhausbett anders zu bewerten als ein Kindergartenplatz.

Von den verfügbaren Angaben der Verbandsstatistik ist die Anzahl der Beschäftigten der beste Indikator zur Beurteilung der Relevanz der verschiedenen Arbeitsbereiche für die Freie Wohlfahrtspflege. Danach dominieren die Krankenhäuser. Jeder vierte Beschäftigte der Freien Wohlfahrtspflege arbeitet in einem Krankenhaus, jeder fünfte in der Jugendhilfe, ein ähnlich hoher Anteil in der Altenhilfe. In der Behindertenhilfe sind 13,5% des hauptamtlichen Personals tätig. Diese Anteilswerte spiegeln die wirtschaftliche Bedeutung der einzelnen Bereiche aber ebenfalls nur näherungsweise wider. So wird gänzlich vom Kapitaleinsatz abgesehen, der sich auf die Arbeitsproduktivität auswirkt. Auch Unterschiede in der Arbeitszeit zwischen den verschiedenen Arbeitsbereichen bleiben unberücksichtigt. Eine Bereinigung um den Effekt unterschiedlicher Arbeitszeiten[3] verändert die Gewichte, wirkt sich bei den hier getroffenen Annahmen aber nicht auf die Rangordnung aus.

Stellenwert der Freien Wohlfahrtspflege in einzelnen Arbeitsbereichen

Mit ihren Einrichtungen und Diensten ist die Freie Wohlfahrtspflege einer von mehreren Anbietern sozialer Dienstleistungen. Wie ist die Freie Wohlfahrtspflege in diesem Markt positioniert? Für einzelne Tätigkeitsfelder lässt die amtliche Statistik Rückschlüsse auf die Marktanteile frei-gemeinnütziger, öffentlicher und privater Einrichtungen zu.[4] Einrichtungsstatistiken gibt es für die großen Bereiche der Jugendhilfe, der Krankenhäuser, der Vorsorge- und Rehabilitationseinrichtungen sowie der Pflegeeinrichtungen (stationär und ambulant). Angaben zu Behindertenheimen finden sich in der Heimstatistik, die auf den Basisdaten des Bundesministeriums für Familie, Senioren, Frauen und Jugend (BMFSFJ) aufbaut und die von GeroStat – Deutsches Zentrum für Altersfragen veröffentlicht wird. Mehr als die Hälfte aller Einrichtungen der Freien Wohlfahrtspflege und annähernd 80% aller in der Verbandsstatistik ausgewiesenen Plätze bzw. Betten

---

3   Da keine exakten Angaben über die tatsächliche Arbeitszeit vorliegen, sind nur äußerst grobe Schätzungen möglich. Hier wurde unterstellt, dass Teilzeitbeschäftigte im Mittel 50% der Normalarbeitszeit leisten.
4   Nicht in allen Statistiken sind Angaben zur Freien Wohlfahrtspflege verfügbar. Daher beziehen sich die Ausführungen in diesem Abschnitt grundsätzlich auf alle frei-gemeinnützigen Träger. Außerdem ist zu berücksichtigen, dass die Bereiche in der amtlichen und in der Verbandsstatistik nicht identisch abgegrenzt sind. Die Angaben aus den verschiedenen Statistiken lassen sich also nicht ineinander überführen.

gehören diesen Bereichen an, für die es (alternative) Angaben in der amtlichen Statistik gibt. In ihnen sind ca. 80% der Mitarbeiter/innen der Wohlfahrtsverbände beschäftigt. Einen Überblick über die Marktanteile – gemessen an der Anzahl der Einrichtungen in den verschiedenen Bereichen – gibt die folgende Tabelle. Da sich die Einrichtungen zum Teil erheblich in der Größe unterscheiden, sind die Angaben zu den Plätzen bzw. Betten je Einrichtung ergänzt.[5] Bezogen auf die Angebotskapazitäten existieren in einzelnen Bereichen erstaunliche Differenzen in der Personalausstattung. Dies lässt sich an der ausgewiesenen Größe „Beschäftigte je 100 Plätze" ablesen.[6]

Den niedrigsten Marktanteil – gemessen an der Zahl der Einrichtungen – haben frei-gemeinnützige Träger bei Vorsorge- und Rehabilitationseinrichtungen. Hier dominieren die privaten Anbieter den Markt mit einem Anteil von 58%. Die privaten Einrichtungen sind im Mittel sehr viel größer als die der Mitbewerber. Der Anteil privater Einrichtungen an der gesamten Leistung im Vorsorge- und Rehabilitationsbereich wird folglich deutlich über 58% hinausgehen. Ambulante Pflegedienste sind ein weiterer Bereich, in dem private Träger über sehr viele Einrichtungen verfügen (52%). Im Unterschied zu den Vorsorge- und Rehabilitationseinrichtungen sind in diesem Tätigkeitsfeld die Dienste privater Anbieter aber eher klein. Frei-gemeinnützige ambulante Pflegedienste betreuen im Mittel sehr viel mehr Pflegebedürftige als private Anbieter. Insgesamt nehmen mehr als die Hälfte der Pflegebedürftigen, die professionelle Unterstützung erhalten, die Leistungen frei-gemeinnütziger Dienste in Anspruch.

Mit Ausnahme der Vorsorge- und Rehabilitationseinrichtungen liegt der Marktanteil (Einrichtungen) frei-gemeinnütziger Träger in den betrachteten Bereichen zwischen 40% (Krankenhäuser) und 84% (Behindertenheime). Die Heterogenität selbst gleicher Einrichtungsarten wird in den teilweise großen Unterschieden in der mittleren Einrichtungsgröße (Plätze je Einrichtung) augenfällig. Die ausgewiesene Größe „Beschäftigte je 100 Plätze" ist ein weiteres Indiz für die zum Teil erheblichen Disparitäten zwischen gleichen Einrichtungsarten. Inwieweit diese Differenzen auf unterschiedliche Arbeitszeiten bei den verschiedenen Einrichtungsträgern, auf Abweichungen in der Arbeitsproduktivität oder aber auf Unterschiede in der Einrichtungsart, die hier zu gröberen Kategorien zusammengefasst sind, zurückzuführen sind, lässt sich auf dieser Aggregationsebene nicht beurteilen.

---

5 Ambulante Pflegedienste haben weder Betten noch Plätze, aber sie haben betreute Pflegebedürftige. Diese Angaben wurden als Proxi für die Angebotskapazitäten verwendet.
6 Für Behinderteneinrichtungen liegen keine Angaben über die Mitarbeiterzahl vor.

Die sozialwirtschaftliche Bedeutung der Freien Wohlfahrtspflege

Tab. 2: *Marktanteile, Einrichtungsgröße und Personaleinsatz in verschiedenen Arbeitsbereichen*

Einrichtung	Jahr	Einrichtungen			Plätze[5] je Einrichtung			Beschäftigte je 100 Plätze		
		FG*	öffentl.	privat	FG*	öffentl.	privat	FG*	öffentl.	privat
		Prozent an der jew. Einrichtungsart			Anzahl			Anzahl je 100 Plätze		
Kindertageseinrichtungen[1]	2002	48,9	40,4	10,7	67,2	70,3	39,6	12,1	11,6	15,3
Jugenhilfeeinr. sonst [1), 2)]	2002	62,2	9,2	28,6	29,5	41,9	35,2	36,5	22,6	24,6
Krankenhäuser (Allgemein)[3]	2001	40,3	36,2	23,5	243,4	377,7	67,7	183,0	228,6	202,4
Vorsorge- und Reha-Einr.[3]	2001	26,5	15,7	57,8	90,9	127,4	159,6	65,8	76,5	59,6
Stationäre Pflegeeinricht.	2001	56,0	8,2	35,9	81,0	94,2	57,2	73,7	68,2	64,2
Ambulante Pflegedienste	2001	46,2	1,9	51,9	53,0	42,0	30,0	44,3	41,1	43,1
Behindertenheime[4]	2001	83,9	5,4	10,8	38,4	43,1	34,2			

* FG = freigemeinnützig

Anmerkungen:
1) Freigemeinnützige Träger (FG) = Verbände der Freien Wohlfahrtspflege, sonstige Religionsgemeinschaften öffentl. Rechts und Jugendgruppen, -verbände und -ringe. Private Träger = Wirtschaftsunternehmen sowie sonstige juristische Personen und andere Vereinigungen.
2) Ausschließlich Einrichtungsarten mit Angaben zu Plätzen und deren Mitarbeiter.
3) Plätze = aufgestellte Betten.
4) Keine Angaben zur Mitarbeiterzahl verfügbar.
5) Bei ambulanten Pflegediensten: betreute Pflegebedürftige.

Quelle: Stat. Bundesamt, Fachserie (FS) 13, Reihe (R) 6.3, FS 12 R 6.1, Kurzbericht Pflegestatistik 2001, GeroStat: Heimstatistik; eigene Berechnungen

Die Leistung der Freien Wohlfahrtspflege im gesamtwirtschaftlichen Vergleich

Die anschaulichen Einrichtungsstatistiken sind durchaus geeignet, eine Vorstellung über die Bedeutung einzelner Arbeitsbereiche für die Freie Wohlfahrtspflege und über ihre Positionierung gegenüber Konkurrenten zu gewinnen. Unter ökonomischem Aspekt ist solch ein Vergleich zwischen unterschiedlichen Einrichtungsarten und zwischen verschiedenen Trägern allerdings unzulänglich, da sich die Einrichtungen in der Größe, in dem speziellen Angebot, in der Klienten- und in der Beschäftigtenstruktur usw. unterscheiden. Gänzlich versagen Einrichtungsstatistiken, wenn die Beziehung zu anderen Wirtschaftseinheiten (beispielsweise Wirtschaftszweigen) beurteilt werden soll. Hierzu ist eine Bewertung der Leistung notwendig, die in den Einrichtungen von den Beschäftigten mit ihren unterschiedlichen Qualifikationen, Arbeitszeiten und Entgelten erbracht wird. Eine solche Bewertung, die auch den Kapitaleinsatz einschließen muss, kann in Anbetracht der Datenlage nur eine mehr oder weniger gute Schätzung sein. Sie muss mit Annahmen operieren und Daten aus verschiedensten Quellen zusammentragen.

Eine sehr differenzierte Schätzung hat das Institut für Wirtschaft und Gesellschaft (IWG) vorgenommen (Ottnad et al. 2000). Folgt man dieser Studie, dann trägt die Freie Wohlfahrtspflege mit ca. 1,9% zur gesamtwirtschaftlichen Wertschöpfung bei (Bezugsjahr: 1997). Damit ist die gesamtwirtschaftliche Leistung der Freien Wohlfahrtspflege vergleichbar der relevanter Wirtschaftszweige des Produzierenden Gewerbes wie dem Ernährungsgewerbe und der Tabakverarbeitung, der Chemischen Industrie, dem Papier-, Verlags- und Druckgewerbe oder der Energie- und Wasserversorgung.

Als Dienstleistungsanbieter erbringt die Freie Wohlfahrtspflege die Leistung mit einem deutlich höheren Arbeitskräfteeinsatz als die zum Vergleich herangezogenen Branchen des Produzierenden Gewerbes. In der Freien Wohlfahrtspflege sind gut doppelt soviel sozialversicherungspflichtige Mitarbeiter/innen beschäftigt wie beispielsweise in der Chemischen Industrie. Allerdings arbeiten in den Einrichtungen und Diensten der Freien Wohlfahrtspflege sehr viel mehr Beschäftigte mit reduzierter Arbeitszeit als in den Wirtschaftszweigen des Produzierenden Gewerbes. Die Unterschiede im tatsächlichen Arbeitseinsatz (Stunden) fallen also etwas moderater aus als es der Vergleich der Beschäftigtenzahlen suggeriert.

Die gesamtwirtschaftliche Leistung der Freien Wohlfahrtspflege kann unter verschiedenen Aspekten beurteilt werden. Für einen direkten Leistungsvergleich mit anderen ökonomischen Einheiten (hier: Wirtschaftszweige) sind die gleichen Bewertungsmaßstäbe anzulegen, wie sie für den marktwirtschaftlichen Bereich

Abb. 2: *Wirtschaftliche Bedeutung der Freien Wohlfahrtspflege im Vergleich (2002)*

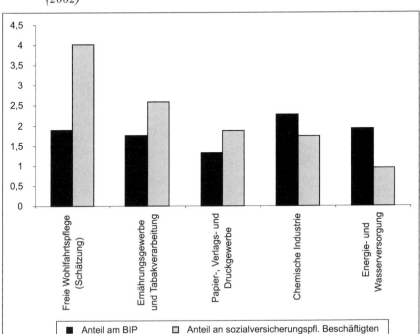

Anmerkung:
Schätzwerte für die Freie Wohlfahrtspflege auf Grundlage der von Ottnad et al. ermittelten Anteilswerte
Quelle: Statistisches Bundesamt Fachserie 18 Reihe 1.3, Bundesagentur für Arbeit, eigene Berechnungen

gelten. Bezogen auf den Faktoreinsatz bedeutet dies, dass ausschließlich die bezahlte Arbeitsleistung berücksichtigt wird. Bekanntlich tragen in der Freien Wohlfahrtspflege aber auch viele Ehrenamtliche und Freiwillige zur Gesamtleistung bei. Zudem verfügen die Verbände über Kapital, das in sozialen Einrichtungen gebunden ist, und für dessen Nutzung sie keine Kosten (Verzinsung) in Rechnung stellen. Würde auch der unentgeltlich bereitgestellte Einsatz von Arbeit und Kapital berücksichtigt, dann fiele die (fiktive) Wertschöpfung der Freien Wohlfahrtspflege deutlich höher aus.[7]

---

[7] Das IWG schätzt eine um ca. ein Drittel höhere Wertschöpfung bei Berücksichtigung der unentgeltlichen Leistung (Ottnad et al. 2000, S. 57).

Die Leistungen der Freien Wohlfahrtspflege für die Gesellschaft unterscheiden sich von der anderer ökonomischer Einheiten durch das Nebeneinander von bezahltem und unbezahltem Faktoreinsatz sowie durch den speziellen Inhalt der Leistungen und die Form der Leistungserstellung. Bei einer rein ökonomischen Betrachtung, in der die Leistungen wie in einer Unternehmensbilanz bewertet werden, wird nur ein Teil der Gesamtleistung berücksichtigt. Spiegelhalter (1999) plädiert daher dafür, die volkswirtschaftliche Gesamtrechnung um eine sozialwirtschaftliche Bilanz zu ergänzen, die auch die materiellen Zusatzleistungen und die immateriellen Leistungsbeiträge der Freien Wohlfahrtspflege einschließt. Erst eine solche Bilanz reflektiert den tatsächlichen Leistungsumfang, der von der Freien Wohlfahrtspflege für die Gesellschaft erbracht wird, angemessen. Über eine rein ökonomische Betrachtung geht solch eine Sozialbilanz weit hinaus. Bei der Umsetzung taucht allerdings das Problem auf, einen geeigneten Bewertungsmaßstab für nicht-materielle Leistungen zu finden.

Zur Beschäftigungsentwicklung im Sozialbereich

Die Freie Wohlfahrtspflege beschäftigt ca. 4% aller sozialversicherungspflichtigen Arbeitnehmer Deutschlands. Sehr viel höher als in der Gesamtwirtschaft ist in der Freien Wohlfahrtspflege der Anteil weiblicher Mitarbeiter und der von Teilzeitbeschäftigten.

Im Sozialbereich sind Menschen mit unterschiedlichsten Professionen beschäftigt. Die Bedingungen und Entwicklungen in den verschiedenen Arbeitsfeldern weichen stark voneinander ab. Im Folgenden werden ausschließlich die sozialpflegerischen Berufe in den Blick genommen. Der gesamte Bereich der für die Freie Wohlfahrtspflege ebenfalls relevanten Gesundheitsberufe bleibt ausgeklammert. Es wird der Frage nachgegangen, ob sich in den Daten der amtlichen Statistik eine Entwicklung zum Ausbau von Teilzeittätigkeiten zu Lasten von Vollzeitbeschäftigung oder sogar zu einem absoluten Beschäftigungsabbau erkennen lässt.

Beschäftigte in sozialpflegerischen Berufen

Informationen über die Beschäftigung im Sozialbereich liefert die Statistik der sozialversicherungspflichtig Beschäftigten. Hier wird u.a. die Gruppe der in sozialpflegerischen Berufen Beschäftigten ausgewiesen. Zu dieser Gruppe zählen neben Sozialarbeiter/inne/n[8] und Sozialpädagog/inn/en auch Berufsberater/innen

---

8 Unter der Bezeichnung „Sozialarbeiter/innen, Sozialpfleger/innnen" werden in der Statistik auch Fürsorger, Erziehungsberater, Familienpfleger, Dorfhelfer, Jungend-, Altenpfleger subsumiert.

und Kindergärtner/innen (vgl. Tabelle). Insgesamt haben im Jahr 2004 gut 970.000 Menschen diese Berufe in einem abhängigen Arbeitsverhältnis ausgeübt. Die Angaben beziehen sich ausschließlich auf sozialversicherungspflichtig Beschäftigte ohne Personen in Ausbildung. Nach dieser Abgrenzung sind entsprechend keine Erwerbstätigen berücksichtigt, die ausschließlich ein geringfügiges Beschäftigungsverhältnis haben. Ebenfalls nicht erfasst sind Personen, die beispielsweise als Honorarkraft auf selbständiger bzw. freiberuflicher Basis arbeiten.

Tab. 3: Sozialpflegerische Berufe – Beschäftigte 2004

Berufsordnung	Anzahl	Prozent von Insgesamt
Sozialarbeiter/innen, Sozialpfleger/innen	363.045	37%
Heimleiter/innen, Sozialpädagog/inn/en	231.315	24%
Kindergärtner/innen, Kinderpfleger/innen	366.533	38%
Arbeits-, Berufsberater/innen	11.006	1%
Sozialpflegerische Berufe insgesamt	971.899	100%

Anmerkung: Nur sozialversicherungspflichtig Beschäftigte, ohne Personen in Ausbildung
Quelle: Beschäftigten- und Arbeitslosenstatistik der BA, „Berufe im Spiegel der Statistik", eigene Berechnungen

In sozialpflegerischen Berufen arbeiten überwiegend Frauen (ca. 84%). Der Ausländer/innen-Anteil ist mit 2,5% vergleichsweise gering. Sowohl in Bezug auf die Partizipationsrate von Frauen als auch hinsichtlich der Ausländer/innenbeschäftigung unterscheiden sich die in sozialpflegerischen Berufen tätigen Personen damit erheblich von der Gesamtheit der sozialversicherungspflichtig Beschäftigten.

Die hier betrachteten Beschäftigten arbeiten weit überwiegend im Dienstleistungssektor. Annähernd ein Viertel ist im Bereich „Erziehung, Unterricht, Kultur, Sport, Unterhaltung" tätig, über die Hälfte im Bereich „Gesundheits-, Sozialwesen", weitere knapp 15% arbeiten in der „Öffentlichen Verwaltung, Sozialversicherung" und weniger als 10% in „Übrigen Dienstleistungen". Hinter diesen Durchschnittwerten für die Gesamtheit der in sozialpflegerischen Berufen beschäftigten Personen verbergen sich sehr unterschiedliche Branchenzugehörigkeiten der einzelnen Berufsgruppen. So sind Sozialarbeiter/inne/n zu annähernd 80% im „Gesundheits-, Sozialwesen" beschäftigt. Von den Sozialpädagog/inn/en arbeiten immerhin 70% in dieser Branche. Eine weniger starke Branchenkonzentration gibt es für Kindergärtner/innen. Noch nicht einmal die Hälfte von ihnen ist in der Branche „Erziehung, Unterricht, Kultur, Sport, Unterhaltung" beschäftigt. Jeweils gut 20% arbeiten in der „Öffentlichen Verwaltung, Sozialversicherung" und im „Gesundheits-, Sozialwesen". Wenn hier der Blick auf Beschäftigte in sozialpflegerischen Berufen gerichtet wird, dann handelt es sich also weit überwiegend um Arbeitnehmer/innen, die auch in den für die Freie Wohlfahrtspflege relevanten Wirtschaftsbereichen tätig sind. Gleichwohl sind es gesamtwirtschaftliche Daten. Aus ihnen können lediglich Rückschlüsse auf die Beschäftigungsentwicklung in den Einrichtungen und Diensten der Freien Wohlfahrtspflege gezogen werden. Ein exaktes Abbild der Beschäftigungssituation in der Freien Wohlfahrtspflege ergeben die Daten nicht.

Zur Entwicklung von Beschäftigung und Arbeitslosigkeit

Die Anzahl der Beschäftigten in sozialpflegerischen Berufen ist bis 2004 gestiegen. In der Fünfjahresperiode von 1999 bis 2004 hat die Beschäftigtenzahl um annähernd 120.000 zugenommen. Dies entspricht einem Anstieg um fast 14%.

Abb. 3: Sozialpflegerische Berufe – Beschäftigungsentwicklung

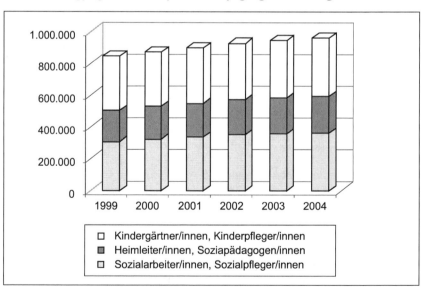

Anmerkung: Nur sozialversicherungspflichtig Beschäftigte

Quelle: Beschäftigten- und Arbeitslosenstatistik der BA, Berufe im Spiegel der Statistik

Per Saldo hat es in allen drei der im Rahmen dieser Untersuchung interessierenden Berufsgruppen in dem Betrachtungszeitraum – gemessen an der Anzahl der beschäftigten Personen – einen Beschäftigungsaufbau gegeben. Der stärkste absolute und relative Zuwachs war bei Sozialarbeiter/inne/n zu verbuchen, gefolgt von Sozialpädagog/inn/en. Allerdings hat der Beschäftigungsaufbau bereits im Jahr 2003 deutlich an Dynamik verloren.

Das Ausmaß des Beschäftigungsaufbaus relativiert sich, wenn die verfügbaren Daten zum Beschäftigungsumfang berücksichtigt werden. Die Anzahl der Beschäftigten mit einer Teilzeittätigkeit von weniger als 18 Stunden hat sich von 1999 bis 2004 nahezu verdoppelt. Insgesamt sind es aber immer noch vergleichsweise wenige Personen, die mit solch einer geringen Arbeitszeit beschäftigt sind. Quantitativ sehr viel stärker ins Gewicht fallen Teilzeitbeschäftigte mit einer Arbeitszeit von 18 Stunden und mehr. Von allen Beschäftigten in sozialpflegerischen Berufen arbeiten 40% mit reduzierter Stundenzahl. Die Teilzeitquote ist in den letzten Jahren deutlich angestiegen. Diese Tendenzaussage gilt für alle drei hier betrachteten Berufsgruppen gleichermaßen. Allerdings ist Teilzeiterwerbstätigkeit in den verschiedenen Berufsgruppen nach wie von unterschiedlicher Bedeutung, wie sich aus der folgenden Tabelle ablesen lässt.

Tab. 4: Teilzeitquoten (Teilzeitbeschäftigte in Prozent aller Beschäftigten)

Berufsordnung	1999	2000	2001	2002	2003	2004
Sozialarbeiter/innen, Sozialpfleger/innen	30,9	32,4	33,6	34,7	35,8	37,0
Heimleiter/innen, Soziapädagogen/innen	26,1	27,8	29,5	30,9	32,4	33,9
Kindergärtner/innen, Kinderpfleger/innen	37,4	40,4	42,9	45,1	46,5	48,1
Sozialpflegerische Berufe insgesamt	32,2	34,3	36,0	37,5	38,7	40,2

Anmerkung: Nur sozialversicherungspflichtig Beschäftigte, ohne Personen in Ausbildung
Quelle: Beschäftigten- und Arbeitslosenstatistik der BA, „Berufe im Spiegel der Statistik", eigene Berechnungen

Die Beschäftigungsbilanz fällt weniger positiv aus, wenn eine Bereinigung um den starken Beschäftigungsaufbau im Teilzeitbereich erfolgt, denn ein Mehr an beschäftigten Personen bedeutet nicht zwangsläufig auch ein Mehr an Beschäftigtenstunden bzw. an Beschäftigungsvolumen. Eine Umwandlung von Vollzeitstellen in Teilzeitstellen oder gar in geringfügige Beschäftigungsverhältnisse findet in allen Bereichen der Wirtschaft statt. Für die sozialpflegerischen Berufe ist festzustellen, dass es in den vergangenen Jahren nicht nur eine Zunahme von

Teilzeitbeschäftigung gegeben hat. Bis zum Jahr 2002 ist auch die Anzahl der Vollzeitstellen gestiegen. Erstmals 2003 wurde der Beschäftigungsaufbau ausschließlich von einer Zunahme der Teilzeitbeschäftigung getragen. Diese Aussage gilt für die Gesamtheit der hier betrachteten sozialpflegerischen Berufe. Sie gilt nicht für Kindergärtner/innen, Kinderpfleger/innen. In dieser Berufsgruppe ist bereits seit mehreren Jahren ein Rückgang der Anzahl der Vollzeitbeschäftigten zu verzeichnen. Der Beschäftigungsaufbau ist hier ausschließlich auf eine überproportionale Zunahme an Teilzeitbeschäftigten zurückzuführen. Im Jahr 2004 waren in allen drei hier betrachteten Berufsgruppen weniger Menschen mit einer Vollzeitstelle beschäftigt als im Vorjahr.

Aufgrund des vergleichweise günstigen Beschäftigungstrends sind Personen mit einem der genannten Zielberufe weniger häufig von Arbeitslosigkeit betroffen als die Gesamtheit der Erwerbspersonen. Die Arbeitsmarktentwicklung ist aber nur in der relativen Betrachtung günstig. Absolut hat auch die Arbeitslosigkeit in den sozialpflegerischen Berufen erheblich zugenommen (vgl. Graphik). Im Jahr 2004 waren ca. 105.000 Personen, die einen sozialpflegerischen Beruf als Zielberuf angegeben haben, arbeitslos gemeldet. Dies entspricht einer Arbeitslosenquote[9] von 9,8%.

Das Arbeitslosigkeitsrisiko ist in den einzelnen Berufen ungleich verteilt. Die Daten für 2004 zeigen: Am höchsten ist die Arbeitslosigkeit mit 12,2% bei Sozialarbeiter/inne/n. Aber auch 9,4% aller beschäftigten und arbeitssuchend gemeldeten Kindergärtner/innen sind ohne sozialversicherungspflichtige Beschäftigung. Dagegen fällt die Arbeitslosenquote von Heimleiter/inne/n, Sozialpädagog/inn/en mit 6,4% vergleichsweise moderat aus. Die Arbeitsmarktsituation ist für dieser Gruppe offenbar weit weniger angespannt als für andere Berufsgruppen, denn auch der Anteil der Langzeitarbeitslosen (ein Jahr und länger arbeitslos) ist deutlich niedriger als bei Sozialarbeiter/inne/n und Kindergärtner/innen.

Die Arbeitslosenstatistik weist auf eine deutliche Anspannung am Markt für sozialpflegerische Berufe hin. Das Bild sieht noch ungünstiger aus, wenn die jüngste Entwicklung berücksichtigt wird. Zum Jahresbeginn 2005 ist die Anzahl der ausgewiesenen Arbeitslosen nochmals deutlich gestiegen. Hierbei ist natürlich zu berücksichtigen, dass die Daten im Jahr 2005 durch die Arbeitsmarktreform (SGB II) „aufgebläht" sind und folglich nicht ohne weiteres mit denen der Vorjahre verglichen werden können.

Zusammenfassend lässt sich festhalten, dass sich der Beschäftigungsaufbau – gemessen an der Anzahl der beschäftigten Personen – in den sozialpflegerischen

---

9 Die Arbeitslosenquote ist hier definiert als Prozent-Anteil der Arbeitslosen mit dem jeweiligen Zielberuf an den sozialversicherungspflichtig Beschäftigten (ohne Personen in Ausbildung) zuzüglich der Arbeitslosen in dem jeweiligen Zielberuf.

Abb. 4: Sozialpflegerische Berufe – Arbeitslose

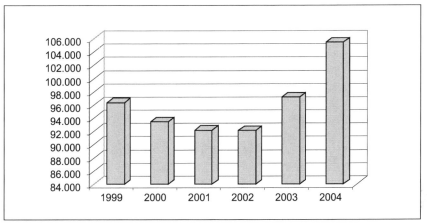

Anmerkung: Arbeitslose mit einem sozialpflegerischen Zielberuf
Quelle: Bundesagentur für Arbeit, Arbeitslosenstatistik

Berufen bis ins Jahr 2004 fortgesetzt hat. Allerdings hat die Dynamik deutlich nachgelassen. Der bereits seit mehreren Jahren zu verzeichnende Trend zu einer höheren Teilzeitquote ist ungebrochen. Für die Gruppe der Kindergärtner/innen, Kinderpfleger/innen ist bereits seit mehreren Jahren festzustellen, dass der Beschäftigungsaufbau ausschließlich durch die Ausweitung von Teilzeittätigkeit erfolgt. Dies gilt 2004 für die Gesamtheit der sozialpflegerischen Berufe: Die Anzahl der Beschäftigten ist zwar gestiegen, dies ist aber lediglich auf eine Ausweitung von Teilzeitbeschäftigung zurückzuführen. Die Anzahl der Vollzeit erwerbstätigen Personen ist gesunken und damit wahrscheinlich auch das gesamte Arbeitsvolumen.

2. Wohlfahrtsverbände auf dem Weg in die Sozialwirtschaft

Strategische Unternehmensentwicklung zwischen Wettbewerb, Kontraktmanagement und sozialpolitischem Selbstverständnis

2.1 Vorbemerkung

Das System sozialer Dienstleistungserbringung in der Bundesrepublik Deutschland weist im europäischen und internationalen Vergleich einige Besonderheiten auf, deren Verständnis substantielle Voraussetzung für den sozialwirtschaftlichen Transformationsprozess ist. Hervorzuheben ist hier insbesondere das Subsidiaritätsprinzip, dessen Wurzeln in der katholischen Soziallehre des 18. und 19. Jahrhunderts zu verorten sind und das über Jahrzehnte prägend für das Verhältnis von öffentlicher und privater Wohlfahrtspflege gewesen ist. Bedeutsam hierbei ist, dass aus dem in der Sozialenzyklika von Papst Leo XIII aus dem Jahre 1891 formulierten Prinzip des Vorrangs der kleinen Gemeinschaften gegenüber dem Staat in der Weimarer Republik ein Organisationsprinzip des Wohlfahrtsstaates wurde: Hier ging es weniger um den Schutz des katholischen Vereinslebens als um die Förderung privater Großorganisationen der Wohlfahrtspflege als Gegengewicht zu den befürchteten Sozialisierungstendenzen kommunaler Sozialpolitik (Sachße 2003). In der Bundesrepublik Deutschland ist dieses Strukturprinzip prägend für das Zusammenwirken von öffentlichen und freien Trägern der Wohlfahrtspflege geworden. Der Begriff der „partnerschaftlichen Zusammenarbeit" markiert dabei eine Tendenz der „Verstaatlichung von Sozial- und Jugendhilfe" (ebenda, S. 29), der durch die zunehmende Einbindung der freien Träger in einen umfassenden Planungsverbund seinen Ausdruck findet. Betrieb und Förderung von Einrichtungen wurden im Rahmen dieser Entwicklung zunehmend von öffentlichen Vorgaben abhängig gemacht und der Gestaltungsspielraum der freien Träger durch bürokratische Regelungen eingeschränkt. Das wohlfahrtsstaatliche Organisationskonzept der Subsidiarität findet seinen Ausdruck in gesetzlichen Regelungen, die das Zusammenwirken von öffentlicher und Freier Wohlfahrtspflege betreffen und die sich kursorisch folgendermaßen zusammenfassen lassen:

Sieht man von der Pflegeversicherung ab, dann richtet sich im Bereich der sozialen Dienste der Versorgungsauftrag des Staates in erster Linie an die kommunale Ebene. Für diese gilt nicht nur der verfassungsrechtliche Auftrag zur „Daseinsvorsorge für die Anliegen der örtlichen Gemeinschaft", sondern auch der in § 17 Abs. 2 SGB I festgeschriebene Auftrag zur Bereitstellung einer angemessenen Versorgungsinfrastruktur. Die konzeptionelle Ausgestaltung und die praktische Gewährleistung sozialer Dienstleistungen sind originäre kommunale Angelegenheiten in Zusammenarbeit mit freien Trägern, an die viele Aufgaben der Leistungserstellung delegiert sind.

Die sozialpolitischen Aufgaben der Kommunen erstrecken sich auf zwei Felder: zum einen auf Pflichtleistungen und freiwillige Leistungen im Rahmen der kommunalen Selbstverwaltung, zum anderen auf Auftragsangelegenheiten, die Bund oder Länder an die Kommunen delegieren (z.b. Versorgung und Unterbringung von Asylbewerbern). Die Sozialdienste im Rahmen des BSHG sowie Leistungen des KJHG sind Pflichtleistungen der kommunalen Selbstverwaltung. Freiwillige Leistungen sind vorrangig Hilfen für Wohnungslose, Arbeitslose oder Behinderte, Teile der „offenen Altenhilfe" oder Beratungs- und Koordinationsstellen.

Sozialleistungen, die in der Erbringung von Diensten bestehen, etwa in Form von Behandlung oder pflegerischer Unterstützung, werden in der Bundesrepublik in der Regel nicht von den leistungsverpflichteten Trägern, sondern von Dritten, z.B. Ärzten, Krankenhäusern, Alten- oder Pflegeheimen und ambulanten Diensten, erbracht. Diese Dritten (im Sozialrecht Leistungserbringer genannt) sind unter marktwirtschaftlichen Gesichtspunkten Anbieter von Dienstleistungen. Es besteht jedoch eine öffentliche Verantwortung dafür, dass diese Dienstleistungen auch vorhanden sind. Insbesondere bleibt den Kommunen eine gesetzlich festgeschriebene Infrastrukturverantwortung, die in der Regel durch bestimmte Planungs- und Fördermaßnahmen wahrgenommen wird.

Im Bereich der Jugendhilfe obliegt den Trägern der öffentlichen Jugendhilfe die Gesamtverantwortung einschließlich der Planungsverantwortung (§ 79 SGB VIII). Die Wohlfahrtsverbände und die Kirchen treten als Träger eigener sozialer Dienste auf: auf dem Gebiet der Sozialhilfe ist diesen Akteuren gesetzlich die Selbstständigkeit und ein Anspruch auf öffentliche Förderung garantiert (§ 10 BSHG), auf kommunaler Ebene gilt das Subsidiaritätsprinzip, nach dem die Träger der Freien Wohlfahrtspflege und die Kirchen einen Vorrang vor den öffentlichen Trägern genießen.

In der Pflegeversicherung sind die kommunalen Pflichtleistungen nachrangig nicht nur hinter den frei-gemeinnützigen Trägern, sondern auch in Bezug auf privatgewerbliche Träger (§ 11 Abs. 2 SGB IX).

Die Zusammenarbeit der öffentlichen Verwaltung mit gemeinnützigen Organisationen des Dritten Sektors (Nonprofit-Organisationen), insbesondere den Wohlfahrtsverbänden im Bereich der Sozialpolitik, hat eine lange Tradition und ist ein zentrales Charakteristikum des modernen Wohlfahrtsstaats. In der Bundesrepublik Deutschland ist das Kooperationsverhältnis von öffentlicher und

Freier Wohlfahrtspflege in einem differenzierten Regelwerk ausgebildet, das sowohl Selbstständigkeitsgarantien (§ 17 Abs. 3 Satz 2 SGB 1; § 4 Abs. 1 Satz 2 KJHG), als auch Subsidiaritätsbestimmungen (§ 4 Abs. 2 KJHG, § 93 Abs. 1 BSHG) und Kooperationsgebote (§ 17 Abs. 3 Satz 1 SGB 1) umfasst.

Die Einbindung der Freien Wohlfahrtspflege in die sozialstaatliche Leistungserbringung wurde auch als Entwicklung von der Subsidiarität zum Neokorporatismus diskutiert, der das Verhältnis von öffentlichen und freien Trägern der Wohlfahrtspflege als einen komplexen Kooperationszusammenhang diskutiert, der durch wechselseitige Abhängigkeiten und Verflechtungen zusammengehalten wird. Der Einfluss der Wohlfahrtsverbände wird dabei in ihrer Funktion als Bestandteil der Willensbildungsstruktur des Sozialstaats gesehen, der weit über Lobbyfunktionen hinausgeht. Dabei wird den Wohlfahrtsverbänden als intermediären Organisationen die Aufgabe zugewiesen, „nach unten" Akzeptanz, Legitimität und Loyalitätsbindungen zu vermitteln und „nach oben" Abstimmung mit anderen Formalorganisationen zu organisieren, um den Zugang zu bestimmten Ressourcen und Einflusschancen zu sichern.

Die spezifische bundesdeutsche Dienstleistungsmixtur im Sozialsektor wird aber noch durch andere Vorentscheidungen bestimmt: Hierzu gehört die eher randständige Berücksichtigung des Dienstleistungsbereichs in der sozialrechtlichen Kodifizierung und die Konzentration auf Geldleistungen. Hierzu gehört auch die Entscheidung für oder gegen eine Dienstleistungsstrategie (gegenüber einer Einkommensstrategie), z.B. ausgedrückt durch die Leitlinie Reha vor Rente oder Prioritätensetzungen innerhalb des Dienstleistungsbereichs, ausgebildet durch die Leitlinie „Ambulant vor stationär". In den letzten Jahren ist mit der Etablierung neuer Stellschrauben das System der Dienstleistungsproduktion noch komplexer geworden und informelle Unterstützungsnetzwerke sind verstärkt in den Prozess der Leistungserstellung einbezogen worden. Mit der spezifischen Konstruktion der Pflegeversicherung wird eine neue Stellschraube gesetzt: Einerseits wird zwar dem Pfad der Sozialversicherungsarchitektur gefolgt (obwohl privatwirtschaftliche und steuerfinanzierte „Lösungen" in der Diskussion waren), andererseits wird eine Wettbewerbskonstellation in die Dienstleistungserbringung eingeführt, die seitdem systematisch auf andere Dienstleistungsbereiche ausgedehnt wurde. Inzwischen wird sogar schon von einer Änderung der Governance-Struktur des Wohlfahrtsstaats gesprochen, die darin besteht, das „Wettbewerbsmodell des Marktes" für die Erstellung öffentlicher Dienstleistungen nutzbar zu machen.

Wesentliches Instrument der Veränderung der klassischen subsidiären Organisationsbeziehungen im Verhältnis öffentlicher und freier Träger sind sozialrechtliche Bestimmungen, die in den letzten Jahren einen Trend zu „mehr Wettbewerb" erkennen lassen und die den Ausgangspunkt der Modernisierung der sozialwirtschaftlichen Organisationen markieren. Wir wollen im Folgenden die wesentlichen Veränderungen darstellen.

2.2 Zur Einführung von Wettbewerb in das wohlfahrtsstaatliche Organisationsmodell

Seit geraumer Zeit ist im Sozial- und Gesundheitssektor eine Veränderung der traditionellen Kooperations- und Austauschbeziehungen zwischen öffentlichen, freien und privaten Trägern beobachtbar. Sozialarbeiterisches wie gesundheitsberufliches Handeln sollen grundsätzlich neu koordiniert werden, wobei die Inszenierung von Wettbewerb zwischen den Leistungserbringern und die Etablierung quasi-marktlicher Beziehungen zwischen Leistungserbringern und Leistungsberechtigten (Patienten, Klienten) einerseits und Leistungserbringern und öffentlichen Kostenträgern andererseits als optimale Strategie empfohlen wird. Die Etablierung von Wettbewerbselementen im sozialen Dienstleistungssektor lässt sich rückblickend wie folgt zusammenfassen:

a) In der Sozialgesetzgebung der letzten Jahre lässt sich ein Trend beobachten, den man als Auflösung und Eliminierung der bedingten Vorrangstellung der Träger der Freien Wohlfahrtspflege (z.B. § 10 BSHG) bei der sozialen Dienstleistungserstellung einstufen muss. Ziel ist es, die Trägerlandschaft zu pluralisieren, um „Trägerkonkurrenz" (Backhaus-Maul 1996; Backhaus-Maul/Olk 1994) zu initiieren. Mit dem KJHG begann zu Beginn der 1990er Jahre der Versuch, den Begriff des „freien Trägers" über das „verbandszentrierte Subsidiaritätsverständnis" (Backhaus-Maul 1996, S. 283) auszudehnen. Die angestrebte Trägerkonkurrenz war zu diesem Zeitpunkt – ganz im Geiste des KJHG – eher fachpolitisch als effizienztheoretisch begründet und dementsprechend weit ist der Trägerbegriff des KJHG gefasst: Träger von Maßnahmen und Einrichtungen kann man werden, wenn man geeignete, lebensweltorientierte Angebote für Zielgruppen erstellen und fachlich-methodisch übermitteln kann. Der Versuch, mehr Trägerkonkurrenz zu erzeugen, wurde neu bestimmt, als 1994 mit der Neufassung von § 93 BSHG erstmals Wirtschaftlichkeitsregeln für die Träger von sozialen Einrichtungen formuliert wurden, die seitdem mehrfach (1996 und 1999) präzisiert und weiterentwickelt wurden, in der Absicht, freie Träger und gewerbliche Anbieter gleichzustellen. Mit den seit dem 1.1.1999 in Kraft getretenen Neufassungen von § 93 BSHG (Leistungsvereinbarungen) und §§ 78a-78g KJHG (Vereinbarungen über Leistungsangebote, Entgelte und Qualitätsentwicklung) kennt die Sozialgesetzgebung keine freien Träger mehr, sondern nur noch Leistungserbringer und hat damit faktisch den bedingten Vorrang der Träger der Freien Wohlfahrtspflege soweit außer Kraft gesetzt, dass auch die nach § 10 BSHG noch bestehenden Privilegierungen der Wohlfahrtsverbände praktisch kaum noch Bedeutung haben. Die gesamte Sozialgesetzgebung ist dabei nachzuholen, was mit dem Pflegeversicherungsgesetz von 1995 eingeleitet wurde (vgl. Landenberger 1994): die Einführung eines Systemwechsels bzw. Paradigmenwechsels in der sozialen Arbeit; was anfänglich auf einen Teilbereich der Sozialen Arbeit beschränkt war, hat sich zum konstitutiven Merkmal des sozialen Dienstleistungssektors weiterentwickelt.

b) Nach dem Vorbild der sozialen Pflegeversicherung und der Sozialhilfe ist mit Wirkung ab dem 1.1.1999 auch in der Kinder- und Jugendhilfe die so genannte Pflegesatzfinanzierung neu geregelt worden. Unter Pflegesatz- oder Entgeltfinanzierung versteht man die Übernahme von Kosten des Leistungsberechtigten durch das Jugendamt, die dieser für die Inanspruchnahme einer Einrichtung bzw. eines Dienstes aufgewandt hat bzw. zu zahlen verpflichtet ist, nachdem das Jugendamt vorab den Hilfebedarf festgestellt und eine Zusage zur Übernahme der entstehenden Kosten erteilt hat.

Mit dieser Neuordnung sollen alle Leistungserbringer, also Träger der öffentlichen Jugendhilfe als Leistungsanbieter, frei-gemeinnützige und privatgewerbliche Anbieter einheitlichen Zugangs- und Finanzierungsbedingungen unterworfen werden. Damit soll eine Gleichstellung aller Leistungsanbieter erfolgen, um auf diese Weise für gleiche Leistungen möglichst gleiche Preise festlegen zu können. Übernommen werden nicht mehr die tatsächlichen Selbstkosten der Leistungserbringer, sondern prospektiv vereinbarte Kosten auf der Grundlage einer Leistungsbeschreibung und einer vereinbarten Belegquote. Nachträgliche Ausgleiche sind nicht zulässig. Vereinbart werden nicht nur Leistungen und darauf bezogene Preise, sondern auch Grundsätze und Maßstäbe für die Bewertung der Qualität der Leistungen sowie Maßnahmen zur Gewährleistung der Qualität. Zwar ist dieser Finanzierungsmodus bundesrechtlich bisher nur für stationäre und teilstationäre Leistungen vorgeschrieben. In der Praxis wird aber auch für ambulante Leistungen zunehmend auf eine Finanzierung über Fachleistungsstunden zurückgegriffen.

c) Dass sich grundlegender gesellschaftlicher Wandel auch im Recht niederschlägt und sich anhand des Rechtes rekonstruieren lässt, weiß man seit Emile Durkheims Studie über die soziale Arbeitsteilung: die Etablierung einer neuen wettbewerbsbasierten Ordnungsstruktur im sozialen Dienstleistungsbereich hat auch zum Dominantwerden neuer vertragsrechtlicher Beziehungen zwischen Dienstleistungserbringern und öffentlichen Kostenträgern geführt. Werden durch die Sozialgesetzgebung alte Anbieter und neue Marktteilnehmer gleichgestellt, dann müssen auch die „Geschäftsbeziehungen" zwischen Staat und nicht-öffentlichen Anbietern (freien und gewerblichen Leistungserbringern) neu geordnet werden (vgl. Mehls/Salas-Gomez 1999; Münder 1998), was sich insbesondere durch die Abschaffung des Selbstkostenerstattungsprinzips und die Einführung neuer leistungsbezogener Entgelte (§ 93 BSHG ; §§ 77, 78a-78g KJHG; §§ 75, 84f PflegeVG) in der Sozialgesetzgebung vollzieht. Die zu Anbietern und Leistungserbringern gewordenen Träger sozialer Hilfen und Einrichtungen sind über den Preis und die Qualität der von ihnen erstellten und erbrachten Leistung vergleichbar geworden, und Staat und Verwaltung greifen verstärkt auf die im Verwaltungsrecht enthaltene Möglichkeit zurück, ihre Beziehungen zu den Leistungserbringern in verschiedenen Rechtsformen zu organisieren. Durch die neuere Sozialgesetzgebung gestützt, machen Staat und Verwaltung zunehmend für sich ein Wahlrecht der Finanzierungsart geltend, um damit Marktsteuerung auszuüben. Durch die Einführung leistungsbezogener Entgelte für die freien Träger wird in weiten Bereichen des organisierten Helfens die klassische Zuwendungsfinanzierung wenn nicht eliminiert, so aber doch stark zurückgedrängt und durch neue privatrechtliche Vertragsformen ersetzt, die es auch zum Teil ermöglichen, die Vergabe von Verträgen durch Ausschreibung zu steuern. An Bedeutung gewonnen haben Kostensatzrahmenvereinbarungen und darauf fußende örtliche Kostensatzvereinbarungen (bzw. Pflegesatzvereinbarungen) mit einzelnen Trägern oder Einrichtungen, die in der Regel den Charakter öffentlicher Verträge (Verträge im Koordinationsverhältnis, koordinationsrechtliche Verträge, vgl. Maurer 1997, 351ff.) haben und die Bereitstellung von Leistungen regeln und dabei den Leistungen prospektive Kosten- oder Pflegesätze (Entgelte) zuordnen. Die Bezahlung der erbrachten Leistungen erfolgt retrospektiv in dem Maße wie vorab festgelegte Leistungen erbracht wurden. Privatrechtliche Leistungsverträge – im Sinne des EU-Rechts – können nach § 55 der Bundeshaushaltsordnung nur abgeschlossen werden, wenn ein öffentlicher Auftrag zur Erledigung einer Aufgabe vorliegt und ein individueller Rechtsanspruch auf diese Leistung begründbar ist, wie z.B. im Bereich der Kindertagesstätten, wo aber bislang auch nur „Versorgungsverträge" im Sinne des öffentlichen Rechts geschlossen werden. Mittels privatrechtlicher Leistungsverträge würden Staat und Verwaltung konkrete Leistungen nach vorheriger Ausschreibung und Verhandlung für einen meist längeren Zeitraum „kaufen" oder „erwerben"; privatrechtliche Leistungsverträge sind Beschaffungs- oder Bedarfsdeckungsverträge, da nicht nur die Bereitstellung sozialer Angebote durch Versorgungsverträge gesichert wird (vgl. Stähr/Hilke 1999; Mehls/Salas-Gomez 1999; Münder 1998; Freier 1995). Die privatrechtliche Vertragsform steht zur Verfügung und ist verwaltungsrechtlich zulässig, wird bislang aber nur in Ausnahmefällen (z.B. Maßnahmen der Jugendberufshilfe durch die Arbeitsverwaltung) genutzt, da sie auch mit Nachteilen für die Verwaltung verbunden ist: der Vertragsnehmer würde Erfüllungsgehilfe der Verwaltung (was gegen den Leitgedanken der Subsidiarität verstieße) und bei der Verwaltung verbliebe die Verantwortung (Haftung) für Fehler bei der Leistungserfüllung.

Öffentliche Kostenträger und Leistungserbringer regeln zunehmend ihre Beziehungen im Rahmen öffentlich-rechtlicher Verträge (privatrechtliche Leistungsverträge bilden derzeit die absolute Ausnahme), nachdem durch die zuvor etablierte Trägerkonkurrenz genügend „Konkurrenzdruck" zu einer möglichst effizienten Erfüllung sozialpolitischer Aufgaben hergestellt wurde (vgl. Backhaus-Maul 1996, S. 284). Der Wandel der Rechtsform zur Regelung der öffentlichen Finanzierung sozialer Dienste und Einrichtungen macht deutlich, dass das Verhältnis zwischen öffentlichem Kostenträger und Leistungserbringer zwar enthierarchisiert wird, was aber nicht ausschließt, dass „Marktmacht" ungleich verteilt ist: durch die Etablierung von Trägerkonkurrenz verfolgen Staat und Verwaltung die Zwecksetzung, ihre Position als Nachfrager sozialer Dienste zu stärken.

d) Die Neuorganisation des sozialen Dienstleistungssektors mittels Elementen des Wettbewerbsmarktmodells sowie durch Rückgriff auf öffentliches Vertrags- und Privatrecht verfolgt auch das Ziel, die als Neokorporatismus bezeichnete Zusammenarbeit von Verbänden und Staat im sozialen Dienstleistungssektor neu zu gestalten. Damit soll die Exklusivität einiger Verhandlungspartner bei der Formulierung sozialpolitischer Programme sowie im Aushandlungsprozess von Entgeltrahmenvereinbarungen relativiert werden (vgl. Heinze/Voelzkow 1998, Backhaus-Maul/Olk 1997). Einige Ökonomen betrachten das neokorporatistische Arrangement als „bilaterales Kartell" bei der Versorgung mit sozialen Diensten: „Der Konzentration der Sozialhilfeträger und Sozialversicherungen als Kostenträger und Nachfrager steht das Wohlfahrtskartell auf der Angebotsseite gegenüber" (Monopolkommission S. 450). Da in Teilen der älteren Sozialgesetzgebung gefordert wurde, landesweite einheitliche Rahmenverträge auszuhandeln und Arbeitsgemeinschaften zu gründen, wurde aus der Sicht ökonomischer Kritiker durch die alte Ordnungsstruktur die Entstehung korporatistischer Arrangements begünstigt (vgl. Meyer 1997, S. 163f). Dieser Seite des Neokorporatismus sollte durch die Einführung preis- und leistungsbezogener Entgeltregelungen in der jüngsten Sozialgesetzgebung der Boden entzogen werden. Auch durch die Etablierung von Trägerkonkurrenz sind die Möglichkeiten zur Bildung kartellähnlicher Strukturen zurückgedrängt worden. Deregulierungsbedarf besteht aber weiterhin aus Sicht der Kritiker, da durch den Zusammenschluss der sechs Spitzenverbände der Freien Wohlfahrtspflege zur Bundesarbeitsgemeinschaft weiterhin „Kartellabsprachen" organisierbar sind.

e) Die Einführung einer wettbewerblichen Rahmenordnung im sozialen Dienstleistungssektor lässt sich auch an einem in der Diskussion eher vernachlässigten Aspekt, der bei der Thematisierung von Wettbewerb im Sozialsektor leicht übersehen wird (vgl. Hansen 1997), weiter verdeutlichen: an Maßnahmen, die der Stärkung der strukturell schwachen Position der Leistungsempfänger dienen. Wurden anfänglich bei der Etablierung einer wettbewerblichen Rahmenordnung im sozialen Dienstleistungssektor primär Entgeltregelungen und Wirtschaftlichkeitsregeln eingeführt, so werden nun auch zunehmend Regelungen zur Sicherung von Qualitäts- und Leistungsstandards getroffen (§ 93 BSHG; §§ 77, 78a-

78g KJHG; §§ 80 PflegeVG), nicht zuletzt auch deshalb, weil die Einführung des Preiswettbewerbs eine Kostendämpfungsmaßnahme darstellte (Hansen 1997, S. 16). Der Preiswettbewerb bei der Erstellung sozialer Dienste wurde um den Qualitätswettbewerb erweitert. Qualitätswettbewerb soll verhindern, dass die Neuorganisation des sozialen Dienstleistungssektors mit Qualitätseinbrüchen einher geht. Festgelegte und dokumentierte Qualitätsstandards sollen darüber hinaus dem Leistungsberechtigten Informationen über den Anbieter geben, so dass er seine Nachfrageentscheidung rationaler treffen kann. Aus der Sicht der Anbieter haben Qualitätsstandards das Ziel, „den Kunden gegenüber zu dokumentieren, dass das Unternehmen Qualitätsanforderungen festgelegt hat und diese in rationeller Weise erfüllt" (Bandemer 1998, S. 370).

Ganz im Sinne modernen Qualitätsmanagements will der Gesetzgeber die Leistungserbringer durch externe, vertraglich vereinbarte Qualitätskontrollen dazu anhalten, die Qualitätsverbesserung ihrer Leistungen zu betreiben und interne Qualitätskontrollen zu etablieren. Die Stellung des Leistungsberechtigten als Letztnachfrager sozialer Dienstleistungen soll durch den Qualitätswettbewerb tendenziell gestärkt werden, da dessen Stellung am Markt sozialer oder gesundheitlich-medizinischer Leistungen strukturell schwach ist und die Wahrscheinlichkeit hoch ist, beim „Einkauf" sozialer Dienstleistungen Fehlentscheidungen zu treffen. Qualitätsmanagement soll – wie in anderen Ländern auch – die Entstehung einer Kunden- bzw. Konsumentenorientierung sozialer Dienstleistungsanbieter fördern (vgl. Hansen 1997). Eine Verpflichtung, den „Kunden" am Prozess der Qualitätssicherung zu beteiligen und ihn maßgeblich definieren zu lassen, was Qualität ist, ist in der bundesrepublikanischen Sozialgesetzgebung im Gegensatz zu anderen Ländern bislang noch unterentwickelt.

Fasst man die zentralen Zielsetzungen der obig genannten Veränderungen zusammen, so zielen diese darauf, durch Wettbewerb und Ökonomisierung Leistungsreserven bei den Leistungserbringern (Anbietern) freizusetzen und die Kosten der sozialen Dienstleistungserbringung insgesamt zu senken. Durch Leistungs- und Kostenvergleiche soll eine Markttransparenz hergestellt werden und auf diese Weise das öffentlich finanzierte bzw. den Klienten zugängliche Angebot gesteuert werden.

Dabei wird der durch Hoffnung auf Kostenersparnis motivierte Gedanke des Wettbewerbs in den letzten Jahren zunehmend flankiert durch die Entwicklung des Europäischen Gemeinschaftsrechts. Dieses ist durch die Prinzipien der Niederlassungs- und Dienstleistungsfreiheit gekennzeichnet und tendiert dazu, nicht zwischen der Produktion von Gütern und sozialen Dienstleistungen zu unterscheiden und damit auch die traditionelle Differenzierung zwischen frei-gemeinnützigen und privatgewerblichen Anbietern aufzuheben.

2.3 Europäische Sozialpolitik und europäisches Gemeinschaftsrecht als Katalysator der sozialwirtschaftlichen Transformation

a) Sozialpolitik gilt traditionell als zentraler Baustein territorialer Staatlichkeit. Die Sozialpolitik gehört demnach zu den Politikfeldern, auf die der im europäischen Vertragswerk formulierte Politikgestaltungsauftrag eines subsidiären Europas zutrifft:

> „Die Gemeinschaft wird nach dem Subsidiaritätsprinzip nur tätig, sofern und soweit die Ziele der in Betracht gezogenen Maßnahmen auf Ebene der Mitgliedsstaaten nicht ausreichend erreicht werden können und daher wegen ihres Umfangs oder ihrer Wirkungen besser auf Gemeinschaftsebene erreicht werden können." (Art. 5 EGV)

Folgt man der Unterscheidung von Leibfried (2000, S. 84f), dann können als Folge der europäischen Integration im Bereich der Sozialpolitik drei Prozesse der Transformation nationaler Wohlfahrtsstaaten unterschieden werden: die positive Integration, die zu einer Verlagerung von sozialpolitischen Kompetenzen weg von den nationalen Entscheidungsträgern auf die Ebene der Gemeinschaftsorgane führt, die negative Integration, die alle Entwicklungen umfasst, die sich in den Bemühungen um die Herstellung von Marktkompatibilität in Europa darstellen und die unmittelbaren Zwänge, die beispielsweise durch die Erreichung von Konvergenzkriterien im Vorfeld der Währungsunion auf die Sozialhaushalte wirken. Für den Sektor der sozialen Dienstleistungsproduktion ist interessant festzustellen, dass hier Prozesse negativer Integration weitaus stärker wirken als diejenigen positiver Integration. Dies hat zur Folge, dass die Wirkungen des europäischen Integrationsprozesses auf die nationale Sozialpolitik eher indirekter Natur sind, es aber falsch wäre, die Relevanz des europäischen Einigungsprozesses für das Soziale zu unterschätzen.

b) Resümiert man das Sozialpolitikkapitel der EU, dann zeigen sich folgende Entwicklungen: Die europäischen Verträge enthalten zwar einzelne sozialpolitisch relevante Artikel, jedoch gibt es keine konzeptionell definierte Sozialpolitik, die Gemeinschaften verfügen über kein eigenständiges sozial- und arbeitsmarktpolitisches Konzept mit umfassender Definition. So ist die Charta der sozialen Grundrechte kein bindendes Gemeinschaftsrecht, sondern eine politische Absichtserklärung, mit der Prioritäten gesetzt werden sollen. Das vom Europäischen Rat im Dezember 1991 verabschiedete Protokoll über die Sozialpolitik, das als Anhang in den Maastrichter Vertrag aufgenommen wurde, legt den Rahmen für die Realisierung einiger Ziele auf dem Gebiet des Arbeitsrechts fest und das von der Kommission 1994 verabschiedete Weißbuch Europäische Sozialpolitik stellt den Versuch dar, eine Gemeinschaftsstrategie zur Konsolidierung und Weiterentwicklung der Maßnahmen in der Sozialpolitik zu erreichen. Mit der Hineinnahme der Sozialpolitik in das europäische Vertragswerk ab 1997 scheint die Unverbindlichkeit gemeinschaftlichen sozialpolitischen Handelns ein für allemal beendet. Die Staats- und Regierungschefs der Mitgliedsstaaten haben zusammen mit dem Präsidenten der Europäischen Kommission auf dem Gipfeltreffen von Lissabon im März 2000 erklärt:

„Die Union hat sich heute ein neues strategisches Ziel für das kommende Jahrzehnt gesetzt: das Ziel, die Union zum wettbewerbsfähigsten und dynamischsten wissensbasierten Wirtschaftsraum in der Welt zu machen – einem Wirtschaftsraum, der fähig ist, ein dauerhaftes Wirtschaftswachstum mit mehr und besseren Arbeitsplätzen und einem größeren sozialen Zusammenhalt zu erzielen." (Europäischer Rat 2000, S. 3)

Auf dieses Ziel sollen alle einzelnen Fachpolitiken der Union und in den Mitgliedsstaaten hinwirken, ergänzt um eine auf europäischer Ebene gebündelte „neue offene Methode der Koordination auf allen Ebenen".

Dieses doppelte Ziel von Lissabon: Marktintegration und soziale Kohäsion erreichen zu wollen, stellt indes keine Neuorientierung europäischer Politik dar. Seit der Gründung der EWG steht, nicht zuletzt mit Blick auf die Größenvorteile des US-amerikanischen Marktes, die Entgrenzung nationaler Volkswirtschaften auf der europäischen Agenda. Die Anforderung, ein „hohes Maß an sozialem Schutz" zu gewährleisten, sowie die Zielsetzung, den „sozialen Zusammenhalt" zu fördern, ergänzen diese Zielbestimmung des Artikel 2 des EG-Vertrages seit seiner Reform in Maastricht 1992. Lissabon bekräftigt beide Teilziele und bekräftigt die Rangfolge zwischen ihnen (erstens: ein Wirtschaftsraum, der zweitens zu einem durchschlagenden Wachstum fähig ist).

c) Die Kommission verfolgt mit der Strategie der sozialen Konvergenz eine Politik, die die Mitgliedsstaaten dazu zwingt, ihre nationalen Politiken näher aufeinander abzustimmen. Zur Konvergenzstrategie gehören neben dem ständig wachsenden Regelwerk (aquis communitaire) im Sozialbereich der von der Kommission und ihren Generaldirektionen unterstützte Erfahrungs- und Informationsaustausch auf den Ebenen der Sozialministerien, der subnationale staatliche und nicht-staatliche Akteure zu einem De-facto-Konvergieren veranlasst – ohne die Sozialsysteme konkret und erheblich zu verändern.

Zweifellos gewinnt die mit der EU installierte Suprastaatlichkeit Schritt für Schritt Einfluss auf die Gestaltung nationaler Dienstleistungspolitiken und wirkt im Sinne eines stetig wachsenden Harmonisierungsdrucks. Um einige Beispiele zu nennen:

Durch die passive Dienstleistungsfreiheit und das Gebot der Inländergleichbehandlung verlieren die Nationalstaaten die alleinige Kontrolle über den Kreis der Empfänger/innen von sozialen Dienstleistungen. Staatsangehörige anderer Mitgliedsstaaten haben entsprechend den Inländer/inne/n Anspruch auf Sozialleistungen wie Rente, Kindergeld, Arbeitslosen- und Krankenversicherung – und sogar auf Sozialhilfe in begrenztem Umfang, wenn sie die Voraussetzungen aufgrund ihrer Beschäftigung im Inland erfüllen.

Zumindest vom Grundsatz her ist es Anbietern aus anderen Mitgliedstaaten möglich, Dienstleistungen im Inland zu erbringen.

Durch die Angleichung und gegenseitige Anerkennung der Ausbildungen verlieren sie zudem die alleinige Kontrolle über die Qualifikation der Dienstleistungsanbieter, d.h. über den Zugang zu ihrem Dienstleistungssystem.

d) Im Bereich der staatlichen Beihilfen ist die Souveränität der Mitgliedstaaten ebenfalls und in erheblichem Maße eingeschränkt. Das Gemeinschaftsrecht überformt hier das nationale Recht und nimmt Einfluss auf die Subventionsentscheidungen der Mitgliedstaaten. Zwei Punkte des staatlichen Souveränitäts- und Autonomieverlustes sind festzuhalten:

– Staatliche Instanzen auf unterschiedlichen Ebenen können nicht mehr frei und alleine darüber entscheiden, wer (welches Unternehmen, welche Organisation) staatliche Zuschüsse als Beihilfen/Subventionen erhält; die staatliche Definitionsmacht über die Empfänger/innen der Subventionen ist eingeschränkt.
– Auch die Entscheidung darüber, unter welchen Bedingungen, zu welchem Zweck und in welcher Höhe der Staat Beihilfen zahlt, unterliegt nicht mehr der alleinigen staatlichen Kontrolle. Obwohl gerade im sozialen Bereich noch unklar ist, welche staatlichen Beihilfen in der Bundesrepublik mit EG-Recht kompatibel sind, muss doch prinzipiell die Einschränkung der Entscheidungsfreiheit über den Einsatz von Subventionen registriert werden.

e) Als Weg zur Erreichung des Lissaboner strategischen Zieles setzt der Europäische Rat weder auf eine Renationalisierung noch Supranationalisierung, sondern auf eine „Verbesserung der bestehenden Prozesse" mittels einer neuen Methode der Koordination. Eine Veränderung des status quo der Kompetenzverteilung wird nicht angestrebt. In der „Mitteilung zur Stärkung der sozialen Dimension" vom Mai 2003 hat die Europäische Kommission Vorschläge zur Straffung der Methode der offenen Koordinierung (OMK) unterbreitet. Sie schlägt in dem Papier vor, die separaten Prozesse der OMK in den Bereichen soziale Integration, Rente und Gesundheit/Langzeitpflege zusammenzuführen. Statt der bisherigen einzelnen Aktionspläne und Strategieberichte sollen mit dem Ziel des „Streamlining" ab 2005 jährlich zusammenfassende nationale Berichte erstellt werden, die in einen gemeinsamen Sozialschutzbericht der Europäischen Kommission und des Europäischen Rates münden. Die Bundesarbeitsgemeinschaft der Freien Wohlfahrtspflege sieht in diesen Plänen die Gefahr, dass dies zu einem Bedeutungsverlust von Aktionsplänen führen könne, weil die nationalen Regierungen damit den auf der Grundlage von nationalen Aktionsplänen begonnenen aktiven Prozess aufgeben und sich auf eine reine Berichterstattung zur Umsetzung europäischer Ziele beschränken werden. In der von der Europäischen Kommission vorgelegten Konzeption sieht die Arbeitsgemeinschaft der Freien Wohlfahrtspflege zugleich die Gefahr, dass statt einer engeren Verknüpfung von Wirtschafts-, Beschäftigungs- und Sozialpolitik das Soziale auf eine Unterstützungsleistung für die Wirtschaftspolitik reduziert wird. Soziale Integration und bürgerschaftliche Partizipation können – so die AG – nicht nur über die Erwerbsarbeit definiert und möglich gemacht werden.

f) Gemeinnützige Träger sozialer Dienstleistungen sind in Deutschland gegenüber gewerblichen Trägern durch den steuerrechtlichen Status der Gemeinnützigkeit gemäß §§ 51ff. Abgabenordnung (AO) privilegiert. Mit diesem verbunden sind die Möglichkeit zum exklusiven Erhalt von Subventionen, die Befreiung von Ertrag-, Verkehr- und Substanzsteuern sowie steuerliche Anreize für Dritte, den Gemeinnützigen Geld-, Sach- und Zeitspenden zuzuwenden. Diese Privilegien sind nur dann am Maßstab des europäischen Beihilferechts zu messen, wenn die Tätigkeit gemeinnütziger Dienstleister dem Kompetenzbereich der EU untergeordnet ist. Die für die Gesamtproblematik der Gemeinnützigkeit sozialer Dienstleistungen von Vereinen wichtige Argumentation der Kommission besteht darin, dass die Leistungen der Freien Wohlfahrtspflege dem funktionalen Unternehmensbegriff untergeordnet werden und damit automatisch das EU-Beihilfeverbot ebenso wie das weitere Wettbewerbsrecht sowie Dienstleistungs- und Niederlassungsfreiheit greifen. Nach Art. 92 Abs. 1 EGV sind die den Wettbewerb verfälschenden oder zu verfälschen drohenden Beihilfen mit dem Gemeinsamen Markt unvereinbar, so weit sie den Handel zwischen den Mitgliedstaaten beeinträchtigen. Das Verbot der Beihilfegewährung gilt nicht nur für Maßnahmen, die den innergemeinschaftlichen Handel jeglicher Art zu verfälschen bezwecken, sondern auch für solche Maßnahmen, die eine Verfälschung des innergemeinschaftlichen Wettbewerbs ungewollt bewirken. Fasst man die Konsequenzen beider Annahmen der Kommission – Zuordnung der Freien Wohlfahrtspflege zum funktionalen Unternehmensbegriff und Wirksamwerden des Beihilfeverbots – zusammen, so würde damit in letzter Konsequenz das bestehende System der Finanzierung sozialer Arbeit über staatliche Zuwendungen in Frage gestellt und damit ebenso das für die Freie Wohlfahrtspflege bislang substanzielle Prinzip der Gemeinnützigkeit. Nach deutschem Vereinsrecht dürfen die Wohlfahrtsverbände als nichtwirtschaftliche Vereine eine wirtschaftliche Tätigkeit weder als Haupt- noch als Nebenzweck ausüben. Es ist ihnen lediglich erlaubt, zur Verwirklichung ihrer Ziele so genannte Zweckbetriebe (z.B. Kindergärten, Krankenhäuser, Altenheime usw.) zu betreiben. Dafür, dass sie nur Zweckbetriebe und

Wohlfahrtsverbände auf dem Weg in die Sozialwirtschaft 47

keine wirtschaftlichen Geschäftsbetriebe unterhalten dürfen, genießen sie als gemeinnützige Einrichtungen steuerrechtliche Vorteile und nehmen somit im Steuerrecht eine Sonderstellung ein. Auf die Erhebung von Steuern wird wegen der Gemeinwohlorientierung der Freien Wohlfahrtspflege verzichtet. Insoweit wird die Freie Wohlfahrtspflege mit staatlichen Stellen gleichgestellt, die bei Nichtvorhandensein der Freien Wohlfahrtspflege selbst tätig werden müssten. Gleichzeitig wird durch § 55 Abgabenordnung (AO) sichergestellt, dass alle Mittel der Freien Wohlfahrtspflege gemeinwohlbezogen eingesetzt werden. Vergleich man diesen Tatbestand mit der EU-Politik, so fallen nach deren Auffassung steuerrechtliche Privilegien unter das Beihilfeverbot und sind nur dann gerechtfertigt, wenn sie Kosten abdecken, die als Kompensationsleistung für Wettbewerbsnachteile anzusehen sind, aber auch diese sind genehmigungspflichtig.

g) Ein tragender Grundsatz des Gemeinschaftsrechts ist das Diskriminierungsverbot, also das Verbot der Ungleichbehandlung aus Gründen der Staatsangehörigkeit, wie es in Art. 12 EGV grundsätzlich geregelt ist. Gemäß § 51 Satz 2 AO kann den Gemeinnützigkeitsstatus jedoch nur eine Körperschaft erlangen, die entweder ihren Sitz oder ihre Geschäftsführung in Deutschland hat. Diese Regelung beschränkt gemeinwohlorientierte Dienstleister aus anderen Mitgliedstaaten in ihrer Freiheit, in Deutschland mittels einer Agentur, Zweigniederlassung oder Tochtergesellschaft tätig zu werden, die somit nicht unter wirtschaftlich vergleichbaren Bedingungen ihre sozialen Dienstleistungen grenzüberschreitend anbieten können. Selbst wenn der Ausschluss gewerblicher Träger aus Gründen des Allgemeinwohls gerechtfertigt werden könnte (Sodemare-Entscheidung des EuGH), so ist ein sachlicher Grund für die Ausgrenzung gemeinwohlorientierter Dienstleister aus anderen Mitgliedsstaaten nicht erkennbar und die Regelung mithin als mittelbare Diskriminierung anzusehen.

h) Supranationale Organisationen wie die EU versuchen schon seit den 1980er Jahren zunehmend, zivilgesellschaftliche Organisationen in ihre Arbeit einzubinden. Die Europäische Kommission hat 1997 erstmals eine „Mitteilung über die Rolle der Vereine und Stiftungen in Europa" veröffentlicht, nachdem die ursprünglich geplante Veröffentlichung als Weißbuch an der dafür notwendigen Zustimmung des Rates gescheitert war. Die Mitteilung übernimmt die im Rahmen des Johns Hopkins Forschungsprojektes Comparative Non Profit Sector erarbeitete Definition von Organisationen der Zivilgesellschaft, insbesondere das Kriterium der Freiwilligkeit. Sie klassifiziert die Zusammenschlüsse erstmals weder nach ihren inhaltlichen Zielen, noch nach ihrer Rechtsform, sondern nach ihrem Selbstverständnis als Dienstleistungsanbieter, Selbsthilfeorganisationen, Themenanwälte und Mittlerorganisationen.

Die Unterscheidung ist insofern hilfreich, als sie die Vielfalt der Formen und Funktionen zivilgesellschaftlicher Organisationen deutlich macht. Fragt man nach einer positiven Definition des Dritten Sektors, dann lässt sich, wiederum mit Bezug zur Johns Hopkins Studie, eine strukturelle Zuordnung vorschlagen, nach der alle diejenigen Organisationen zum Dritten Sektor zu zählen sind, die „formell strukturiert, organisatorisch unabhängig vom Staat und nicht gewinnorientiert sind, eigenständig verwaltet werden sowie keine Zwangsverbände darstellen" (Priller/Zimmer/Anheier 1999, S. 13).

Ohne Zweifel treffen diese Definitionsmerkmale auch auf die Verbände der Freien Wohlfahrtspflege in der Bundesrepublik Deutschland zu, zu deren konstitutiven Elementen unter anderem die Werteorientierung und Sachzieldominanz, die demokratischen Entscheidungsstrukturen, die Rolle als Katalysator für bürgerschaftliches Engagement und die Prinzipien der Nutzerbeteiligung zählen. Die Wohlfahrtsverbände haben in Deutschland – anders als in den meisten anderen europäischen Staaten – aber zugleich einen besonderen Status der öffentlichen Anerkennung und Förderung. Als Freie Träger der Wohlfahrtspflege genießen sie subsidiären Vorrang und institutionellen Schutz.

Die Bedeutung der Freien Wohlfahrtspflege als zivilgesellschaftlicher Akteur des Dritten Sektors ist in verschiedenen Stellungnahmen europäischer Institutionen bestätigt und hervorgehoben worden: So verabschiedete der Wirtschafts- und Sozialausschuss auf seiner Plenartagung im Dezember 1997 eine Initiativstellungnahme zum Thema „Zusammenarbeit mit den Wohlfahrtsverbänden als Wirtschafts- und Sozialpartner im sozialen Bereich". Darin heißt es:

„Wohlfahrtsverbände repräsentieren nicht nur Träger sozialer Dienste und Einrichtungen, sie motivieren darüber hinaus Menschen zu freiwilligem Einsatz für das Gemeinwohl und sie verstehen sich als Anwalt für hilfebedürftige Menschen. Innerhalb der Gesamtwirtschaft wird die Bedeutung der Wohlfahrtsverbände oftmals unterschätzt. Sie nehmen zwischen den Sektoren Staat und Markt eine Zwischenstellung ein. So sind sie als nichtstaatliche Organisationen zu ihrer Leistung nicht gesetzlich verpflichtet, sondern erbringen sie freiwillig. Im Unterschied zum Markt verhalten sich nicht in gleicher Weise gewinnorientiert." (WSA 1997)

Der besonderen Stellung dieses Sektors hat auch der Europäische Gerichtshof Rechnung getragen, wonach jeder Staat gemeinschaftsrechtlich frei ist, Einrichtungen dieses Sektors vor anderen, erwerbsorientierten Unternehmen den Vorrang zu geben.

Die formelle Anerkennung der zivilgesellschaftlichen Funktion der Wohlfahrtsverbände durch die EU ist allerdings nicht mit einer materiellen Anerkennung der Besonderheiten der Dienstleistungserbringung im Sinne des deutschen Subsidiaritätsprinzips gleichzusetzen. Als Reaktion auf die vermehrte Einführung von Wettbewerbselementen im nationalen Leistungserbringungsrecht hat die Europäische Union in den vergangenen Jahren in verschiedenen Initiativen ihren

Standpunkt verdeutlicht, dass auch der Sozialsektor den Regeln des Wettbewerbs unterliegt und dem Bereich der Sozialwirtschaft zuzuordnen ist.

Eine zusammenfassende Bewertung der durch die Europäische Kommission verfolgten Strategie gegenüber Diensten und Einrichtungen des Sozialsektors kommt nicht um die Feststellung herum, dass diese auf eine weitere Stärkung des Wettbewerbs im Bereich sozialer Dienstleistungen und in dessen Folge auf die Gleichstellung privater und gemeinnütziger Anbieter sozialer Dienste abzielt. Dabei ist darauf hinzuweisen, dass dies keineswegs ausschließlich als Politikstrategie der Kommission oder der EU interpretiert werden darf. Die Einbeziehung gemeinnützig erbrachter, sozialer Dienstleistungen in den Wettbewerb geht wesentlich nicht auf die Initiative der EU-Organe zurück, sondern ist vielmehr die Konsequenz aus der Einführung wettbewerblicher Strukturen im nationalen Leistungserbringungsrecht.

Es lässt sich von einem Spannungsverhältnis zwischen nationaler „sozialer Daseinsvorsorge" und EG-Recht sprechen, wobei von besonderer Bedeutung die Frage ist, inwiefern Unternehmen der Daseinsvorsorge gegenüber anderen Konkurrenten durch staatliche Beihilfen oder durch Einräumung besonderer oder ausschließlicher Rechte eine Sonderstellung im Wettbewerb eingeräumt wird. Die Definitionsmacht darüber, was unter „Dienstleistungen von allgemeinem wirtschaftlichen Interesse" zu verstehen ist, liegt allerdings auch bei den Mitgliedsstaaten – mit der Folge, dass sie bei der Beschreibung der Dienstleistungen die jeweils verfolgten, gemeinwohlorientierten sozialpolitischen Zwecke berücksichtigen dürfen.

2.4 Zwischen Wettbewerb und Korporatismus: Kontraktmanagement als Instrument der sozialwirtschaftlichen Transformation auf lokaler Ebene

Auf Grund der in Deutschland entstandenen spezifischen pluralen Trägerstruktur sind die Wohlfahrtsverbände zu wesentlichen Akteuren bei der Implementation von Programmen im Bereich Sozialer Arbeit geworden. Es hat sich ein System der gegenseitigen Verflechtung von staatlichen Steuerungsinstanzen, öffentlichen und freien Trägern herausgebildet, das von Sozialwissenschaftlern mit dem Begriff des Korporatismus gekennzeichnet wurde (vgl. Olk 1995). Diese Verflechtungen sind über lange Zeiträume gewachsen, sie haben eine rechtliche und vielfach institutionalisierte Grundlage, so dass ein Rückzug eines Wohlfahrtsverbandes aus diesen Arrangements seinen Bestand nachdrücklich gefährden würde. Aus staatlicher Sicht hatte diese enge Kooperation erhebliche Vorteile, weil durch sie die Implementierung von Programmen effektiviert werden konnte,

- indem die Mitwirkungsbereitschaft der Implementationsakteure sichergestellt werden konnte,
- indem die für die Programmformulierung und -umsetzung notwendige Sachkompetenz der Implementationsakteure genutzt werden konnte und
- indem ein relativ verlässliches Frühwarnsystem für zu erwartenden oder gerade eingetretenen Schwierigkeiten bei der Programmumsetzung installiert und verfügbar gehalten werden konnte (vgl. Merchel 2003).

Der strategische Nutzen der korporatistischen Struktur ist in vielen Studien belegt, und dabei wurden die flexiblen Handlungsmöglichkeiten und Verknüpfungen der unterschiedlichen sozialpolitischen Ebenen und der Trägerebenen, die die Wohlfahrtsverbände aktivieren können, als ihr spezifisches produktives verbandliches Aktionspotential herausgestellt (vgl. Olk 1995; Domscheit/Kühn 1980; Dahme et al. 1980).

Die Einführung neuer Steuerungsmodelle im Rahmen des New Public Management markiert einen entscheidenden Veränderungsprozess in der Ausgestaltung korporatistischer Beziehungen zwischen Staat und Verbänden. In den neuen Steuerungsmodellen kommt der Versuch zum Ausdruck, bestimmte Elemente marktförmiger Steuerung für die öffentliche Verwaltung zu operationalisieren. Veränderungen werden dabei auf verschiedenen Ebenen angestrebt: Veränderungen in der Binnenstruktur und Organisationskultur der Verwaltung (Wirtschaftlichkeit; Aufgabenerfüllung), Veränderungen im Verhältnis von Verwaltung zu ihrer Umwelt (Kunden- und Marktorientierung) und Veränderung der Informations- und Entscheidungsfindungsprozesse (Dezentralisierung; Flexibilisierung). Den ökonomischen Steuerungsinstrumenten kommt dabei eine entscheidende Bedeutung zu: es geht um Effizienz und Effektivität, um Produkte als Grundlage der outputorientierten Steuerung, um Steuerungsinstrumente mittels Zielvereinbarungen (Kontrakte), um Controlling, Berichtswesen und Personalentwicklung (Motivation) im Interesse der zielbezogenen Gestaltung der Organisation. Die Implementierung von Leistungsverträgen (Kontraktmanagement) im Verhältnis öffentlicher und freier Träger ist Bestandteil der Außenmodernisierung des Verwaltungshandelns und dient der tendenziellen Ablösung korporatistischer Verhandlungsmodelle durch ein zielbezogenes Auftraggeber-Auftragnehmer-Verhältnis im sozialen Dienstleistungsbereich. Verschiedene Autoren (vgl. Pabst 1998; Wohlfahrt 1997; Münder 1998) kommen in Zusammenhang mit dieser Entwicklung zu der Schlussfolgerung einer „allmählichen Auflösung des Verbändekorporatismus" und einer generellen „Ablösung des Korporatismus durch den Markt" (Münder 1998, S. 11).

Betrachtet man die gegenwärtige Praxis auf Länderebene und kommunaler Ebene, dann wäre es allerdings verfehlt, den Korporatismus als „Auslaufmodell" zu charakterisieren. So wurden im Zuge der Einführung von Wettbewerb in das

Sozialrecht Aufgaben auf die Ebene der Bundesländer verlagert, mit denen korporative Strukturen fortgeführt werden (Hofmann 2004). So werden Entgeltvereinbarungen, Leistungsbeschreibungen und Qualitätssicherungsmaßnahmen vorgeschrieben. Für ihre Umsetzung sind Rahmenregelungen notwendig, deren Ausarbeitung formalen Gremien auf Landesebene mit Beteiligung der Leistungserbringer und Kostenträger obliegt. Dabei liegt das Vertretungsrecht auf der Seite der Leistungserbringer bei den Verbänden der Freien Wohlfahrtspflege und den Verbänden der privat-gewerblichen Anbieter. Und unter diesen stellen die Wohlfahrtsverbände nach wie vor die größte und einflussreichste Gruppe dar. Zum Fortbestand des Korporatismus trägt auch bei, dass Länderregierungen und Wohlfahrtsverbände die Zusammenarbeit in korporatistischen Strukturen immer wieder neu initiieren. Als Problem erweist sich allerdings dabei, dass – im Unterschied zu früher – die Mitwirkung in korporatistischen Gremien den Verbänden kaum noch Möglichkeiten zur Profilierung insbesondere gegenüber den Mitgliedern bietet. Durch die aktuellen Haushaltsprobleme stehen alle zu treffenden Vereinbarungen unter einem enormen Kostendruck, so dass der Korporatismus eher als ein Instrument der Haushaltskonsolidierung wirkt als als Instrument der bedarfsbezogenen Weiterentwicklung sozialer Dienste.

2.4.1 Kontraktmanagement als Instrument der Haushaltskonsolidierung

Das Thema Haushaltskonsolidierung ist insbesondere auf kommunaler Ebene für die Ausgestaltung der Beziehungen von Kostenträgern und Leistungsträgern bestimmend und wirkt sich auf die konkrete Implementation von Verfahren des Kontraktmanagements aus:

Auch dort, wo auf kommunaler Ebene neue Formen der Steuerung sozialer Dienste entwickelt werden (Leistungsverträge zwischen öffentlichen und freien Trägern, Vereinbarungen über Qualitätssicherung, Implementierung von Controlling-Verfahren) existieren neue Formen der Inszenierung korporatistischer Verhandlungssysteme, bei denen den Wohlfahrtsverbänden oder deren örtlichen Arbeitsgemeinschaften eine Schlüsselrolle zukommt. Allerdings finden die neuen Vertragsbeziehungen unter radikal veränderten Vorzeichen statt: Angesichts der kommunalen Finanzkrise dienen die Leistungsvereinbarungen primär der Kostensenkung und dementsprechend werden Budgetierungsvorgaben an die Leistungserbringer „weiter gereicht". Die Art und Weise, wie bei zum Teil drastisch gesunkenen Budgets die Leistungserstellung verändert wird, bleibt dabei weitgehend den Trägern sozialer Dienste überlassen (Steuerung auf der Basis von Zielvorgaben).

Aktuelles Beispiel für den gegenläufigen Modernisierungstrend einer Verstärkung des Korporatismus als Instrument der Haushaltskonsolidierung sind die so genannten Sozialraumbudgets.

Joachim Merchel (2001, S. 374) hat drei Aspekte herausgearbeitet, die den neuen Sozialraumansatz für die Sozialpolitik und die Verwaltungsmodernisierung gegenwärtig so attraktiv erscheinen lässt:

> „Zum einen erhofft man sich eine verbesserte Effektivität durch die Überwindung der Effektivitätsgrenzen, die mit einer bisher fast ausschließlich fallbezogenen, individuell ausgerichteten Sozialen Arbeit einhergehen. Die Veränderung der Lebensbedingungen im Sozialraum soll sich insgesamt entweder präventiv problemverhindernd bzw. problementschärfend auswirken, oder es sollen in Gruppenformen gemeinschaftliche Hilfemöglichkeiten geschaffen werden. Zum anderen sollen Effektivierungsreserven bei der Hilfegestaltung erschlossen werden, indem durch Aktivierung des sozialen Umfeldes kostengünstige und adressatennahe Problemlösungs- und Hilfemöglichkeiten geschaffen werden, Unterstützungspotenziale im sozialen Nahraum gezielter genutzt werden, Möglichkeiten des Einsatzes anderer Institutionen besser geprüft werden etc. Zum Dritten erhofft man sich von einer Verlagerung der Steuerungsverantwortung durch Budgetvergabe an basisnähere Organisationseinheiten einen zielgerichteteren und sparsameren Umgang mit dem Budget."

Durch die Übertragung von Sozialraumbudgets an einen oder mehrere freie Träger kommt es unzweifelhaft zu einer Aufwertung korporatistischer Strukturen: So argumentiert z.B. das Institut für Soziale Arbeit (2001) mit Blick auf die bedarfssteuernde Funktion des öffentlichen Trägers:

> „Das Bemerkenswerte an den KGSt-Empfehlungen zum Kontraktmanagement und zum daran ausgerichteten Sozialraumbudget ist allerdings, dass hier eine neue qualitative Stufe der Kooperation angesprochen wird: die Überwindung der Rollenteilung bei der kooperativen Steuerung, nach der der öffentliche Träger die letzte (auch finanzielle) Verantwortung für die Gewährleistung der Hilfen hat, während der freie Träger weitgehend auf seine Rolle als Leistungserbringer beschränkt war. Dabei stehen die Rolle des öffentlichen Trägers und die Transparenz in den Rollen von öffentlichen Trägern und freien Trägern zur Debatte. Der kooperative Charakter der Steuerung unter Beteiligung aller Träger (der öffentlichen wie der freien Träger) wird so sehr in den Mittelpunkt gestellt, dass die Verantwortung des öffentlichen Trägers für die Sozialen Dienste marginalisiert bzw. fast ausgehebelt wird." (S. 59)

Die Aufhebung bzw. Aufweichung der Funktionsdifferenzen zwischen öffentlichen und freien Trägern, nicht nur auf der Ebene der Infrastrukturgestaltung, sondern auch auf der Ebene der Einzelfallhilfen ist mit massiven Folgen verbunden: der öffentliche Träger begibt sich (intendiert oder nicht) seiner Gesamtverantwortung für die Erbringung von Jugendhilfeleistungen, was auch Nachteile für die Hilfeempfänger zeitigen kann, da durch diese Entwicklung die bedarfssteuernde Funktion der Fachkräfte des Jugendamts geschwächt wird. Die Zielsetzung derartiger Vorgehensweisen wird – in zugespitzter Form – durch folgendes Zitat der Leitung eines Jugendamtes in den östlichen Bundesländern deutlich:

Wohlfahrtsverbände auf dem Weg in die Sozialwirtschaft 53

„Mein Ziel ist es, vielleicht erreiche ich das noch vor meiner Pensionierung, dass wir sagen, wir haben hier einen Stadtteil und Träger, Trägerverbund von mir aus, ihr kriegt jetzt so und so viel Geld und befriedet mir diesen Stadtteil, das ist mein Ziel, da möchte ich hin. Und dann möchte ich, dass dann da die Schulschwänzerrate heruntergeht, die Straßenkinderrate, dass die Hilfen zur Erziehung sich stabilisieren. Da muss man jeden Stadtteil genau kennen und dafür haben wir eine Sozialberichterstattung, eine integrierte Berichterstattung in Verbindung mit einer Gesundheitsberichtserstattung. Da werden wir jetzt Indikatoren festlegen. Und da wir in den Verträgen Indikatoren festgelegt haben, können wir den Trägern jetzt sagen, ihr bekommt für folgende Bereiche das Geld. Ich möchte zu solchen Sozialraumbudgets kommen." (Sozialdezernentin)

Auch auf Länderebene lassen sich Elemente einer Verstärkung korporatistischer Strukturen beobachten, die wesentlich durch das Ziel von Kostenersparnissen bestimmt sind. Aktuelles Beispiel ist der Abschluss einer „Vereinbarung über das Verfahren zur Neustrukturierung und Kommunalisierung des Förderwesens in Hessen ab 2004". Das Hessische Sozialministerium plant nach Abschluss einer Modellphase, wichtige Bereiche der Landesförderung für soziale Einrichtungen in die Zuständigkeit der Kommunen zu übergeben (vgl. Grunow, Köhling 2003). Für die landesweite Umsetzung wurde eine vertragliche Vereinbarung mit der Liga der Freien Wohlfahrtspflege vereinbart (Manderscheid 2004).

2.4.2 Zusammenfassung: Widersprüchliche Tendenzen sozialwirtschaftlicher Modernisierung und ihre Auswirkungen auf die Wohlfahrtsverbände

Die aktuellen sozialwirtschaftlichen Modernisierungsstrategien lassen sich analytisch in drei voneinander zu unterscheidende Vorgehensweisen gliedern, deren gemeinsamer Nenner das staatliche Bemühen ist, die finanziellen Aufwendungen für den Sozialsektor zu begrenzen bzw. zu senken.

– Die *Modernisierungsstrategie der Einführung von organisiertem Wettbewerb* verdankt sich effizienztheoretischen Überlegungen und führt zu Konzepten einer Angebotssteuerung durch die Kostenträger. Ziel ist es, den „Markt Sozialer Arbeit" für alle Anbieter zu öffnen und dem Hilfe Suchenden Wahlmöglichkeiten zu eröffnen. Der Staat sieht sich nicht mehr als Investor in eine bestimmte Angebotsstruktur, die er vorhält, sondern begreift sich als Gewährleistungsstaat, der lediglich die rechtlichen Rahmenbedingungen für unterschiedliche Leistungserbringer vorhält. Die Trennung von Gewährleistungs- und Durchführungsverantwortung dient dabei einem der Leitziele der Verwaltungsmodernisierung, der Reduzierung der Leistungstiefe des Staates, gleichzeitig will der Staat auf diesem Wege die Leistungsanbieter einer vermehrten Kontrolle der Leistungserbringung unterwerfen. Konsequent zählen diese im Rahmen des Wettbewerbs auch nicht

mehr als Mitgestalter der Sozialpolitik, sondern als Dienstleistungserbringer, die gehalten sind, ihre Aufgaben effizient und transparent zu erfüllen.
- Die *Modernisierungsstrategie des Kontraktmanagements* dient demgegenüber überwiegend der Verfestigung der Anbieterstruktur zum Zwecke der Kostenersparnis. Im Rahmen des Kontraktmanagements versucht der öffentliche Träger, die eigene Leistungserstellung zu privatisieren bzw. über Sozialraumbudgets und Leistungsverträge eine überprüfbare und in der Kostenentwicklung kontrollierbare Leistungserbringung durchzusetzen.
- Die *Modernisierungsstrategie der Aktivierung und Prävention* folgt dem Leitbild der neuen Subsidiarität, das eng mit der Konzeption des Aktivierenden Staates verknüpft ist (vgl. Dahme/Wohlfahrt 2002). Dabei geht es wesentlich darum, durch die Aufwertung von Prävention und bürgerschaftlichem Engagement bislang verschüttete Ressourcen zu aktivieren um damit infrastrukturpolitische Aufgaben effizienter erfüllen zu können.

Alle drei Modernisierungsprozesse führen zu einem grundlegenden Wandel der bisherigen Organisationsbeziehungen von Kostenträgern und Leistungserbringern im Feld der sozialen Dienste.

Sowohl durch Wettbewerb als auch durch Kontraktmanagement wird dabei aus den bisherigen Beziehungen partnerschaftlichen Zusammenwirkens zwischen sozialstaatlichen Akteuren und freien Verbänden ein Verhältnis von Auftraggebern und Auftragnehmern, auch dann, wenn den „Auftragnehmern" die Rolle der sozialpolitischen Mitgestaltung auf kommunaler Ebene oder Länderebene weiterhin zugestanden wird oder die Leistungsanbieter selbst angebotssteuernde Funktionen übertragen bekommen. Dies erfolgt unter dem eindeutigen Vorzeichen der Kostenersparnis und der Implementation hierzu geeigneter Verfahren und führt damit zu einer neuen Sozialstaatlichkeit, in deren Rahmen sich die freigemeinnützigen Verbände und Leistungserbringer zunehmend als sozialwirtschaftliche Akteure begreifen, die sich entsprechend den sozialwirtschaftlichen Herausforderungen modernisieren. Dieser Modernisierungsprozess ist Gegenstand der folgenden Kapitel.

2.4.3   Besonderheiten der Spitzenverbände der Freien Wohlfahrtspflege

Der Begriff „Freie Wohlfahrtspflege" bezeichnet in der Bundesrepublik in der Regel die Gesamtheit aller auf frei-gemeinnütziger Grundlage und in organisierter Form erfolgenden sozialen Hilfe- und Selbsthilfe-Aktivitäten (Spiegelhalter 1990).[10] Die „Freie Wohlfahrtspflege" sieht ihre Aufgabe zwar – wie der öf-

---

10   Wir benutzen im Folgenden den Begriff der Sozialwirtschaft, ohne damit eine vollständige Übertragung des ökonomischen Unternehmens- oder des Marktbegriffs auf den Zu-

fentliche Träger – darin, im Sinne des Sozialstaatsgebots zu wirken, sie steht aber gleichzeitig unter dem Schutz des Grundrechts freier caritativer Betätigung (Art. 19 Abs. 34 GG). Sie unterscheidet sich daher von der „öffentlichen Wohlfahrtspflege" darin, dass sie in der Verfolgung selbstgesetzter Ziele für sich volle Handlungsfreiheit in Anspruch nimmt, während der öffentliche Träger in Ausübung hoheitlicher Aufgaben die Ausführung gesetzlicher Bestimmungen zum Handlungsziel hat. Zur Freien Wohlfahrtspflege zählen in der BRD die Spitzenverbände der Freien Wohlfahrtspflege, die Kirchen und sonstige Gemeinschaften und Selbsthilfeorganisationen (Flierl 1992). Unter den Spitzenverbänden versteht man diejenigen Verbände der Freien Wohlfahrtspflege, die sich in der „Bundesarbeitsgemeinschaft der Freien Wohlfahrtspflege" zusammengeschlossen haben (Arbeiterwohlfahrt; Deutscher Caritasverband; Diakonisches Werk; Deutscher Paritätischer Wohlfahrtsverband; Deutsches Rotes Kreuz; Zentralwohlfahrtsstelle der Juden).

Die Spitzenverbände der Freien Wohlfahrtspflege sind durch ihre Multifunktionalität charakterisiert: Auf Bundes- und Landesebene sind sie in erster Linie verbandspolitische Interessenvertreter, wobei sie nicht nur die Interessen des jeweiligen Spitzenverbandes in einem engeren Sinne vertreten, sondern auch die Interessen ihrer nach Fachgebieten gegliederten Mitgliedsorganisationen. Die Bundes- und Landesverbände sind in die Politikformulierung und den sozialpolitischen Gesetzgebungsprozess einbezogen. Neben der Interessenvertretung agieren einige Landesverbände auch als Träger sozialer Einrichtungen und Dienste. Von der Bundes- und Landesebene unterscheiden sich kommunale Verbandsgliederungen dadurch, dass sie in erster Linie – gemessen an der Zahl der Einrichtungen, Dienste und Mitarbeiter – Träger sozialer Leistungen sind. Aber auch die Verbandsgliederungen vor Ort sind an der kommunalen Politikformulierung beteiligt, wenn man etwa an ihre Mitwirkung als stimmberechtigte Mitglieder im Jugendhilfeausschuss und als beratende Mitglieder im Sozialausschuss denkt.

Ihrem Selbstverständnis nach erfüllen die Spitzenverbände der Freien Wohlfahrtspflege und ihre Mitgliedsorganisationen verschiedene Funktionen (vgl. Bundesarbeitsgemeinschaft der Freien Wohlfahrtspflege, Angerhausen et al. 1998):

– Wohlfahrtsverbände erheben den Anspruch, sozialanwaltschaftlich die Interessen benachteiligter Bevölkerungsgruppen zu vertreten, die ansonsten

---

sammenhang der Freien Wohlfahrtspflege suggerieren zu wollen. Von einer so gearteten Konvergenz zwischen privater Wirtschaft und dem System wohlfahrtsverbandlicher Leistungserbringung kann nicht die Rede sein. Gleichwohl ist dieser Begriff als deskriptive Kategorie durchaus tauglich zur Beschreibung der einseitigen Betonung von Dienstleistungsfunktionen, die die Wohlfahrtsverbände als sozialwirtschaftliche Unternehmen betreffen.

im System der Interessenvermittlung keine Berücksichtigung finden (advokatorische Funktion).
- Wohlfahrtsverbände sind freiwillige Organisationszusammenschlüsse mit einer doppelten Mitgliedschaftsstruktur. Auf der einen Seite werden Einzelpersonen Mitglied, nicht – wie im Fall von Interessenverbänden – um materielle Interessen, sondern um bestimmte Werte zu verfolgen. Auf der anderen Seite sind verschiedene Einrichtungen, Dienste, Gruppen und Organisationen als korporative Mitglieder in den Verband integriert (assoziative Funktion);
- Wohlfahrtsverbände sind Sozialleistungsvereinigungen, also Organisationen, die grundsätzlich freiwillig soziale Hilfeleistungen für Dritte erbringen (Dienstleistungsfunktion).
- Wohlfahrtsverbände sind viertens Weltanschauungsverbände. Sie haben ein Leitbild, das bestimmten weltanschaulichen Traditionen oder wertebezogenen Vorstellungen verbunden ist.

Kennzeichnend für das System der Freien Wohlfahrtspflege ist die hohe Autonomie der den Spitzenverbänden angeschlossenen Träger und Einrichtungen. Diese sind in ihren unternehmerischen Entscheidungen weitgehend selbstständig und nicht den Weisungen des Spitzenverbandes unterworfen. Dabei hat sich traditionell die Art und Weise der Leistungserbringung sehr stark nach den lokalen und regionalen Besonderheiten der Daseinsvorsorge bestimmt, war also dadurch bestimmt, sozialpolitische und infrastrukturelle Aufgaben durchzuführen, ohne dass sich hieraus die Notwendigkeit einer Geschäftsfeldpolitik ergeben hätte.

Dies ist auch der Grund dafür, dass bei der Analyse des Transformationsprozesses in die Sozialwirtschaft zwischen den beiden Ebenen Spitzenverband und Träger deutlich unterschieden werden muss. Meinhard Miegel et al. haben in einem Gutachten im Auftrag der Bundesarbeitsgemeinschaft der Freien Wohlfahrtspflege verschiedene Modernisierungsoptionen entwickelt, die vor dem Hintergrund der sich ändernden Rahmenbedingungen für die Freie Wohlfahrtspflege in Frage kommen. Danach kann diese

„- ihre derzeitigen Strukturen den sich ändernden Rahmenbedingungen anpassen, insbesondere sich dem im marktfähigen und nicht-marktfähigen Bereich schärfer werdenden Wettbewerb um Einnahmen und Ressourcen offensiv stellen,
- die Erbringung marktfähiger sozialer Dienstleistungen einstellen und sich auf die Erbringung nicht-marktfähiger sozialer Dienstleistungen beschränken oder umgekehrt
- die Erbringung nicht-marktfähiger sozialer Dienstleistungen einstellen und sich auf die Erbringung marktfähiger sozialer Dienstleistungen beschränken." (Miegel et al. 2000, S. 182)

Während letztere Option als rein „theoretisch" bezeichnet wird, stellt sich die Frage, ob die Wohlfahrtsverbände angesichts ihrer Funktionalität überhaupt in der Lage sind, sich mit Blick auf eine Wettbewerbsstrategie oder Sozialwohlstrategie neu zu positionieren, oder ob nicht auch dies eine rein theoretische Differenzierung darstellt.

Exkurs: Besonderheiten kirchlicher Wohlfahrtsverbände

Der Deutsche Caritasverband und das Diakonische Werk der Evangelischen Kirche in Deutschland sind als kirchliche Wohlfahrtsverbände die größten und bedeutsamsten Wohlfahrtsorganisationen. Dabei sind sie durch eine Reihe von Besonderheiten gekennzeichnet, die zum Verständnis des Transformationsprozesses in die Sozialwirtschaft von Bedeutung sind. Der Deutsche Caritasverband und das Diakonische Werk mit den jeweiligen Gliederungen und Mitgliedern und deren Diensten und Einrichtungen sind Teil der Kirche. Das bedeutet auch, dass die sozialen Einrichtungen in katholischer oder evangelischer Trägerschaft ein Wesenselement und ein elementarer Bestandteil der Kirche sind. Die ehrenamtlichen und hauptamtlichen Mitarbeiterinnen und Mitarbeiter wirken nach diesem Verständnis an der Umsetzung des missionarischen Auftrags der Kirche mit. Das Bundesverfassungsgericht hat in mehreren Entscheidungen die Bedeutung der Tragweite der Verfassungsgarantie des kirchlichen Selbstbestimmungsrechts dahin gehend umschrieben, das nicht nur die organisierte Kirche bei der Ordnung und Verwaltung ihrer Angelegenheiten frei ist, sondern dass alle der Kirche

„zugeordneten Einrichtungen ohne Rücksicht auf ihre Rechtsform dazu gehören, wenn sie nach kirchlichem Selbstverständnis, ihrem Zweck oder ihrer Aufgabe entsprechend, berufen sind, ein Stück Auftrag der Kirche in dieser Welt wahrzunehmen und zu erfüllen." (Entscheidung des Bundesverfassungsgerichts vom 4. 6. 1985)

Demnach muss die Kirche sicherstellen können, dass sie ein Abweichen ihrer Einrichtungen von kirchlichen Vorstellungen verhindern kann. Zur Sicherstellung des kirchlichen Einflusses genügt es, wenn in den Statuten der Einrichtungen die Aufsicht der kirchenrechtlich zuständigen Institution festgeschrieben ist. Während für das Diakonische Werk die Evangelische Kirche in Deutschland bzw. die jeweiligen Landeskirchen die Aufsichtsfunktion wahrnehmen, untersteht der Deutsche Caritasverband der kirchenamtlichen Aufsicht der Bischöfe, die zugleich mit gesetzgeberischer Kompetenz wirken können.

Entsprechend diesen Besonderheiten gilt für die kirchlichen Verbände ein eigenes Arbeits- und Tarifrecht: Die katholische und evangelische Kirche haben zur Festlegung der Arbeitsbedingungen ihrer Mitarbeiterinnen und Mitarbeiter ein eigenes Arbeitsrechtssystem geschaffen. Dieses System wird als Dritter Weg bezeichnet (in Abgrenzung von Vereinbarungen zwischen Arbeitgebern und Gewerkschaften – Zweiter Weg und einseitigen Festlegungen der Tarife durch die Arbeitgeber – Erster Weg). Im Dritten Weg – werden die Arbeitsbedingungen für die einzelnen Dienstverhältnisse nicht durch Abschluss von Tarifverträgen nach dem Tarifvertragsgesetz festgelegt. Vielmehr erfolgt eine Beteiligung der Mitarbeiterinnen und Mitarbeiter an der Gestaltung des kirchlichen Arbeitsvertragsrechts durch paritätisch besetzte Kommissionen nach kircheneigenen Ordnungen. Grundlage dafür die ist Grundordnung des kirchlichen Dienstes im Rahmen kirchlicher Arbeitsverhältnisse, die in der BRD zum 1. Januar 1994 als Kirchengesetz in Kraft getreten ist.

Mit dem Dritten Weg regelt die Kirche das Arbeitsrecht in ihren Einrichtungen eigenständig. Grundlage dafür ist das verfassungsrechtlich geschützte Selbstbestimmungsrecht des Artikels 140 Grundgesetz in Verbindung mit Artikel 137 Abs. 3 Weimarer Reichsverfassung. Die Kirche kann danach im Rahmen der für alle geltenden Gesetze ihre eigenen Angelegenheiten selbst ordnen und verwalten. Dies umfasst auch die Gestaltung der Arbeitsverhältnisse der Mitarbeiterinnen und Mitarbeiter im kirchlichen Dienst (Individualarbeitsrecht). Das Selbstbestimmungsrecht erstreckt sich dabei auf alle Einrichtungen, die der Kirche zugeordnet sind. Dies sind auch die caritativen und diakonischen Einrichtungen, weil sie nach kirchlichem Selbstverständnis eine Wesens- und Lebensäußerung der Kirche darstellen.

Der spezifisch religiöse Charakter des kirchlichen Dienstes drückt sich im ebenfalls verfassungsrechtlich geschützten Leitbild der Dienstgemeinschaft aus. Durch die gemeinsame Verantwortung aller Christen für den Auftrag der Kirche zu Verkündigung, Gottesdienst und Nächstenliebe ergibt sich nach kirchlichem Verständnis die gemeinsame Verantwortung von Mitarbeiterinnen und Mitarbeitern sowie Dienstgebern für und in kirchlichen Einrichtungen.

Ebenso wie beim so genannten Zweiten Weg ist es das Ziel des Dritten Weges, zu möglichst allgemeinen und verbindlichen Festlegungen von Arbeitsrechtsregelungen zu gelangen, wobei sich im kirchlichen Bereich die Verbindlichkeit der Regelungen aus der einzelvertraglichen Bezugnahme auf den BAT-KF (Bundesangestelltentarif – Kirchliche Fassung) oder die Arbeitsvertragsrichtlinien ergibt. Kennzeichnend für den Dritten Weg ist die Dienstgemeinschaft. Hieraus abgeleitet wird ein „geschwisterliches Ringen" in paritätisch besetzten arbeitsrechtlichen Kommissionen als Charakteristikum tariflicher Auseinandersetzungen im Unterschied zum „Druck ausübenden" Verfahren im Zweiten Weg. Hieraus begründet sich auch das Streikverbot, da dieses das Proprium des Dritten Weges, dass der Auftrag in der Nachfolge des Herrn nicht beschädigt werden darf, verletzt. Stattdessen kommt es im Dritten Weg zur Entscheidung einer Schiedskommission in einem rechtsstaatlichen Verfahren auf der Grundlage des Arbeitsrechtsregelungsgesetzes. Die Kirche führt für die Begründung des Dritten Weges sowohl staatskirchenrechtliche als auch allgemeinpolitische Argumente an. Dies bedeutet nach einer Interpretation von Linzbach (1996) einerseits, dass „die Frage Zweiter oder Dritter Weg die á priorische Grundsatzfrage an den kirchlich-diakonischen Dienst in seiner weltlichen ‚So-Seins-Form' schlechthin ist" und dass

> „es bei der Kirche den Dualismus von Kapital und Arbeit nicht gibt, weil als einzige Voraussetzung der Funktionsausübung die Taufe, das Alter von 18 Jahren und die Erfüllung der Voraussetzungen, die an die Übernahme an das Presbyteramt geknüpft sind, genannt werden kann." (vgl. Linzbach 1996, S. 7)

Die Dienstgemeinschaft als maßgebendes Strukturelement des kirchlichen Arbeitsrechts führt dazu, dass die unterschiedlichen Interessen der Mitarbeiterinnen und Mitarbeiter und der Dienstgeber bei der Gestaltung des Arbeitsrechts unter Beachtung eines Grundkonsenses über den kirchlichen Sendungsauftrag in geeigneter Weise ausgeglichen werden müssen.

Die *Arbeitsrechtliche Kommission des Deutschen Caritasverbandes* ist das maßgebende Organ, das die Arbeitsbedingungen der rund 475.000 hauptamtlichen Mitarbeiterinnen und Mitarbeiter in allen caritativen Einrichtungen der BRD festlegt. Im Bereich des Deutschen Caritasverbandes sind die Rechte und Pflichten der Mitglieder in den „Richtlinien für Arbeitsverträge in den Einrichtungen des Deutschen Caritasverbandes (AVR)" geregelt. Darin sind Bestimmungen über die Höhe der Vergütung, über den Umfang des Erholungsurlaubes, über die Absicherung im Krankheitsfall u.a.m. enthalten. Die AVR legen verbindlich die Arbeitsbedingungen in caritativen Einrichtungen fest, die Mitarbeiterinnen und Mitarbeiter haben einen Anspruch auf die darin beschriebenen Leistungen. Diese entsprechen denen vergleichbarer Arbeitnehmer in nichtkirchlichen Bereichen.

Die Arbeitsvertragsrichtlinien (AVR) werden von der Arbeitsrechtlichen Kommission des Deutschen Caritasverbandes auf Grund einer eigenen Ordnung beschlossen. Die Kommission ist nach der Satzung des DCV ein Ausschuss des Zentralrats. Ihre Beschlüsse gelten – unter Berücksichtigung des Inkraftsetzungsverfahrens – unmittelbar für die Beschäftigungsverhältnisse in den caritativen Einrichtungen. Die Kommission ist paritätisch mit jeweils 28 Vertreterinnen und Vertreter der Mitarbeiterschaft und der Dienstgeber besetzt. Die Mitarbeiterinnen und Mitarbeiter in den Einrichtungen jedes Diözesan-Caritasverbandes und in der Zentrale des DCV wählen über ihre Mitarbeitervertretungen jeweils eine Vertreterin oder einen Vertreter in die Kommission. Die Vertreter/innen der Dienstgeber werden vom Zentralrat des Deutschen Caritasverbandes bestimmt.

Nachdem der *Rat der EKD* den Gliedkirchen empfohlen hatte, die Arbeitsverhältnisse der Mitarbeiterinnen und Mitarbeiter im kirchlichen und diakonischen Dienst auf der Grundlage des Musterentwurfs für ein *Arbeitsrechtsregelungsge-*

setz (ARRG) durch eine gemeinsame Arbeitsrechtliche Kommission für Kirche und Diakonie zu regeln, wurde im Bereich des Diakonischen Werks der Evangelischen Kirche von Deutschland am 26. 1. 1954 eine Arbeitsrechtliche Kommission (als Nachfolgegremium des Central-Ausschusses für die Innere Mission) neu gebildet. Die Aufgaben der Arbeitsrechtlichen Kommission beziehen sich auf die Ordnung der Arbeitsbedingungen und deren Fortentwicklung für die Mitarbeiterinnen und Mitarbeiter im Bereich des DW, auf die Mitwirkung bei sonstigen Regelungen von arbeitsrechtlicher Bedeutung und darüber hinaus kann die Kommission auf Antrag einer oder mehrerer der auf Gliedkirchenebene bestehenden Arbeitsrechtlichen Kommissionen für Kirche und Diakonie Aufgaben zur Vereinheitlichung arbeitsrechtlicher Regelungen im diakonischen Bereich wahrnehmen.

Der Arbeitsrechtlichen Kommission gehören zwölf Vertreter/innen der Mitarbeiterinnen und Mitarbeiter im diakonischen Dienst sowie zwölf Vertreter/innen von Träger diakonischer Einrichtungen (Dienstgeber) an. Die Arbeitsrechtliche Kommission ist beschlussfähig, wenn mindestens zwei Drittel der stimmberechtigten Mitglieder auf jeder Seite anwesend sind. Die Beschlüsse der Kommission zur Arbeitsrechtsregelung werden mit einer Stimmenmehrheit von zwei Dritteln der stimmberechtigten Mitglieder auf jeder Seite der Arbeitsrechtlichen Kommission gefasst.

Gegenwärtig wird in den kirchlichen Verbänden auf breiter Ebene über die Frage der Abgrenzung von kirchlichem und weltlichem Arbeitsrecht diskutiert. Grund hierfür ist der Tatbestand einer zunehmenden Erosion der arbeitsrechtlichen Bestimmungen auf der Ebene der Träger und Einrichtungen, die in vermehrtem Maße weltliches Arbeitsrecht anwenden, um damit ökonomische Probleme besser in den Griff zu bekommen. Es geht um die Frage des Ausmaßes an Selbstständigkeit und Verantwortung für die Träger und Einrichtungen, damit diese im Kampf um Marktanteile erfolgreich bestehen können.

2.5 Das Ende des Neokorporatismus?

Mit dem Begriff Korporatismus bzw. Neokorporatismus werden verhandlungsdemokratische Besonderheiten in den Austauschbeziehungen zwischen verbandlich organisierten Akteuren und Staat (bzw. parlamentarischem System) gekennzeichnet, die lange Zeit auch in der Bundesrepublik die Politik in verschiedensten Sektoren geprägt haben. Korporatismus wird gewöhnlich als ein „System der Interessenvermittlung" definiert (Schmitter 1981, S. 94), dessen Mitglieder nicht unmittelbar in Wettbewerb untereinander stehen, durch staatliche Anerkennung oder Lizenz über Privilegien verschiedenster Art verfügen und denen in ihrem Zuständigkeitsbereich ein Repräsentationsmonopol zugestanden wird. Korporatismus ist demnach ein Verhandlungssystem zur Findung bindender Entscheidungen, an dem nur wenige ausgewählte organisierte Interessen beteiligt sind. Der so genannte (Neo-)Korporatismus lässt ein engmaschiges Netzwerk der Politikverflechtung zwischen Parteien, Ministerialverwaltung und Verbänden entstehen. Korporatistische Arrangements zeichnen sich dadurch aus, dass bindende Entscheidungen nicht durch Abstimmung und Mehrheitsentscheidungen zustande kommen, sondern ausgehandelt werden, sodass die sektorale Verbändeeinbindung mit dem Ziel der Konsensfindung als das konstitutive Merkmal diesen Typs von Verhandlungsdemokratie bezeichnet werden kann (vgl. Czada 2000). Korporatistische Verhandlungssysteme muss man demnach als „Alternative zur pluralistischen Einflusspolitik" (Czada 2000, S. 10) betrachten, deren Funktion es ist, durch staatliche Moderation Verteilungskonflikte zu minimieren oder zu lösen. Korporatistische Verhandlungssysteme sind ferner auch dadurch gekennzeichnet, dass es häufig dieselben Akteure sind, die sowohl an der Formulierung politischer Programme wie auch an deren Implementierung mitwirken.

Auch das Verhältnis von Öffentlicher und Freier Wohlfahrtspflege wurde lange Zeit als korporatistisches System beschrieben (vgl. besonders: Heinze/Olk 1981; Backhaus-Maul/Olk 1994; Pabst 1996), weil sich auch in diesem sozialpolitischen Handlungsfeld eine enges, exklusives konsensorientiertes Kooperations- und Austauschgeflecht etabliert hatte, durch das der Sektor der sozialen Dienste lange Zeit (schon seit der Weimarer Republik) abseits der wettbewerblichen Marktordnung koordiniert wurde (vgl. Meyer 1999). Der Korporatismus wird kritisiert, weil er systemstabilisierend sei; unterstellt wird, dass die beteiligten Akteure notwendige Veränderungen zur Beseitigung struktureller Ursachen verhindern würden; ferner würde er zu einer Entpolitisierung von Entscheidungsprozessen beitragen. Korporatistische Arrangements in der Wohlfahrtspflege haben jedoch bis heute – trotz des organisierten Wettbewerbs – überlebt und stellen kein „Auslaufmodell" dar (vgl. Hofmann 2004, S. 8).

Die korporatistischen Strukturen im Bereich des sozialen Dienstleistungssektors spiegeln sich besonders in der Sozialgesetzgebung und damit in den für die Wohlfahrtsverbände wichtigsten Regelungsbereichen wider:

- Die §§ 17 Abs. 3; 28 Abs. 2 SGB I schreiben eine enge Zusammenarbeit der Sozialleistungsträger mit den frei-gemeinnützigen Einrichtungen und Organisationen vor. Dabei ist deren Werteorientierung zu achten und eine eigenständige Durchführung zu ermöglichen.
- § 10 BSHG wiederholt die obigen Grundsätze der Zusammenarbeit. Können Einrichtungen der Freien Wohlfahrtspflege die Versorgung gewährleisten, so haben sie Vorrang vor staatlichen Einrichtungen (Subsidiarität). Darüber hinaus können die Sozialleistungsträger die Verbände an der Durchführung von Aufgaben beteiligen oder sie ihnen ganz übertragen.

- Der Grundsatz der kooperativen Zusammenarbeit (partnerschaftliches Zusammenwirken) ist auch in den §§ 3; 4 KJHG formuliert. Gemäß §§ 69ff. KJHG haben die Wohlfahrtsverbände in den Entscheidungsgremien (Jugendhilfeausschuss) faktisch ein wesentliches Mitspracherecht im Hinblick auf die Jugendhilfeplanung, die finanzielle Ausstattung sowie die Auswahl der zu fördernden Einrichtungen.
- Gemäß §§ 10; 92 PflegeVG können auf Landesebene und Bundesebene gemeinsame Ausschüsse gebildet werden, die die Durchführung und Fortentwicklung des Pflege VG vornehmen sollen. Landesweite Versorgungsverträge (§ 72 Pflege VG), landesweite Rahmenverträge und Bundesempfehlungen (§75 Pflege VG) sowie die Möglichkeit der landesweiten Aushandlung von Vergütungen zur stationären und ambulanten Pflege in gemeinsamen Pflegesatzkommissionen erfordern zentralisierte Verhandlungsstrukturen und dementsprechende Organisationsformen auf Spitzenverbandsebene.

Diese keineswegs vollständige Aufzählung wird ergänzt durch ein System personeller Verflechtung von Politik und Verbänden, das insbesondere auf kommunaler Ebene und Landesebene häufig zu einer Verbindung von Mandatsträgerschaft und Verbandsführung geführt hat.

Der (Neo-)Korporatismus ist nicht nur prägend für das Verhältnis von öffentlichen und freien Trägern gewesen, sondern hat auch den innerverbandlichen Willensbildungsprozess nachhaltig bestimmt: Durch den Aufbau von Parallelstrukturen haben die Verbände auf den verschiedenen Ebenen des föderativen Systems die Ansprech- und Kooperationspartner der Sozialleistungsträger dargestellt. Diese Abstimmung wird durch den Zusammenschluss der sechs Wohlfahrtsverbände zu Dachverbänden auf Bundes- und Landesebene unterstützt. Ziel ist es, in den Gremien möglichst geschlossen den öffentlichen Vertretern gegenüberzutreten. Dies unterstellt auch, dass Interessenkonflikte möglichst im Vorfeld ausgeglichen werden. Eine innerverbandliche korporatistische Steuerung erfordert eine hohe Disziplin der Verbandsmitglieder bezogen auf die in den Verhandlungssystemen getroffenen Entscheidungen und eine Übertragung von Handlungsvollmachten auf die Verbandszentrale, was zu quasi-hierarchischen Strukturen in den eigentlich eher föderativ organisierten Verbänden der Freien Wohlfahrtspflege führt.

Die Zentralisierung und organisatorische Festigung mit Blick auf überschaubare Kooperationsgremien kennzeichnet die traditionelle interne Organisationsstruktur der Verbände und das Verhältnis zwischen Diözesancaritasverband und den Trägern und Einrichtungen: Notwendig waren eine Straffung und organisatorische Durchgliederung der Willensbildungsprozesse, damit eine einheitliche verbandliche Interessenartikulation in den entscheidenden Kooperationsgremien möglich wurde. Folgende Auswirkungen auf die Organisationsstrukturen der

Verbände werden im Allgemeinen beschrieben (vgl. Merchel 2003; Heinze/Olk 1981):

- Die Wohlfahrtsverbände müssen sich in ihrem Organisationsaufbau vertikal differenzieren, um auf den verschiedenen sozialpolitischen Entscheidungsebenen in den Gremien mitwirken und Ressourcen aktivieren zu können.
- Da korporatistische Verhandlungssysteme Berechenbarkeit und Verlässlichkeit hinsichtlich der ausgehandelten Entscheidungen benötigen, müssen die Verbände ein gewisses Maß der Hierarchisierung von Entscheidungsstrukturen und der Zentralisierung von Entscheidungsbefugnissen herausbilden.
- Um Verhandlungsprozesse zwischen den jeweiligen Ebenen öffentlicher und freier Träger ermöglichen zu können, müssen die Verbände Organisationsstrukturen herausbilden, die sich denen der Sozialverwaltung annähern. So entstanden Funktionsdifferenzierungen nach Leitungs- und Koordinierungsfunktionen, Verwaltungsfunktion und Funktionen, die mit sozialer Dienstleistung als der Kernaufgabe der Verbände beschäftigt sind.

Der Korporatismus im Sozialsektor ist zwar noch nicht tot, verliert aber an Bedeutung, da er seiner Legitimationsbasis beraubt ist: als Umverteilungsinstrument und zur verbandlichen Profilierung ist er angesichts der Sparzwänge der öffentlichen Hand zunehmend weniger geeignet. Dadurch wird es für die Wohlfahrtsverbände auch schwieriger, korporatistische Arrangements für das sozialpolitische wie das sozialanwaltliche Lobbying zu nutzen. Die Suche und Schaffung neuer flexibler, ergebnisorientierter strategischer Allianzen für das Lobbying wird in dem Maße für die Wohlfahrtsverbände wichtig wie alte Verhandlungssysteme, wie z.B. der Korporatismus, an Bedeutung verlieren und sowohl die verbandliche Profilierung wie auch die innerverbandliche Sicherung des Einrichtungsbestandes eher behindern als befördern.

2.6 Organisationsmodernisierung auf der Ebene der Spitzenverbände der Freien Wohlfahrtspflege

In den letzten Jahren hat sich auf der Ebene der Spitzenverbände der Freien Wohlfahrtspflege ein grundlegender Modernisierungsprozess vollzogen. Die dabei zu beobachtenden Veränderungen zeigen sich insbesondere in der Neujustierung des Verhältnisses von Einrichtungen und dem Gesamtverband. Insbesondere die großen Träger sind durch den staatlich initiierten Prozess der Verwettbewerblichung sozialer Dienste innerhalb der Verbände erheblich aufgewertet worden und der hierdurch eingeleitete Prozess von Fusionen und Bildung größerer Betriebseinheiten ist in vollem Gange. Diese Entwicklung betrifft mehr oder weniger alle Wohlfahrtsverbände. Gleichzeitig führt die Aufwertung der betrieblichen Ebene auch zu der Frage ihrer zukünftigen Stellung im Gesamtverband. Auch hier lässt sich zunächst feststellen, dass die Frage, welche Einflussmöglichkeiten den Trägern und Einrichtungen in den Verbänden zukommt bzw. zukommen soll, Gegenstand vielfältiger Diskussionen ist und der Prozess einer Stärkung der Position der Einrichtungen (insbesondere der großen Träger) im Verband sich immer stärker dynamisiert. Deutlich wird diese Aufwertung der Träger und Einrichtungen durch die Gründung von Unternehmerverbänden mit zunehmendem eigenständigem verbandspolitischem Gewicht. So haben sich im Diakonischen Werk der Evangelischen Kirche die großen Träger und Einrichtungen in einem Unternehmerverband zusammengeschlossen, der zwar nicht Mitglied des DW ist, aber als Unternehmenszusammenschluss erheblichen Einfluss in den Gremien entwickelt. Der Verband diakonischer Dienstgeber in Deutschland (VdDD) versteht sich als Interessenvertretung diakonischer Arbeitgeber und als dieser fordert er eine grundlegende Reformierung und Modernisierung des kirchlichen Arbeitsrechts. Die Notwendigkeit eines eigenständigen Dienstgeberverbandes wird aus dem Wandel der diakonischen Unternehmen heraus abgeleitet, die im Wesentlichen zwei Aufgaben zu bewältigen haben: die innerbetriebliche Effektivierung der Arbeitsabläufe und die Sicherung kirchlicher bzw. diakonischer Werte- und Qualitätsmaßstäbe.

Auch der Deutsche Caritasverband hat eine intensive Diskussion um die Gründung eines Unternehmensverbandes geführt. Die Aufsichtsratsvorsitzende der St. Elisabeth GmbH Neuwied Basina Kloos hat in einem Artikel in der Zeitschrift caritas eine neue Verbandsstruktur für den Caritas-Verband eingefordert:

„Die künftige Verbandsarbeit muss eine klare Unterscheidung zwischen dem marktfähigen, unternehmerischen Dienstleistungsbereich und dem nicht marktfähigen, gemeinwohlorientierten Bereich treffen. Für die Verbandsstruktur bedarf es einer verbandsorganisatorischen Trennung der Wahrnehmung der Anwaltsfunktion und der allgemeinen Sozialpolitik (Sozialverband, Caritas I) auf der einen Seite von der Interessenvertretung für die sozialen Dienstleistungsunternehmen (Unternehmensverband, Caritas II)." (Kloos 2000, S. 29)

Durch die Gründung der Arbeitsgemeinschaft Caritativer Unternehmen (ACU) innerhalb des Caritasverbandes konnte diese Trennung zwar abgewendet werden, gleichwohl spielt die Flexibilisierung des Arbeitsrechts eine zentrale Rolle in den verbandspolitischen Überlegungen.

Als Indiz für die Aufwertung der Träger und Einrichtungen innerhalb der Verbände kann auch die Gründung von Tarifgemeinschaften angesehen werden. So hat der Paritätische in einigen östlichen Bundesländern und in Berlin solche Tarifgemeinschaften schon sehr frühzeitig gegründet, weil der BAT nicht mehr als tragfähiges Tarifsystem angesehen wurde:

„Wir haben schon 1993 eine eigene Paritätische Tarifgemeinschaft entwickelt hier in X. Da war der Landesverband und ein Teil der Mitgliedsorganisationen drin. Das ist eine Arbeitgebervereinigung. Das ist ein freiwilliger Zusammenschluss, da muss man als Mitglied von uns nicht mitmachen. Das hat damals ziemlich viel verbandlichen Sprengstoff geliefert, besonders auf Bundesebene. Die anderen Landesverbände und der Gesamtverband sind im Dreieck gesprungen, als sie das damals mitbekommen haben, weil da noch totaler Konsens war, dass der BAT das einzig vernünftige Besoldungssystem ist, das man sich vorstellen kann. Wir haben schon sehr früh, aber da muss ich sagen eher auf der kommunikativen Ebene, den BAT angeknabbert. Wir sind aber, wenn man es mal genau nimmt, hier in X nicht sehr weit gekommen, weil hier durch ein Land, das ja selbst vom Öffentlichen Dienst in allen Facetten beherrscht wird, die Gewerkschaften eine solche Stärke haben, dass wir da einfach machtlos waren, muss man offen zugestehen. Wir haben dann mit christlichen Gewerkschaften verhandelt, um das zu machen, was Lothar Späth bei Jenaoptik gemacht hat. Der hat ja auch, um die IG Metall an den Verhandlungstisch zu zwingen, mal mit den christlichen Gewerkschaften einen Abschluss öffentlichkeitswirksam inszeniert und ist dann weitergekommen. Ähnliches haben wir jetzt peu á peu erreicht. Das hängt aber mit der ganzen Großwetterlage zusammen – das ganze Land X ist ja aus der Tarifgemeinschaft ausgestiegen – dass ein so enormer Druck auf ver.di lastet, dass jetzt doch die Fronten aufbrechen." (Geschäftsführer eines Landesverbandes des Paritätischen)

Zugleich haben nahezu alle Spitzenverbände auf Bundesebene oder Länderebene intensive Anstrengungen unternommen, ihre Verbandsorganisation weiterzuentwickeln und neue Strukturen herauszubilden, die sie in die Lage versetzen, mit den sozialwirtschaftlichen Herausforderungen besser umgehen zu können. Einige dieser Organisationsveränderungen sollen im Folgenden dargestellt werden.

a) Die Arbeiterwohlfahrt (AWO)

Die Diskussion um die innerverbandliche Neuorganisation ist innerhalb der Arbeiterwohlfahrt kontrovers und mit unterschiedlichen Akzentuierungen geführt worden.[11] Dies lässt sich an der Leitbilddiskussion verdeutlichen: Während der erste Leitbildentwurf auf zwei Säulen, jeweils getrennt für den Dienstleistungs-

---

11 Die Arbeiterwohlfahrt ist ein föderativ strukturierter Verband mit gleichzeitiger rechtlicher und finanzieller Autonomie der einzelnen Gliederungen. Dies hat eine eher geringe Steuerungsfähigkeit der Modernisierungsdebatte durch den Bundesverband zur Folge. Diesem fehlt es an direkten Eingriffsmöglichkeiten in die Arbeit der einzelnen Orts-, Kreis-, Bezirks-, Landeverbände bzw. der angeschlossenen korporativen Mitgliedsorganisationen. Auch ist es ihm nicht oder nur sehr eingeschränkt möglich, die konkreten Organisationsentwicklungen auf den regionalen und lokalen Ebenen direkt zu beeinflussen oder gar zu steuern.

bereich und den Mitgliederverein, beruhte, wurde dies in der zweiten Fassung im Sinne einer engeren Zusammenführung korrigiert und lediglich im Anhang jeweils spezifische Konsequenzen für den Dienstleistungsbereich und die Mitgliederorganisation aufgeführt. Auch diese Fassung wurde kritisiert und in einer dritten Version geändert, die den Willen der Verbandsmehrheit widerspiegelt, unter keinen Umständen den professionellen Dienstleistungsbereich der AWO vom politischen Mitgliederverband zu trennen. In den Leitsätzen der AWO heißt es nun:

„Wir sind ein Mitgliederverband, der für eine sozial gerechte Gesellschaft kämpft und politisch Einfluss nimmt. Dieses Ziel verfolgen wir durch ehrenamtliches Engagement und professionelle Dienstleistungen."

Inzwischen wird innerhalb der AWO erneut über eine Trennung der unterschiedlichen Verbandsfunktionen nachgedacht. Dabei geht es in erster Linie um die Frage, wer für welche Aufgaben realistischerweise Verantwortung übernehmen kann und diese auch auf Dauer tragen kann. Die Frage der Entscheidungsverantwortung steht dabei bei den organisatorischen Alternativen im Vordergrund. Da die AWO im Unterschied zu den kirchlichen Verbänden im Managementbereich wesentlich stärker ehrenamtlich besetzt ist, stellt sich für sie die Frage nach einer Professionalisierung der Managementebene und der hierfür geeigneten organisatorischen Lösung. In dem Teil, der ehrenamtlich geprägt und bestimmt ist, soll es dagegen weiterhin bei einer ehrenamtlichen Führungsstruktur bleiben.

„Unsere Überlegungen gehen dahin: Wir machen eine Unternehmensgruppe, soziale Dienstleistung, die kann und soll auch regional bezogen sein, also zwar auf der Bundesebene angesiedelt, aber in größeren Einheiten, möglicherweise auch branchenspezifisch und diejenigen Einrichtungen, die sich dieser Unternehmensgruppe anschließen, müssen bestimmte Auflagen erfüllen. Dazu gehört beispielsweise auch die Anwendung des QM-Systems nach den Vorgaben des Verbandes. Alle in einer solchen Unternehmensgruppe zusammengeführten Einrichtungen dürfen dann auch unter dem AWO-Emblem ihre Dienstleistungen mit den Vorgaben anbieten. Dann bliebe der Teil des Verbandes, der auch eine spezifischere Aufgabenstellung bekommen soll, denn die kümmern sich ja heute mehr oder weniger um die professionellen Dienstleistungen und nicht um das bürgerschaftliche Engagement vor Ort. Um diesen Bereich könnte sich der neue Verband dann intensiver kümmern, auch in dieser spezifischen Ausrichtung. Das wird derzeit diskutiert, die Vorbereitungen treffen wir dafür. Das eine Modell ist sozusagen diskussionsreif, liegt auf dem Tisch, wird einigen größeren Gremien vorgestellt. Was den verbandlichen Teil anbetrifft, so sind wir in der Vorbereitung, eine repräsentative Mitgliedererhebung zu machen, über die Frage, warum ist jemand bei der AWO, was macht er bei der AWO, was verbindet ihn mit den Werten der AWO, wie ist seine Verbandsbiografie, warum gehe ich wieder raus, da wollen wir Anfang des Jahres eine große Erhebung machen, ich denke es ist die einzige in der Republik."

Auf Länderebene zeigen sich bei den Bezirksverbänden der AWO bereits konkrete Auswirkungen dieses Diskussionsprozesses.

Die *AWO Schleswig-Holstein* befindet sich seit Jahren in einem intensiven Organisationsentwicklungsprozess. Eckpunkte dieses Prozesses sind:

- Die Stabilisierung und die Weiterentwicklung des Mitgliederverbandes insbesondere auf örtlicher Ebene;
- die Stärkung der Spitzenverbandsfunktion im Bereich der Gesellschafts- und Sozialpolitik;
- die ökonomische Zukunftssicherung der Dienstleistungsunternehmen.

Durch die Strukturreformen soll das besondere Profil der AWO geschärft werden. Es geht darum, die Identität der AWO zu verdeutlichen, die ein wertorientierter und sozialpolitisch engagierter Mitgliederverband ist.

Zur Erreichung dieser Ziele werden im Rahmen eines längerfristigen Prozesses die Dienstleistungsunternehmen in vier Regionen zusammengefasst. Zugleich wird eine verstärkte Kooperation der AWO-Verbandsgliederungen angestrebt. Im Rahmen des OE-Prozesses soll das Ziel verfolgt werden, alle AWO-Betriebe in Schleswig-Holstein unabhängig von den verbandlichen Gliederungsebenen als eine wirtschaftliche Einheit darzustellen. Hierzu sollen die Betriebe unter dem Dach einer AWO-Schleswig-Holstein-gGmbH in vier AWO-gGmbH Dienstleistungscenter zusammengeführt werden. Die Zusammenführung erfolgt in der Form von Betriebsträgergesellschaften. Gesellschafter der AWO-Schleswig-Holstein-gGmbH sind der AWO-Landesverband und die Kreisverbände. Die Gesellschaftsverträge garantieren eine Vertretung der Gliederungsvorstände in den Aufsichtsgremien.

Für den Unternehmens- wie für den Verbandsbereich gilt der Vorrang der dezentralen Entscheidung unter Beachtung der zentralen Steuerungsfunktionen. Zur Gewährleistung der einheitlichen Unternehmenssteuerung sind der Landesverband und die Kreisverbände an den Entscheidungsprozessen in den Gesellschaften gleichberechtigt beteiligt.

Die Geschäftsführungen leiten die Unternehmen jeweils in eigener Verantwortung. Sie sind dabei an das Unternehmensinteresse gebunden und zur Steigerung des nachhaltigen Unternehmenswertes verpflichtet. Die Geschäftsführer/innen sind Angestellte der Holding. Sie sind bestellt als Geschäftsführer/in mit besonderen Aufgaben in der Holding und gleichzeitig als Geschäftsführer/in einer Regional-/Pflege-gGmbH. Die Bestellung soll auf fünf Jahre begrenzt werden. Die Entscheidungen des geschäftsführenden Vorstands sind verbindlich in den Regional- und Pflege-gGmbHs umzusetzen.

Die Personalentwicklungsplanung wird übergreifend für alle Gesellschaften der AWO in Schleswig-Holstein entwickelt; die Verantwortlichkeit wird abgebildet in der obersten Leitungsebene der AWO-SH-Holding. Im Rahmen des Qualitätsmanagement werden Personalentwicklungsgespräche mit Vorgesetztenbeurteilungen, Fortbildungs- und Karriereplanungen sowie weitere prozessorientierte Instrumente der Personalentwicklung umgesetzt.

Gleichzeitig verfolgt der Landesverband die Strategie der Stärkung des Mitgliederverbandes. Hierzu werden zur Verbesserung der Arbeitsbedingungen der ehrenamtlichen Arbeit Verbandsbüros mit hauptamtlichen Sekretären und Sekretärinnen aufgebaut. Dabei bleibt die bestehende Vereinsstruktur mit 15 Kreisverbänden erhalten. Aufgaben der Büros und der Sekretäre sind die organisatorische Unterstützung und Beratung der ehrenamtlichen Vorstände bei den lebensweltbezogenen Projekten der Sozial- und Jugendarbeit und bei den sozialpolitischen Initiativen des Verbandes.

Im Zuge der Organisationsentwicklung sollen auch Barrieren abgebaut werden, die eine Integration neuer Mitglieder behindern. Dieses Ziel soll u.a. dadurch erreicht werden, dass die Ortsvereine und Kreisverbände offensiv attraktive Tätigkeiten anbieten und Gestaltungs- und Mitwirkungsmöglichkeiten innerhalb des Verbandes offerieren, ohne sie sofort an eine AWO-Mitgliedschaft zu koppeln. Die Mitarbeit ist – zunächst – wichtiger als die Mitgliedschaft.

Durch die Organisationsreform der AWO in Schleswig-Holstein wird die operative Führung der Dienstleistungsbetriebe konsequent an die hauptamtlichen Mitarbeiterinnen und Mitarbeiter delegiert und damit eine Trennung der Dienstleistungsfunktion und der Funktion als Mitgliederverband vollzogen.

Die Konzentration des innerverbandlichen Reformprozesses auf Fragen des Sozialmanagements und der Profilierung als Dienstleistungsorganisation wird durchaus auch als Gefahr wahrgenommen. Dies zeigt beispielhaft die Warnung des Vorsitzenden der AWO, Manfred Ragati, vor einer Einseitigkeit der Organisationsentwicklung:

„Zu eng fokussiertes Management auf professionelle Dienstleistungen und damit verbunden primäre Konzentration auf öffentliche Förderungen und Managementmethoden aus der Wirtschaft haben die existenziellen Aspekte von Selbsthilfe, traditionellem Ehrenamt inklusive Mitgliederakquise sowie Freiwilligenarbeit für die Wohlfahrtspflege aus dem Auge verloren bzw. werden für nicht mehr als (so) bedeutsam angesehen. Konkurrierende Strukturen auf Grund des ökonomischen Drucks in der Wohlfahrtspflege haben vor dem Verbandsinneren der AWO nicht Halt gemacht. Immer da, wo Ort-, Kreis- und Bezirksebene mit einander konkurrieren, wird der Aufbau von sozialräumlich und regional angesiedelten Rahmenbedingungen für Selbsthilfe und bürgerschaftliches Engagement behindert bis unmöglich gemacht."

Resümiert man die in den letzten Jahren vollzogene Organisationsentwicklung der Arbeiterwohlfahrt, dann zeigt sich diese als ein sich faktisch immer stärker unternehmerisch definierender und positionierender Spitzenverband.[12] Die AWO befindet sich auf dem Weg zu einer Dienstleistungsorganisation, deren Zukunft als Mitgliederverband gegenwärtig kaum abzuschätzen ist. Der damit einhergehende Funktionsverlust der Arbeiterwohlfahrt als sozialpolitisch profilierter Spitzenverband der Freien Wohlfahrtspflege wird durch die enge Verknüpfung der AWO mit der Sozialdemokratie gegenwärtig noch verstärkt. Ob es der AWO gelingt, Mitgliederverband und Dienstleistungsorganisation in Zukunft wieder enger zu verkoppeln und damit Ressourcen für die konkrete Dienstleistungsarbeit zu mobilisieren, ist gegenwärtig völlig offen und verweist auf eine (bislang fehlende) gesamtverbandliche Strategie der Organisationsentwicklung. Die Trennung der AWO-Gliederung in einen e.V.-strukturierten Mitgliederverband und einen GmbH-strukturierten Unternehmensverband verstärkt die Logik betriebswirtschaftlicher Erfordernisse und wirft die Frage nach Überlebensstrategien für den Gesamtverband auf. Es zeichnet sich für die Zukunft der verbandlichen Entwicklung ein „Spartenmodell" ab, das die Betriebsführung für soziale Dienste und Einrichtungen ein neu zu bildenden Unternehmensgruppe überträgt, die Einrichtungen einer gleichen Sparte zusammenfasst und auf der Grundlage eines Geschäftsbesorgungsvertrags eigenständig führt. Auch diese Entwicklung würde den Trend zu einer (reinen) Dienstleistungsorganisation weiter stärken und die Zukunftsfrage eines sozialdemokratischen Traditionsverbandes neu stellen.

b) Das Diakonische Werk der evangelischen Kirche in Deutschland (DW-EKD)

Das Diakonische Werk hat im Jahr 2003 mit einer umfassenden Neuorganisation der Arbeitsstrukturen begonnen. Vorausgegangen ist diesem Prozess eine Unternehmensberatung durch die Unternehmensberatung Roland Berger.[13] Ziel der

---

12 Diese Entwicklung ist wohl auch die Folge der besonderen tarifrechtlichen Bindungen der AWO, die als einziger Wohlfahrtsverband einen für sämtliche Gliederungen gültigen bundesweit angelegten Tarifvertrag abgeschlossen hatte. Die Folge des zunehmenden Wettbewerbsdrucks war deshalb eine Ausgliederungswelle, die die Zukunft des Gesamtverbandes in Frage stellte. So wurde zwischen dem Jahr 1996 und Ende 2000 etwa 150 Einrichtungen in GmbHs umgewandelt. Von dieser Tendenz zur Ausgliederung sind somit ca. 14.000 Vollzeitstellen betroffen.
13 Vorausgegangen ist dieser Entwicklung eine von 1994 bis 1997 geführte Leitbilddiskussion und der Beschluss der Diakonischen Konferenz von 1997, den Gesamtverband zukünftig in Richtung einer unternehmerischen Diakonie auszurichten. Mitte 2003 wurde mit einer Imagekampagne mit dem Titel „Wertelinie" begonnen, mit der die Kernidentität der Diakonie deutlich gemacht werden soll.

Reorganisation ist es, die Kompetenz von Landesverbänden, den Fachverbänden und diakonischen Trägern und der Hauptgeschäftsstelle zusammenzuführen, um die fachbezogene, betriebswirtschaftliche, sozialrechtliche und theologische Kapazität effektiver nutzen zu können und Doppelarbeit zu vermeiden. Hierfür sollen Kapazitäten aus Betriebswirtschaft und Sozialrecht neu zu schaffenden Zentren zugeordnet werden. Die Geschäftsführung beabsichtigt, in der Diakonie-Bundesvertretung zwei Zentren zu installieren – ein Zentrum für Gesundheit, Rehabilitation, Pflege (GRP) und ein anderes für Integration und gemeindeorientierte Arbeitsfelder (I+G). Vor allem aus der bisher noch bestehenden Abteilung Gesundheit/Rehabilitation aus dem Bereich Diakonische Dienste soll als Modellzentrum das Zentrum Gesundheit, Rehabilitation, Pflege (GRP) gebildet werden. Das Zentrum „Integrations- und gemeindeorientierte Arbeitsfelder" soll aus den Aufgabenfeldern der Abteilungen „Frauen, Jugend und Familie", „Migration" sowie „Integration und Seelsorge" zusammengeführt werden.

Die Zielsetzung dieser Organisationsveränderung ist „die Herstellung einer zukunftsgerichteten Ausrichtung des DW-EKD durch die Schaffung einer aufgabenorientierten Infrastruktur in Form von Zentren". Dabei ist im Rahmen einer Organisationsentwicklung die Ist-Situation der Hauptgeschäftsstelle analysiert worden und eine externe Evaluierung der Hauptgeschäftsstelle durchgeführt worden. Wesentliche Schwerpunkte der Evaluierung war an die zukünftige Aufgabenwahrnehmung der Hauptgeschäftsstelle, Verbesserungsmöglichkeiten an den Schnittstellen zu den verschiedenen Interessengruppen sowie Vorstellungen über die Einbindung der Interessengruppen in das Zentrum Gesundheit, Rehabilitation und Pflege. Die Diakonische Konferenz, das oberste Organ des Diakonischen Werks, hat auf seiner Sitzung im Oktober 2003 weit reichende Beschlüsse zur Organisationsentwicklung gefasst. Die Aufwertung der Träger und Einrichtungen wird dabei in der neuen Sitzverteilung der Diakonischen Konferenz deutlich:

Nach einem Beschluss der Diakonischen Konferenz werden die Fachverbände in folgende Gruppen eingeteilt:

- Fachverbandsgruppe 1: Bundesverbände der Träger und Einrichtungen;
- Fachverbandsgruppe 2: Gemeinde- und integrationsorientierte Fachverbände;
- Fachverbandsgruppe 3: Volksmissionarische und seelsorgerische Fachverbände;
- Fachverbandsgruppe 4: Personenverbände (unterteilt in: Schwesternschaften und Brüderschaften, Ehrenamtliche Dienste, Berufsverbände).

Aus den 25 von den Fachverbänden in die Diakonische Konferenz zu entsendenden Vertreter/inne/n werden nach dem Beschluss der Diakonischen Konferenz zehn Vertreter von der Fachgruppe 1 und jeweils fünf Vertreter von den sonstigen Fachgruppen in die Diakonische Konferenz entsandt. Auch bei den zusätzlich in die Diakonische Konferenz zu berufenden Mitgliedern (15 Personen) ist eine Sonderstellung der die Träger und Einrichtungen repräsentierenden Fachgruppe festzustellen: Die Fachverbandsgruppe 1 und die Landesverbände schlagen dem Diakonischen Rat je zehn weitere Mitglieder für die Konferenz aus dem Kreis der Träger vor. Der Diakonische Rat beruft aus dem Kreis der Vorgeschlagenen zehn weitere Mitglieder für die Diakonische Konferenz.

Resümiert man die Organisationsentwicklung des Diakonischen Werks der Evangelischen Kirche in Deutschland, dann ist eine stärker unternehmerische Orientierung und Ausrichtung unverkennbar. Dies zeigt nicht nur der wachsende Einfluss von Unternehmensvertretungen in den Gremien des Verbandes, sondern auch die innerverbandliche Diskussion, die stark auf die Profilierung als Dienstleistungsverband orientiert ist. Die Thesen der „Zukunftswerkstatt Diakonie", die eine grundlegende Reform der Organisationsstrukturen des Diakonischen Werks der EKD fordern, verdeutlichen den Kern der gegenwärtigen Organisationsveränderung. In diesen Thesen heißt es:

„Es ist erforderlich, dass sich die Trägerorientierung diakonischer Verbandsstrukturen verbessert. Dabei soll die Nutzung von Ressourcen der Träger, die Konzentration der Fachverbände auf Kernkompetenzen und die Steigerung der unternehmensbezogenen überfachlichen (d.h. arbeitsfeldübergreifenden) Beratungsqualität erfolgen. Dies würde die Trägervielfalt und ein einheitliches Auftreten der Diakonie stärken. Es bedarf also eines Professionalisierungsschubs in der Dienstleistungsfunktion der bundesweiten Diakonie-Infrastruktur, um die Marktfähigkeit diakonischer Unternehmen nachhaltig zu unterstützen." (Thesen der Zukunftswerkstatt Diakonie, Düsseldorf)

Verstärkt wird die unternehmerische Diakonie durch den Verband diakonischer Dienstgeber in Deutschland (VdDD), der einen Zusammenschluss großer Dienstgeber darstellt, in deren Einrichtungen nach eigenen Angaben ca. 175.000 Menschen arbeiten. Der VdDD reklamiert als zentrales Ziel eine grundlegende Erneuerung der Arbeitsvertragsverhältnisse (AVR und BAT-KF) im Bereich der Diakonie. Er ist dem Bundesverband der deutschen Arbeitgeber beigetreten. Dieser Schritt wird innerhalb der Diakonie von einigen als Abkehr vom Prinzip des Dritten Weges gewertet, obwohl der Verband sich in seiner Satzung zu dessen Aufrechterhaltung ausdrücklich bekennt (vgl. Satzung des VdDD, §2). Die Frage der grundsätzlichen Beibehaltung einer BAT-nahen Struktur oder deren Überwindung ist dabei auch bei den diakonischen Arbeitgebern durchaus umstritten. Die starke Akzentuierung einer unternehmerischen Diakonie, die gegenwärtig als Strategie der Organisationsentwicklung dominiert, wirft natürlich immer wieder die Frage nach dem spezifisch evangelischen Profil der Dienstleistungsangebote der diakonischen Einrichtungen auf. Auch hier deutet sich eine Diskussion an, die stärker zwischen der Perspektive der Verbandsentwicklung und der Perspektive der Trägerentwicklung differenziert.

c) Der Deutsche Caritasverband

Die aktuell diskutierten oder eingeleiteten Strukturveränderungen des Caritasverbandes (Satzung vom 16. Oktober 2003; Diskussionspapier zur Änderung der Ordnung der Arbeitsrechtlichen Kommission) zeigen, dass die Modernisierung des Verbandes das mühsam austarierte Verhältnis zentraler Steuerungsfunktionen und dezentraler Selbststeuerungskapazitäten permanent verändert.[14] Innerhalb des Caritasverbandes stellt sich die Steuerungsfrage als Suche nach der Konstruktion von Profil, der Aufrechterhaltung von Systemgrenzen und erkennbarer Wertezugehörigkeit. Gegenwärtig vollzieht sich durch die Modernisierung ein Prozess der Partialisierung, also des sukzessiven Auseinanderfallens der Großverbände – sowohl schmelzen die Solidaritäten zwischen Bundes-, Bistums- und Ortsebene, zwischen örtlichen Trägern und großen caritativen Unternehmen, als auch zwischen verfasster Kirche und Verband.

„Auf Verbandsebene – und dies gilt nicht nur für den Caritasverband – lassen sich Merkmale einer Gegensteuerung in Form der Stärkung einer Steuerungsphilosophie beobachten, die grundlegend von der Prämisse ausgeht, die durch sozialwirtschaftliche Rahmenbedingungen sich partikularisierende Basis wäre durch Nachbesserungen der Steuerungsinstrumente und -verfahren nach wie vor erfolgreich zentralistisch steuerbar. Die Qualitätssicherungsstrategie ist hierfür nur ein Beispiel. Gleichzeitig müssen – und das zeigen die genannten Strukturdiskussionen – die Partialinteressen in einer neu austarierten Steuerungsstruktur stärkere Berücksichtigung finden. So gibt es auf Bundesebene Versuche, die Illusion eines Gesamtvereins, der quasi Konzernstruktur habe, zu stärken; es wird über die Stärkung von Verbindlichkeit für alle Gliederungen des Verbandes, über Ausschlusskriterien diskutiert. Die Bischöfe erarbeiten neue Kriterien für eine wirksamere Aufsicht der Caritasorganisationen." (Manderscheid 2003, S. 83)

Als Reaktion auf die im Caritasverband heftig geführte Debatte um die organisatorische Neuordnung der „unternehmerischen" und „anwaltschaftlichen" Aufgaben (Caritas I und Caritas II)[15] sind innerhalb des Verbandes verschiedene

---

14 Im Zusammenhang mit der Satzungsreform konzentriert sich die Debatte auf ein Modell, nach dem sich die Spitzenverbände der Caritas jeweils als „Verband der Verbände" definieren und persönliche und korporative Einzelmitgliedschaften nur auf den unteren Verbandsebenen der Diözesen und Ortsvereine oder der fachverbandlichen Ebene ermöglicht werden sollen.

15 Die Unterscheidung von Caritas 1 und Caritas 2 oder Unternehmens- und Sozialcaritas folgt den Vorschlägen einiger Gutachter, die auf eine grundlegende Veränderung der

Initiativen entwickelt worden, die unternehmerischen Belange stärker in die Verbandsarbeit zu integrieren. Hierzu gehören die Gründung eines Arbeitskreises „Unternehmerische Belange" unter Einbeziehung des Vorstands des Caritasverbandes und die Gründung eines Unternehmerverbandes innerhalb des Caritasverbandes (Arbeitskreis Caritativer Unternehmen, ACU). Im Unterschied zum Diakonischen Werk ist der ACU Mitglied des Deutschen Caritasverbandes.

Auf der Ebene der Diözesancaritasverbände führt diese Entwicklung dazu, durch Organisationsentwicklung das Verhältnis zwischen anwaltschaftlichen Aufgaben, dem Lobbying und der Dienstleistungsfunktion neu auszutarieren.

Das nachfolgende Fallbeispiel dokumentiert einen solchen Versuch der verbandlichen Reorganisation und verdeutlicht zugleich, dass die Dynamik der sozialwirtschaftlichen Entwicklung einen fortwährenden Modernisierungsdruck erzeugt, auf den auf verbandlicher Ebene nur reagiert werden kann.

„Im Diözesancaritasverband (DiCV) L. haben wir im Zuge einer Organisationsentwicklung Lösungen für eine Modernisierung sowohl der Trägerfunktionen wie auch des Idealvereins entwickelt. Die Ausgangssituation war geprägt von einem Prozess der Dezentralisierung, in dem die fünf bislang noch nicht rechtlich verselbständigten Bezirksverbände je eigene eingetragene Vereine wurden. Damit gab es dann zehn rechtlich eigenständige Untergliederungen. Diesen wurden die bisher vom DiCV getragenen Dienste und Einrichtungen mit Ausnahme der pflegesatzfinanzierten Einrichtungen übertragen.

Nach der formell erfolgten Dezentralisierung mussten nun im neuen System die Rollen, Kooperationen und Abläufe neu strukturiert und geklärt werden. In der Ausgangsdiagnose wurde für den DiCV deutlich, dass er sich von seiner bisherigen Rolle als mittleres Management mit direktem Zugriff in die jeweiligen Einrichtungen und Dienste verabschieden muss und mehr Leistungen aufbauen muss, mit denen er in der Lage ist, die Problemlösungsfähigkeit der jeweiligen autonomen Trägersysteme zu sichern und zu erhöhen. Dafür sollte die Spezialisierung der Referenten zulasten der Generalisierung erhöht werden, originäre Landesaufgaben definiert werden, Vermischungen von Beratung, Aufsicht und Interessenvertretung aufgelöst werden.

Im DiCV ging es somit vorrangig um eine strukturelle Entflechtung von Aufgaben und Interessen, die in sich oftmals konfliktträchtig sind, deren Lösung aber in die jeweiligen Personen hinein delegiert und somit dem verbandlichen Diskurs nicht zugänglich waren. Deshalb wurden zunächst die Grundfunktionen des Verbandes in drei Geschäftsbereichen abgebildet: Träger, Spitzenverband und Verwaltung. Im Spitzenverband wurden die üblichen Fachreferatskompetenzen

---

ökonomischen performance der Betriebe und Einrichtungen abzielen. So steht im Mittelpunkt der Veränderungswünsche der „Unternehmenscaritas" eine Reform der Arbeitsvertragsrichtlinien, die in ihrer bisherigen Form als nicht ausreichend flexibel, als zu aufwendig und zu intransparent charakterisiert werden.

– wie Beratung, Fortbildung, Interessenvertretung für Einrichtungen, Anwaltschaft für Benachteiligte, Engagementförderung – strukturell getrennt. Neben den bisherigen Fachreferaten, die in ihrer Aufmerksamkeit jeweils nur auf Teilaufgaben der jeweiligen Subsysteme ausgerichtet waren, wurde eine Abteilung Verbandsentwicklung geschaffen, die die Herstellung leistungsfähiger Systeme in Selbstorganisation unterstützen sollte.

Parallel wurde auf Landesebene mit den anderen DiCV'en die Kooperation intensiviert und die Prämissen der Interessenvertretung auf Landesebene modernisiert. Im Zuge der Stärkung der unternehmerischen Belange der Trägerorganisationen haben die Verbände beschlossen, sich von dem bisherigen Monopol der Interessenvertretung auf Landesebene zugunsten eines so genannten koordinierten Selbstvertretungsmodells zu verändern. Landesweit wurden spartenbezogene Landesarbeitsgemeinschaften, CLAG's (Caritas-Landesarbeitsgemeinschaft), konstituiert, denen nunmehr die fachpolitischen Vertretungsaufgaben delegiert werden. Die DiCV'e konzentrieren sich demzufolge stärker auf die Aspekte der Verbandsentwicklung im jeweiligen Bistum, auf das Lobbying für Benachteiligte, die Engagementförderung und auf Grundsatzfragen der Caritas. Die leitende Idee liegt in der Absicht, durch Rollentrennung – fachpolitische Vertretung und Einrichtungslobbying durch die Träger und grundsätzlich wertorientierende Prägung durch die Spitzenverbände – beides zu stärken."

Die Funktionsdifferenzierung zwischen dem Lobbying für die Träger und Einrichtungen und dem Lobbying im Rahmen der Wahrnehmung sozialanwaltschaftlicher Aufgaben sind aus Verbandssicht eine der zentralen Herausforderungen des sozialwirtschaftlichen Transformationsprozesses. Beide Funktionen sollten zukünftig aus organisationspolitischer Sicht strikt unterschieden werden, weil sie in ihrem Vollzug keineswegs identisch sein müssen (wie dies in der Vergangenheit häufig unterstellt wurde). Im Zuge einer weiter zunehmenden sozialwirtschaftlichen Entwicklung können beide Funktionen leicht in Konflikt mit einander geraten, weil Kunden- bzw. Klienteninteressen und betriebswirtschaftliche Interessen der Verbände und Einrichtungen nicht deckungsgleich sein müssen.

Voraussetzung eines effektiven Lobbyings für Träger und Einrichtungen ist vor allem die Schaffung bzw. Herbeiführung einer klaren Trennung zwischen der das Lobbying betreibenden Organisationseinheit (Diözesancaritasverband) einerseits und der Betriebsebene, den Trägern und Einrichtungen, andererseits. Dies bedeutet, dass Dienste und Einrichtungen, die sich in unmittelbarer Trägerschaft des Diözesancaritasverbandes befinden, in die Trägerschaft der Ortscaritasverbände überführt werden sollten, um die unmittelbare, klientenbezogene Arbeit auf der Diözesanebene abzubauen (dies kann auch durch die Schaffung rechtlich eigenständiger Untergliederungen herbeigeführt werden, denen die traditionell vom DiCV getragenen Dienste und Einrichtungen übertragen werden). Die Herauslösung aus der unmittelbaren Trägerschaft muss zugleich verbunden werden mit einer systematischen Erfassung und Repräsentation der Trägerinteressen in den Strukturen des Diözesancaritasverbandes. Instrumente hierfür können diözesane Arbeitsgemeinschaften sein, die sich entlang der Trägerstrukturen in den verschiedenen Arbeitsfeldern sozialer Dienste konstituieren und deren Geschäftsführung durch den Diözesancaritasverband wahrgenommen wird.

Voraussetzung dieser Funktionsdifferenzierung ist die Diagnose, dass sich der DiCV aus dem unmittelbaren Management mit direktem Zugriff auf die jeweiligen Einrichtungen und Dienste herauslösen muss und Leistungssysteme aufbauen und entwickeln muss, mit denen er in der Lage ist, die Problemlösungsfähigkeit der jeweiligen autonomen Trägersysteme zu sichern und zu erhöhen. Die systematische Einbindung von Trägerinteressen in die Arbeit des DiCV und die Meinungsbildung auf Diözesanebene setzt dabei voraus, dass die Träger auf örtlicher Ebene (Ortscaritasverbände) stärker an den Verband heranrücken müssen und den DiCV und seine örtlichen Untergliederungen stärker als bislang als Einheit begreifen müssen.

Ziel der Organisationsentwicklung ist die Schaffung eines flexiblen Organisationssystems mit dezentralen Einheiten (operativ tätigen Einrichtungsträgeren) und einer strategisch ausgerichteten Lobbyingagentur. Als Kern der neuen Organisationsstruktur zeichnen sich strategische Verbandsgeschäftsfelder ab, die sich inhaltlich an den einzelnen Versorgungsfeldern der sozialen Dienste orientieren.

Verbandsgeschäftsfelder sind weitgehend selbstständige Leistungsbereiche, die zeitnah und flexibel auf den Bedarf der Mitgliedsorganisationen oder anderer Adressaten reagieren sollen und entsprechende Dienstleistungen anbieten. In diesem Zusammenhang sollten differenzierte Zielvorgaben für die Entwicklung der einzelnen Geschäftsfelder erarbeitet werden. Leitende Ideen sind dabei u.a. die Förderung ökonomisch tragfähiger Dienstleistungsangebote, eine transparente Leistungspolitik, überprüfbare Leistungsziele, eine effektive Trägerorganisation, permanente Organisationsentwicklung und die Entwicklung eines Qualitätsmanagementsystems. Die damit anvisierte Wettbewerbsfähigkeit der sozialen Dienstleistungsorganisationen zielt darauf ab, Kompetenzen aus den Unternehmen heraus zu entwickeln, damit diese auf soziale und gesellschaftliche Entwicklungen im Umfeld angemessen reagieren können.

Der Caritasverband versucht in jüngster Zeit in vermehrtem Umfang, seine anwaltschaftlichen Funktionen neu zu akzentuieren und sich als Fürsprecher benachteiligter Menschen zu positionieren. Zugleich entwickelt und verstärkt sich innerverbandlich die Perspektive einer unternehmerischen Caritas weiter und nimmt verbandsprägende Gestalt an. Auf der Ebene der Diözesancaritasverbände werden inzwischen flächendeckend wettbewerbsorientierte Organisationsentwicklungsstrategie implementiert, die zur Stärkung einer unternehmerischen Caritas führen sollen und bei der zunehmend auch die Frage der innerverbandlichen Fusion bedeutsam wird. Wie bei der Diakonie ergibt sich hier das strategische Problem der Verklammerung der Unternehmen mit der Kirche und ihren Strukturen, insbesondere der bischöflichen Aufsicht. In Zukunft ist eine weitere Ausdifferenzierung caritativer Dienstleistungen zu erwarten, wobei insbesondere die offene Diskussion um sozialpolitische Positionen und ihre Konsequenzen innerhalb des Caritasverbandes für vermehrten Diskussionsstoff sorgen dürfte.

d) Der Paritätische

Der Paritätische ist ein Verband selbstständiger Mitgliedsorganisationen, für die er im Wesentlichen Serviceleistungen erbringt. Damit ergeben sich für den Paritätischen grundsätzlich andere Steuerungsaufgaben als für die anderen Spitzenverbände der Freien Wohlfahrtspflege. Als Verband selbstständiger und unabhängiger Mitgliedsorganisationen ist „ein Durchgreifen von oben nach unten bei uns nicht möglich". Gleichwohl ist auch der Paritätische von dem Tatbestand betroffen, dass die staatlich inszenierte Ökonomisierung des Sozialsektors zu einer Aufwertung der Sozialunternehmen führt und eine Aufgabenbündelung erzwingt. Die Steuerungsstrategie des Paritätischen heißt an dieser Stelle „Vernetzung" und „fachliche Kompetenzzusammenführung".[16] Es sollen Personalpools gebildet werden und die Zusammenarbeit der Einrichtungen auf Landesebene angeregt werden, sodass man untereinander auch Personal einsetzen kann. Bereits jetzt haben sich in vielen Ländern unterhalb der Liga der Freien Wohlfahrtspflege Landesarbeitsgemeinschaften zu Spezialthemen gegründet, z.B. Werkstätten für Behinderte oder Wohneinrichtungen. In Hessen gibt es eine Arbeitsgemeinschaft nur in der Behindertenhilfe. Dabei geht es darum, Standards zu formulieren, die man dann gemeinsam in Verhandlungen einbringt. Und darüber hinaus sollen auch Netzwerke gebildet werden, die nicht unbedingt als unternehmerische Netze verstanden werden sollen, aber durchaus Teile von Unternehmensstrategien inkorporieren.

Die Neujustierung des Verhältnisses von Trägern und Einrichtungen und dem Verband zeigt sich beim Paritätischen auf Länderebene. Dies soll im Folgenden exemplarisch am Beispiel Berlin und Schleswig-Holstein gezeigt werden.

In *Berlin* hat der Paritätische mit einer umfassenden Organisationsentwicklung auf die Umstrukturierungsprozesse in der Sozialen Arbeit reagiert. Ziel war

---

16   Das paritätische Selbstverständnis beruht nach wie vor auf einer Rollentrennung zwischen rechtlich eigenständigen Trägereinrichtungen einerseits und dem Dachverband andererseits. Charakteristisch für den Dachverband ist dessen „Neutralität" in Wertefragen, die zugleich die innerverbandliche Diskussion immer wieder provoziert. Der Gesamtverband versucht in den letzten Jahren verstärkt, die zunehmende Pluralität der Mitgliedsorganisationen unter der Perspektive einer gemeinsamen bürgerschaftlichen und zivilgesellschaftlichen Orientierung zu vereinheitlichen und eine gemeinsame Stoßrichtung durchzusetzen.

die Schaffung eines flexiblen Organisationssystems mit dezentralen Einheiten. Kern der neuen Organisationsstruktur sind strategische Verbandsgeschäftsfelder, die sich inhaltlich an den einzelnen Versorgungsfeldern der Sozialen Arbeit orientieren.

Verbandsgeschäftsfelder sind weitgehend selbstständige Leistungsbereiche (z.B. Behindertenhilfe; Soziales; Gesundheitsförderung und Suchthilfe), die zeitnah und flexibel auf den Bedarf der Mitgliedsorganisationen oder anderer Adressaten reagieren sollen und entsprechende Dienstleistungen anbieten. Gegenwärtig arbeitet der Verband an differenzierten Zielvorgaben für die Entwicklung der einzelnen Geschäftsfelder. Leitende Ideen sind dabei u.a. die Förderung ökonomisch tragfähiger Dienstleistungsangebote, eine transparente Leistungspolitik, überprüfbare Leistungsziele, eine effektive Trägerorganisation, permanente Organisationsentwicklung und Qualitätsmanagement. Die damit anvisierte Wettbewerbsfähigkeit der sozialen Dienstleistungsorganisationen zielt darauf ab, Kompetenzen aus den Unternehmen heraus zu entwickeln, damit diese auf soziale und gesellschaftliche Entwicklungen im Umfeld angemessen reagieren können.

Die Entwicklungspotentiale der Wohlfahrtspflege liegen aus Sicht des Paritätischen Berlin in der Binnendifferenzierung der Organisationsstrukturen. Das heißt, für den Bereich der professionellen Einrichtungen gilt die Wettbewerbsorientierung und für den Bereich ehrenamtliches und bürgerschaftliches Engagement gilt eine identitätsstiftende Gemeinwohlorientierung.

„Durch die Entwicklung wettbewerblicher Rahmenbedingungen, die Vorgaben des Staates, die Versorgungsbereiche wettbewerblich zu organisieren, ist ein Veränderungsdruck auf unsere Einrichtungen ausgeübt worden und wird weiter ausgeübt. Wir haben uns hier Gedanken gemacht, warum haben viele unserer Organisationen Probleme mit der Wirtschaftlichkeit, und sind dabei darauf gestoßen, dass in der historischen Entwicklung die Wohlfahrtspflege und die angeschlossenen Einrichtungen vom Kern her zwei Funktionen haben: Die eine Funktion ist die, die in der Öffentlichkeit auch am meisten wahrgenommen wird, die Dienstleistungsfunktion, also Einrichtungen zu betreiben, soziale Dienstleistungen anzubieten; die andere Funktion, die wir hier als Gemeinwohlfunktion definieren, ist auch noch einmal untergliedert in verschiedene Facetten.

Das Verfolgen dieser Ziele in einer Organisationseinheit mit Strukturen, die für beide Felder durchgängig wirken, sind bzw. waren hinderlich, um beide Funktionen von den Zielen her effizient zu verfolgen. Bei der Gemeinwohlfunktion geht es nicht so sehr um Effizienz, sondern um Wirkung. Wir haben dann überlegt, was ziehen wir dann aus diesen Wahrnehmungen für Konsequenzen und haben dann dieses Modell der Binnendifferenzierung entwickelt. Das hing auch mit der Wahrnehmung zusammen, dass uns diese Mischfunktion, das Verfolgen der Funktion in einer so groben Mischung, jetzt auf die Füße fällt. Wir haben in der Tat häufig mit Gemeinwohlinteressen argumentiert, haben aber unter der Hand Trägereinrichtungsinteressen durchgesetzt, oder haben im Einrichtungsbereich keine effizienten Steuerungsstrukturen im betriebswirtschaftlichen Sinne, weil durch das ehrenamtliche Durchdringen der Führungsebenen im Einrichtungsbereich nicht der Sachverstand da war, um Einrichtungen auch wirtschaftlich zu führen. Aus dieser Überlegung heraus, haben wir uns gesagt, müssen wir diese Funktionen binnendifferenzieren.

Ausgelöst ist diese Diskussion hier in unserem Verband durch das Buch von Miegel, weil dort ja zwischen ‚Mildtätigkeit' und ‚Markt' der Wohlfahrtspflege der Spiegel vorgehalten wird. Dort wird dann am Ende gesagt, ihr müsst euch entscheiden für eine der beiden Funktionen. Das wird zwar nicht so in Reinkultur gefordert, wenn man aber das Buch richtig liest, kommt man zu der Auffassung, die Wohlfahrtsverbände sollten sich entscheiden, was sie denn wollen. Wir sind immer von dem Ansatz ausgegangen, beide Elemente sind für die Wohlfahrtspflege konstitutiv, beides sollte unter einem Dach sein, sowohl die Gemeinwohlfunktion als auch die Dienstleistungsfunktion. Aber so, wie wir in der Vergangenheit unsere Organisation geführt haben, so kann es nicht bleiben, weil wir in dieser Quotendurchdringung beide Anforderungen nicht mehr gut erfüllen können. Wir haben deshalb dieses Konzept der Binnendifferenzierung entwickelt und gesagt, unter unserem Dach müssen diese verschiedenen Funktionen getrennt werden, damit sich im Dienstleistungssektor, weil dort überall Wettbewerb herrscht, die Dienstleistungslogik, die Organisationslogik. durchsetzen kann. Im Gemeinwohlsektor gilt eine Wertehaltung, es geht darum, Menschen zu motivieren, sich für das Gemeinwohl einzusetzen. ...

Wir müssen uns eigentlich dreigefächert aufteilen: wir haben den e.V., den wir zur Unternehmensberatung weiterentwickeln; wir haben eine Tochtergesellschaft, in der wirtschaftliche Einrichtungen konzentriert sind, das sind fast ausschließlich Krankenhäuser, Behinderteneinrichtungen, Altenhilfe; und wir haben als dritte Einrichtung die GmbH, die sich um die Freiwilligenarbeit, Bürgerengagement, kümmert." (Paritätischer Berlin)

Auch der Paritätische ist von dem Tatbestand betroffen, dass die staatlich inszenierte Ökonomisierung des Sozialsektors zu einer Aufwertung der Sozialunternehmen führt und eine Aufgabenbündelung erzwingt. Die Steuerungsstrategie des Paritätischen heißt an dieser Stelle „Vernetzung" und „fachliche Kompetenzzusammenführung". Es sollen Personalpools gebildet und die Zusammenarbeit der Einrichtungen auf Landesebene angeregt werden, sodass man untereinander auch Personal einsetzen kann. Auf Bundesebene und auf Länderebene will man sich zukünftig stärker als „Moderator" und „Koordinator" profilieren denn als „Spitzenverband". Auf Landesebene lässt sich eine Strategie beobachten, die als Verzahnung von Gemeinwohl- und Dienstleistungsfunktion bezeichnet werden kann. Zur Stärkung der Gemeinwohlfunktion sollen dabei Selbsthilfepotenziale und ehrenamtliches Engagement strategisch mit den Leistungen der professionellen Einrichtungen verzahnt werden. Dies drückt sich im Qualitätsmanagement aus, in dessen Zusammenhang Selbsthilfe und bürgerschaftliches Engagement mit den fachlichen, organisatorischen, personellen und finanziellen Ressourcen der professionellen Einrichtungen verflochten wird. Auf der Ebene der Trägerorganisationen bedeutet dies, die Dienstleistungsfunktion als ständigen Veränderungsprozess der Einrichtungen zu begreifen und die Geschäftsfeldpolitik den dynamischen und wechselnden Bedarfen an sozialen Dienstleistungen anzupassen.

Für den Paritätischen als Dachorganisation selbstständiger Organisationen und Verbände eröffnet dies Chancen und Risiken zugleich. Er ist gezwungen, sich innerverbandlich so zu restrukturieren, dass er die notwendigen Steuerungsfunktionen in der Vermittlung, Evaluierung und Supervidierung der Leistungserbringung der ihm angeschlossenen Verbände wahrnehmen kann, und dass eine flexible und ökonomisch effiziente Arbeit der Mitgliedsorganisationen entwickelt und gefördert wird. Die Pluralität und organisatorische Vielfalt des Verbandes benötigt eine zentrale Steuerung bei gleichzeitiger dezentraler Struktur der Leistungserstellung.[17] Zugleich kann sich die Nähe des Paritätischen zu bürgerschaftlichen Organisationsformen der Selbsthilfebewegung und des zivilgesellschaftlichen Engagements als produktiver Vorteil erweisen, wenn es gelingt, professionelle Dienstleistungen und freiwilliges Engagement zu verkoppeln und den verengten Blick auf den Kunden/Konsumenten sozialer Dienste um eine Nutzerorientierung zu erweitern, die auch die Selektivitäten, die ein stärkerer Marktbezug zwangsläufig mit sich bringt, einkalkuliert und einzugrenzen sucht.

e) Das Deutsche Rote Kreuz (DRK)

Das Deutsche Rote Kreuz kennzeichnet sich durch eine Doppelstruktur; zum einen ist es die anerkannte nationale Rotkreuzgesellschaft und zum anderen ein Spitzenverband der Freien Wohlfahrtspflege.[18] Organe des Gesamtverbandes sind die Bundesversammlung, das Präsidium und der Präsidialrat. Der Bundesversammlung gehören die Vertreter der Landesverbände an, die insgesamt 125 Stimmen führen, Vertreter des Verbandes der Schwesternschaften vom DRK mit

---

17 Auf der Ebene der Landesverbände wird der Versuch unternommen, Fusionen herzustellen und Kooperationen zwischen sozialen Diensten zu fördern. Die regionale Arbeit soll durch die Bildung neuer geografischer Zuständigkeiten optimiert werden, auch mit dem Ziel eine Bündelung der Aktivitäten der Mitgliedsorganisationen zu erreichen. In einigen Landesverbänden geht dies einher mit der Möglichkeit der Landesverbände, eigene Trägerfunktionen wahrzunehmen.

18 Diese Dualität hat weitreichende Konsequenzen für die Organisationsentwicklung des Gesamtverbandes. Sie prägt die innerhalb des DRK geführte Auseinandersetzung um die Funktion als Mitgliederverband einerseits und unternehmerisch ausgerichteter Betriebsorganisation andererseits. Die traditionell „schwache" Stellung der gemeinnützigen sozialen Arbeit im Gesamtverband ist bleibender Gegenstand von Konflikten zwischen dem Generalsekretariat und den Landes- bzw. Kreisverbänden.

fünf Stimmen und der Präsident. Zum Präsidium gehören der Präsident, zwei Vizepräsidenten, der Bundesarzt, der Bundesschatzmeister, die Präsidentin des Verbandes der Schwesternschaften von DRK, je drei Vertreter der Gemeinschaften, der Sonderbeauftragte für Verbandsentwicklung und Verbandsplanung und der Generalsekretär. Der Präsidialrat setzt sich zusammen aus den Präsidenten der 19 Landesverbände und der Präsidentin des Verbandes der Schwesternschaften. Bei grundlegenden Fragen, welche die Aufgaben des gesamten DRK berühren, ist der Präsidialrat anzuhören. Das DRK gliedert sich in ca. 530 Kreisverbände mit nahezu fünf Mio. Mitgliedern und etwas mehr als 5.000 Ortsvereinen.

Das Deutsche Rote Kreuz (DRK) befindet sich in einem umfassenden Prozess der verbandlichen Reorganisation (vgl. DRK-Eckpunkte 2000). Dieser begründet sich aus der Einschätzung des Verbandes, dass die zukünftigen Rahmenbedingungen im Bereich sozialer Dienstleistungen das DRK vor erhebliche Herausforderungen stellen werden. Es wird von einem Rückgang der staatlichen Förderung, einem verschärften Wettbewerb im Sozialsektor und einer wachsenden Nachfrage nach sozialen Dienstleistungen ausgegangen. Das DRK hat sich entschieden, seine derzeitigen Strukturen diesen veränderten Rahmenbedingungen anzupassen, insbesondere, sich dem im marktfähigen und nicht-marktfähigen Bereich schärfer werdenden Wettbewerb zu stellen und mit einer nationalen Aufgabenanalyse (Portfolio) darauf reagiert. Die gesamtverbandlichen Reorganisationsmaßnahmen zielen auf

a) die finanzielle, personelle und organisatorische Unterscheidung der so genannten marktfähigen Aufgaben von den Idealvereinsaufgaben;
b) die unverzügliche rechtliche Prüfung und baldige Einführung geeigneter aufbauorganisatorischer Modelle (z.B. gemeinnützige Stiftung als Träger von Sozialbetrieben, Holding etc.);
c) die Stärkung einer gemeinsamen Unternehmenskultur (insbesondere im Führungs- und Leitungsbereich).

Im nicht-marktlichen Bereich sollen die dezentralen Strukturen gestärkt und ehrenamtliche Dienste ausgebaut werden. Ziel des Verbandes ist der Auf- und Ausbau eines professionellen Personalmanagements für Rotkreuz-Gemeinschaften und Ehrenamtliche, z.B. über verbesserte Fortbildungsangebote für diese Tätigkeiten.

Zentrales Ziel der verbandlichen Reorganisation ist dabei die Entwicklung einer Spartenorganisation.

„Bei mir läuft das unter dem Stichwort ‚Spartenorganisation' ab. Wir versuchen, nach inhaltlichen Gebieten zu strukturieren und zu arbeiten, und Spartenorganisation beinhaltet in etwa: wir müssen fachlich bündeln, und jeweils die Stelle, die die beste Kompetenz hat, macht die Betreuung. Und dann ist ganz zwangs-

Wohlfahrtsverbände auf dem Weg in die Sozialwirtschaft 81

läufig, dass da der Bundesverband gefragt ist – da sind wir im Augenblick in der Findungsphase. Natürlich werden wir die Themen betreuen, die für das Gesamt-DRK wichtig sind, Rettungswesen und Altenhilfe, das sind einfach die zwei Geschäftsfelder, in denen wir ziemlich viel haben, prozentual gesehen.
Wir haben natürlich noch kleinere Bereiche wie Suchthilfe, das ist nur in einigen Landesverbänden und Kreisverbänden ein Thema, dann aber unter Umständen sehr stark. Und da ist die Frage, wo siedeln wir hier die Kompetenz an. Beim Bundesverband geht es dann irgendwo nicht mehr, weil wir nicht die personellen Ressourcen haben, um jedes kleine Thema von der inhaltlichen und wirtschaftlichen Bedeutung her zu besetzen. Und da müssen wir gucken, wo können wir das ansiedeln und was müssen wir im Bundesverband auf jeden Fall noch machen, weil manche Dinge kriegt man nur auf der Bundesebene geregelt. Wenn wir zum Beispiel eine Stellungnahme zum neuen Suchthilfegesetz machen, dann muss das natürlich der Bundesverband in die Hand nehmen. Wenn dort nicht die Kompetenz ist, dann muss das derjenige, der in der Spartenorganisation oben sitzt, hineinspiegeln und machen. Wir sind dann sozusagen das Postfach. Das ist eine Überlegung, die verfolgen wir im Moment, und wir werden sehen, welche Themen dann überhaupt noch übrig bleiben.
Was für mich dann in der Spartenorganisationsdiskussion eine Frage ist, ist, was sind Themen, die in den Landesverbänden nicht so wichtig sind, wo wir aber im Bundesverband sagen, da müssen wir ran. Ich nehme als Beispiel die Migration. Das Thema ist uns wichtig, das passt zu unserem DRK-Profil nach außen und das müssen wir stärken. Da kann es sein, dass wir eine Sparte besetzen, obwohl nach unten kaum noch was ist. Einfach um so ein Thema zu puschen und in den Verband wieder stärker reinzubringen. Das sind dann so die strategischen Entscheidungen, die man immer verknüpft mit einer Spartenorganisationsdiskussion treffen muss." (DRK-Generalsekretariat)

Vordringlich war und ist es aus Sicht des DRK, die Einrichtungen und Dienste wirtschaftlich führen zu können. Dazu werden und wurden in den letzten zehn Jahren verschiedenste Instrumente und Methoden eingeführt und angewandt:

- Ausgründungen von (g)GmbHs zum Betrieb sozialer Einrichtungen und Dienste;
- Ausstieg aus Tarifverträgen;
- Benchmarking verschiedener Sparten-Leistungen;
- Controllingsysteme und Steuerungsinstrumente;
- Fusionen von Kreisverbänden oder Sozialstationen zur Herstellung wirtschaftlicher Betriebsgrößen;
- Outsourcing von internen Dienstleistungen und Fachdiensten;
- Reorganisationen;
- Zentralisierungen.

Gleichzeitig sieht sich das DRK in seiner anwaltschaftlichen Funktion verpflichtet, die Interessen derjenigen wahrzunehmen, die der Hilfe und Unterstützung bedürfen.

Um aus dem Spannungsfeld zwischen Markt und Mission heraus zu kommen, wurden und werden verschiedene Weg beschritten, wie z.b. die Ausgründung marktnaher Bereiche in (g)GmbHs. Dies war in der DRK-internen Diskussion der „Eckpunkte zukünftiger DRK-Sozialarbeit" der präferierte Weg. Langfristig kann – so die Einschätzung des DRK – ein Nebeneinander marknaher (sozialwirtschaftlicher) und marktferner (wohlfahrtspflegerischer) Bereiche auch zum Verlust des spezifischen Profils sozialer Dienstleistungen eines Wohlfahrtsverbandes führen.

Dieses Spannungsfeld nicht zu verlassen, sondern in ihm zu bleiben und Markt und Mission bzw. Sozialwirtschaft und Wohlfahrtspflege zu integrieren, bleibt aus Sicht des DRK eine Herausforderung, um das eigenständige Profil des Verbandes im Sinne von erfolgreicher Wohlfahrtsarbeit zu stärken, das darauf angelegt ist, die Aspekte ökonomischer Effizienz und ethischer Effektivität zu verbinden.

Dies ist Ziel der Strategie 2010 plus, die auf der Grundlage der Strategie 2010 der Internationalen Förderation aller Rotkreuz- und Rothalbmondgesellschaften (IFRC) zur Zeit für das Deutsche Rote Kreuz geplant wird.

Es geht aus Sicht des DRK um die Balance von Ethik, Effektivität und Effizienz und damit um den optimalen Platz im oben beschriebenen Spannungsfeld und darum,

- die Arbeit des DRK hinsichtlich der Notwendigkeit im Sinne der ethischen Basis und Mission zu überprüfen,
- die Wirksamkeit der erbrachten Leistungen an der Erreichung beschriebener spezifischer und konkreter Ziele zu messen und
- die Wirtschaftlichkeit von Leistungen im Sinne der Optimierung des Verhältnisses von Aufwand und Ertrag zu verbessern.

Die Beispiele *illustrieren* organisationspolitische Veränderungen auf der Ebene der Spitzenverbände, deren zentrale Zielsetzung sich darin zusammenfassen lässt, durch eine Entkoppelung bzw. Trennung von verbandlichen und unternehmerischen Funktionen mehr Handlungsspielräume und Flexibilität für die operative Ebene zu gewinnen und gleichzeitig die sozialpolitischen Gestaltungsmöglichkeiten aufrechtzuerhalten bzw. sich für diese Handlungsspielräume zu öffnen. Dabei kommt es – und dies gilt für alle Wohlfahrtsverbände – zu einer Aufwertung und Stärkung der Interessen der Unternehmen in den verbandlichen Repräsentationsorganen und/oder in der verbandlichen Organisationspolitik. Die traditionellen Koordinierungsinstrumente der Verbände werden – so die vielfach anzutreffende Selbstwahrnehmung – den spezifischen Anforderungen und somit auch den Steuerungsnotwendigkeiten der vielfältigen Tätigkeitsfelder eines Verbandes nicht mehr gerecht. Die Vorstandssitzungen wie auch die Geschäftsführerkonferenzen sind auf Grund der Allzuständigkeit und der entsprechenden Vielfältigkeit der Leistungsangebote, der alles umgreifenden Themenpalette und nicht immer klarer Prioritätensetzung oftmals Hindernisse, die eine fundierte und ziel-/ergebnisorientierte Steuerung der einzelnen Tätigkeitsfelder erschweren. Zudem sind auch der wechselseitige Bezug und die Vermittlung zwischen diesen drei Ebenen unzulänglich. Eine an den spezifischen Erfordernissen der einzelnen Leistungen/Märkte ausgerichtete ziel-/ergebnisorientierte Steuerung ist – so die Selbstwahrnehmung der Verbände – nicht im heute erforderlichen Maße ausgeprägt. Diese Entwicklung betrifft auch die Ebene der Fachverbände, die in den 70er Jahren deutlich gewachsen sind. Aus Sicht der Verbände hat dies organisatorische Fragmentierungen hervorgebracht, die den sozialwirtschaftlichen Herausforderungen nicht angemessen sind. Der Versuch einer Konzentration und Zusammenführung von Fachverbänden ist auf verbandlicher Ebene zu beobachten.

2.7 Strategisches Management als Antwort der Spitzenverbände auf die Herausforderungen der Sozialwirtschaft

Die Spitzenverbände haben auf die veränderten sozialwirtschaftlichen Rahmenbedingungen mit einer Implementierung von strategischer Steuerung auf der Verbandsebene reagiert. Dabei sind die klassischen verbandlichen Steuerungsinstrumente traditionell davon geprägt, dass sie für die angeschlossenen Trägerorganisationen keine unmittelbare Bindungswirkung entfalten können, da diese in ihren Entscheidungen weitgehend autonom sind. Die Unverbindlichkeit der verbandlichen Gremienbeschlüsse behindert deshalb die Festlegung und Verfolgung strategischer Ziele. Die verbandsspezifischen Wertvorstellungen (das Leitbild) können deshalb als wesentliches verbandliches Steuerungsinstrument angesehen werden, da über die Werte des Verbandes die Verkoppelung von verbandlicher und betrieblicher Steuerung erfolgt (Brückers 2002).

Als ein bedeutender – wenn nicht als bedeutendster – Ansatz der strategischen Steuerung hat sich in den letzten Jahren das Qualitätsmanagement entwickelt. Durch ein umfassendes Qualitätsmanagement sollen verbandliche Steuerungsziele mit denen der Betriebe verbunden werden und auf diesem Wege eine effektivere Steuerung erfolgen, als sie mit der Steuerung über Verbandsgremien unterstellt werden kann.

Durch die flächendeckende Implementierung von Qualitätssicherungsinstrumenten wollen die Wohlfahrtsverbände die verschiedenen Verbandsfunktionen, die durch den sozialwirtschaftlichen Transformationsprozess teilweise in Gegensatz zueinander geraten, dauerhaft integrieren. Qualitätsmanagement umfasst deshalb sowohl eine Dienstleistungs- als auch eine wertebezogene Komponente. Der Versuch, über Qualitätssicherungssysteme eine innerverbandliche Zentralisierung der Steuerungsfunktionen herbeizuführen, reagiert auf die wachsende dezentrale Autonomie der Träger und Einrichtungen, die ihre Verknüpfung mit dem Verband in immer stärkeren Maße als einen Tatbestand ansehen, der sich im Wettbewerb auszahlen muss. Qualitätssicherung wird damit tendenziell zum Instrument der Erzeugung identifizierbarer Markenzeichen konkurrierender Großunternehmen.

Im Dezember 2000 haben sich die Wohlfahrtsverbände auf folgende Eckpunkte einer gemeinsamen Qualitätsmanagement-Strategie verständigt.

- Qualitätswettbewerb wird nicht durch den Ausbau von Kontrolle, sondern durch Stärkung der Verantwortung der Träger und Verbände gefördert.
- Umfassendes Qualitätsmanagement ist auf die Erfassung des gesamten Dienstleistungsunternehmens ausgerichtet und beschränkt sich nicht auf die Dienstleistungsausführung.
- Qualitätsmanagement muss sich daran messen lassen, in welchem Maße es Qualitätsentwicklung fördert, Qualitätssicherheit und Überprüfbarkeit herstellt und verbandsspezifische Leitbilder transportiert.
- Die Weiterentwicklung und Konkretisierung der Leistungs- und Qualitätsstandards in den verschiedenen Arbeitsfeldern sollte nach dem bewährten Selbstverwaltungsprinzip zwischen Leistungsträgern und Leistungserbringern erfolgen.
- Qualitätsmanagementverfahren müssen europäisch anerkannten und überprüfbaren Normen entsprechen.
- Die regelmäßige Überprüfung der Einhaltung fachlicher Qualitäts- wie auch der QM-Anforderungen muss durch unabhängige akkreditierte Zertifizierungsstellen erfolgen.

In den von der Bundesarbeitsgemeinschaft der Freien Wohlfahrtspflege beschlossenen Eckpunkten für eine Qualitätsmanagement-Strategie der Freien Wohlfahrtspflege heißt es:

„Die mit dem Systemwechsel in der sozialen Arbeit intendierte Stärkung der Selbstverwaltung und Deregulierung muss auch ihren Niederschlag finden in Qualitätssicherung und Qualitätsentwicklung. Der Qualitätswettbewerb wird nicht durch den Ausbau von Kontrollen gefördert, sondern durch die Stärkung der Verantwortung der Träger und Verbände für die Qualitätsentwicklung." (BAG 2002)

Die hier aufscheinende Strategie der Freien Wohlfahrtspflege, durch ein systematisches Qualitätsmanagement eine externe (staatliche) Setzung von Qualitätsstandards abzuwehren und an deren Stelle eigene Qualitätssicherungs- und Kontrollsysteme zu setzen, wird in Punkt 3.3 der gemeinsamen Eckpunkte nochmals untermauert:

„Die regelmäßige Überprüfung der Einhaltung der fachlichen Qualitätsanforderungen wie auch der Qualitätsmanagement-Anforderungen muss durch unabhängige akkreditierte Zertifizierungsstellen erfolgen. Damit sind Prüfinstanzen gemeint, die die fachliche und formale Kompetenz besitzen, die Qualitätsfähigkeit eines Dienstleistungsunternehmens und die Erfüllung fachlicher wie QM-bezogener Anforderungen zu begutachten und zu bescheinigen." (BAG 2002)

Ein Vertreter der AWO erläutert diese Strategie wie folgt:

„Die Gefahr des Schraubens an der Deckelung besteht. Das will ich gar nicht bestreiten. Bisher sieht es so aus, dass wenn eine Einrichtung einen bestimmten Qualitätsstandard erbracht hat, die Kostenträger das auch anerkennen. Wir haben ja noch nicht so viel Erfahrung, das muss ich jetzt mit allem Vorbehalt sagen. Da wo es Zertifizierungen gibt, wo die Träger nachweisen können, wir garantieren euch, dass die Verfahren so sind, und lasst den MDK (Medizinischer Dienst der Krankenkassen) kommen und das überprüfen, haben diese Träger mit Blick auf die Refinanzierung viel weniger Probleme als alle anderen, die keine Dokumentation haben. Das gilt im Moment wohl noch nicht für die ambulanten Dienste, da gibt es eine größere Diskrepanz zwischen den Anforderungen der Träger und den Erstattungsvorstellungen der Kostenträger. Aber im stationären Bereich haben wir die Erfahrung gemacht. Deshalb brauchen wir ja auch – das ist unsere politische Forderung – ein Personalbemessungsbedarfssystem, wo deutlich daraus hervorgeht, welchen Personalbedarf brauche ich zur Erbringung einer bestimmten Dienstleistung, die qualitativ beschrieben ist. Und in dieser Kombination: Beschreibung der Leistungsprozesse, Beschreibung der Leistungsstandards und der Bemessungssysteme, in dieser Kombination sind die Kostenträger, so glaube ich, bereit, angemessene Kostenerstattungen zu akzeptieren, möglicherweise wohl wissend, dass das den eigentlichen finanziellen Rahmen sprengen könnte. Aber es macht keinen Sinn mehr, das haben einige Verantwortliche auch gemerkt, wir haben den finanziellen Rahmen, und die ganzen Verhandlungen haben nur den Zweck, innerhalb des Rahmens zu bleiben."

Zur Entwicklung einer strategischen Steuerung mittels Qualitätsmanagement gehört aus verbandlicher Sicht auch ein unabhängiges Zertifizierungssystem. Zertifizierungen, die sich in der gemeinsamen Bewertung von Leistungsträgern und Einrichtungsträgern hinsichtlich ihrer Aussagekraft bewährt haben, minimieren aus Sicht der Verbände automatisch auch Prüfanlässe für staatliche Stellen. Qualitätsmanagement wird daher als ein Instrument der Organisationsentwicklung angesehen, das unter Umständen externe Organisationsgutachten ersetzen kann und auch die Bedürfnisse der Mitarbeiterinnen und Mitarbeiter in die Entwicklungsüberlegungen einbezieht.

Zentrales Instrument der verbandlichen Modernisierung ist hierbei die Rückgewinnung der innerverbandlichen Steuerungsfähigkeit:

„Die durch die Wettbewerbssituation erforderliche betriebswirtschaftliche und unternehmerische Ausrichtung führt darüber hinaus nicht nur zu einer Veränderung im Leitungs- und Steuerungsbereich der Träger, sondern zunehmend auch zu einer Veränderung der Trägerstrukturen selbst. Die Dachorganisationsfunktion, deren Steuerungsfähigkeit ohnehin durch die Autonomie der Einzel- und Trägerverbände stark eingeschränkt ist, erleidet dadurch, dass Ausgliederungen in rechtlich selbstständige Einheiten den verbandlichen Zusammenhalt schwächen, für die Betriebsträgerebene einen erneuerten Bedeutungsrückgang." (Brückers 2002, S. 132ff.)

In der Einführung von Qualitätsmanagementsystemen wird deshalb die Chance gesehen, betriebliche und verbandliche Steuerung erfolgreich miteinander zu verbinden.

Wie ein solcher Prozess der Verkoppelung umgesetzt werden kann, zeigt das *Beispiel eines AWO-Bezirksverbandes:*

„Wir waren ja die ersten im Bundesverband; wir haben erkannt, da kommt eine Qualitätssicherungsdiskussion mit der Pflegeversicherung auf uns zu. 1996 gab es ja kein Pflegequalitätssicherungsgesetz und gar nichts, es gab nur die Verpflichtung zur Qualität. Und der Bundesverband hat uns als großen Träger – wir haben 52 Altenheime und rund 6.000 Beschäftigte in diesem Bereich und uns gefragt, ob wir das machen. Wir konnten das mit Bordmitteln nicht machen, und da gab es eine Anschubfinanzierung des Bundes in Höhe von 1 Million DM, um exemplarisch einen Qualitätssicherungsprozess einzuleiten, da waren wir froh. Wir bekommen damit in die Köpfe unserer Mitarbeiter sehr viel mehr Verständnis für die eigene Arbeit, weil es vorher ja kaum eine strukturierte Arbeit gab. Das war der Auslöser – wir gehen in ein Benchmarking, wie uns Externe beurteilen, und da haben wir eine systematische Befragung durchgeführt und einen Prozess ausgelöst, wo befinde ich mich eigentlich in dieser Einrichtung.

Der Prozess dann war ein sehr mühsamer, viele gibt's schon, die sagen, hätten wir doch nicht damit begonnen, ich sage, es gibt kein Zurück, aber der Prozess wird mühsam an ganz bestimmten Stellen. Wir sind jetzt im dritten Jahr, wir haben unser Qualitätshandbuch weitgehend fertig, bis auf ein paar wenige Seiten. Wir sind an der Stelle, wo wir uns mit den Betriebsräten streiten, ob bestimmte Dinge Leistungskontrolle sind oder nicht. Wenn man Zielvereinbarungen macht, kann man das unter arbeitsrechtlichen Gesichtspunkten betrachten oder unter fachlichen. Wir sehen das unter fachlichen Gesichtspunkten, das wird aber blockiert, weil man gegebenenfalls daraus arbeitsrechtliche Konsequenzen ziehen kann.

Was für mich auch wichtig ist: Unser Prozess hat dazu geführt, dass wir selektieren können. Wir haben 50 Häuser, und wir wissen heute da sind 10, 15, die sind absolut topfit, da sind 20, die machen mit, aber die haben Defizite, da müssen wir coachen, dann gibt es ein paar mehr, die haben noch mehr Defizite, da müssen wir noch mehr coachen und dann gibt es vier oder fünf Pappenheimer, von denen müssten wir uns eigentlich trennen. Das wäre auch ein rechtliches Problem und das ist dann die Frage, schafft man das oder schafft man das nicht. Wir haben eine topfitte Führungsmannschaft bekommen als Leitungsteam in den letzten drei Jahren, d.h. Pflegedienstleitung, Hauswirtschaftsleitung, Koordinator Verwaltung, Koordinator sozialer Dienst, die sind fit. Die sind selbstständiger geworden. Die haben gelernt, als Leitungsteam offener und selbstständiger mit einander umzugehen. Da sieht man den Erfolg dieses Prozesses.

Die Bezirksverbände steuern ihren Qualitätsprozess selber, ebenso wie die Unterbezirke, sie werden vom Bezirksverband unterstützt. Dort gibt es ähnliche Entwicklungen aber mit großen Unterschieden.

So gibt es in einem Bezirksbereich eine Zertifizierung über alle Kindergärten. Es entsteht die Frage, wenn man wie wir ein Handbuch hat, gibt der eine das an den anderen weiter, damit der nicht bei Null anfangen muss. Der Prozess hat damit Auswirkungen auf die Kreisebene und die örtlichen Strukturen.

Wir haben parallel dazu einen Organisationsentwicklungsprozess: dieser Bezirk hatte bis vor 10 Jahren 20 Kreisverbände, so viel wie wir in den Bezirksbereichen und an Kreisen und kreisfreien Städten hatten. Da gab es welche mit 500, die aber auch welche mit 10 Mitarbeitern, haben sich aber alle einen Geschäftsführer, eine Sekretärin usw. geleistet. Wir haben diskutiert, dass wir bestimmte Größen brauchen, um auch eine wirtschaftliche Effizienz zu haben und das war sehr mühsam. Wir haben zur Zeit nur noch 12 Unternehmen im Bezirk, wir haben verschiedene Kreisverbände zusammengelegt ... Wir haben sie als Kreisverbände ehrenamtlich gelassen, haben sie aus dem GmbH-Recht entnommen, sind aber im Vereinsrecht geblieben, haben gesagt, wir machen einen neuen Verein, einen uneingetragenen unselbstständigen Verein Unterbezirk und der ist das Unternehmen für die nun größer gewordene Region. Und haben gesagt, jedes Unternehmen muss mindestens 400 Beschäftigte haben und 40 Millionen DM Umsatz." (Vertreter eines Bezirksverbandes der Arbeiterwohlfahrt)

Der Paritätische ist auf Grund der Besonderheiten der Verbandsorganisation (Spitzenverband selbstständiger Mitgliedsorganisationen) wesentlich daran interessiert, das Qualitätsmanagement als diskursives Steuerungsinstrument zu etablieren, um damit die Organisationsentwicklung der ihm angeschlossenen Mitgliederverbände beeinflussen zu können:

„Wir haben eine paritätische Gesellschaft für Qualität, die auf der einen Seite Ausbildungskonzepte entwirft und weiter entwickelt, wo eigentlich das, was im Qualitätsbereich gängig ist, auch vorhanden ist, also Ausbildung zum Qualitätsbeauftragten, zum Auditor und EFQM-Assessoren. Da haben wir Konzepte dazu und diese Konzepte werden auf der Landesebene umgesetzt.
Und dann haben wir weitere zentrale Werkzeuge zur Qualitätsentwicklung entwickelt. Im Pflegebereich stehen wir kurz vor dem Abschluss einer Mitarbeiter-

und Kundenbefragung. Diese Konzepte können von den einzelnen Einrichtungen übernommen werden. Wir stellen know-how zur Verfügung und das wird in der Rückkoppelung mit den einzelnen Einrichtungen weiter entwickelt. Es geht darum, Positionen zu entwickeln, die man verhandeln kann. Das diskursive Element in der Qualitätsentwicklung ist ein ganz zentrales Steuerungselement für die Verbände. Weil wir uns intensiv beteiligen können an einer konstruktiven Art von Standardformulierungen, die dann verbreitet werden können, nicht nur Standards der Leistungserbringung, sondern auch der Überprüfung. Wenn man sich dem verpflichtet fühlt, dann hat man letztendlich auch die Bedingung geschaffen, transparent zu sein." (Vertreter des Paritätischen)

Im Unterschied zu klassischen Ansätzen des Qualitätsmanagements, die sich auf Kontroll- und Prüfstrategien im Leistungserstellungsprozess beschränkten und ausschließlich technisch-funktionale Produktaspekte zum Gegenstand hatten, wird im neuen Qualitätsdiskurs die Qualitätssteuerung auf alle Unternehmensbereiche ausgedehnt und neben Produkt und Produktionsprozess auch die gesamte Kommunikation mit den Kunden und die präventive Fehlervermeidung eingebunden. Qualität erhält damit einen Prozesscharakter; sie „ist kein Ziel, sondern eine Prozess, der nie zu Ende ist" (Oess 1994, S. 201).

Die vermehrte Implementation von Verfahren des Qualitätsmanagements führt dazu, dass sich auf Bundes- und Länderebene der Verbände ein erheblicher Koordinations- und Abstimmungsbedarf ergibt, insbesondere dann, wenn beabsichtigt ist, verbandsgültige Konzepte der Qualitätsentwicklung zu etablieren und verbindlich anzuwenden. In diesem Kontext kann es innerhalb eines Verbandes zu Konkurrenzen kommen, dass Qualitätskonzepte nicht nur unabhängig voneinander, sondern auch mit konkurrierenden, gegensätzlichen Inhalten bevorzugt werden. Die Qualitätsdiskussion kann dabei innerhalb des jeweiligen Verbandes zu einer Diskussion um die Fachlichkeit Sozialer Arbeit genutzt werden, wenn es um die Bestimmung grundlegender Qualitätsstandards geht, die für eine verbandliche Mitgliedschaft verbindlich gemacht werden können. In diesem Sinne ist es durchaus konsequent, wenn die AWO Qualitätsentwicklung als einen kontinuierlichen Verbesserungsprozess beschreibt, in dem es darauf ankommt, die „Bedarfsgerechtigkeit der Leistungsangebote zu sichern und die Wirksamkeit des eigenen fachlichen Handelns zu verbessern" (Brückers et al. 2002, S. 93).

2.8 Zur Modernisierung der Anwaltsfunktion und des Lobbying

Obwohl im Rahmen dieser Studie die sozialwirtschaftlichen Transformationsprozesse im Sozialsektor im Mittelpunkt stehen und in den empirischen Erhebungen die Frage der „Sozialwohlstrategie" nur eine untergeordnete Rolle spielt, muss diese bei den organisationspolitischen Entwicklungen in der Freien Wohlfahrtspflege erwähnt werden. Entgegen der von Miegel et al. empfohlenen Alternative einer Wettbewerbsstrategie oder einer Sozialwohlstrategie haben sich die Verbände bislang darauf verständigt, die Multifunktionalität als Dienstleistungserbringer und Lobbyist beizubehalten und beide Funktionen auch unter modernisierten Bedingungen zu integrieren.[19]

Die Funktionsdifferenzierung zwischen dem Lobbying für die Träger und Einrichtungen und dem Lobbying im Rahmen der Wahrnehmung sozialanwaltschaftlicher Aufgaben sind aus Sicht der Verbände eine der zentralen Herausforderungen des sozialwirtschaftlichen Transformationsprozesses. Beide Funktionen werden aus organisationspolitischer Sicht immer strikter unterschieden, weil sie in ihrem Vollzug keineswegs identisch sein müssen (wie dies in der Vergangenheit häufig unterstellt wurde). Im Zuge einer weiter zunehmenden sozialwirtschaftlichen Entwicklung können beide Funktionen leicht in Konflikt mit einander geraten, weil Kunden- bzw. Klienteninteressen und betriebswirtschaftliche Interessen der Verbände und Einrichtungen nicht deckungsgleich sein müssen. Voraussetzung eines effektiven Lobbyings für Träger und Einrichtungen ist dabei vor allem die Schaffung bzw. Herbeiführung einer klaren Trennung zwischen der das Lobbying betreibenden Organisationseinheit (Spitzenverband) einerseits und der Betriebsebene, den Trägern und Einrichtungen, andererseits. Dies bedeutet, dass Dienste und Einrichtungen, die sich in unmittelbarer Trägerschaft des Spitzenverbandes befinden, in die Trägerschaft der dezentralen Organisationseinheiten überführt werden, um die unmittelbare klientenbezogene Arbeit auf der Spitzenverbandsebene abzubauen (dies kann auch durch die Schaffung rechtlich eigenständiger Untergliederungen herbeigeführt werden, denen die traditionell vom Spitzenverband getragenen Dienste und Einrichtungen übertragen werden). Die Herauslösung aus der unmittelbaren Trägerschaft ist zugleich verbunden mit einer systematischen Erfassung und Repräsentation der Trägerinteressen in den Strukturen der Spitzenverbände. Instrumente hierfür können Arbeitsgemeinschaften sein, die sich entlang der Trägerstrukturen in den verschiedenen Arbeitsfeldern sozialer Dienste konstituieren und deren Geschäftsführung durch den Spitzenverband wahrgenommen wird. Voraussetzung dieser Funktionsdifferenzierung ist die Diagnose, dass sich der Spitzenverband aus dem unmittelbaren Management mit direktem Zugriff auf die jeweiligen Einrichtungen und Dienste herauslösen muss und Leistungssysteme aufbauen und entwickeln muss,

---

19   Dies schließt nicht aus, dass die Bestimmung der Wohlfahrtsverbände als Organisationen, die jeweils unterschiedlichen Steuerungsmechanismen und Zielperspektiven folgen, in Zukunft revidiert werden wird. Die Gleichzeitigkeit der Ansprüche, die einerseits aus der immer noch vorhandenen korporatistischen Einbindung der Verbände und andererseits aus den Wettbewerbsstrukturen erwachsen verschärfen zunehmend die innerverbandlichen Konfliktpotenziale.

mit denen er in der Lage ist, die Problemlösungsfähigkeit der jeweiligen autonomen Trägersysteme zu sichern und zu erhöhen. Die systematische Einbindung von Trägerinteressen in die Arbeit des Spitzenverbandes und die Meinungsbildung auf Spitzenverbandsebene setzt voraus, dass die Träger auf örtlicher Ebene stärker an den Verband heranrücken müssen und den Spitzenverband und seine örtlichen Untergliederungen stärker als bislang als Einheit begreifen müssen.

Ziel der Organisationsentwicklung ist die Schaffung eines flexiblen Organisationssystems mit dezentralen Einheiten (operativ tätigen Einrichtungsträgern) und einer strategisch ausgerichteten Lobbyingagentur. Kern der neuen Organisationsstruktur können dabei strategische Verbandsgeschäftsfelder sein, die sich inhaltlich an den einzelnen Versorgungsfeldern der sozialen Dienste orientieren.

Verbandsgeschäftsfelder sind weitgehend selbstständige Leistungsbereiche, die zeitnah und flexibel auf den Bedarf der Mitgliedsorganisationen oder anderer Adressaten reagieren sollen und entsprechende Dienstleistungen anbieten. In diesem Zusammenhang sollten differenzierte Zielvorgaben für die Entwicklung der einzelnen Geschäftsfelder erarbeitet werden. Leitende Ideen sind dabei u.a. die Förderung ökonomisch tragfähiger Dienstleistungsangebote, eine transparente Leistungspolitik, überprüfbare Leistungsziele, eine effektive Trägerorganisation, permanente Organisationsentwicklung und die Entwicklung eines Qualitätsmanagementsystems. Die damit anvisierte Wettbewerbsfähigkeit der sozialen Dienstleistungsorganisationen zielt darauf ab, Kompetenzen aus den Unternehmen heraus zu entwickeln, damit diese auf soziale und gesellschaftliche Entwicklungen im Umfeld angemessen reagieren können.

In der Phase des Auf- und Ausbaus der sozialen Sicherung und sozialer Dienste und Einrichtungen war die Partnerschaft zwischen Staat und freier Wohlfahrtspflege ein weitgehend unbestrittenes Faktum, das sich nicht nur in der Sozialgesetzgebung niederschlug, sondern auch für die praktische Ausgestaltung des Verhältnisses öffentlicher und freier Träger orientierend war. Das Prinzip des anwaltschaftlichen Handelns (Sozialanwaltschaft) fußte auf diesem partnerschaftlichen Verständnis und war deshalb am Prinzip der individuellen Inklusion orientiert. Die Folge ist eine enge Bindung des Anwaltschaftsbegriff an die soziale Dienstleistung:

> „Zahlreiche Menschen in Not- und Konfliktsituationen suchen die Einrichtungen und Dienste der Caritas auf. Sie fragen um Rat oder Unterstützung nach. Indem sie die Mitarbeiterinnen und Mitarbeiter der Caritas konsultieren, erteilen sie im klassischen Sinne von Anwaltschaft einen Auftrag. Sie wünschen, dass wir uns für sie oder mit ihnen in einer Sache engagieren und gemeinsam nach Lösungen suchen." (Puschmann 1999, S. 182)

Diese Verknüpfung von Dienstleistungsauftrag und Sozialanwaltschaft, die für alle Verbände konstitutiv ist, hat u.a. dazu geführt, dass auf der Ebene der sozialpolitischen Interessenvertretung die Verbände über lange Zeit hinweg wenig Aktivitäten entfaltet haben, da sie im Rahmen des partnerschaftlichen Modells sich auf die fachpolitischen Fragen der Dienstleistungserbringung konzentriert haben. Dieser Begriff von Anwaltschaftlichkeit gerät aktuell in die Krise, weil Dienstleistungserbringung nicht automatisch mit der Bekämpfung von Not- und Konfliktlagen in Eins gesetzt werden kann. Die sozialwirtschaftliche Transformation hat deshalb auch entscheidende Konsequenzen für das anwaltschaftliche Selbstverständnis der Verbände. Dabei versuchen diese, Anwaltschaftlichkeit neu zu definieren und die Funktionen von Dienstleister und Sozialanwalt neu zu justieren:

„Die Korporatismuskritik hat gezeigt, dass systemkritische Anfragen in korporativen Strukturen kaum zum Tragen kommen. Kritische und öffentlichkeitswirksame Anfragen gehen oft weniger von der Liga der Freien Wohlfahrtspflege aus, als von flexiblen, themenspezifischen Bündnissen wie Initiativen einzelner Verbände oder Kooperationen der Verbände mit Kirchen und Gewerkschaften." (Hofmann 2004, S. 10)

Innerverbandlich wird kritisiert, dass durch die sozialwirtschaftliche Entwicklung sich die ehrenamtlichen Vorstände überwiegend mit Fragen der Leitung des Dienstleistungsunternehmens befassen mussten und die „Möglichkeiten zur Wahrnehmung der eigentlichen verbandspolitischen Führungsaufgaben eingeschränkt" wurden (Andresen/Geest 2003). Die Gefahr, nur noch als Dienstleister wahrgenommen zu werden und die Profillosigkeit hinsichtlich der Anwalts- und Lobbyfunktion stellt sich als ein Kernproblem der gegenwärtigen Veränderungen innerhalb der Spitzenverbände dar.

„Ich bin nach X gegangen mit der Überzeugung, alles unter einem Dach zu halten; ich habe zwar Aufgaben klar getrennt, aber im Verband zusammengehalten; Ich habe in X zwei Abteilungen gegründet: Lobbying für Benachteiligte und Lobbying für Einrichtungen; das läuft getrennt, aber es bleibt gewährleistet, dass die Caritas eins bleibt. Unternehmen und Anwaltsfunktion sind organisatorisch getrennt, aber unter einem Dach.
Inzwischen lässt mich die Realität der Bezirksverbände zweifeln, ob das auch bei denen geht, beides zusammen zu machen. Die sind damit überfordert, wenn sie versuchen, die ambulante Pflege wirtschaftlich in den Griff zu kriegen und alle Anstrengungen auf die Wirtschaftlichkeit konzentrieren, dann entzieht das dem nichtmarktfähigen Bereich alle Ressourcen. Ich müsste für den nicht-marktfähigen Bereich genauso viel Energie aufwenden, um Innovation zu entwickeln von Vernetzung bis bürgerschaftlichem Engagement. Man kann nicht sagen, ich lasse den nicht-marktfähigen Teil einfach laufen, den brauche ich nicht zu managen. Es gibt viel zu entwickeln, wenn ich die hochgradige Spezialisierung sehe, die es in der Schuldnerberatung, Suchtberatung gibt; da wären neue settings zu entwickeln unter Beteiligung von bürgerschaftlichem Engagement. Wenn die

ambulante Pflege den Bach runter geht, ist der Verband wirtschaftlich bedroht, dann geht er pleite. Ich bin an diesem Punkt völlig gespalten: manchmal denk ich, nehmen wir den wirtschaftlichen Teil weg, dann können die da reinpowern und wir steuern das zentral und können uns dann auch auf den nicht-marktlichen Teil konzentrieren; machen also eine Holding. Andererseits wäre das aber auch schlecht, denn ich muss das bürgerschaftliche Engagement mischen mit den marktfähigen Dingen." (Direktor eines Diözesancaritasverbandes)

Unklar ist gegenwärtig, in welche Richtung eine sozialanwaltschaftlich geprägte Profilbildung erfolgen könnte. Mit den Themen „Bürgerschaftliches Engagement" und „Zivilgesellschaft" sind den Verbänden wesentlich von außen kommende Optionen eröffnet worden, die darauf verweisen, als intermediäre Organisationen wieder Profil und Gewicht zu bekommen. Es soll im Rahmen dieser Studie nicht weiter auf diese Diskussion eingegangen werden, es zeigen sich aber in der konkreten Organisationsentwicklung deutliche Widersprüche zwischen den sozialwirtschaftlichen Modernisierungserfordernissen und der Revitalisierung der Verbände als bürgerschaftlicher oder zivilgesellschaftlich verorteter Dritter Sektor. Zudem sind in den vergangenen Jahren kaum Anstrengungen unternommen worden, das sozialpolitische Selbstverständnis neu zu definieren und auf die veränderten Rahmenbedingungen zu beziehen.

Die Modernisierung der Verbände hat – bilanzierend gesprochen – bisher zu einer einseitigen „Modernisierung" der ökonomischen Funktionen der Träger und Einrichtungen geführt, während dagegen verbands- und trägerpolitisch weiterhin das Festhalten an korporatistisch geprägten Strukturen und Zielen überwiegt. Modernisierung im Verband und im Bereich der Freien Wohlfahrtspflege findet zur Zeit hauptsächlich auf der Mittelebene und weniger auf der Zweckebene statt. Die aktuell beobachtbare betriebswirtschaftliche Modernisierung (Mittelmodernisierung) kann jedoch kein Selbstzweck bleiben; die Ökonomisierung auf der Mittelebene eröffnet Chancen, denn neue Mittel können und müssen auch zu einer Zieldiskussion führen. Die Diskussion von Ziel und Zweck der Wohlfahrtsverbände in einem sich überall „modernisierenden" Staat ist überfällig, wollen diese die Zieldiskussion nicht allein Staat und Verwaltung überlassen und sich durch diese dann instrumentalisieren lassen oder zu einem Anhängsel ihrer eigenen Einrichtungen werden.

Gegenwärtig wird versucht, die Modernisierung der Betriebsmittel und Betriebsressourcen mit aller Macht voran zu treiben, aber gleichzeitig wird der Versuch unternommen, am bisherigen Status des Systems der Freien Wohlfahrtspflege festzuhalten, ohne jedoch die damit verbundenen Konsequenzen einer sozialpolitischen Entwertung der Verbände und ihrer neuen Funktionszuschreibung als instrumentelle Dienstleistungserbringer strategisch zu bewerten. Insofern handelt es sich hier sozusagen um eine „halbierte Modernisierung", bei der wesentliche Modernisierungsaspekte und Modernisierungsdimensionen außer Acht gelassen werden. Daraus ergeben sich spezifische Folgeprobleme der sozialpartnerschaftlichen Interessenvertretung, des Qualitätsmanagements, der Personalpolitik und der Ausübung einer Anwaltschaft für Hilfebedürftige.

2.9 Die Transformation der Träger und Einrichtungen in die Sozialwirtschaft: die Verbetrieblichung der Freien Wohlfahrtspflege

Die Träger und Einrichtungen der Freien Wohlfahrtspflege haben in den vergangenen Jahren einen intensiven Modernisierungsprozess initiiert und durchgeführt. Hierbei geht es primär darum, aus weltanschaulich und sozialpolitisch begründeten gemeinnützigen Organisationen sozialwirtschaftliche Leistungserbringer zu formen, deren zentrale Aufgabe die Erbringung von professionellen Dienstleistungen ist, die unter Effektivitäts- und Effizienzkriterien darstellbar und kontrollierbar sind (Arnold/Maelicke 1998). Dabei ist dieser Modernisierungsprozess nicht ohne Risiken. Die sozialrechtliche Leistungserbringung der letzten Jahre ist keineswegs durch eine Ausweitung des Leistungsspektrums gekennzeichnet, sondern durch Deckelungen, Budgetierung und die Etablierung von Anbieterkonkurrenz. Einher geht dies mit einer Ausweitung der Steuerungskompetenzen der Kostenträger und stetig wachsenden bürokratischen Vorgaben. Viele Träger von Einrichtungen begegnen diesen Herausforderungen, indem sie Dienste zurückfahren, Leistungen ausgliedern, verkaufen oder schließen oder indem sie sich zu größeren Einheiten zusammenschließen. Auf der Ebene der Spitzenverbände werden insbesondere Krankenhäuser und Altenheime in eigene, rechtlich selbstständige Betriebsträgergesellschaften überführt und zusammengeschlossen. Es entstehen in der Tendenz immer größere Betriebseinheiten, die teilweise spitzenverbandsübergreifend tätig sind und sich damit den traditionellen Steuerungsgremien noch weiter entziehen als dies in den alten Strukturen der Fall war. Im Zuge der Verwaltungsmodernisierung verfolgt der Staat das Programm der Trennung von Gewährleistungs- und Durchführungsverantwortung, was dazu führt, dass die freien Träger zunehmend als Leistungsträger in Anspruch genommen werden. Die Träger und Einrichtungen der Freien Wohlfahrtspflege reagieren auf die veränderten sozialwirtschaftlichen Rahmenbedingungen primär durch den Versuch, ihre Position im Preis- und Qualitätswettbewerb zu stabilisieren bzw. zu verbessern. Strategien und Konzepte des Sozialmanagements werden flächendeckend implementiert, Einrichtungen und Betriebe werden nach betriebswirtschaftlichen Kriterien neu geordnet und eigene Trägervereine, GmbHs oder gemeinnützige GmbHs gegründet.

An die Stelle des klassischen dualen Systems von öffentlichen und freigemeinnützigen Trägern im Sozialsektor tritt so ein Mix von (immer weniger werdenden) öffentlichen Trägern, frei-gemeinnützigen und privaten Leistungsanbietern, die in einem Wettbewerb zueinander stehen und um Preise und Qualitäten konkurrieren. Durch Ausgliederung und Überführung ihrer Einrichtungen in privatrechtliche Organisationsformen versuchen die freigemeinnützigen Träger und Einrichtungen, die Flexibilität in der Aufgabenerfüllung zu steigern und dem aus der Budgetierung resultierenden Druck zu Rationalisierung und Effektivierung zu begegnen. Einige Beispiele dieser Umbaustrategie sollen im Folgenden dargestellt werden.

2.9.1 Die Neuordnung der Geschäftsfeldpolitik

Ausgangspunkt der Entwicklung einer veränderten Geschäftsfeldpolitik der Träger und Einrichtungen ist die (Selbst-)Wahrnehmung als „Gemischtwarenladen" (Becher 2000). Die traditionelle Art und Weise verbandlicher Leistungspolitik, die bestehende Arbeitsteilung zwischen den verbandlichen Territorialgliederungen, zwischen diesen und den Fachverbänden, die fehlende leistungs-/marktbezogen spezialisierte Aufgabenbündelung sowie die überkommene Art der Erbringung interner Dienstleistungen reichen aus Sicht der Träger und Einrichtungen nicht mehr aus, um Leistungsfähigkeit und Wettbewerbsfähigkeit zu sichern und die Mission/das Leitbild einzulösen. In den einzelnen territorialen Gliederungen eines Verbandes sind die Leistungen in Bezug auf Angebot, Qualität, Betriebsergebnis und Managementkompetenz sehr unterschiedlich ausgeprägt. Eine gemeinsame durchgängige strategische Ausrichtung und Zielverfolgung für die einzelnen Leistungsangebote ist in den Verbänden durch organisatorische Parzellierung und unangemessene Entscheidungsstrukturen meist nur sehr schwach ausgeprägt bzw. nicht vorhanden und soll deshalb durch die Implementierung von strategischem Management hergestellt werden.

„Ich sage mal für unseren Verband: das wird eine der Zukunftsaufgaben sein, was die innere Verbandsstruktur anbelangt. Das Gebiets- und Körperschaftsdenken hat natürlich mit Dienstleistungen nichts zu tun und das wird die erste Hürde sein, die wir nehmen müssen, dies aufzulösen. Zweitens sind die meisten auch der Auffassung, dass wir größere Einheiten brauchen, weil das meiste Einsparpotenzial im Overheadbereich liegt. Entscheidend ist, wo die eigentliche Wertschöpfungstätigkeit gemacht wird. Wenn man sich mal anguckt, wie das im Ruhrgebiet aussieht, wo die ja eng aufeinanderhängen, ist das natürlich Ressourcenvergeudung. Die andere Frage ist natürlich die der Kapitalausstattung.
Ich muss in der Lage sein, wenn ich einen Bedarf erkenne, gezielt zu investieren und Einrichtungen auch zu schaffen. Das haben wir ja bisher nie gemacht, und die Einrichtungen sind immer nach dem Zufälligkeitsprinzip entstanden, ob einer

Interesse für dies oder jenes hatte, das wurde ja nie strategisch geplant. Aber das ist zukünftig unter diesen Marktbedingungen notwendig und das erfordert auch, dass ich viel kapitalkräftiger werden muss als derzeit. Kurzum, man wird zum Zusammenschluss kommen müssen." (Geschäftsführer eines AWO-Bezirksverbandes) (AWO Bundesverband)

Ziel der sozialwirtschaftlichen Modernisierung ist es, Organisationsformen zu schaffen, die die Leistungen so organisieren, dass sie den jeweiligen „Marktanforderungen" genügen. Hierzu sollen die Unternehmen eines Leistungsfeldes als eigenständiger Geschäftsbereich aus der jeweiligen Gemengelage von Aufgaben der territorialen Verbandsgliederungen herausgenommen werden und zur Bearbeitung der spezifischen Aufgaben, die der jeweilige Markt stellt, freigesetzt werden. Durch eine geschäftspolitische Steuerung, die ausschließlich für die Entwicklung eines Geschäftsbereichs zuständig ist, soll eine gemeinsame Geschäftspolitik des sozialwirtschaftlichen Unternehmens gewährleistet werden.

2.9.2 Die Tendenz zu größeren Betriebseinheiten: Netzwerke, Fusionen und neue Kooperationsformen

Die Verwaltungsreform hat unter anderem das Ziel, die Binnenorganisationen der Verwaltung nach dem Vorbild flexibler, dezentraler Unternehmungen durch Netzwerkorganisationen zu restrukturieren, was durch die Einführung von Instrumenten wie Zielabsprachen, Kosten-Leistungs-Rechnung, Benchmarking, Outsourcing, Servicekontrakte, Controlling u.v.m. erreicht werden soll. Dieser Logik folgend, sollen auch die „Geschäftsbeziehungen" mit nicht-öffentlichen Akteuren der Verwaltung langfristig netzwerkorganisatorisch gestaltet werden, sodass diese Beziehungen deutlicher den Charakter von Auftraggeber- und Auftragnehmerbeziehungen (principal-agent-Beziehungen) bekommen. Die Steuerung sozialer Dienste durch Leistungsverträge ist ein entscheidender Schritt in diese Richtung. Die Etablierung netzwerkorganisatorischer Beziehungen zwischen öffentlichen und nicht-öffentlichen Trägern kann nicht ohne Rückwirkung auf die Binnenstruktur sozialer Dienstleistungsanbieter bleiben. Diese geraten zunehmend unter Modernisierungsdruck und müssen im Zuge der Rationalisierung von Versorgungssystemen ihre eigenen Geschäftsfelder und ihre Leistungstiefe überprüfen, ihren Betrieb selbst rationalisieren (ebenso wie die Verwaltung eine make-or-buy-Debatte führen). Dies führt dazu, dass die großen verbandlich organisierten sozialen Dienstleistungsanbieter selbst netzwerkartige Organisationsstrukturen entwickeln, indem Outsourcing betrieben wird oder neue zwischenbetriebliche Beziehungen zu anderen Anbietern aufgebaut werden.

Trägerkonzentrationen und Fusionen finden gegenwärtig flächendeckend auf der Ebene aller Verbände statt. Diakonieverbünde mehrerer Einrichtungen in GmbH-Form mit der Zielsetzung, Rationalisierungsprozesse in der Verwaltung zu erreichen, Zusammenschlüsse evangelischer oder katholischer Krankenhäuser, um gemeinsam Konkurrenzvorteile zu erzielen, die Entwicklung gemeinsamer Angebote zwischen verschiedenen Einrichtungen und Aufteilung in Sparten usw. sind Ausdruck dieses Prozesses. Zur Entwicklung größerer Betriebseinheiten gehört auch die Tendenz der Überwindung der gegebenen territorialen Angebotsstruktur und die Neuordnung der Geschäftsfelder weg von dem vielfach kritisierten Gemischtwarenladen.

Neben der internen Vernetzung von Dienstleistungsbereichen spielt auch die externe Vernetzung, also die Zusammenarbeit mit anderen Anbietern von Leistungen eine zunehmend bedeutsame Rolle: Bei externer Vernetzung geht es unter anderem darum, Kosten zu reduzieren, teure Investitionen (z.B. in Großgeräte) auf mehrere Schultern zu verteilen, die Kundenattraktivität mit einer größeren Leistungsspanne durch Angebotspartnerschaften zu steigern und Speziallleistungen mit hoher Qualität zu erbringen und dennoch am Markt bestehen zu können. Durch Vernetzung können Anbieter Kosten reduzieren, sich Wettbewerbsvorteile verschaffen, sich behaupten gegen zunehmende Konzentrationsbewegungen und kapitalstarke, überregional agierende Anbieter und somit zur ihrer wirtschaftlichen Sicherung beitragen.

Der Geschäftsführer eines Landesverbandes des Deutschen Roten Kreuzes schildert den Prozess der Schaffung größerer Betriebseinheiten:

„Im Frühjahr 2001 wurde die vorhandene Rettungsschule in eine gemeinnützige GmbH überführt, die seitdem gemeinsam mit dem Arbeitersamariterbund ASB betrieben wird, der zuvor auch eigenständiger Träger einer Rettungsschule war. Aufgrund eines privatwirtschaftlichen Konkurrenten mussten das DRK und der ASB zusammengelegt werden, um marktfähig zu bleiben. Ziel des Zusammenschlusses war es, die Betriebsgröße zu optimieren. Der ASB ist unter dem Dach des DPWV. Es liegt ein Kooperationsvertrag vor (Gesellschaftervertrag). Verbandsinterne Kooperationen gibt es vereinzelt, so z.B. eine Kooperation zwischen den Rettungsdiensten in den Kreisverbänden X und Y. Trägerübergreifende Kooperationen gibt es im Bereich WfB (Werkstätten für Behinderte) und zwar in ... , wo es eine WfB mit angeschlossenem Wohnheim gibt, die jetzt den Rechtsstatus einer gGmbH hat. Zusammen mit der Lebenshilfe e.V und dem DRK wird diese WfB organisiert.
Im Landkreis ... gibt es die gleiche Konstellation; in der Rechtsform der gGmbH wird auch dort mit der Lebenshilfe eine WfB getragen. Trägerübergreifende Kooperationen in den Hauptfeldern der Wohlfahrtsverbände sind schwierig herzustellen, da jeder Verband eine eigene Philosophie verfolgt. Innerhalb der Verbände kann es eher zu Kooperationen zwischen den Spartenorganisationen kommen; die Schaffung von Trägerverbünden innerhalb eines Verbands, die heute noch vernachlässigt werden, ist zukünftig von zentraler Bedeutung."

Bedeutsam für die Schaffung größerer Betriebseinheiten ist auch der Versuch, Insolvenzen abzuwehren. In Ostdeutschland lassen sich seit Längerem Beispiele für insolvent gewordene soziale Dienste und Einrichtungen in freier Trägerschaft finden, die entweder aufgelöst oder angesichts der drohenden Insolvenz mit anderen Akteuren „zwangsfusioniert" wurden.

Dazu einige Beispiele:

„Seit etwa 1998 lässt sich bei uns eine Entwicklung hin zu größeren Zusammenschlüssen registrieren. Die Ursachen für diesen Konzentrationsprozess liegen in Insolvenzen und gravierenden Managementfehlern von Kreisverbänden. Aufgrund solcher Fehler ist es entweder zu Zusammenschlüssen gekommen, um die Insolvenz abzuwehren, oder wie im Fall x zur Neugründung des Verbandes nach der Insolvenz".

Ein anderer Geschäftsführer, dessen Verband die Strategie der Ausgründung von Einrichtungen in gGmbHs verfolgt, berichtet:

„Eine gGmbH kann immer dann leichter durchgesetzt werden, wenn sich ein Kreisverband in wirtschaftlicher und finanzieller Not befindet ... Insolvenzen gab es auch bei uns. Um dem vorzubeugen, wurde bei uns ein Krisenmanagement eingeführt, das eine Tiefenprüfung vornimmt. Wenn das nicht ausreicht, nehmen wir auch schon mal externe Beratung in Anspruch. Manche gefährdeten Einrichtungen wurden weitervermittelt an andere Träger oder durch den Dachverband selbst übernommen, was diese Einrichtungen rettete."

Insolvenzen sind häufig der Anlass zur Schaffung größerer betriebswirtschaftlicher Einheiten. Bei den kirchlichen Verbänden hat aber auch das auf lokaler Ebene fehlende werteorientierte Vereins- und Kirchengemeindeleben zur Gründung größerer, großflächig agierender Betriebseinheiten mit beigetragen. Für die kirchlichen Verbände bieten Ausgründungen in Form der gGmbH die Möglichkeit, einerseits vor Ort weiterhin präsent zu bleiben und andererseits wirtschaftlich zu überleben; die Gründung einer gGmbH kann auch die Funktion des „Sammelbeckens" für kleine örtliche Träger haben, und zwar dann, wenn es angesichts des in den neuen Bundesländern fehlenden organisatorischen und assoziativen Unterbaus auf örtlicher Ebene keinen geeigneten kirchlich orientierten Träger gibt:

„In unserer Trägergesellschaft X sind alle stationären Dienste und Einrichtungen in Form einer gGmbH zusammengefasst, die keinen anderen örtlichen Träger haben. Hierbei handelt es sich vor allem um Einrichtungen der Altenhilfe, Jugendhilfe und Behindertenhilfe. Bei drohenden Insolvenzen von Einrichtungen in katholischer Trägerschaft, z.B. bei Einrichtungen, getragen durch katholische Pfarrgemeinden, ist diese hundertprozentige Tochter des Caritasverbandes als Auffangbecken konzipiert, um zu verhindern, dass katholische Einrichtungen aufgelöst werden".

Parallel zur Ausgründungsstrategie verfolgen die Verbände auch die Strategie der Schaffung verbandsinterner „Föderationen und Fusionen", um den fehlenden Unterbau zu kompensieren, insbesondere auch um hierdurch Verwaltungskosten der kleineren, dezentral agierenden Einheiten zu minimieren. Verbandsinterne Fusionen zwischen Trägern und Einrichtungen lassen sich auf zwei Ebenen nachweisen: Zum einen bemüht man sich, „so genannte regionale Zusammenschlüsse zu initiieren, in denen sich nach und nach die verschiedensten diakonischen Einrichtungen und Träger sammeln und zusammenschließen können". Zum anderen verfolgt man die Strategie, „fachbezogene Zusammenschlüsse" zu initiieren, „so genannte gleichgelagerte Zusammenschlüsse", die entstehen,

> „wenn verwandte Dienste, z.B. die der Kinder- und Jugendhilfe, innerhalb einer größeren Region zusammengehen, oder wenn mehrere gleich ausgerichtete Leistungsanbieter fusionieren, wie im Krankenhausbereich ... Im benachbarten Diakonischen Werk gibt es eine Stiftung, die in der Form eines Verbundsystems unterschiedliche Kinder- und Jugendhilfeeinrichtungen zusammenführt und mittlerweile bis in das Zuständigkeitsgebiet unseres Diakonischen Werkes expandiert."

Durch den fortschreitenden Prozess der verbandsinternen und verbandsübergreifenden Kooperation werden die traditionellen Steuerungsinstrumente der freien Verbände zunehmend vor Probleme gestellt. Die auf Spitzenverbandsebene existierenden Koordinierungsinstrumente geraten unter Druck und erweisen sich immer weniger in der Lage, den notwendigen Ausgleich zwischen den örtlichen und verbandlichen Werken und großen Trägern, die überregional agieren, herzustellen. Der Geschäftsführer eines diakonischen Spitzenverbandes beschreibt dies wie folgt:

> „Es gibt die freien diakonischen Träger und die örtlichen Diakonischen Werke als Wohlfahrtsverband vor Ort. Und in der Tat gibt es eine Konkurrenz zwischen beiden. Die örtlichen DWs haben ihren Schwerpunkt im ambulanten Bereich und sind in einem Konsortium der Wohlfahrtsverbände vor Ort vertreten. Und da erfüllen sie eine ähnliche Funktion wie wir als Landesverband. Das widerspricht sich zum Teil, zum Teil ergänzt es sich, weil Vieles, was auf der Landesebene entwickelt wurde, auf örtlicher Ebene umgesetzt werden muss.
> Und da gibt es eine große Satzungsdiskussion unter dem Titel Koordination und Kooperation, nämlich die Frage, wer eigentlich die koordinierende Funktion vor Ort hat. Da sagen die örtlichen Werke, weil sie ja auch überwiegend kreiskirchliche Werke sind und viel stärker mit der Landeskirche verbunden sind, dass sie landeskirchlichen Gesetzgebungen unterliegen. Die meisten fühlen sich als Koordinatoren und Lenker der evangelischen Wohlfahrtsarbeit vor Ort. In § 7 unserer Satzung (wir sind ja ein e.V.) steht, diese Koordinationsfunktion soll im Konsens entwickelt werden; (aber das geht nicht so einfach)."

Das Zusammenführen von Verbandsgliederungen ist ein wesentlicher Gesichtspunkt der Schaffung neuer Rechtsformen innerhalb des Verbandes, da ein solcher Zusammenschluss die unterschiedliche Eigenständigkeit der Träger und damit deren spezielle Leistungsfähigkeit berücksichtigen muss. Zur Nutzung von Synergien werden deshalb Betriebe oder Teile davon in eigenständigen Rechtsformen zusammengeführt. Durch Ausgliederung und neue Rechtsformen soll eine flexiblere Aufgabenerledigung gewährleistet werden.

2.9.3 Mehr Flexibilität durch Ausgliederung und Schaffung neuer Rechtsformen

Die Ausgliederung von Betrieben ist eine der wesentlichen Reaktionen innerhalb der Verbände auf die Herausforderungen der Sozialwirtschaft. Unter Ausgliederung oder outsourcing ist die Verlagerung der Geschäftsführung ganzer Betriebe unter möglichem Einschluss des Betriebsvermögens auf rechtlich selbstständige Einheiten außerhalb der Verbandsstruktur des Verbandes zu verstehen (vgl. als Überblick Boeßenecker et al. 2000).

Immer stärker wird in den Verbänden und Einrichtungen der Freien Wohlfahrtspflege die Frage gestellt, inwieweit der „eingetragene Verein" noch die richtige Rechtsform ist. Vereinsstrukturen mit ehrenamtlichen Vorständen, denen wichtige Entscheidungen überlassen werden müssen, auf die sie nicht immer vorbereitet sind, erscheinen für Organisationen mit einem Jahresumsatz in mehrfacher Millionenhöhe nicht mehr sinnvoll. Der Boom der Ausgliederung sozialer Betriebe in eine GmbH oder gGmbH, der in den letzten Jahren zu verzeichnen ist, zeigt deutlich, dass auf diese Frage eine Antwort gesucht wird. Durch die Ausgliederung wird die professionelle Betriebsführung (im ausgegliederten Zweckbetrieb) von der ideellen Verbandstätigkeit (im übergeordneten Idealverein) getrennt. Durch die GmbHs wird der Vorstand von wirtschaftlicher Routinearbeit entlastet, er kann sich auf die ideellen Leitlinien konzentrieren. Die Verantwortung für den Geschäftsbetrieb wird vom Vorstand auf die Geschäftsführung verlagert. Unter dem Aspekt der Privatisierung im Sozialsektor und deren Folgen für die wohlfahrtsverbandliche Arbeit meint Ausgliederung und Outsourcing die Verlagerung der Geschäftsführung ganzer Betriebe unter möglichem Einschluss des Betriebsvermögens auf rechtlich selbstständige Einheiten außerhalb der Verbandsstruktur des Verbandes. Aus Sicht der Verbände lassen es Effektivitäts- und Effizienzgesichtspunkte notwendig erscheinen, zur Nutzung von Synergien Betriebe oder Teile davon in eigenständigen Rechtsformen zusammenzuschließen. Dies wird insbesondere dann vorgenommen, wenn Verbandsgliederungen innerhalb einer Region ihre Dienste zu einem Geschäftsfeld (z.B. Seniorenhilfe) zusammenfügen. Zu den wirtschaftlichen Gründen der Ausgliederung gehören auch steuerliche Überlegungen. Dies gilt vor allem dann, wenn Einrichtungen der Wohlfahrtspflege im Rahmen der satzungsgemäßen Aufgabenerfüllung auch Leistungen erbringen, die nicht im klassischen Sinn gemeinnützig sind und deshalb aus der steuerlichen Behandlung als gemeinnützig herausfallen.

Ein weiterer wesentlicher Grund für die zunehmende Ausgliederung liegt in tarifpolitischen Flexibilisierungsmöglichkeiten. Der Geschäftsführer eines diakonischen Unternehmerverbandes begründet dies folgendermaßen:

„Die Frage des Outsourcingdrucks im Bereich bestimmter Service-Dienstleistungen, der hängt ja im Kern mit tarifpolitischen Fragen zusammen. Solange es nicht gelingt, aus den BAT-orientierten Vergütungsstrukturen in eine aufgabenorientierte Vergütung zu kommen, wird dieser Ausgründungsdruck da sein. Und das ist aus meiner Sicht eine zentrale Frage der Überlebensfähigkeit der Diakonie, ob es gelingt, das Arbeitsrecht so zu reformieren, dass wir einerseits uns einen gerechten Lohn, wenn es den denn gibt, leisten können und andererseits wegkommen von einem System, das allein durch Zeitablauf Kostensteigerungen in immenser Höhe produziert, und das auch von Arbeitnehmern kaum mehr akzeptiert wird, das auch der Personalrekrutierungsproblematik in keiner Weise entspricht. Wir müssen hinkommen zu einem steuernden Vergütungssystem, das ist das, was wir als Kernaufgabe versuchen. Wir versuchen auch, Verbündete auf der Arbeitnehmerseite zu finden für ein steuerndes aufgabenorientiertes Vergütungssystem."

Insbesondere tarifgebundene Verbände wie die Arbeiterwohlfahrt beklagen den Ausgliederungsprozess als „ungewollt", weil damit verbandspolitische Folgen verbunden sind, die die corporate identity des Verbandes gefährden (Brückers 1999).

Unsere empirischen Erhebungen zeigen, dass die Ausgliederung mit rechtlichen, wirtschaftlichen und organisatorischen Überlegungen verknüpft ist, die tief in das verbandspolitische Selbstverständnis hineinwirken. Das Beispiel eines örtlichen Diakonischen Werkes verdeutlicht dies:

„Ich bin vor 16 Jahren angefangen und traf in X auf die Situation, dass im Wesentlichen die ambulanten Dienste in der verfassten Kirche angesiedelt waren, eine Abteilung des Stadtkirchenverbandes. Und ich fand einen Verein vor, in dem ich schon vor dem Dienstantritt persönliches Mitglied war, der gegründet worden war 1952, der sich ausdifferenziert hatte zu einem stationären/teilstationären Träger. Dazu fand ich im DW des Stadtkirchenverbandes die Geschäftsführung für die Diakoniestationen, an deren Gründung ich auch beteiligt war. Die Geschäftsführung wurde zentral geführt, obwohl es keine Anstellungsträgerschaft gab. Im ersten Schritt, weil erkennbar war, dass diese Struktur aus unterschiedlichen Gründen auf Dauer nicht standhalten würde, wurden die Diakoniestationen zusammengeführt, die Geschäftsführung ging aus dem DW in eine gGmbH und die Anstellungsträgerschaft wurde damit auch in die gGmbH überführt, die Geschäftsführung wurde durch die gGmbH wahrgenommen mit einem eigenen Geschäftsführer. Um die Verbindung zum DW zu lassen, ist der Aufsichtsratsvorsitzende auch ein geborenes Mitglied der jeweiligen Pfarrstelle für Diakonie. Ich wollte also keine Struktur haben, in der mehrere Diakoniepfarrämter nebeneinander waren, sondern es sollte mit einer Stimme gesprochen werden und es gab einen enormen Abstimmungsweg mit der Landeskirche, die diesen Weg mitgegangen ist.

Seit 1996 sind die Diakoniestationen selbständig, in Form einer gGmbH, sind auch die größte ambulante Pflegeeinrichtung im Rheinland, die Ausgliederung der ambulanten Dienste aus dem DW erfolgte dann 98, weil zwei Gründe hier bei der Ausgliederung der ambulanten Dienste eine wesentliche Rolle spielten: zum einen war klar, dass diese versäulten Hilfeformen auf Dauer fachlich nicht zu vertreten waren, aber auch wahrscheinlich die Wirtschaftlichkeit beider Einrichtungen in Frage gestellt hätten, weil man keinen Hilfeplan anbieten konnte, der sich individuell nach den Bedürfnisse des Klienten richtete. Denn auch wenn es eine gemeinsame Trägerschaft gibt waren es zwei verschiedene Organisationen, die unterschiedlich geleitet wurden und die in unterschiedlicher Weise darauf achten mussten, dass sie wirtschaftlich bestehen." (Geschäftsführer eines örtlichen Diakoniewerks)

Aus der zunehmenden Ausgliederung resultieren erhebliche Folgeprobleme für die innerverbandliche Steuerung der Dienstleistungsaufgaben.

„Wer sollte zukünftig in Angelegenheiten der betrieblichen Organisation sozialer Dienstleistungen weisungsbindende Beschlüsse fassen, wenn ein Teil der Gremienmitglieder keinen oder nur noch marginalen Einfluss auf Geschäftsführungsentscheidungen für bestimmte Betriebe hat? Oder wie ist ein Dialog zwischen Entscheidungsträgern und -gremien des Verbandes sicherzustellen, wenn die Abstimmung der selbstständigen Einrichtungen nicht mehr verbands- sondern fachorientiert strukturiert wird?" (Brückers 2002, S. 177)

Wenn das Geschäftsgebaren ausgegliederter Betriebe das Image eines Verbandes nachhaltig zu schädigen droht, bleibt diesem letztendlich nur noch die Entziehung des Verbandslogos als äußerste Konsequenz.

Vielfach ist, so unsere empirischen Ergebnisse, das Ausgliedern auch als Reaktion auf fehlende innerorganisatorische Steuerungsmöglichkeiten oder als Entlastungsstrategie des operativen Managements zu verstehen. Dabei geht es um möglichst schnelle Flexibilisierungserfolge, ohne dass damit eine umfassende Organisationsentwicklung verbunden würde. So kommt es in nicht wenigen Fällen dazu, dass sich die Hoffnungen der Ausgliederung als trügerisch erweisen (vgl. Boeßenecker et al. 2000).

2.10 Zusammenfassung: Organisationsmodernisierung der Träger und Einrichtungen zwischen verbandlicher Regulierung und sozialunternehmerischer Autonomie

Bilanziert man den sozialwirtschaftlichen Transformationsprozess der Träger und Einrichtungen der Freien Wohlfahrtspflege, dann relativiert sich das Urteil, diese würden sich gegenwärtig zu Sozialkonzernen entwickeln, die wie kommerzielle Wirtschaftsunternehmen auf einem Markt sozialer Dienstleistungen nach Rentabilitätskriterien agieren. Alle empirischen Ergebnisse unserer Untersuchung zeigen ein anderes Bild. Die Träger und Einrichtungen versuchen durch die oben dargestellten und andere Maßnahmen angesichts des ansteigenden Kostendrucks den Prozess der Leistungserbringung effizienter und flexibler zu organisieren, und dies soll durch die Einführung von betriebswirtschaftlichen Methoden flächendeckend unterstützt werden. Die Senkung der Selbstkosten als Reaktion auf Budgetierung und Preiswettbewerb ist das zentrale Mittel der betriebswirtschaftlichen Modernisierung, und es geht hierbei nicht um die Erzielung von Gewinn, sondern um die Erhaltung der Institution und ihres sozialpolitischen Auftrags. Zugleich führt die Einführung und Umsetzung betriebswirtschaftlicher Methoden der Betriebsführung zu einem immer stärkeren Konflikt mit den vorhandenen verbandlichen Steuerungsinstrumenten und ihren Einwirkungsmöglichkeiten auf die sich nun als Sozialbetriebe verstehenden Träger und Einrichtungen. Denn das Programm der Kostensenkung bezieht sich nicht nur auf die vorhandenen Strukturen der Leistungserbringung und deren effizientere Gestaltung, sondern führt auch dazu, dass sich eine Geschäftsfeldpolitik entwickelt, die über die gegebenen, wesentlich territorial bestimmten Steuerungsfunktionen hinausweist. Die Folge dieser Entwicklung ist nicht nur, dass die Sozialunternehmen innerhalb der Verbände größeren Einfluss und Mitwirkungsrechte fordern, sondern dass sie zunehmend dazu übergehen, unabhängig von den gegebenen verbandlichen Strukturen zu agieren, die immer stärker als Fessel der betrieblichen Entwicklung begriffen werden.[20]

Als Ergebnis unserer bisherigen empirischen Untersuchungen lässt sich festhalten, dass die gegenwärtige Modernisierung der Freien Wohlfahrtspflege dadurch gekennzeichnet ist, dass die Strategie der Multifunktionalität verbandli-

---

20 Die damit einhergehende Tendenz der Abstandsvergrößerung von Einrichtungen und Verbandsstrukturen hat zur Konsequenz, dass der innere Zusammenhalt der Einzelverbände erodiert. Obwohl sie sich normativ als gemeinwohlorientiert handelnde Subjekte verstehen, müssen sie in immer stärkerem Maße den egoistischen Kalkülen ihrer Wirtschaftsunternehmen dienlich sein, wollen sie den gesamtverbandlichen Zusammenhalt weiter gewährleisten. So vollzieht sich (schleichend) ein Prozess des Verlustes an Gemeinwohlorientierung des Einzelverbandes, der von den Mitgliedern zwar wahrgenommen wird, den aufzuhalten aber die Mittel fehlen.

chen Handelns beibehalten wird, wobei eine grundsätzliche Neugewichtung der verschiedenen Funktionen festzustellen ist. Dominant ist dabei die Gliederung der verbandlichen Bereiche in „marktfähige" und „nicht-marktfähige" Leistungen und in deren Folge eine zunehmende Differenzierung von Idealverein und Dienstleistungsfunktion. Letztere wird in wachsendem Umfang bestimmend für das Handeln der Wohlfahrtsverbände, weil zunehmend alle Funktionsbereiche angesichts wachsenden Kostendrucks neu geordnet werden sollen. Die Modernisierung der verbandlichen Arbeit ist konzentriert auf die Träger und Einrichtungen und demzufolge wird die Frage der integrierenden Werteorientierung und des „Sinns" einer rein betriebswirtschaftlich bestimmten Leistungserbringung immer drängender.

Welche Konsequenzen sich hieraus strategisch ergeben, lässt sich bislang noch nicht eindeutig feststellen. Erkennbar ist – insbesondere bei den kirchlichen Verbänden – eine breite Diskussion über die Begründung des sozialen Engagements in Abgrenzung zu staatlichen Aufgaben, die von den Verbänden übernommen wurden. Sichtbar ist auch die Tendenz, innerhalb der Verbände immer stärker zwischen „geschäftsfähigen" und „subventionierten" Arbeitsbereichen zu differenzieren, was insbesondere diejenigen Aufgaben betrifft, die sich auf Personengruppen beziehen, die als besonders ausgegrenzt gekennzeichnet werden können. Gleichzeitig scheint die Tendenz in den pflegesatzfinanzierten Einrichtungen, sich unabhängiger vom Verband zu organisieren und die Interessenvertretung (Lobbying) in die eigene Hand zu nehmen, sich in immer stärkeren Maße durchzusetzen. Zugespitzt formuliert, erleben wir gegenwärtig die Auflösung des wohlfahrtsverbandlichen Modells der Organisation sozialer Dienste, ohne dass dies zugleich zur Auflösung der Wohlfahrtsverbände führt. Die von diesen gegenwärtig entwickelten (oder übernommenen) Alternativen (zivilgesellschaftliches Engagement; Reaktivierung der Ehrenamtlichkeit etc.) kontrastieren mit der sozialökonomischen Dynamik, die den Überlebensversuch der Träger und Einrichtungen kennzeichnet. Der Verlust des sozialpolitischen Selbstverständnisses ist unter diesen Bedingungen nur noch schwer aufzuhalten.

3. Kontraktmanagement: extern induzierte Modernisierung der Freien Wohlfahrtspflege

3.1 Vorbemerkung

Will man der Frage auf den Grund gehen, wann in etwa die Freie Wohlfahrtspflege auf den Modernisierungspfad gekommen ist, stellt man fest, dass sich das nicht so leicht festmachen lässt. Ende der 1980er Jahre war noch vielfach – zum Teil auch recht medienwirksam – von Krisen und vom Versagen der Freien Wohlfahrtspflege die Rede; gemeint war, dass die Freie Wohlfahrtspflege, gemessen an ihrer auch schon damals nicht unerheblichen wirtschaftlichen Bedeutung, doch eigentlich schlecht organisiert, schlecht geführt, also insgesamt schlecht aufgestellt sei, weil – so weit das überhaupt bekannt geworden ist – Misswirtschaft in nicht unerheblichem Ausmaß existierte oder gar Insolvenzen bei lokalen Untergliederungen drohten. Gemessen an ihrer sozialpolitischen, arbeitsmarktpolitischen und wirtschaftlichen Bedeutung (vgl. Goll 1991) musste sich die Freie Wohlfahrtspflege immer wieder sagen lassen, dass sie mit ihrer ihr vom Sozialstaat zugebilligten Rolle als „dritter Sozialpartner" (Spiegelhalter 1990) unverantwortlich umging. Am besten verdeutlicht und verdichtet sich die damalige Kritik wohl in der von Seibel (1994) Ende der 1980er Jahre generierten und seitdem auch viel kolportierten These vom „dilettantischen Funktionalismus" in der Freien Wohlfahrtspflege; damit sollte zum Ausdruck gebracht werden, dass es schon verwunderlich sei, wie man als große, gesamtgesellschaftliche Verantwortung tragende Organisation eigentlich wirtschaftlich überleben kann, obwohl man organisationspolitisch, betriebswirtschaftlich wie personalpolitisch immer wieder gravierende Fehler macht und nachhaltige Fehlentscheidungen trifft. Das so genannte „erfolgreiche Scheitern", also das Überleben trotz drohender Insolvenz vieler Untergliederungen der Freien Wohlfahrtspflege ließ sich zum damaligen Zeitpunkt aber noch leicht erklären und auf den auf allen politischen Ebenen anzutreffenden und etablierten so genannten (Neo-) Korporatismus (Heinze/Olk 1981) zurückführen. Die öffentlichen Kostenträger ließen ihren „Sozialpartner" nicht im Stich.

Die Diskussion über die offensichtlichen Managementprobleme in der Freien Wohlfahrtspflege haben in etwa zur gleichen Zeit eine Diskussion über Möglichkeiten der Implementierung neuer binnenorganisatorischer Leitungs-, Führungs- und Lenkungsmethoden aufkommen lassen, die dem in den 1980er Jahren von Müller-Schöll und Priepke (1983) geprägten Begriff „Sozialmanagement" zum Durchbruch verhalf. Das offensichtliche „Legitimationsproblem" der Freien Wohlfahrtspflege sollte durch die Implementierung moderner Führungs- und Steuerungsinstrumente in den sozialen Einrichtungen und Dienste behoben werden (vgl. Gehrmann/Müller 1993; Merchel 2001). Seitdem wurde viel und breit über Management in sozialen Organisationen bzw. Nonprofit-Organisationen debattiert und es sah so aus, als würde die Freie Wohlfahrtspflege langsam aber stetig über ihre eigene Modernisierung nachdenken und entsprechende Schritte einleiten.

Der in den Verbänden und in der Fachöffentlichkeit geführte Modernisierungsdiskurs „Sozialmanagement" war lange Zeit von den vermeintlichen Besonderheiten sozialer Organisationen geprägt, so dass sich eine einheitliche und eindeutige Definition des Begriffs „Sozialmanagement" bis heute nicht herausbilden konnte. Die Diskussion über das Sozialmanagement als einer binnenorganisatorischen Modernisierungsstrategie der Wohlfahrtsverbände blieb lange vieldeutig, war nie griffig, präzise und eindeutig. Sozialmanagement kann die Steuerung sozialer Einrichtungen, aber auch nur die Führung in sozialen Einrichtungen bedeuten; es kann so unterschiedliche Organisationstypen wie soziale Dienste und Sozialverwaltungen umfassen. Fest steht, dass man über den Begriff „Sozialmanagement" Abgrenzungskriterien zum Management in profitorientierten Unternehmen zu entwickeln versuchte. Sozialmanagement kann auch – als eine Unterkategorie des Begriffs Management – alle Managementfunktion in Organisationen bezeichnen, die sich mit sozialen Belangen innerhalb einer Organisation (z.B. Personalentwicklung, Personalführung, Kundenbetreuung) sowie in der organisationsrelevanten Umwelt (Sponsering, Kontaktpflege zur Politik und sonstigen gesellschaftlich relevanten Gruppen) befassen. Bezogen speziell auf die Soziale Arbeit kann der Begriff ferner auch die Notwendigkeit des Ausbalancierens von wirtschaftlichen Anforderungen in sozialen Einrichtungen und ethischen Standards der Arbeit meinen (vgl. Kühn 1995) und stellt dementsprechend den Versuch dar, betriebswirtschaftliche Interessen und professionelle Belange der Fachkräfte in sozialen Organisationen beim Managen sozialer Dienste und Einrichtungen unter einen Hut zu bringen. Schaut man sich die in der Sozialen Arbeit verbreiteten Lehrbücher zum Sozialmanagement bzw. Management in sozialen Organisationen genauer an (vgl. zusammenfassend Merchel 2001), dann fällt auf, dass anfänglich betriebswirtschaftliche Aspekte in den Sozialmanagementkonzepten fehlten bzw. unterrepräsentiert waren; Methoden und Instrumente der Gruppen- und Teamführung (vgl. Müller-Schöll/Priepke 1983) einschließlich neuer Methoden zur Wirksamkeitssteigerung der Sozialen Arbeit (Gehrmann/Müller 1993) dominierten; d.h. Fragen der Organisationseffektivität bzw. von Teilen der Organisation standen anfänglich im Mittelpunkt und Fragen der Organisationseffizienz hatten eher weniger Gewicht bzw. wurden zunächst gar nicht diskutiert.

Die anfänglich in der Freien Wohlfahrtspflege intern induzierte Modernisierung durch „Sozialmanagement" bekam einen neuen Schub und änderte stark die

Richtung, als im Verlauf der 1990er Jahre klar wurde (spätestens seit dem Pflegeversicherungsgesetz von 1994), dass sich in der Sozialpolitik eine Weichenstellung abzeichnete, die dem sozialpolitischen Zug einen wettbewerblichen Fahrplan verordnete und dadurch die überkommenen Organisations- und Handlungsprinzipien des Sozialsektors schrittweise in Frage stellte. Der Modernisierungsdiskurs in der Freien Wohlfahrtspflege radikalisierte sich, denn nun wurden extern vom Sozialgesetzgeber Modernisierungsziele entwickelt und in der Sozialgesetzgebung verankert (z.b. § 93 BSHG, §§ 78aff. KJHG, SGB IX), was zu einer zweiten, exogen induzierten Modernisierungswelle in der Freien Wohlfahrtspflege führte.

Dieser zweite Modernisierungsschub in der Wohlfahrtspflege wurde mit ausgelöst durch die seit Beginn der 1990er Jahren in den Kommunen geführte Diskussion über Neue Steuerungsmodelle. Die von der KGSt Anfang der 1990er Jahre angestoßene Debatte über die Notwendigkeit der Verwaltungsmodernisierung auf kommunaler Ebene (vgl. Banner 1991; KGSt 1993) blieb nicht ohne Auswirkungen auf die Freie Wohlfahrtspflege, war doch sehr schnell ersichtlich, dass insbesondere die kostenträchtige Jugendhilfe, die allein von den Kommunen finanziert wird, im Rahmen der Neuen Steuerung Modernisierungsgegenstand wurde. Das der Neuen Steuerung zugrunde liegende Kontraktmanagement sollte auch zur Steuerung der Freien Wohlfahrtspflege zum Einsatz gebracht werden (vgl. Kulbach/Wohlfahrt 1996). Seinen Durchbruch erlebte das Kontraktmanagement jedoch erst nachdem der Sozialgesetzgeber Ende der 1990er Jahre bei allen relevanten und kostenintensiven sozialstaatlichen Hilfeformen das Abschließen von so genannten Leistungsvereinbarungen durch die Sozialgesetzgebung verbindlich geregelt hatte. Im Rahmen der Leistungsvereinbarungen nehmen Gesetzgeber und Verwaltung jetzt auch auf kommunaler Ebene verstärkt Einfluss auf die Erstellung und Übermittlung sozialer Dienstleistungen. So werden die freien Träger als externe Leistungserbringer z.B. dazu angehalten, neben Leistungsvereinbarungen auch Maßnahmen zur Wirtschaftlichkeitssicherung wie zur Qualitätssicherung einzuleiten, ein Berichtswesen zu entwickeln, effizienzsteigernde Kooperationsformen mit öffentlichen Kostenträgern und Konkurrenten zu entwickeln u.ä. Offizielles Ziel des Sozialgesetzgebers wie der Sozialverwaltung, die diesen Prozess vor Ort steuert, ist es, ein effizient gestaltetes und ein besser integriertes Versorgungssystem zu schaffen.

Die Einführung Neuer Steuerungsmodelle (NSM), der Durchbruch des New Public Management, markiert auch einen entscheidenden Veränderungsschritt in der Ausgestaltung der korporatistischen Beziehungen zwischen Staat und Verbänden, auf lokaler Ebene zwischen dem lokalen Sozialstaat und den ortsansässigen Untergliederungen der Wohlfahrtsverbänden. Die Implementierung von Leistungsvereinbarungen (Kontraktmanagement) im Verhältnis öffentlicher und freier Träger ist ein wesentlicher Bestandteil der Außenmodernisierung des Verwaltungshandelns und dient explizit auch der Auflösung der lokalen Verhandlungsdemokratie durch die Etablierung eines zielbezogenen Auftraggeber-Auftragnehmer-Verhältnisses im sozialen Dienstleistungsbereich.

Diese Thesen sollten im Rahmen unseres Forschungsprojekts in Form von Fallstudien zur Ausgestaltung und zum Umfang des Kontraktmanagements vor Ort empirisch überprüft werden. In Fallstudien sollte ergründet werden, welche Auswirkungen diese Entwicklungen für die freien Träger auf örtlicher Ebene haben. Ein „Best-Practice"-Modell – so übereinstimmend die Aussage aller von uns befragten Expert/inn/en – lasse sich in der Bundesrepublik derzeit allerdings noch nicht finden: Alle Kommunen befänden sich im Moment „auf dem Wege" zu neuen Formen des Verwaltungshandelns und der Neugestaltung des Verhältnisses von öffentlichen und freien Trägern. Bei den Fallstudien kann es demnach in erster Linie nur darum gehen, zu erkennen, an welchem Punkt dieser Entwicklung die Kommunen derzeit stehen, welche Entwicklungspfade mit welchen Problemen sich aus Sicht der Akteure für die nächste Zeit abzeichnen und vorhersagen lassen und auf welchem Stand das gemeinsame organisationale Lernen vor Ort sich gegenwärtig befindet. Insofern handelt es sich bei den Fallstudien eher um das Nachzeichnen von Stationen, das Aufzeigen von Tendenzen und Richtungen sowie um Diskussionslinien, die diese Entwicklungen begleiten. „Vorbildhafte" Praxis lässt sich noch nicht registrieren, dazu sind alle Entwicklungspfade noch zu steinig.

Festzustellen ist zunächst einmal, dass die Umstellung der Steuerung der Freien Wohlfahrtspflege (im Folgenden auch häufig als freie Träger bezeichnet) auf das so genannte Kontraktmanagement (in der Praxis auch Steuerung durch Leistungsvereinbarungen genannt) eine Reihe von Elementen beinhaltet, die zunächst entwickelt und wechselseitig austariert werden müssen, bevor Leistungsvereinbarungen tatsächlich umfassend implementiert werden können.

- Um Leistungen vereinbaren zu können, müssen sie zuerst definiert und damit vergleichbar gemacht werden: Die Entwicklung fachlicher Standards (Qualitäts-Mindeststandards) und wirtschaftlicher Standards (Leistungsmenge, Budgets) sowie die Umstellung der Finanzierung von pauschalen Zuwendungen auf Fallpauschalen oder Fachleistungsstunden spielt in allen Kommunen eine herausragende Rolle, da hier im Prozess der Definition von Standards sich entscheidet, wie man als lokaler Leistungserbringer zukünftig dastehen und überleben wird; entsprechend komplex und insbesondere zeitaufwendig gestaltet sich deshalb auch der den Leistungsvereinbarungen vorausgehende Definitionsprozess, der vielfach einen Aushandlungsprozess mit entsprechenden Kompromissformeln darstellt, die sich künftig noch als Stolpersteine im Modernisierungsprozess erweisen können.

- Steuerung und Controlling müssen angepasst und verfeinert werden. Die für das Controlling unabdingbare Vereinheitlichung der Dokumentation und Berichterstattung (Kennzahlenentwicklung) wird wichtig, um das Ziel der Schaffung von Transparenz in der Leistungserbringung zu erreichen; auf dieser Basis erst lässt sich abgleichen, ob politisch vorgegebene und im Kontrakt vereinbarte Ziele und Ergebnisse („Wirkungen") erreicht worden sind, ob sie überhaupt überprüfbar und messbar sind. Hierbei kommt auch der Politik eine entscheidende Rolle zu: Sie ist letztlich in der Logik der Neuen Steuerung Auftraggeber und Adressat der neu gewonnenen bzw. zu gewinnenden Transparenz.
- Die konsequente Beauftragung Dritter durch die Verwaltung (hier: Sozialverwaltung) führt zu der vom New Public Management angestrebten Trennung von Gewährleistungs- und Durchführungsverantwortung, die auch mittlerweile von moderneren Staatstheorien und -konzepten angemahnt bzw. eingefordert wird (kooperativer Staat, aktivierender Staat). Wie konsequent diese Trennung in der kommunalen Praxis letztlich zu organisieren ist (die Kommunen behalten die Gesamtverantwortung einschließlich der Planungs- und Letztverantwortung), ist in den Verwaltungen äußerst umstritten und wird von den Rechtsexperten bislang noch ganz unterschiedlich bewertet. Umstritten ist insbesondere die brisante Frage, welche Aufgaben im Rahmen der der Kommune verbleibenden Gesamtverantwortung nicht übertragbar sind, was Folgen für die im Modell des Kontraktmanagements mit enthaltene dezentrale Ressourcenverantwortung hat und die Frage aufwirft, die für die Steuerung zentral sein kann: Wie viel Verantwortung in welchem Ausmaß ist rechtlich betrachtet überhaupt delegierbar. Diese Fragen behandeln mittlerweile schon die Gerichte (vgl. Neumann 2003; Neumann/Bieritz-Harder 2001) und stellen wohl zukünftig eine Hürde im Rahmen der Verwaltungsmodernisierung dar, die sich wirtschaftlichen Unternehmen in dieser restriktiven Form nicht stellt, wenn sie sich dafür entscheiden, ihre wirtschaftlichen Aktivitäten zukünftig dezentralisierter, netzwerkartig zu organisieren.
- Eine besonderer Bedeutung erwächst dabei der Unterscheidung von Pflicht- und freiwilligen Leistungen zu. Die Hilfefeststellung und Einleitung von Hilfeverfahren – und damit die Definition von Umfang, Zielen und Art/Inhalt der gewährten Hilfen – ist grundlegend. Den Rahmen dafür bilden die Rechtsgrundlagen (KJHG, BSHG); im konkreten Fall sind aber Interpretations- und Definitionsspielräume („Ermessensspielräume") unabdingbar, um dem Einzelfall gerecht werden zu können, wenn es z.B. um das so genannte „Kindeswohl" geht.
- Eine Normierung von sozialen Hilfeleistungen ist im strengen Sinne nicht möglich und auch (noch) nicht gewollt. Wie eng oder weit diese Ermes-

sensspielräume gesteckt werden, ist Sache des Fallmanagers, der zuständigen Behörde (Amtsleitung, Bezirksleitung) – und auch der örtlichen Politik. Sie steckt den Rahmen ab – über die Festlegung von Budgets ebenso wie über die politische Verantwortung gegenüber der Öffentlichkeit. Hier bewegt sich gerade die Jugendhilfe und Jugendarbeit immer auf relativ schmalem Grat. Die darin implizierten Probleme bei Konzeption und Durchführung von Kontraktmanagement stellen einen zentralen Stolperstein dar und verhindern bisher eine konsequente Umsetzung.

– Schließlich stellt sich die Frage, ob und wie konsequent eine „Vermarktlichung" des Angebots gewünscht wird. Das Wunsch- und Wahlrecht, d.h. das Vorhalten eines Angebots unterschiedlicher Träger (Werteorientierung) spielt dabei ebenso eine Rolle wie die Frage nach sozialräumlicher Orientierung, die nur dann gewährleistet ist, wenn die Träger in der Lage sind oder in die Lage versetzt werden, vor Ort auf einander abgestimmte Angebote (vernetzte Angebotsstrukturen, „Leistungsketten") vorzuhalten. Hier stellt sich aber auch generell die Frage nach dem Stellenwert, der dem Sozialraum zukünftig zuerkannt wird. Darüber wird in einigen Fällen seit Jahren nicht nur diskutiert, sondern im Rahmen von Modellprojekten auch experimentiert.

Auf einige der hier zusammengefassten Implementationsprobleme des neuen örtlichen Kontraktmanagements zur Neugestaltung des Verhältnisses von freien und öffentlichen Trägern soll im Folgenden näher eingegangen werden. Dabei sollen nicht vorrangig die untersuchten Einzelfälle in den Vordergrund gerückt und detailliert kommentiert werden, sondern anhand von „typischen" Problemlagen sollen thesenartige Aussagen über die Reichweite wie über die Fallstricke des Kontraktmanagements vor Ort entwickelt werden; dabei soll aber auch zur Sprache kommen, inwieweit die Entwicklungspfade vor Ort schon in Richtung Sozialwirtschaft (das gesamte Versorgungssystem betreffend) weisen und wie weit die Umwandlung der sozialen Einrichtung und Dienste in Betriebe mit entsprechendem Leitbild und Wirtschaftlichkeitsorientierung fortgeschritten ist.

Insgesamt wurden Fallstudien zu diesem Thema in fünf Kommunen durchgeführt. Darunter befinden sich je zwei Großstädte in West- und in Ostdeutschland, ferner ein westdeutscher Landkreis. Interviewt wurden Sozialdezernent/innen und/oder Jugendamtsleiter/innen sowie Geschäftsführer/innen von lokalen Wohlfahrtsverbänden und Führungskräfte in sozialen Einrichtungen. Zur Auswertung (hinsichtlich des Umgangs und der Formen des örtlichen Kontraktmanagements) kamen insgesamt 15 leitfadengestützte Experteninterviews, die sich vorrangig auf Entwicklungsprobleme und Fragen der Kinder- und Jugendhilfe konzentrierten (thematische Ausflüge in andere Bereiche Sozialer Arbeit waren nicht zu vermeiden). Die Kinder- und Jugendhilfe wurde in der Untersuchung als thematischer Schwerpunkt gewählt, da es sich beschäftigungspolitisch um den Arbeitsbereich handelt, in dem das meiste sozialarbeiterisch und sozialpädagogisch qualifizierte Personal arbeitet (vgl. dazu die Daten in Kap. 1); zum anderen ist es ein Arbeits- und Leistungsbereich, in dem sich die Kosten in den letzten zehn Jahren explosionsartig entwickelt haben. Ferner ist die Kinder- und Jugendhilfe auch der Bereich, zu dem die Kommunale Gemeinschaftsstelle (KGSt) im Rahmen ihrer Handreichungen zur Reform und Modernisierung der Kommunalverwaltung die am weitesten gehenden und umfänglichsten Empfehlungen erarbeitet hat; des weiteren wurde 1999 in § 78aff. KJHG verbindlich geregelt, dass „Hilfen zur Erziehung" (HzE) nur noch auf der Basis von Leistungsvereinbarungen zwischen Kostenträgern und Leistungserbringern erbracht werden dürfen.

3.2 Das Versagen der Kommunalpolitik: Budgetierung als entpolitisierter Prozess

Steuerungstheoretisch gehen die Empfehlungen zur Einführung des Kontraktmanagements davon aus, dass die lokale Politik in Gestalt des Stadtrates mit der Verwaltungsspitze einen politischen Kontrakt über die politisch angestrebten Ziele in der Kommune schließt, die Verwaltung mit einem entsprechenden Budget zur Umsetzung der Ziele ausstattet und der Verwaltung die Umsetzung überlässt. Die Verwaltungsspitze selbst muss mit Ämtern bzw. Fachbereichen Umsetzungskontrakte schließen, die sich ihrerseits wiederum mit externen Akteuren (wie z.B. frei-gemeinnützigen oder privat-gewerblichen Trägern) über Kontrakte arrangieren müssen, da aufgrund des Subsidiaritätsprinzips deren Mitwirkung vorgeschrieben ist.

Betrachtet man die vorliegenden Daten vergleichend, kann man in keinem Fall eine vom politischen Gestaltungswillen getragene Konstellation identifizieren; in keinem der Fälle war oder ist die lokale Politik als Gestalter und Vorreiter des lokalen sozialpolitischen Geschehens auszumachen. Dies hat wahrscheinlich aber auch damit zu tun, dass die Kinder- und Jugendarbeit sowie die Jugendhilfe als eine zum größten Teil vom Gesetzgeber vorgegebene und durch ergänzende Landesgesetzgebung fein und detailliert regulierte Pflichtaufgabe wahrgenommen wird, sodass sich die Frage aufdrängt (so einer der Interviewpartner): „Wer steuert denn hier wirklich?" Die Politik, so die Befragten, steuere eher nicht, denn die „Kompetenz liegt doch eigentlich beim Jugendamt"; die Politik „pickt sich nur die Rosinen heraus und nutzt laufende Diskussionsprozesse im Wesentlichen für sich", was heißen soll: zur Eigenprofilierung, wenn das Thema dazu taugt. Durch die in allen Kommunen nachweisbare Budgetierung der Finanzmittel für die Kinder- und Jugendhilfe, aber insbesondere der kostenträchtigen Ausgaben der im KJHG mit Rechtsanspruch versehenen „Hilfen zur Erziehung" (HzE), wäre aber gerade eine politische Debatte über die Ziele der Kinder- und Jugendhilfe wie den vorrangigen Einsatz knapper Mittel notwendig, insbesondere im eigens dafür zuständigen Jugendhilfeausschuss. Hierzu wird aber von der Politik in der Regel kein Beitrag geleistet:

„Bei HzE geht es jetzt bei uns erstmalig auch um die Formulierung von politischen Zielen. Budgetierung, fachlicher Austausch, das wird erstmalig diskutiert. Aber ... die politische Steuerung ist bis jetzt nur rudimentär vorhanden ... Wir beobachten dabei auch eine Zwitterstellung des Jugendhilfeausschusses. Nach außen zeigt man sich dem politischen Controlling gegenüber aufgeschlossen. Es gibt aber Probleme, dies auch verbindlich umzusetzen. Je konkreter die Probleme und Lösungen werden, desto mehr zieht sich die Politik zurück oder es werden immer mehr Zusatzinformationen gefordert. Letztlich wird auf diese Weise der Buhmann an die Verwaltung zurück gegeben, weil die Politik nicht in die Tiefe gehen will, keine Detail-Verantwortung übernimmt. Sie geht leicht rein, wenn es um den Abschluss von Zielvereinbarungen geht, aber ebenso leicht wieder raus. Zur Zeit sind es zwei Bereiche, in denen neue Controllingverfahren erprobt werden sollen: politisches Controlling im Bereich HzE und fiskalisches Controlling im Kita-Bereich. Das ist ein großer Sprung, der da anvisiert wird, wir sind aber tatsächlich noch wenig weit gekommen. Bisher sind das alles Pseudoziele, die für den HzE-Bereich formuliert wurden; fachliche Steuerung ist so nicht möglich" (Kath. Sozialdienst).

Dass die Politik sich ihrer Steuerungsverantwortung entzieht (oder besser: sich ihr nicht stellt), sowohl im Stadtrat wie auch im dafür zuständigen Jugendhilfeausschuss, lässt sich noch anderen Äußerungen anderer Gesprächsteilnehmer entnehmen. Nachvollziehbar wäre noch die Verweigerung des fachlichen Diskurses über Details (obwohl gerade hierdurch häufig entscheidende Weichenstellungen des Ausschlusses von Leistungen geregelt werden). Das Kontraktmanagement, angetreten zur Modernisierung des Verwaltungshandelns wie der Verwaltungsorganisation, wird auch im sozialpolitischen Bereich seit Jahren zunehmend als Instrument zur Haushaltskonsolidierung umfunktioniert und wird damit fiskalpolitisch umdefiniert: Die im Rahmen des Kontraktmanagements übliche Budgetierung – eigentlich ein Anreizinstrument der dezentralen Ressourcen- und Fachverantwortung – dient nun nicht mehr vorrangig der Effizienzsteigerung, dem Freisetzen von Rationalisierungsreserven wie der Entwicklung kreativer und flexibler Lösungen, dient nicht dem Spielraum-Management, sondern im Rahmen der Haushaltskonsolidierung vor allem der Rationierung von Leistungen wie der Steuerung der Anspruchsberechtigung. Wenn ermessensspielraumfreie Leistungen aufgrund von Rationierungsentscheidungen plötzlich zu Ermessensentscheidungen werden, dann sind sozialstaatlich verbriefte Rechte der Bürger tangiert, die ohne lokale politische Legitimierung noch fragwürdiger erscheinen als sie es eh schon sind. Von Vertretern der Freien Wohlfahrtspflege wird deshalb angemerkt, dass diese Rationierungsentscheidungen zwar durch den Stadtrat legitimiert seien, da der letztlich über den Haushalt und die Budgets entscheidet; wenn dies aber – wie fast überall – nur als haushaltspolitische, technische Entscheidung ohne parallel verlaufende inhaltliche Debatte über die Ziele der budgetierten Kinder- und Jugendhilfe geschieht, dann sei die Legitimität des Kontaktmanagements überhaupt in Zweifel zu ziehen.

Ein wichtiger Aspekt des Kontraktmanagements sei es, dass

„man stärker Ziele definiert und ein fachliches Controlling entwickelt. Unterstellt wird da ja immer, dass noch Spielräume auf Seiten der freien Träger vorhanden sein müssen. Ich glaube, dass man sich da in die Gefahr begibt, das Sozialstaatspostulat aus den Augen zu verlieren. Man hat ja aus der Fürsorge eine bestimmte rechtlich regulierte Form der Solidarität gemacht ... Man wird sich in Zukunft entscheiden müssen, ob man die noch haben will oder nicht. Im Augenblick wird das ein bisschen über den Weg „Haltet den Dieb" gelöst. Die Politik wird nicht umhin kommen zu sagen, an welchen Stellen sie bereit ist, Leistungen zu finanzieren und an welchen Stellen nicht. Gucken wir uns die Geschichte unserer Häuser an, dann war die Qualität und die Ausstattung, das Volumen war früher ja unverhältnismäßig geringer. Wir haben heute viele zusätzliche Leistungen, die früher nicht erbracht wurden, und ich glaube, man wird das nicht auf Dauer dadurch lösen können, dass man vermutet, durch Controllingmaßnahmen das System effektiver zu gestalten. Man wird entscheiden müssen, ob man etwas zum Rechtsanspruch macht, und das ist eine politische Entscheidung." (Diakonie)

Beklagt wird, dass das gegenwärtige System des budgetierten Kontraktmanagements als Instrument der Haushaltskonsolidierung zur schleichenden Aufweichung von „einmal vorhandenen Standards" in der Arbeit führe („Ich will nicht bewerten, ob die Standards immer richtig waren"). Das Hinausschieben von Heimunterbringungen bei schwierigen Jugendlichen, das verspätete Einleiten von ambulanten Hilfen oder flexiblen Maßnahmen, „obwohl der Fall dem ASD schon zwei Jahre bekannt" war, sei Ausdruck der kommunalen Sparmaßnahmen. Ursprünglich hohe Ziele, wie die Ausrichtung von so genannten Bezirksbudgets an sozialräumlichen Strukturdaten, seien mittlerweile völlig in den Hintergrund getreten, denn Budgets würden, wie schon früher die alten Haushaltszuweisungen, nur noch auf der Basis der Vorjahre abzüglich der einzusparenden Anteile berechnet, so dass von politischer Steuerung keine Rede sein könnte. „Die Steuerung besteht dann darin, nicht mehr hinzugucken", heißt es.

In einer der ostdeutschen Kommunen, die gegenwärtig (fast) alle kommunal getragenen Dienste und Einrichtungen der Kinder- und Jugendhilfe an freie Träger übergeben will und diesen Prozess gegenwärtig stark vorantreibt, wird diese Übertragung nur bedingt aus dem Subsidiaritätsprinzip abgeleitet.

„Als ich hier neu anfing, hat sich mir gleich die Frage gestellt, warum sind bei uns nicht mehr Einrichtungen in freier Trägerschaft? Sind es die Rahmenbedingungen, ist kein Interesse da, oder sind vielleicht nicht genügend starke Träger da? Das war der eine Aspekt. Das Verhältnis wollte ich zumindest umkehren. Dann war da aber noch der Haushaltskonsolidierungsdruck, wo wir gesagt haben, wenn wir Einrichtungen weggeben, dann können wir im Overhead, in den Querschnittsbereichen, Personal einsparen",

so die Sozialdezernentin. Eine Begründung des Übertragungsvorgangs mit dem modern klingenden, aus der Verwaltungsmodernisierung ableitbaren, purchaser-provider-split (vgl. Flynn 1997), wird erst gar nicht versucht, da der Haushaltskonsolidierungsdruck für allen Beteiligten erkennbar alles überlagert. Wenn in einigen Begründungszusammenhängen dann doch mal von Subsidiarität die Rede ist, erscheint das den freien Träger lediglich als „Begründungsanhängsel", denn „extreme Sparzwänge" würden die Diskussion in der Stadt gegenwärtig beschäftigen und „nicht vorrangig inhaltlich-fachliche Sichtweisen" (ev. Träger). Das sieht mit etwas anderer Akzentsetzung auch der Personalrat so:

„Also, in der Verwaltung wird aktive Verwaltungsreform betrieben. Dazu gibt es auch die unterschiedlichsten Arbeitsgremien. Aber das Problem ist, wenn man im Rahmen dieser Verwaltungsreform zu Ergebnissen kommt, werden diese Ergebnisse meistens von der Haushaltskonsolidierung eingeholt, weil aus meiner Sicht die Haushaltskonsolidierung Vorrang hat. Die Liste der Einsparungen ist lang ... Haushaltskonsolidierung hat höchste Priorität und vom Regierungspräsidenten ist Druck auf die Stadt gemacht worden, und die hat Priorität ... Wir sind in der Situation, in der Stadt wird nur noch eingespart. Man kuckt dabei auf reine Zahlen und nicht auf Aufgaben: Von der Verwaltungsspitze wird uns immer gesagt, das ist eine politische Entscheidung. Das haben wir bei der Politik auch schon hinterfragt. Und dann sagt Ihnen die Politik, soll uns die Verwaltung doch erst einmal was vorlegen, damit wir das dann politisch entscheiden können. Das können Sie dann nirgends greifen. Was wir beim OB angemahnt haben, ist, dass man die einzelnen Dezernate endlich mal auffordern muss, Konzepte vorzulegen, Fachkonzepte der Art also, was macht denn die Stadt noch an freiwilligen Aufgaben, dass man dann tatsächlich weiß, was man streichen kann. Das alles fehlt."

Die Übertragung kommunaler Einrichtungen aus dem Kinder- und Jugendhilfebereich an freie Träger ist zwar durch Stadtratsbeschluss legitimiert, aber auch hier sind die politischen Zielvorstellungen und Steuerungsabsichten eher unklar bzw. nicht erkennbar, sodass auch in diesem Fall das Kontraktmanagement lediglich als Instrument der Haushaltskonsolidierung betrachtet werden muss und weniger als sozialpolitisches Gestaltungsinstrument.

Angesichts der in allen Fallstudien feststellbaren und verschiedentlich auch beklagten Enthaltsamkeit der politischen Ebene fehlen in allen Untersuchungsfällen politische Kontrakte zwischen Stadtrat und Verwaltungsspitze; die (Sozial-)Verwaltung übernimmt dadurch in allen Untersuchungskommunen eine führende, fast autonome Rolle im örtlichen Kontraktmanagement, was die Grenzen zwischen kommunaler Legislative und Exekutive weiter verschwimmen lässt. Da die Leistungsvereinbarungen in der Kinder- und Jugendhilfe den Empfehlungen der KGSt (1998) folgend durch die Budgetierung fast überall mit der Rationierung und Kontingentierung von Leistungen einhergehen (vgl. Krölls 2000), ist die Enthaltsamkeit der Politik mehr als verwunderlich, werden doch hier auf dem Haushaltswege durch scheinbar technische Entscheidungen grundlegende sozialpolitische Exklusionsentscheidungen gefällt, denen dann aber die politische Legitimation fehlt. Einer der Befragten drückt das so aus:

„In Wirklichkeit wird doch über ökonomische Prozesse gesteuert, man bezieht keine Position mehr; man müsste den Jugendlichen doch sagen, du bekommst diese Hilfe nicht mehr, du bist uns das nicht wert." (Diakonie)

3.3 Die Trennung von Gewährleistungs- und Durchführungsfunktion

Der Sozialverwaltung nimmt durch das Kontraktmanagement (noch stärker als bislang) eine Schlüsselstellung in der lokalen Sozialpolitik ein; die Verwaltung trifft häufig bindende Entscheidungen mit sozialpolitischer Wirkung, ohne selbst durch politische Kontrakte dazu legitimiert zu sein. In fast allen Untersuchungskommunen lässt sich feststellen, dass sich faktisch – ob intendiert oder nicht – die Funktion der Sozialverwaltung wandelt. Kommunale Sozialverwaltungen waren bislang – obwohl das Subsidiaritätsprinzip eine andere Richtung vorgibt – immer schon nicht nur mit Gewährleistungsaufgaben befasst; neben der Aufgabenwahrnehmung im Rahmen der Gewährleistungsfunktion (Planung und Finanzierung der sozialen Infrastruktur im Rahmen des sozialstaatlichen Auftrags) haben Sozialverwaltungen sich immer auch als Leistungserbringer positioniert; d.h. soziale Einrichtungen und soziale Dienste in öffentlicher Trägerschaft hat es immer gegeben, wenn auch örtlich stark variierend. Die Betätigung der Verwaltung als Leistungserbringer ließ sich nach dem Subsidiaritätsprinzip immer auch damit begründen, dass Subsidiarität auch die Pluralität von Angeboten zur Folge hat; das Wunsch- und Wahlrecht der Bürger führte dazu, dass neben den wertegebundenen und werteorientierten Angeboten der Freien Wohlfahrtspflege auch immer ein werteneutrales Angebot in kommunaler Trägerschaft möglich war, sofern der Arbeitsbereich und die Zielgruppe des Angebotes es rechtfertigten, ein zusätzliches kommunales Angebot zu erstellen (z.B. im Bereich der Kinderhorte und Kindertagesstätten oder der Kinder- und Jugendfreizeiteinrichtungen). Dementsprechend haben Sozialverwaltungen immer Personal beschäftigt, die im sozialrechtlichen Sinne Dienstleistungsfunktion wahrnahmen. Nach § 11 SGB I sind alle persönlichen und erzieherischen Hilfen Dienstleistungen im sozialrechtlichen Sinn; demnach gehören alle Formen der Beratung, der Weitervermittlung wie das Herstellen von Verbindungen zu Personen oder Einrichtungen/Institutionen sowie die allgemeine persönliche Betreuung zu den sozialrechtlich definierten Dienstleistungen. Das Kontraktmanagement hat Auswirkungen auf diese Ebene der kommunalen Leistungserstellung.

Beobachtbar ist, dass sich vor allem die Rolle des Allgemeinen Sozialen Dienstes (ASD) wandelt. Der ASD hat sich aus der Bezirkssozialarbeit entwickelt und arbeitet entsprechend dem eigenen fachlichen Anspruch nach stadtteil- bzw. sozialraumorientiert wie auch „ganzheitlich"; er stellt die erste Anlaufstelle für Rat- und Hilfesuchende dar und ist die Verteilerstelle zu weiteren Hilfen oder Dienstleistungen. Durch die Sozialraumorientierung war es auch immer der Anspruch des ASD, präventiv im Sozialraum zu wirken.

Der ASD entwickelt sich gegenwärtig – durch das Kontraktmanagement ausgelöst – insbesondere im Rahmen der Jugendhilfe als hoch standardisiert arbeitende Prüf- und Verteilerstelle für Hilfesuchende bzw. Antragsteller sowie als Institution des Fallmanagements; verschiedentlich ist diese Aufgabe auch auf entsprechend spezialisierte Nebenstellen des Jugendamtes (nach Bezirken oder Sozialräumen gegliedert) übertragen worden. Die freien Träger hatten bislang die Möglichkeit, Klienten, die sie in ihren niedrigschwelligen Beratungsangeboten in den jeweiligen Stadtteilen aufsuchten, umfassend zu beraten und ihnen die ihnen geeignet erscheinende Hilfeform zu vermitteln. Sozialrechtlich betrachtet war das immer schon problematisch, da sich die Leistungsabwicklung bekanntlich nur im Dreiecksverhältnis von Leistungsträger, Leistungserbringer und Leistungsberechtigtem vollziehen darf: Der Träger der Jugendhilfe prüft die Voraussetzungen des geltend gemachten Anspruchs und bescheidet den Anspruch auf Leistungen durch Sozialverwaltungsakt. Handelt es sich bei der bewilligten Leistung um eine sozialrechtliche Dienstleistung (persönliche Hilfe), bestimmt der Kostenträger auf der Grundlage seines „Auswahlermessens" in der Kostenzusage auch den Erbringer der Leistung. Da die Zusage zur Kostenübernahme gewöhnlich an den Maßnahmeträger geht, der den Klienten vermittelt und der für den Klienten den Antrag gestellt hat, fiel das bislang kaum ins Gewicht. Die so genannte „Selbstbeschaffung" der Leistung durch den Hilfesuchenden oder den freien Träger – früher nicht unüblich – ist nach jüngster Rechtssprechung des Bundesverwaltungsgerichtes nicht zulässig, und dadurch ist – unabhängig vom Kontraktmanagement – noch einmal die steuernde Funktion des Jugendamtes aufgrund der allein ihm zukommenden Gewährleistungsfunktion betont worden.

Durch das Kontraktmanagement wird der Sachverhalt der strikteren Trennung von Leistungsgewährung und Leistungserbringung (unabhängig von der aktuellen Rechtssprechung) in allen Kommunen neu geregelt und man entwickelt organisatorische Modelle, um die neue Arbeitsteilung sauber organisieren zu können. Dazu heißt es in einem Fall:

„Das Jugendamt macht zur Zeit sehr deutlich, dass es so viel wie möglich an die freien Träger delegieren möchte und selbst überwiegend die Steuerungsfunktion übernehmen will. Bislang ist das noch so, dass auch die freien ASDs (Allgemeine Soziale Dienste in freier Trägerschaft bzw. die Bezirkssozialarbeit der freien Träger; Verf.) selbst Hilfe einleiten können; diese Freiheit soll ihnen aber von der Stadt bzw. vom Jugendamt genommen werden ... Bei uns ist das nun bei Maßnahmen für Familien so: Das Jugendamt initiiert, die ASD-Leitung stellt dann den Bedarf fest, der kontraktierte Träger steigt dann vertragsgemäß mit HzE-Maßnahmen ein ... Hier stellt sich aber auch die Frage, wer die Garantie für den Fall übernimmt",

fragt ein Vertreter der Freien Wohlfahrtspflege, der offensichtlich die so genannte „Selbstbeschaffung" durch das Kontraktmanagement in Gefahr sieht. Die Selbstbeschaffung war ja im Grunde nichts anderes als das Privileg des freien Trägers, selbst über Art und Umfang der Hilfe zu entscheiden und erst nach Einleitung der Maßnahme den Kostenträger davon in Kenntnis zu setzen.

In einem der in Ostdeutschland untersuchten Fälle will man gegenwärtig alle Einrichtungen der Kinder- und Jugendhilfe, die sich in Trägerschaft der Kommunen befinden, auf dem Wege von Ausschreibungsverfahren in freie Trägerschaft abgeben (vgl. dazu näher Abschnitt 3.6 in diesem Kapitel). Haushaltskonsolidierungszwänge sind der treibende Motor dieses Prozesses, weniger dagegen Konzepte der Verwaltungsmodernisierung. Verwaltungsmodernisierung durch die Hintertür ist aber die Folge, denn allen Beteiligten an diesem Prozess ist klar, dass sich am Ende dieses Prozesses die strikte Trennung von Durchführungs- und Gewährleistungsverantwortung stehen wird. Der Sozialdezernentin betont, dass am Ende des Prozesses das Verhältnis zwischen öffentlichem Träger und freien Trägern gewandelt haben wird.

„Ja, ich denke, das Verhältnis ändert sich. In der Vergangenheit war es doch eher ein freundschaftliches Verhältnis. Ich sage mal, dass wir sehr eng miteinander verwoben und Geld spielte auch nicht so die entscheidende Rolle. Jetzt ist es so, dass angesichts knapper Kassen die Verwaltung mehr unter Druck steht und wir den Trägern sagen müssen, es mag ja manches wünschenswert und gut sein, nur können wir es nicht mehr finanzieren und deswegen wird auch manches umgeschichtet. Insofern tritt jetzt bei den Trägern eine Verunsicherung ein, was ihre eigene Zukunft angeht. Das ist ein Prozess, der jetzt läuft, den wir auch nicht verhindern können, weil wir nicht wissen, wie es auf der finanziellen Seite weitergeht.
Und das andere ist, dass wir sagen: so, Träger, das sind jetzt unsere Bedingungen, die neuen Rahmenbedingungen; das ist die Pauschale für euch, die ist at-

traktiv, aber da hängt jetzt auch das und das dran und das müsst ihr bringen. Das heißt ... natürlich für uns, dass wir auf Seiten der Verwaltung neue Manpower brauchen, die das dann auch kontrollieren kann. Wenn wir auf der einen Seite starke Träger vor uns haben, dann brauchen wir auf Seiten der Verwaltung auch starke Verhandlungspartner. Wir haben mittlerweile auch eine Reihe starker Träger am Ort. Deshalb brauchen wir hier bei uns ganz starke Verhandlungsführer, die ganz selbstbewusst sagen, das läuft und das läuft nicht. Das ist aus meiner Sicht in der Vergangenheit immer ganz harmonisch geregelt worden. Und deshalb sehe ich da künftig Konfliktpotential. Da denke ich, da muss man als Verwaltung seinen Standpunkt ganz selbstbewusst vertreten und dann müssen die Träger damit klar kommen."

Das bedeutet auch in diesem Fall, dass die Organisationsstrukturen in der Sozialverwaltung an den neu entstehenden Aufgaben ausgerichtet werden müssen. Entsprechend werden im Untersuchungsfall die Aufgaben des Jugendamtes gegenwärtig so umstrukturiert, dass zukünftig neben der Finanzierung und der verbleibenden (Rest-)Leistungserbringung vor allem auch Steuerungsaufgaben wahrgenommen werden können, einschließlich der Steuerung der in kommunaler Trägerschaft verbleibenden Einrichtungen.

„Dadurch kriegen wir zwei große Bereiche: einen zur Steuerung von Produkten und einen, wo Leistungserbringung stattfindet. In dem einen Bereich kann noch weiterhin was an freie Träger übergeben werden, ansonsten soll der genau so gesteuert werden wie die Einrichtungen in freier Trägerschaft." (Jugendamtsleiter)

Da zur Erfüllung der neuen Steuerungsaufgaben auch anders qualifiziertes Personal benötigt wird, sollen neue Stellen zur kompetenten Wahrnehmung dieser Aufgaben geschaffen werden.

„Wir suchen jetzt ganz konkret jemanden, der sich im Verwaltungsverfahrensgesetz, im Zuwendungsrecht und im Vertragsrecht auskennt; diese Stelle ist jetzt ausgeschrieben. Das ist dann ja mehr als das übliche Zuwendungsrecht, wo ich feststelle, was ist zuwendungsfähig und was nicht, wie viel kann ich geben. Die Steuerung wird dann ja auch in einer neuen Abteilung des Jugendamtes stattfinden, d.h. sowohl die fachliche Steuerung wie auch die der Finanzen, das ist dann eine Abteilung." (Sozialdezernentin)

3.4 „Radikales" Kontraktmanagement: Sozialraumbudgets und die Übertragung von Gewährleistungsverantwortung auf freie Träger

Angesichts der sich allen Orts entwickelnden Trennung von Gewährleistungs- und Durchführungsverantwortung drängt sich für freie Träger die Frage auf, ob der Kostenträger lediglich die Verantwortung für die Leistungserbringung überträgt oder auch Aufgaben bzw. Teilaufgaben der Gewährleistungsfunktion, so wie es z.B. den Empfehlungen der KGSt zur Sozialraumbudgetierung zu entnehmen ist. Die Empfehlungen der KGSt zur Ausgestaltung des Kontraktmanagements in der Jugendhilfe radikalisiert das Kontraktmanagement, indem vorgeschlagen wird, freien Trägern auch Teile der Gewährleistungsverantwortung mit zu übergeben, und zwar auf Sozialräume bezogen. Dort sollen freie Träger mit den ihnen zugewiesenen Budgets sowohl fallspezifische, fallübergreifende wie auch fallunspezifische Arbeit leisten. Die von der KGSt empfohlene und in ihrem Denkmodell konsequente Übertragung von Fach- und Ressourcenverantwortung auf dezentral agierende, mit Kontrakten gesteuerte Einheiten ist aber in dieser strikten Form in den von uns untersuchten Kommunen nicht nachweisbar, obwohl verschiedentlich ernsthaft darüber nachgedacht wird. In einer der von uns untersuchten ostdeutschen Großstädte will man diesen Weg konsequent gehen, ist aber noch nicht so weit, dass die Umsetzung unmittelbar bevor stünde. Man verspricht sich aber von einer konsequenten sozialraumorientierten Trennung der Gewährleistungs- und Durchführungsverantwortung sowohl Kostenvorteile (Effizienzgewinne) wie auch Wirkungszuwächse (Effektivität). Dazu die Bürgermeisterin:

„Ich möchte zu solchen Sozialraumbudgets kommen. Wir sind dabei, unser Jugendamt nicht mehr nach den Säulen des KJHG zu strukturieren, sondern nach Sozialräumen. Jeder Sozialraum ist ein extra Bereich. Dort gibt es dann eine Leitung darüber. Die machen alles im Sozialraum und jeder Sozialraum ist ein Kompetenzzentrum für eine ganz besondere Geschichte. Die gesamte wirtschaftliche Hilfe geht mit auf die Sozialräume, sodass ASD und wirtschaftliche Erziehungshilfe die Dinge gemeinsam machen. Nicht: der Sozialpädagoge macht einen Hilfeplan, geht damit zur wirtschaftlichen Erziehungshilfe, die streichen hier und dort rum, weil die nicht verstehen warum, und dann geht das 50 Mal hin und her. Schluss damit: Wenn jetzt Hilfepläne gemacht werden, dann sitzt der von der wirtschaftlichen Erziehungshilfe gleich mit am Tisch. Wir gehen voll in die Dezentralisierung ... Das hat der Stadtrat im Sommer beschlossen. Wir haben zu diesem Zweck auch einen Sozialatlas entwickelt."

Die Träger, die ihre Dienste und Einrichtungen bislang eher differenziert und spezialisiert entwickelt haben, sind für die neue Sozialraumorientierung aber nur zögerlich zu gewinnen.

„Da muss man ja die Träger dazu bringen. Das wäre nun wieder alles einfacher, wenn man alles in städtischer Hand hätte. Dann könnte man das fein machen. Der Trägeregoismus und die Trägerabgrenzung, die sind einfach da. Das verstehe ich auch irgendwie. Sie haben alle ihre Betriebe. Ich muss die dazu bringen, dass die sagen, ich habe einen Vorteil davon: Ich kriege das Geld nicht mehr für die individuelle Hilfe, sondern ein Budget für einen Sozialraum. Wenn dann eine besondere Situation eintritt, natürlich muss man dann sagen, wir müssen was ändern am Budget; das ist eine Pflichtaufgabe und wir können die Kinder nicht auf der Straße stehen lassen. Aber die freien Träger müssen ein Interesse daran haben, möglichst in die Prävention zu gehen. Im Moment haben sie daran nicht unbedingt ein Interesse, in Prävention zu gehen. Wenn wir ihnen den Platz im Kinderheim gut bezahlen, warum sollten die dann ein Interesse haben, in die Prävention zu gehen. Wenn die ein Budget haben und ihre Kindergärten gut führen, ihre Horte gut führen, damit gar nicht so viele in die Hilfen zur Erziehung fallen, weil sie ja dort ihr Geld verdienen, weil sie das Budget kriegen und selber die Schwerpunkte setzen können, dann haben die ein Interesse daran."

Die Trennung von Durchführungs- und Gewährleistungsverantwortung ist beschlossene Sache („Ich möchte mich auf das Steuern beschränken") und dementsprechend wird der ASD gegenwärtig für die Wahrnehmung von Steuerungsaufgaben im Rahmen des Kontraktmanagements durch eine niederländische Hochschule geschult und weitergebildet: der ASD soll vor allem Controllingaufgaben im Bereich Hilfen zur Erziehung übernehmen. Die freien Träger sollen im Rahmen der vom KJHG geforderten „partnerschaftlichen Zusammenarbeit" von den Vorteilen der Sozialraumverantwortung und der neuen Sozialraumbudgetierung „überzeugt" werden, notfalls will man eine „härtere" Gangart einschlagen. Ziel ist es, die freien Träger zukünftig stärker über „Ergebnisqualität" zu steuern. Das wird allerdings noch als weiter Weg eingestuft, denn die Träger „klammern" sich noch an die alten Verträge, die ihnen dienst- oder einrichtungsbezogene Entgelte oder Zuwendungen sichern. Begünstigt würde das, so die Meinung der Bürgermeisterin, durch das KJHG, das die freien Träger stark privilegiere, was jedoch auch nicht als unüberwindbares Hindernis eingestuft wird.

„Ich halte das KJHG immer sehr hoch. Auf der anderen Seite, wenn ich im Jugendhilfeausschuss erleben muss, wie die Träger nicht erkennen, dass sie mit dem KJHG sehr gut gestellt sind ... Wenn die freien Träger nicht erkennen, dass sie ihre Stellung, ihre starke Stellung nach dem KJHG nicht ausnutzen dürfen, dass wir in einer wirklich schwierigen Situation sind, denn die Kassen sind leer und da muss man auch vom freien Träger erwarten, dass sie einfach mittun und kucken, wo haben wir auch Einsparpotentiale. Denn den freien Trägern ist es in den letzten Jahren doch nicht schlecht gegangen. Die haben sich doch ganz gut entwickelt ... Jetzt haben die freien Träger einen herben Schlag bekommen über die andere Politik der Bundesanstalt für Arbeit, was die ABM angeht ... Dass das jetzt ein bisschen auf die Füße gestellt wird, ist vielleicht gar nicht so verkehrt. ... Ich denke, die freien Träger müssen erkennen, was die Stunde geschlagen hat, denn sonst läuft so etwas wie damals bei der Pflegeversicherung. Früher konnte sich niemand vorstellen, das Private Pflege machen, da waren alle Heime bei der Stadt oder bei freien Trägern. Dann ist das geöffnet worden, kein Vorrang mehr für freie Träger, sondern die Privaten konnten genau so einsteigen. Ich muss sagen, Private machen es teilweise gut; man erlebt dort aber auch, dass dort manchmal die Gewinnmaximierung im Vordergrund steht. Das ist den Freien auch nicht völlig fremd, aber was die erwirtschaften, haben die wieder rein zu stecken in den Betrieb. Deshalb halte ich von dem Prinzip der Gemeinnützigkeit eine ganze Menge. Da müssen die freien Träger aber mittun, sonst kippt uns das System."

3.5 Die Renaissance zentraler Steuerung: auf dem Weg zur „Neo-Weberianischen" Bürokratie

Dass die Kostenträger das Kontraktmanagement – ob nun sozialraumorientiert oder nicht – mehr oder weniger trägerfreundlich gestalten können, scheinen die freien Träger in allen Fällen zu ahnen; deshalb wird von ihrer Seite auch immer unterstellt, die Verwaltung wolle die freien Träger mittels Kontraktmanagement kleinteilig steuern. Dort, wo kein sozialraumfokussiertes Kontraktmanagement betrieben wird, glauben die freien Träger, dass sie zu reinen Leistungserbringern im Rahmen vereinbarter Ziele und Hilfearten zurecht gerückt werden sollen und fragen, ob sie zukünftig überhaupt noch präventiv arbeiten können. Für die freien Träger stellt sich vor allem die Frage, wie sie ihre advokatorische Funktion zukünftig noch wahrnehmen können.

„Die anwaltschaftliche Weichenstellung durch den freien Träger ist hier in Frage gestellt, weil er im Rahmen des Kontraktmanagements selbst nicht mehr initiativ werden kann. Wie frei können freie Träger in Zukunft noch sein? Wird die Stadt in Zukunft die Fachaufsicht über die Träger beanspruchen?" (Geschäftsführer eines freien Trägers)

Jugendamtsleitungen sehen das nicht so pessimistisch wie die freien Träger, sie sehen sich selbst aber vor allem in einer stärkeren Rolle als bislang:

„Das Jugendamt hat vor einigen Jahren das Neue Steuerungsmodell genutzt, um ein Pilotprojekt zu starten. Gut daran waren die Erfahrungen, dass überhaupt Diskussionen über Ziele und Wirkungen stattgefunden haben, also nicht nur Debatten über Kennzahlen, betriebswirtschaftliche Auslastungen etc. Es wurde auch über Qualität geredet: Was braucht der Bürger, wie ist die Prozessqualität zu bestimmen? Dabei wurden die Ursprungsziele der Neuen Steuerung zwar nicht erreicht, wohl aber der Einstieg in Prozessschritte, wie Einführung von IT-Technik, Einstieg in die Budgetierung, Fach- und Finanzaufsicht, Zielvereinbarungen. Was letztlich nicht geklappt hat, ist, dass derjenige, der für die Durchführung verantwortlich ist, noch immer nicht die Hoheit über die Finanzen hat. Festzustellen ist derzeit vielmehr eine Rückkehr zu mehr Zentralismus: Statt einer Dezentralisierung der Steuerung und Entscheidungen kommen die top-down-Prozesse zurück ... Im Moment nimmt der Markt an Bedeutung ab. Die Verwaltung steuert mehr als je zuvor: Sie kauft sich Leistungen ein, definiert die Ziele, die Leistungen und den Preis. Insofern haben wir eher ein Plan- als eine Marktmodell. Echter Wettbewerb ist nicht möglich!"

Die Renaissance der Bürokratie im Gefolge des Kontraktmanagements wird auch andernorts gesehen. Die im Namen des Kontraktmanagements gewollte Trennung von Gewährleistungs- und Durchführungsverantwortung führt angesichts des pluralistisch organisierten sozialen Dienstleistungsbereichs erst einmal zur (Re-)Konzentration der Definitionsmacht über Fälle und Kosten beim Kostenträger, bei der Sozialverwaltung. Die Verwaltung kann durch das Kontraktmanagement im Namen der Budgetverantwortung ihre steuernde Funktion weiter ausbauen und nutzen wie nie zuvor. Zu Hochzeiten des Korporatismus war die Verwaltung aufgrund des unangefochtenen Subsidiaritätsprinzips eher schwach, und die vom Gesetzgeber gewollte partnerschaftliche Zusammenarbeit von öffentlichen und freien Trägern stärkte eher die letzteren, da diese immer auf die z.b. im § 10 BSHG verankerte „angemessene Unterstützung" der freien durch den öffentlichen Träger pochen konnten. Das Subsidiaritätsprinzip ist, wenn auch nicht formell so doch faktisch, auf dem Altar des Wettbewerbs geopfert worden. Intendiert oder nicht, die Verwaltung hat durch das Kontraktmanagement an Bedeutung und an Steuerungskapazität gewonnen, so die Sicht der Befragten.

Wenn für Klienten „Hilfe zur Erziehung" notwendig wird, müssen freie Träger die Zusammenarbeit mit dem öffentlichen Träger suchen. Das Zusammenspiel ist in einer anderen Kommune wie folgt geregelt:

> „Da wo unsere Mitarbeiter sehen, dass rechtliche Ansprüche auf Hilfe gegeben sind, ... da ist im Prozess vorgesehen, dass immer ein Vertreter des öffentlichen Trägers beteiligt werden muss. Die sind im Hilfeplan und Gewährungsprozess von vornherein dabei. Und es wird nur Hilfe gewährt, wenn der Nebenstellenleiter des Jugendamtes (auf Bezirksebene, Verf.) seine Unterschrift geleistet hat; und sollte kein Konsens erzielt werden, geht das auf die nächst höhere Ebene; letztlich entscheidet der Amtsleiter über die Genehmigung einer Hilfe. Das ist auch eine Maßnahme der Qualitätssicherung. Es ist klar, dass da ansonsten eine Selbstbedienungsmentalität entsteht."

Nicht alle sehen das so; es gibt auch Stimmen, die sich unter der Trennung von Gewährleistungs- und Durchführungsverantwortung im Rahmen des Kontraktmanagements einen Zuwachs an Entscheidungskompetenz auf Seiten der freien Träger erwartet haben, in der Form, dass auch die Gewährung von Hilfe formell auf den HzE-Anbieter übergeht, ein Ansinnen, das steuerungstheoretisch („Selbstbedienungsmentalität") kontraproduktiv und auch angesichts der jüngsten Rechtssprechung rechtwidrig wäre.

Der Verbleib der Gewährleistungsfunktion beim öffentlichen Träger steht außer Frage, obwohl man sich hier und da schon vorstellen kann, mehr Aufgaben, auch strategischer Art, auf freie Träger zu übertragen, allerdings nur um den Preis, dass der öffentliche Träger dann auch über qualitativ bessere Steuerungs-

Kontraktmanagement

instrumente als bislang verfügt, um seinen Aufgaben der Qualitätssicherung nachkommen zu können.

"Von der Gewährleistungsfunktion kommen wir nicht los, das wird bestehen bleiben. Wir wollen aber deutlich machen, dass wir auch mit Übertragungsrechten arbeiten. Wir wollen einen Qualitätsindex, einen kontinuierlichen Verbesserungsprozess installieren. Unter diesem Gesichtspunkt ist uns wichtig, dass dafür eine Selbstevaluation der Träger nicht genug ist", heißt es in einer Kommune dazu.

Um die freien Träger stärker auf die Sichtweise und Interessen des Kostenträgers zu verpflichten und um sie besser steuern zu können, ist in einem anderen Fall die von den freien Trägern erbrachte "Sozialpädagogische Familienhilfe" (SPFH) organisatorisch stärker an das Jugendamt angekoppelt worden, um so auch eine sozialräumliche Orientierung der Arbeit erreichen und durchsetzen zu können. Die freien Träger (bis dahin nicht in jedem Stadtbezirk vertreten),

"sind zentral organisiert, so dass ein Sozialarbeiter im ASD völlig bezirksübergreifend tätig ist. Das hat also mit Sozialraumorientierung in unserem Sinne nichts zu tun. Die Fallarbeit der Verbände läuft dann im vis-á-vis-Kontakt, einzelfallorientiert, indem sie zum Beispiel über Kindergärten angebunden sind."

Das SPFH-Angebote der freien Träger sollte und wurde durch das kommunale Regionalisierungsprogramm organisatorisch an die jeweilige Steuerungsinstanz des Jugendamts im Sozialraum angebunden, "sodass jetzt vor Ort eine viel engere Zusammenarbeit praktiziert wird als bisher". "Da haben wir auch Autonomie aufgegeben", gesteht ein freier Träger.

"Das ist aber durchaus sinnvoll, da wir jetzt besser als zuvor stadtteilbezogen agieren können. Die Kooperation wirft aber auch Fragen rein organisatorischer Art auf und auch bezüglich der Arbeitgeberfunktion der Verbände."

Die im Zuge des Kontraktmanagements zunehmend anzutreffende Trennung von Durchführungs- und Gewährleistungsverantwortung geht damit einher, dass der öffentliche Träger sich zunehmend aus der Erstellung eigener Dienste verabschiedet und den ASD oder sonstige zuvor in der Fallarbeit tätige Fachkräfte stärker auf Steuerungsaufgaben wie die Hilfefeststellung (Assessment), Hilfeplanentwicklung und die Fallführung (Case Management) umprogrammiert. Dazu heißt es in einem Fall sehr pointiert:

"Wir diskutieren im Moment darüber, wie Amt und Anbieter zu trennen sind, also Einleitung, Gewährung und Durchführung von HzE. Wir als ASD wollen kein Durchführer mehr sein."

Die freien Träger sehen sich durch diese Entwicklung immer stärker nur noch mit den in den Leistungsvereinbarungen festgelegten HzE-Aufgaben befasst, was ihnen zunehmend verunmöglicht, weiterhin Aufgaben in der allgemeinen Bezirkssozialarbeit sowie Aufgaben advokatorischer oder präventiver Art wahrzunehmen. Die freien Träger spüren – dort, wo in Leistungsvereinbarungen die Erstellung einzelner Hilfearten vereinbart werden – durch das Kontraktmanagement einen wachsenden Spezialisierungsdruck und befürchten das Verschwinden der für die Soziale Arbeit wichtigen fallunspezifischen Arbeitsaspekte (vgl. Früchtel 2001), da diese kostentechnisch nur schwer zu beziffern sind. Auch für die Versorgungssituation der Klienten, denen freie Träger einer gewissen Größe häufig „Hilfen aus einer Hand" bieten konnten, sehen die freien Träger angesichts des zunehmenden Kontraktmanagements eher Nachteile. Dazu heißt es in einem Fall:

„Ich würde mal vermuten, dass die Trennung von Gewährleistungs- und Durchführungsverantwortung für unsere Klienten keine Vorteile brächte: Für sie bringt das vor allem eine Verunsicherung mit sich, weil sie solche Strukturen nicht gewohnt sind ... Die Stadt hat ja den ASD und die Spezialdienste getrennt. Wir bei der AWO und auch die anderen Verbände haben dagegen alles zusammen, was Familienangelegenheiten eines Bürgers betrifft. Der Klient kann sich also mit allen familienbezogenen Angelegenheiten an die AWO oder an den SKF (Sozialdienst Katholischer Frauen, Verf.) wenden und hat dort immer einen Ansprechpartner, egal ob sich um Jugendgerichtshilfeberatung, Trennungs- und Scheidungsberatung oder HzE handelt. Wenn man die Trennung so lässt, wäre für die Familie daher eine andere Orientierung notwendig. Die müssten dann zum ASD bei der Stadt gehen ... Für uns würde diese Entwicklung bedeuten, dass wir uns auf einen bestimmten Bereich konzentrieren müssten, z.B. auf Jugendgerichtsberatung oder Trennung und Scheidung, anders wäre das für uns gar nicht handhabbar. Die Verbände würden einen solchen Umstrukturierungsprozess wahrscheinlich schon bewältigen, aber für die betroffenen Menschen wäre eine solche Spezialisierung nicht von Vorteil. Sie müssten sich vollständig umstellen."

Befürchtet wird (vor allem in Westdeutschland), dass die sich abzeichnende Trennung der Durchführungs- und Gewährleistungsverantwortung in Kürze zu einer völligen Verabschiedung der Kommunen aus der Leistungserstellung führen könnte, wie man es meint, in Ostdeutschland schon flächendeckend beobachten zu können.

„Die Stadt sagt natürlich, wir brauchen das unbedingt weiter (die kommunal getragenen Dienste und Einrichtungen, Verf.), auch sozusagen, um die Steuerung auch materiell fundieren zu können. Aber ich bin mir da nicht sicher, ob dies im Modell angelegt ist; ich glaube, dass man sich so weit wie möglich – in vielen Städten in Ostdeutschland ist das ja schon so – von allen städtischen Angeboten befreien will."

Dass ostdeutsche Kommunen mittlerweile kaum noch eigene soziale Einrichtungen und Dienste hätten und nur noch über Leistungsvereinbarungen steuern, ist ein westdeutsches Vorurteil – wie unsere eigenen Fallstudien zeigen -über den angeblich weiter fortgeschrittenen Modernisierungsstand in der ostdeutschen Wohlfahrtspflege (vgl. dazu die Thesen von Angerhausen et al. 1998).

Die Trennung von Gewährleistungs- und Durchführungsverantwortung steht überall auf der Tagesordnung; es ist jedoch noch nicht erkennbar, wie weit die Trennung gehen soll und wo die Grenzen zukünftig genau verlaufen werden. Umstritten ist in der Praxis, ob die Einleitung der Hilfen durch das Jugendamt beibehalten werden soll oder ob perspektivisch auch dies subsidiär von den freien Trägern durchgeführt werden kann. Der jüngeren Rechtssprechung folgend dürfte der Übertragung der Einleitung von Hilfen auf freie Träger (Hilfefeststellung in Sinne eines Assessment) aber eher enge Grenzen gesetzt sein. Einem radikalen Kontraktmanagement stehen noch der Sozialgesetzgeber und die aktuelle Rechtssprechung im Weg. Die Modernisierung des sozialen Dienstleistungssektors bedarf noch weiterer ihm vorgelagerter Modernisierungen, wie z.B. die des Sozialrechts.

3.6 Kontraktmanagement: organisierter Wettbewerb im sozialen Dienstleistungssektor

Der so genannte „purchaser-provider-split", der eigentlich die Idee des Kontraktmanagements trägt, ist in den untersuchten Fällen nirgendwo in Reinform realisiert. Zum einen wird die strikte Trennung von Durchführungs- und Gewährleistungsverantwortung, also die Schaffung von ökonomisierten Auftraggeber-Auftragnehmer-Beziehungen, auch gar nicht ernsthaft gewollt, da man an der dem Subsidiaritätsprinzip innewohnenden „partnerschaftlichen Zusammenarbeit" seitens der Sozialverwaltung vielfach weiter festhalten will, weil man darin auch nicht zu unterschätzende Vorteile sieht.

> „Unsere Kommunikationsstrukturen (zwischen Jugendamt und freien Trägern, Verf.) sind durchaus verbesserungsbedürftig, müssen intensiviert und besser gesteuert werden. Dabei halten wir aber an den korporatistischen Strukturen, auch im Jugendhilfeausschuss, ausdrücklich fest; wir wollen sie nicht abschaffen; weder von Seiten der Stadt noch der Verbände wird daran gerüttelt."

Zum anderen lässt sich – dort wo politisch gewollt und massiv betrieben – der purchase-provider-split gar nicht so schnell realisieren, da der öffentliche Träger in der Regel noch eine Vielzahl von Einrichtungen und Diensten erstellt und übermittelt und dementsprechend auch über eine größere Anzahl von Mitarbeiter/inne/n verfügt, die nicht so ohne weiteres aus dem öffentlichen Dienst entlassen werden oder an freie Träger samt der dazugehörigen Einrichtung übergeleitet werden können (vgl. später Kap. 3.8). Die Entwicklung in Richtung Kontraktmanagement ist überall nachweisbar, nur die Zielsetzung wird noch sehr unterschiedlich bewertet. Arbeiten die einen daran, möglichst schnell auf der Basis des Kontraktmanagements neue, auf Geschäftsbeziehungen aufbauende, Versorgungsstrukturen zu implementieren, so wird anderen Orts daran gearbeitet, aus beiden Systemen (Subsidiarität und Kontraktmanagement) eine tragbare Symbiose zu zimmern.

Die Bewertung der durch das Kontraktmanagement geschaffenen neuen Versorgungsstrukturen vor Ort fällt sehr unterschiedlich aus, trotzdem zeichnen sich fast überall Veränderungen ab, die zeigen, dass die Transformation des lokalen Sozialsektors in Richtung Sozialwirtschaft begonnen hat und dass sich dadurch mittlerweile auch überall Wettbewerbsstrukturen unterschiedlicher Art entwickelt haben. Wettbewerb kann verschiedene Formen annehmen und vom marktlichen über den quasi-marktlichen bis hin zum nicht-marktlichen Wettbewerb reichen (vgl. Schedler/Proeller 2000). Durch die Einführung des Kontraktmanagements ist überall in Ansätzen ein quasi-marktlicher Wettbewerb unter den Trägern sozialer Dienste entstanden, auch wenn das in den untersuchten Fallbeispielen nicht immer so weit entwickelt ist wie von der Markttheorie gefordert. Dort wo Kommunen ihre eigenen, noch vorhandenen sozialen Dienste und Einrichtungen in Eigenbetrieben organisieren, ist es mittlerweile üblich, dass diese sich auch an Ausschreibungen der Verwaltung (des Kostenträgers) im Wettbewerb mit anderen Leistungserbringern beteiligen und dadurch Quasi-Märkte entstehen und organisiert werden. In den von uns untersuchten Fällen kam diese Form des organisierten Wettbewerbs zwischen öffentlichen und freien Leistungserbringern jedoch nicht vor bzw. ist uns nicht bekannt geworden. Diese Wettbewerbsform wird gewöhnlich dazu genutzt, um Einrichtungen, die bislang regionale, quartiers- bzw. stadtteilbedingte Monopolstellungen einnehmen (z.B. öffentliche Schulen, Krankenhäuser) untereinander in Wettbewerb zu bringen. Quasi-Märkte entstehen aber auch dann, wenn administrativ organisierte Märkte für Dienstleistungen entstehen, deren Finanzierung die öffentliche Hand übernehmen muss und Staat und Verwaltung gesetzlich die Bereitstellung von sozialen Dienstleistungen sicherstellen müssen (wie im von uns untersuchten Bereich der sozialen Dienste), die Leistung aber nicht länger selbst erbringen wollen (Wandel von der Leistungs- zur Gewährleistungsverwaltung). Diese Form von Quasi-Märkten ist in allen von uns untersuchten Fällen durch diie Einführung des Kontraktmanagements nachweisbar, wird aber auch noch durch andere Wettbewerbsformen ergänzt, die im Folgenden noch näher beschrieben werden sollen.

3.6.1 (Quasi-) Marktlicher Wettbewerb

Marktlicher Wettbewerb, im Sozialsektor bislang eher unbekannt, liegt dort vor, wenn die Sozialverwaltungen auf dem Wege öffentlicher Ausschreibungen „Geschäftspartner" suchen, die Leistungen für den Eigenverbrauch der Verwaltung oder für deren Kunden (z.b. anspruchsberechtigte Bürger) erstellen; Geschäftspartner können private wie öffentliche Anbieter werden (bei öffentlichen Anbietern handelt es sich dann meistens um ausgegründete Unternehmen der Verwaltung, so genannte Eigenbetriebe); zur Ermittlung des wirtschaftlich günstigsten Angebotes können Kriterien wie Liefertermin, Preis, Qualität, Wirtschaftlichkeit, Betriebskosten, Kundenorientierung u.ä. in Anwendung kommen.

Wenn die Leistungserstellung für den Bürger aufgrund von Ausschreibungen an Dritte vergeben wird, spricht man von „Contracting out"; werden Leistungen durch Dritte (durch Ausgründung von Verwaltungsaufgaben) für den Eigenverbrauch der Verwaltung erstellt, spricht man von „Outsourcing", was verwaltungsrechtlich auch als formelle Privatisierung bezeichnet wird; Contracting out und Outsourcing werden in der Literatur und in der Praxis nicht immer einheitlich und zum Teil häufig sogar synonym verwendet. Eine saubere Abgrenzung zum quasi-marktlichen Wettbewerb fällt auch nicht leicht, da sich die „Geschäftsbeziehungen" im Sozialbereich nach deutschem Recht etwas schwierig gestalten. Das „Einkaufen" von Leistungen im Rahmen des Kontraktmanagements erfolgt nicht auf der Basis privatrechtlicher Leistungsverträge, sondern ausschließlich in Form öffentlich-rechtlicher Leistungsvereinbarungen, das sind so genannte kooperationsrechtliche Verträge, die dem Leistungserbringer mehr Rechte sichern und den Kostenträger mehr Pflichten lassen; Leistungsvereinbarungen zwischen öffentlichen und freien Trägern sind demnach keine reinen „Beschaffungsgeschäfte" (vgl. Neumann 2003; Neumann/Bieritz-Harder 2001).

Die Inszenierung „marktlichen" Wettbewerbs durch Ausschreibungsverfahren liegt in der Logik des Kontraktmanagements, wird aber auch noch nicht überall praktiziert, obwohl gedanklich häufig schon damit geliebäugelt wird. Die Ausschreibung öffentlicher Leistungen stellt einen Systemwechsel dar und signalisiert endgültig das Ende des lokalen Korporatismus. Der durch den Sozialgesetzgeber gewollte Wettbewerb im Sozialsektor ist gegenwärtig in Ostdeutschland stärker ausgeprägt als in Westdeutschland, stellt aber auch wegen des damit erhöhten Risikos eine große Herausforderung der Freien Wohlfahrtspflege dar. In Ostdeutschland lässt sich seit einigen Jahren verstärkt ein Organisationsversagen in der Freien Wohlfahrtspflege registrieren, d.h. beobachtbar sind Insolvenzen örtlicher Untergliederungen der Wohlfahrtsverbände und daraus resultierend Fusionsprozesse zur Schaffung größerer verbandsinterner Betriebseinheiten bis hin zu Kooperationen mit anderen freien Trägern. Diese Entwicklung ist in Ostdeutschland nicht nur (was befragte Landesgeschäftsführer durchaus zugeben) binnenorganisatorischen Managementfehlern geschuldet, sondern nicht zuletzt auch Folge der sich verschärfenden Wettbewerbssituation, die jedoch sehr unterschiedlich wahrgenommen und bewertet wird. Der neue Wettbewerb in Ostdeutschland wird mal als „ruinös" eingestuft; von anderen (insbesondere den Kirchen) als Gefahr für den (sich zaghaft entwickelnden) Idealverein betrachtet. Von anderen wird der Wettbewerb als bedrohlich beschrieben, wenn im Feld auch privat-gewerbliche Anbieter (ambulanter Pflegebereich, Rettungsdienste) tätig sind. Als besonders bedrohlich wird aber übereinstimmend der wachsende Wettbewerb im Bereich der kommunal finanzierten Sozialarbeit eingestuft, da diese Dienste durch den Auftraggeber meistens nicht refinanziert sind und fast ausschließlich nur noch über Ausschreibungsverfahren zeitbegrenzt vergeben werden. Wahrnehmung und Beurteilung des Wettbewerbs hängen entscheidend von den besetzten Organisationsdomänen der einzelnen Verbände ab. Verbände, die in sozialarbeitsbasierten sozialen Diensten oder im Rettungswesen stärker engagiert sind und dementsprechend hauptsächlich über kommunale Mittel finanziert werden, haben eine andere Sichtweise als Verbände mit Schwerpunkt in der Gesundheitshilfe oder Altenhilfe, wo die Leistungserbringung im Wesentlichen über die gesetzlichen Sozialversicherungssysteme finanziert wird.

Die Situation der „chronischen Unterfinanzierung" insbesondere der sozialarbeiterischen und sozialpädagogischen Handlungsfelder durch die Kommunen bei gleichzeitiger Anwendung von Ausschreibungsverfahren hat zu einer bislang in Ostdeutschland nicht bekannten Form des Wettbewerbs in der Freien Wohlfahrtspflege geführt. Nach den Ergebnissen von Angerhausen et al. (1998) über die Etablierung der Freien Wohlfahrtspflege in Ostdeutschland nach der Wiedervereinigung waren anfänglich fachpolitische, konzeptorientierte und qualitätsbezogene Fragen und Diskussionen unterentwickelt oder gar nicht vorhanden. Neuerdings rückt diese Dimension etwas stärker in den Mittelpunkt, da die vielfach praktizierten Ausschreibungen auch immer einen Konzeptwettbewerb stimulieren. Der zunehmende Wettbewerb führt aber auch dazu, dass Wettbewerber dazu neigen, sich außerhalb der wettbewerblichen Rahmenordnung Wettbewerbsvorteile zu suchen.

> „In den klassischen Bereichen der Sozialarbeit gibt es den Wettbewerb neuerdings hinsichtlich der Konzepte für die Soziale Arbeit. Leider entscheidet dabei nicht immer das bessere Konzept sondern der bessere politische Background und Einflusskanäle."

Ein anderer Verband beklagt, dass die Ausschreibungsverfahren

> „nicht immer zu mehr Wettbewerb führen, so wie es gewünscht wird, denn vielfach werden durch Mitbewerber hinter den Kulissen Fäden gezogen. Es gibt auch häufiger hintergründig sozialpolitische Vorentscheidungen, welche die dann erfolgte Ausschreibung zur Scheinausschreibung werden lassen. Bei Aus-

schreibungen kommt es nicht selten zu so genannten Plünderungen, z.b. dann, wenn Mitbewerber aufgrund von besseren Kontakten zur Verwaltung Kenntnisse über den Inhalt der vorgelegten Angebote erhalten, dann werden häufig gute Konzeptionen für die geplante Einrichtung von anderen geklaut, was allerdings schwer zu beweisen ist."

Der zunehmende Wettbewerb hat zum Teil paradoxe Folgen: Das, was er (vermeintlich oder real) verhindern soll, Kartellbildung, entsteht erst durch ihn. Korporatistische Verhandlungsarrangements sind in rudimentärer Form auch in der ostdeutschen Wohlfahrtspflege entstanden und werden genutzt, um die Folgen der neuen Wettbewerbssituation zu mildern. Wettbewerb führt auch dazu, dass Leistungserbringer „kreative" Umgehungsstrategien entwickeln, die sich im Spektrum vom Aufbau bilateraler Kommunikations- und Einflusskanäle bis hin zur Korruption bewegen können. Ferner kann der Ausschreibungswettbewerb, wenn er primär preiszentriert geschieht, die schwach entwickelte soziale Infrastruktur nachhaltig schädigen; denn nicht selten werden dadurch Träger aus dem „Markt" gedrängt und ihnen die Chance genommen, sich fachlich-qualitativ zu entwickeln. Die sich häufenden Fälle von Organisationsversagen als Folge des schärferen Wettbewerbs im Sozialsektor und der damit zusammenhängenden Managementfehler haben bei den Verbänden nicht nur dazu geführt, neue verbandsinterne Strategien zur Effizienzsteigerung zu suchen. Angesichts des enger werdenden Finanzierungsrahmens werden auch Strategien verbandsübergreifender Kooperationen entwickelt, um durch institutionelle Kooperation und Netzwerkorganisation die Folgen des Wettbewerbs aufzufangen. Verbandsübergreifende Kooperation bei der Erstellung und Übermittlung sozialer Dienste ist noch keine dominante Strategie, lässt sich aber bei fast allen Verbänden nachweisen (vgl. dazu auch schon Kap. 2).

Als Folge des neuen marktlichen Wettbewerbs kommt es zu „verbandsinternen Föderationen und Fusionen" wie auch zu verbandsübergreifenden „joint ventures", in denen man auf der Basis von Gesellschaftsverträgen zusammen mit anderen selbständigen Akteuren gemeinsame Projekte der unterschiedlichsten Art realisiert, um sich so Wettbewerbsvorteile zu sichern (z.B. Bahnhofsmission, Sozialpädagogisches Zentrum, Rettungsschulen, Behindertenwerkstätten). Das verbandsübergreifende Poolen von Ressourcen ist noch in den Anfängen. Wettbewerbsdruck und Effizienzvorteile sind nur eine notwendige Bedingung für Kooperation in der Freien Wohlfahrtspflege; kooperiert wird letztlich vor allen zwischen „wertverwandten" Organisationen. Die Aussage, dass „trägerübergreifende Kooperationen in den Hauptfeldern der Wohlfahrtsverbände eigentlich schwierig herzustellen" seien, „da jeder Verband seine eigene Philosophie verfolgt", ist immer noch richtig. Wenn aber verschiedene Faktoren wie Kostendruck, Wettbewerb mit größeren privat-gewerblichen Anbietern, drohendes Scheitern u.ä. zusammenkommen, dann steigt die Chance – wie die empirischen Belege zeigen –, dass der Wettbewerb auch zu Kooperationsstrategien zwischen potentiellen Konkurrenten führt, die durch den Zusammenschluss Größenvorteile realisieren wollen.

Ausschreibungsverfahren sind mittlerweile auch in Westdeutschland auf dem Vormarsch, und zwar immer dann, wenn Kommunen den Korporatismus aufkündigen, wie z.b. im Fall des von uns untersuchten westdeutschen Landkreises, in dem die Caritas bislang mit 1.000 hauptamtlichen Mitarbeiter/inne/n (Vollzeit- und Teilzeitkräfte, letztere mit steigender Tendenz) größter Leistungserbringer ist. Für die Befragten stellt sich die Steuerung der freien Träger über das neue Kontraktmanagement vor allem als eine Sparstrategie des kommunalen Kostenträgers dar, obwohl ursprünglich „städtischer- und politischerseits" mit der Einführung dieses neuen Steuerungsinstrumentes weitergehende Ziele verbunden waren.

> „Die Ereignisse überschlagen sich im Moment so rasch, dass vieles, was wir hier eigentlich gewollt haben, praktisch nicht mehr zum Zuge kommt. Die Zeichen stehen jetzt ganz eindeutig auf Sozialabbau. Das merken wir zur Zeit in allen Verhandlungen und auch an den politischen Äußerungen. Die Standardaussage lautet: das können wir so nicht mehr halten."

Dabei kämen gegenwärtig auch die etablierten Arbeitsstandards unter die Räder, denn allen Beteiligten sei klar, dass das Sparziel auch „Qualitätsabbau" bedeutet.

> „Wir können die Standards nicht mehr halten. Wir können allenfalls die Verhandlungen so führen, dass keine strukturellen Einbrüche passieren."

Um das hoch prioritäre Ziel der Haushaltskonsolidierung zu realisieren wird vom Kostenträger auch verstärkt das Instrument der Ausschreibungsverfahren zum Einsatz gebracht. Die „Sozialpädagogische Familienhilfe" (SPFH) wird in dem oben angesprochenen Fall gegenwärtig sogar „europaweit" ausgeschrieben, ein nicht unbedingt notwendiges Verfahren, aber ein deutliches Zeichen an die örtlichen Leistungserbringer, dass man von politischer Seite im Bereich der Leistungserbringung mehr „Pluralität" will, mehr Wettbewerb. In der Kinder- und Jugendarbeit dominierte bislang der Caritasverband; andere kleinere Träger erledigen den Rest der anfallenden Aufgaben. Die öffentliche europaweite Ausschreibung setzt die örtlich ansässigen Träger heftig unter Druck; durch die Ausschreibung solle etwas realisiert werden was nach Auffassung der örtlichen Träger unmöglich sei: Qualitätsverbesserung bei gleichzeitiger Kostenreduzierung. Der örtliche Caritasverband beurteilt das Ausschreibungsverfahren wie folgt:

> „Die Ausschreibungen sind von der Zielsetzung her, von den anvisierten Qualitätskriterien, die dort genannt sind, überhaupt nicht vereinbar mit dem, was der Kreis uns immer vorschreibt: Kostenminimierung und Qualitätsstandards. Die Zielsetzungen passen nicht zusammen. In Teilbereichen fordert die EU-Ausschreibung höhere Qualitätsstandards. Die offizielle Zielsetzung ist aber Kosten

zu minimieren bei gleichzeitiger Festsetzung neuer Kriterien: Es sollen nur noch Sozialarbeiter oder Sozialpädagogen eingesetzt werden, was zu einer Aufstockung der bisherigen Qualifikation führt und damit zu Kosten. Früher hatten wir als Standard: Sozialarbeiter, Erzieher mit Berufserfahrung und andere gleich qualifizierte und erfahrene Kräfte. Zudem ist mit der Ausschreibung eine Auflösung der regionalen Zuordnung verbunden, d.h. jeder Träger, der sich an der Ausschreibung beteiligt, verpflichtet sich dazu, kreisweit tätig zu sein, was natürlich Auswirkungen hat auf gewachsene Strukturen, denn gerade die SPFH ist davon abhängig, dass man die Gegebenheiten vor Ort gut kennt, mal ganz abgesehen von den anfallenden hohen Fahrtkosten."

Ausschreibungen von Leistungen sind wie in diesem Fall nicht nur der Versuch, durch das Hineinholen neuer, bislang am Ort nicht vertretener Anbieter (Marktöffnung) den Wettbewerb unter den Trägern zu entfachen, sondern man will auch gewachsene regionale Zuständigkeiten und Organisationsdomänen, mithin vorhandene Kartellabsprachen, verunmöglichen und durch einen „Akt schöpferischer Zerstörung" (Schumpeter) Innovationspotentiale freisetzen.

„Diese Zielsetzung, mit der man sich Kostenreduzierung und gleichzeitig Leistungssteigerung verspricht, entspricht zur Zeit einer politischen Tendenz. Dahinter steckt allerdings auch: man will neue Träger reinholen, mehr Pluralität haben. Das ist bei uns im Kreis jetzt beschlossene Sache, obwohl sich viele Experten ausdrücklich dagegen ausgesprochen haben."

Die Bedenken der Experten richten sich gegen den geplanten kreisweiten Einsatz der Fachkräfte in der SPFH, da dadurch noch vorhandene Sozialraumorientierung verloren geht, die doch auch gerade von der KGSt als Modernisierungsstrategie im Zusammenhang mit Sozialraumbudgets für die HzE empfohlen wird.

Kritisiert wird, dass der durch Ausschreibungsverfahren inszenierte Wettbewerb die vorhandenen Versorgungsstrukturen auf Kosten etablierter Träger völlig neu strukturiert, dabei noch die Stellung der Verwaltung stärkt bzw. übermächtig werden lässt und sowohl die Handlungsfreiheit wie Wirtschaftlichkeitskalküle der freien Träger erheblich einengt.

„Ein weiterer Aspekt ist: In unserem Kreis sollen jetzt also nach diesem neuen Ausschreibungsverfahren vier Träger den Zuschlag bekommen. Wenn die sich nun entsprechend aufstellen und Personal für diese so und so viel 1.000 Fachleistungsstunden aufrecht halten, dann könnte zum Beispiel ein Jugendamtsmitarbeiter, der für die Vergabe zuständig ist, dafür sorgen, dass ein Träger ein großes Volumen aufbauen kann, und ein andere Träger müsste dann sein ganzes Personal plötzlich abbauen, weil er vielleicht nicht mehr berücksichtigt würde."

Befürchtet wird – ähnlich den Verhältnissen in Ostdeutschland – dass ein im Ausschreibungsverfahren unterlegener Träger sich für längere Zeit als Anbieter aus dem Feld zurückziehen muss und in Folge dessen sich auch von seinem Personal trennen muss. Was in Ostdeutschland schon seit einiger Zeit üblich ist, wirft seine Schatten auch nach Westdeutschland.

Der neue marktliche Wettbewerb in der Jugendhilfe im oben geschilderten Fall ist gegen das Votum des Jugendhilfeausschusses durchgesetzt worden; die dort tätigen „anerkannten freien Träger der Kinder- und Jugendhilfe" sehen sich mittlerweile auf verlorenem Posten und glauben, nach dem die Option „voice" nichts gefruchtet hat, nur noch von der Option „exit" Gebrauch machen zu können.

„Wir haben im Jugendhilfeausschuss, wo wir ja qua Gesetz verbindlich mitplanen sollen, von Seiten der Träger auch gegen dieses neue Ausschreibungsverfahren in dieser Form votiert, und zwar alle Träger, einstimmig, allerdings mit jeweils unterschiedlichen Begründungen. Wir selbst könnten uns zum Beispiel durchaus mit einer Erweiterung des Trägerspektrums zurecht finden, aber eine erweiterte Leistungsausschreibung, d.h. die Ausschreibung richtet sich an alle potenziellen Anbieter, nicht nur an die bekannten Träger, das ist für uns nicht akzeptabel. Es sollen in diesem Verfahren aus einem erweiterten Kreis potenzieller Bewerber vier Träger identifiziert werden, die dann auf absehbare Zukunft die Aufträge bekommen; dabei ist der politische Beschluss wohl, dass die Wertepluralität erhalten bleibt, also auch Träger mit evangelischer oder katholischer Ausrichtung darin enthalten sind. Für uns besteht die erste und wichtigste Frage jetzt zunächst einmal darin, ob wir uns auf eine solche Ausschreibung überhaupt bewerben sollen oder können, wenn ja: wie, in welcher Form."

Die in Ostdeutschland ansatzweise beobachtbare Strategie, angesichts verschärfenden Wettbewerbs mit anderen Trägern eine Kooperation einzugehen (Netzwerkbildung), zeichnet sich auch hier ab, da die Option „exit" wohl nur als Drohgebärde taugt. Klar ist man sich aber auch darüber, dass das neue, auf Wettbewerb basierende Versorgungssystem nicht mehr mit denselben Privilegierungen wie noch zur Zeiten des Korporatismus einhergeht („Das bisherige Prinzip der Subsidiarität wird im Moment völlig in Frage gestellt". „Alle bisherigen Maßstäbe gelten nicht mehr".) Verbände, die bislang eine Quasi-Monopolstellung inne hatten, müssen um ihre Stellung fürchten, da der Wettbewerb über Ausschreibungsverfahren neuen und kleineren Anbietern eine Chance gibt, sich am lokalen Markt zu etablieren. Die Caritas sieht im geschilderten Fall diese Entwicklung auf sich zukommen:

„Wir sind zur Zeit der Buhmann. Wir gehören zur Wohlfahrtsmafia, haben eine Monopolstellung – und wie das jetzt alles genannt wird ... Unser Kontingent wird sich erst einmal verkleinern und das bei unsichereren Konditionen. Und wir müssten uns in unserer Angebotsstruktur völlig umstellen, denn wir müssten uns ja auf das gesamte Gebiet (Landkreis, Verf.) beziehen. Wir müssten also als Caritasverband der Stadt x mit anderen Verbänden in Kooperationen treten."

Kontraktmanagement

3.6.2 Formen nicht-marktlichen Wettbewerbs

Nicht-marktlicher Wettbewerb findet gewöhnlich in Form von Leistungsvergleichen statt. Da öffentliche Verwaltungen in der Leistungserstellung aufgrund ihres hoheitlichen Auftrags gewöhnlich eine Monopolstellung einnehmen, soll durch die Simulation von Wettbewerb (mittels Instrumenten wie interkommunales Benchmarking, Preisvergleiche, Kennzahlsysteme, Kosten-Leistungs-Rechnung, Prämierung von Best-Practice-Beispielen u.ä.) Anreize für effizientes Verwaltungshandeln geschaffen werden. Nicht-marktliche Wettbewerbsformen (auch virtueller oder Wettbewerb durch Vergleich genannt) sollen Ineffizienzen aufdecken und Transparenz schaffen; Verwaltungen sollen sich durch solche Instrumente zu „lernenden Organisationen" weiterentwickeln.

Die Etablierung verschiedenster nicht-marktlicher Wettbewerbsformen ist die Folge des Kontraktmanagements. In allen Untersuchungsfällen, wenn auch mit unterschiedlicher Ausprägung, lassen sich diese Formen des Wettbewerbs nachweisen: Formen nicht-marktlichen Wettbewerbs in Form von Controlling, Benchmarking oder Qualitätsmanagement findet man sowohl als trägerübergreifendes Steuerungsinstrument für das lokale Versorgungssystem (als Folge des Kontraktmanagements durch den Kostenträger induziert) wie auch als verbandsinternes oder betriebsinternes Instrument mit strategischer wie operativer Zielsetzung.

In einem der untersuchten Fälle wird dazu berichtet:

„Zur Zeit sind es zwei Bereiche, in denen neue Controllingverfahren erprobt werden: politisches Controlling im Bereich der HzE und ein fiskalisches Controlling im Kita-Bereich. Das ist ein großer Sprung, der da angezielt ist. Wir sind aber tatsächlich noch wenig weit gekommen ... Seit einem Jahr werden nun in jeder Sitzung (des Jugendhilfeausschusses, Verf.) Berichte aus beiden Pilotbereichen erstattet, z.B. über den durchschnittlichen Wert von Pflegestunden, die Erfolge bei der Eingliederung Jugendlicher usw. Ziel ist es, einen regulierten Wettbewerb hinzukriegen."

Intensive Produkt- und Leistungsbeschreibungen auf Seiten des öffentlichen wie der freien Träger war der Einführung des Controllingverfahrens vorausgegangen und bildete die Grundlage zur Festlegung von Entgelten, d.h. in der Jugendhilfe von Preisen für die Fachleistungsstunde.

„Die Fachleistungsstunden errechneten sich aus den mittleren Personalkosten plus Gemeinkosten wie z.B. Sachkosten und Overhead", so dass jetzt alle Träger in vergleichbaren Leistungsbereichen die gleiche Finanzierungsgrundlage haben. „Die Entgelte sind jetzt für alle Träger gleich". Auf der Grundlage des Controllingverfahrens können nun alle Beteiligten Über- wie Unterauslastungen in ausgewählten Bereichen vergleichen und nach entsprechenden Lösungen suchen. Festgestellt wurde z.B., dass im Bereich der stationären Jugendhilfe (Heimunterbringung) eine Unterauslastung der Heimträger im Stadtgebiet vorhanden war, sodass man fragen konnte, ob „zu viele Fälle auswärtig untergebracht werden" und ob das an den günstigeren Pflegesätzen der auswärtigen Träger liegt. Im Rahmen des Controllings werden Verweildauer (Aufenthaltsdauer) in den stationären Einrichtungen erhoben, aber ebenso wird Schwachstellenanalyse betrieben, z.B. im Rahmen der Hilfefeststellung („Diagnostik"): „Haben wir mit unseren Hilfen vielleicht zu spät eingesetzt?"

Controlling ist kein Selbstzweck. In der Regel führt es zu ganz konkreten Zielvereinbarungen auf operativer wie auf strategischer Ebene:

„Zur Zeit machen, das haben wir festgestellt, die ambulanten Hilfen (in der Kinder- und Jugendhilfe, Verf.) 26,4% aus; unser Ziel ist es, diesen Anteil auf 50% zu erhöhen; dabei handelt es sich aber nur um eine Orientierungshilfe; diese Zielsetzung wurde von uns nicht detailliert begründet, sondern auf Basis der Untersuchung über die Anteile ambulanter Hilfen so festgelegt; zu diesem Ziel gehört auch, dass wir die Eltern künftig (im Bereich der stationären Hilfen, Verf.) stärker einbeziehen wollen, um so rasch wie möglich die Rückführung in die Familien zu erreichen."

Dass sich das Kontraktmanagement samt seinen Begleitinstrumenten nicht nur auf die Steuerung der desolaten Haushaltslage beschränken muss, zeigt der Ausnahmefall, wo ein freier Träger berichtet, dass die partnerschaftliche Zusammenarbeit mit der Kommune sich aufgrund des Kontraktmanagements nicht verändert habe. Die freien Träger anerkennen, dass das Controllingverfahren für alle Beteiligten zu mehr Transparenz geführt habe, also auch Vorteile mit sich bringe.

„Aus unserer Sicht steht hier der Transparenzgewinn im Vordergrund, was wir auch selbst befürworten. Dafür ist ein Mehr an Dokumentation der Preis. Wir sehen das aber eher pragmatisch: das ist Teil unserer Arbeit, es gibt einen gesellschaftlichen Auftrag und ist von daher auch eine legitime Anforderung an entsprechende Rückmeldung ... Auf Basis der Daten, die jetzt und künftig erhoben werden, ist ein bezirksübergreifender Vergleich durchaus möglich, allerdings nicht bis auf die Ebene der Tätigkeiten von einzelnen Mitarbeitern. Wir haben damit kein Problem, auch keine Befürchtungen, dass wir als Träger anders kontrolliert und stärker gesteuert werden sollen als bisher."

Ein anderer freier Träger sagt zum gleichen Sachverhalt aus:

„Durch die Verabredung, dass die Leistungsverträge unterlegt werden durch eine entsprechende Datenerhebung, hat man den Weg des Benchmarking beschritten. Wir haben große Schwierigkeiten in der Umsetzung – die Verständigung auf die Zahlen ist gar nicht einfach ... Im Grunde wird da ausgerechnet anhand der Fallzahlen, das wird unterlegt mit Stundennachweisen, was kostet denn jetzt die einzelne Fachleistungsstunde; das differiert natürlich. Wir haben aber

jetzt erstmals mit dem Produktbuch der Stadt auch die Gegenseite, also die öffentlichen Träger gesehen, und wir stehen da gar nicht schlecht da ..."
Controlling und Benchmarking werden von den freien Trägern in der Regel jedoch eher kritisch gesehen; Kennzahlendebatten hätten nichts mit Qualitätsdiskursen zu tun, so ein immer wiederkehrendes Argument. Verwiesen wird auch gerne darauf, dass die Kontrollen durch den Kostenträger überflüssig seien, da man entweder eigene verbandsinterne Qualitätsmanagementsysteme habe oder die Professionsmitglieder kollegiale Beratung oder Selbstevaluation praktizierten. Beklagt wird auch, dass die „Werteorientierung der Verbände" in den Produktbeschreibungen oder Kennzahlen nicht zum Ausdruck kämen, obwohl gerade diese Dimension für kirchliche Träger zu den Standards ihrer Arbeit gehörten. Als Argument bemüht wird auch öfters, dass die errechneten und gezahlten Fallpauschalen für das Klientel von Träger x eigentlich nicht ausreichen würden, da „Vergleichbarkeit" der Fälle selten gegeben sei, z.B., wenn Träger auf die Erstellung und Übermittlung von HzE-Maßnahmen in Migrantenfamilien spezialisiert seien:

> „Bei ausländischen Familien braucht man natürlich besonders viel Zeit im Vergleich zu einem Beratungsgespräch bei einer normalen deutschen Herkunftsfamilie in einem besseren Stadtteil." (AWO-Geschäftsführer)

Der mittlerweile weit verbreitete Einsatz nicht-marktlicher Wettbewerbsinstrumente wird von den freien Trägern in der Regel abgelehnt, da sie die spezifische Fachlichkeit der jeweiligen Arbeitsbereiche nicht erfassen könnten. Können sich die meisten freien Träger noch mit der heraufziehenden Marktsituation und dem Wettbewerb mit privat-gewerblichen Anbietern anfreunden (eine Situation, die allerdings vielerorts noch völlig unkonkret ist, da in der Jugendhilfe keine privat-gewerbliche Konkurrenz am Ort tätig ist), so werden die nicht-marktlichen Wettbewerbsinstrumente mehrheitlich als weniger akzeptabel eingestuft. Das hat sicherlich auch damit zu tun, dass der Kostenträger durch diese Instrumente detaillierte Informationen erhält über die Organisation des Leistungserbringers, sein konkretes Leistungsvermögen, bis hin zu dem, was man als betriebswirtschaftliches Geheimnis einstuft, z.B. die Wirtschaftlichkeitsreserven. In der Logik des „regulierten Wettbewerbs" mit einer starken Sozialverwaltung, die als lokale Organisation das lokale Dienstleistungsnetzwerk steuert, ist die angestrebte Kontrolldichte eine logische Konsequenz, insbesondere wenn die Steuerungsinstanz gleichzeitig auch noch Kostenträger ist und Haushaltskonsolidierungsabsichten verfolgt.

3.7 Folgen des Kontraktmanagements für die Binnenorganisation freier Träger und ihre Beschäftigten

Das Kontraktmanagement bleibt selten ohne Folgen für die Binnenorganisation freier Träger. Virtuelle Wettbewerbsinstrumente wie Zielvereinbarungen, Controlling u.ä. werden mittlerweile auch durch die Freie Wohlfahrtspflege selbst zur Steuerung ihrer eigenen Betriebe zum Einsatz gebracht. Das Kontraktmanagement schafft bei freien Trägern Kostenbewusstsein und führt zu einer „neuen Wirtschaftlichkeit" im Denken der Freien Wohlfahrtspflege.

> „Dies bedeutet zunächst einmal ein gewachsenes Kostenbewusstsein, das bei allen Mitarbeitern bis hin zur Führungsebene gepflegt wird; das wird aber auch unterstützt durch neue technische Möglichkeiten wie die zentrale Verwaltung, neue Softwareprogramme, die eine computergestützte Kostenrechnung ermöglichen",

heißt es bei einem Geschäftsführer eines diakonischen Jugendhilfebetriebs. Der Einzug des Kostendenkens in den sozialen Einrichtungen verändert schleichend, manchmal auch schlagartig die Organisation. Freie Träger waren bislang zuallererst werteorientierte Einrichtungen, die als Teil der Kirche vom Grundgesetz oder als Tendenzbetriebe vom Betriebsverfassungsgesetz mit einem hohen Maß an Selbstbestimmungsrechten ausgestattet sind; Mitarbeitervertretungen sind selten vorhanden oder nur mit eingeschränkten Mitbestimmungsrechten ausgestattet. Mit der Umwandlung sozialer Dienste und Einrichtungen in Sozialbetriebe ändert sich jedoch die Basis, auf der Arbeitgeber bzw. Dienstgeber und Arbeitnehmer zusammenfinden und zusammenarbeiten. Das Wirtschaftlichkeitsdenken ändert das bisherige Leitbild oder lässt das alte Leitbild als nicht mehr stimmig erscheinen; die Entwicklung einer neuen „corporate identity" ist vielfach die Folge, um neues Handeln und Handlungs- und Organisationsprinzipien wieder in Einklang zu bringen. Das bedeutet nicht notwendig, dass auch die formalen Mitbestimmungsrechte ausgeweitet werden; aber häufig werden Leitbild und Organisationsstruktur erkennbar durch neue partizipatorische und mitarbeiterzentrierte Elemente erweitert und entsprechend umgebaut.

3.7.1 Leitbildentwicklung und Organisationsumbau

Die Entwicklung eines neuen Unternehmensleitbildes, das die neuen wirtschaftlichen Anforderungen mit dem alten Wertebezug in Einklang zu bringen versucht, ist häufig die Folge solcher Entwicklungen.

> „Wir haben damals (in der Gründungsphase des Betriebs, Verf.) mit einer Mitarbeiterbefragung gestartet und nach Wünschen, Sorgen, Perspektiven und Hoffnungen gefragt. Daraus haben sich dann drei große Bereiche ergeben: Leit-

bild (was leisten wir?), Partizipation (Mitgestaltung der Prozesse) und der fachliche Aspekt (was kommt mit der sozialräumlich orientierten Angebotsstruktur auf uns zu?)."
Leitbilddiskussionen sind für Träger von zentraler Bedeutung, wenn sie neben der Implementierung neuer betriebswirtschaftlicher Steuerungsinstrumente sich gleichzeitig auch noch in neuer Rechtsform organisieren und dabei völlig neue Organisationsstrukturen schaffen.

„Von der strengen Linienorganisation, die wir ursprünglich hatten, sind wir dazu gekommen, uns in zwölf Regionen aufzuteilen; Regionalisierung, Dezentralisierung und Budgetierung waren dabei die ausschlaggebenden Gesichtspunkte in unserem Organisationsentwicklungsprozess",

berichtet ein konfessioneller Träger, der in einem weitläufigen ländlichen Raum operiert.

Betriebswirtschaftliche Umstrukturierungen und Neupositionierungen von freien Trägern haben meistens Auswirkungen auf ihren klassischen, tradierten Wertebezug. Insbesondere kirchliche Träger sind bemüht, ihre Werteorientierung nicht zu verlieren und sie auch in der neuen Rechtsform sichtbar werden zu lassen.

„Wir legen Wert auf ein kirchliches Bekenntnis bei unserer Mitarbeiterschaft, aber ohne konfessionelle Zuordnung. Das entspricht jetzt auch unserem Wertekanon und unserem Leitbild."

Kirchlich gebundene Träger wollen nicht nur als Verkäufer von Produkten wahrgenommen werden:

„Wir bieten mehr an: Sinnstiftung und eine hohe Motivation der Mitarbeiter, die ihre Wurzel in der kirchlichen Tradition hat."

Diese „Sinnstiftung" wird insbesondere in Abgrenzung zu privat-gewerblichen Anbietern, die in der Kinder- und Jugendhilfe verstärkt Fuß fassen, ins Feld geführt.

Auch in Ostdeutschland wird die ethische Dimension kirchlich gebundener Träger verstärkt im „Marketing" eingesetzt. Ethisch fundierte Leitbilder werden betriebswirtschaftlich genutzt: „Wir denken da auch unter Marketinggesichtspunkten nach". „Die Wettbewerbslinie" verläuft aus Sicht konfessioneller Träger nicht so sehr „zwischen den Konfessionen, sondern in Abgrenzung der kirchlich orientierten von anderen, rein gewerblichen Anbieter, die ja auch zunehmend auf den Markt kommen".

Ethische Anforderungen an die Mitarbeiter werden aber, was ansatzweise zu beobachten ist, in dem Maße zurückgeschraubt, wie die betriebswirtschaftliche Positionierung im Markt zunimmt. Im oben geschilderten Fall eines diakonischen

Jugendhilfeträgers werden von Leitungskräften zwar konfessionelle Bindungen verlangt, aber nicht – wie früher üblich – an die Konfession des Trägers. Auch katholische Träger neigen zunehmend dazu, in Arbeitsfeldern, die nicht unmittelbar mit der Verwirklichung der vom Träger vertretenen Tendenz zu tun haben, bei Fachkräftemangel Konfessionszugehörigkeit nicht mehr als zentrales Rekrutierungskriterium zu betrachten. Die Probleme in der Personalpolitik beschreibt eine Vertreterin des Caritasverbandes wie folgt:

„Wir rekrutieren viele unserer Mitarbeiter/innen aus den östlichen Bundesländern, wo die gesamte Sozialisation von Kirchlichkeit und Religiosität nicht vorhanden ist; ... gleichzeitig haben wir den Anspruch, dass sie (die Mitarbeiter/innen, Verf.) auch in die Philosophie unseres Caritasverbandes passen; gerade für uns als kirchlicher Verband gibt das ein ganzes Bündel von spezifischen Problemen in der Personalpolitik."

Personalentwicklung wird von kirchlichen Trägern deshalb fast überall ernst genommen und führt nach Aussagen der Befragten zu Maßnahmen der Mitarbeitermotivation wie der Förderung von Mitarbeiter/inne/n („wir haben eine Förderungspyramide errichtet"). Organisationsentwicklung, Leitbilddiskussion und Personalentwicklung sind bei den freien Trägern auch aufgrund der rigider gewordenen finanziellen Rahmenbedingungen zu einer wichtigen Managementaufgabe geworden.

„Wir haben gravierende Veränderungen bei den Rahmenbedingungen unserer Arbeit und neuerdings eben zunehmend auch der finanziellen Zusammenhänge; das alles potenziert sich, weshalb wir nun auf verschiedenen Ebene agieren müssen, um mit diesen neuen Anforderungen zurecht zu kommen".

3.7.2 Flexibilisierungsstrategien und Mitarbeiterverantwortung

Eine wichtige Herausforderung für die freien Träger besteht darin, angesichts der Budgetierung in der Kinder- und Jugendhilfe wie auch der Zielvorgabe „ambulant vor stationär", ihr Personal flexibler als bisher einzusetzen, wollen sie weiterhin mit den zur Verfügung stehenden Ressourcen (Mitarbeiter und Finanzen) im Geschäft bleiben. Aufgrund der Haushaltskonsolidierung und der neuerdings gezahlten Fallpauschalen bzw. Fachleistungsstunden stehen den freien Trägern deutlich weniger Personalmittel zur Verfügung; zudem macht der Abbau stationärer Hilfen bei gleichzeitigem Aufbau ambulanter Maßnahmen die Umschichtung und eine flexiblere Verwendung von Personal notwendig. Entwicklungen aus dem Kindertagesstättenbereich und dem ambulanten Pflegebereich scheinen sich jetzt auch in den sozialarbeiterischen und sozialpädagogischen Arbeitsbereichen abzuzeichnen: Die Finanzierung der Personalkosten erfolgt in (fast) allen Bereichen des sozialen Dienstleistungssektors nur noch über

Fallpauschalen oder Fachleistungsstunden (Stichwort: von der retrospektiven zur prospektiven Finanzierung). Unter dem Strich stehen für das vorhandene Personal durch den Wechsel der Finanzierungsart weniger Mittel zur Verfügung. Kann der Träger aus Eigenmitteln die Lücke nicht schließen, kommt es zu neuen Formen der „Arbeitszeitgestaltung", zu flexibleren Arbeitsverhältnissen (Teilzeit statt Vollzeit) wie auch zur Flexibilisierung der Arbeitszeit und der Einführung von Arbeitszeitkonten.

„Das bedeutet z.b., dass wir bei Stellen, die neu zu besetzen sind, in denen wir früher eine Stelle mit 38,5 Wochenstunden hatten, einen festen Vertrag für 36 Stunden im Jahresschnitt machen. Dazu haben wir Arbeitszeitkonten, verteilt über das ganze Jahr, wo bei Bedarf bis zu 38,5 Wochenstunden – tariflich vergütet – aufgestockt werden kann." (Caritasverband)

Ziel ist die Flexibilisierung der Arbeitszeit (im Pflegebereich und im Bereich der Kindertagesstätten schon länger üblich); Einsatzpläne werden so gestaltet, dass trotz wachsender Teilzeitarbeit „Spitzeneinsatzarbeitszeiten", also Zeiten mit hoher Nachfrage oder Frequenz, noch gut abgedeckt werden können.

Durch den aus Kostengründen gewollten Abbau stationärer Hilfen im Bereich der Jugendhilfe werden bei allen Trägern in diesem Hilfebereich Kapazitäten freigesetzt, die sie – wenn sie Mitarbeiter/innen nicht entlassen wollen – in anderen Arbeitsfeldern der Jugendhilfe einsetzen müssen. Da andererseits Heimunterbringungen langfristig nicht planbar sind (bei Notfällen muss untergebracht werden, und dann muss Kapazität zur Betreuung zur Verfügung stehen), kommen insbesondere auf Träger, die Heimbetreiber (stationäre Anbieter) sind, unkalkulierbare Risiken zu.

„Wir brauchen eine Belegung von 98%, um überhaupt auf entsprechende Kosten zu kommen. Da ist eine Belegungslücke von einer Woche oder 14 Tagen schon ein wirtschaftliches Argument und bedeutet, dass wir mit den Mitarbeitern darauf reagieren müssen." (Diakonie)

Die durch das Programm „ambulant vor stationär" vorprogrammierten Risiken und Schwankungen im Auslastungsgrad erfordern den Aufbau einer erhöhten Steuerungskapazität auf Seiten der freien Träger. Der öffentliche Träger sieht sich immer häufiger mit der Forderung konfrontiert, sich selbst angesichts der von ihm inszenierten Wettbewerbssituation und der damit zusammenhängenden Wirtschaftlichkeitsanforderungen in den Betrieben der freien Träger völlig aus der Leistungserstellung zurückzuziehen. Denn „je stärker der öffentliche Träger in dem Angebotsbereich bestehen bleibt", desto mehr schwächt das die „wirtschaftliche Position" freier Träger. Der durch das Kontraktmanagement ausgelöste wirtschaftliche Druck auf Seiten der freien Träger erhöht auch den Druck auf Seiten des öffentlichen Trägers, sich auf reine Gewährleistungsaufgaben zurück zu ziehen.

Angesichts des steigenden unternehmerischen Risikos freier Träger wird häufig die Forderung nach mehr Flexibilität der Mitarbeiter/innen erhoben (vgl. dazu auch näher Kap. 4). Insbesondere geht es darum, Mitarbeitern mehr Verantwortung angesichts der neuen Organisationsrisiken im Gefolge des Kontraktmanagements zu übertragen bzw. zuzumuten. Flexibilisiert werden soll das Einkommen, die Arbeitszeit wie aber auch Art und Ort des Arbeitseinsatzes. Die parallel verlaufende Leitbilddiskussion erklärt sich insbesondere durch diesen Tatbestand. Die Mitarbeiter müssen mit bislang nicht gekannten Arbeitsplatzrisiken vertraut gemacht werden, aber darauf vorbereitet werden, Organisationsrisiken mit zu tragen. Die Leitbilddiskussionen, in denen die Ressource „Humankapital" besonders betont wird, haben reale wirtschaftliche Hintergründe und lassen sich vorrangig über die angestrebte Risikobeteiligung der Mitarbeiter/innen verstehen.

„Das heißt auch tendenziell, dass die Mitarbeiter stärker nach Leistung bezahlt werden müssten, nicht wie bisher nach dem BAT. Wer sich mehr engagiert, sollte auch mehr bekommen. Bisher gibt es ja nach dem BAT nur das Instrument der Änderungskündigung oder Entlassung."

Das in der Jugendhilfe verfolgte Programm „ambulant vor stationär" und die sich daraus ergebende Flexibilisierung des Arbeitseinsatzes ist für die freien Träger nur dann problemlos zu bewältigen, wenn die Mitarbeiter freiwillig „mitziehen". Änderungskündigungen sind für das permanente Hin-und-Her-Floaten zwischen verschiedenen Arbeitsfeldern (ambulant bis stationär) innerhalb einer Organisation wenig nützlich. Daraus erklären sich die neuen personalpolitischen Strategien, die sich als Gratwanderung zwischen Zumutung und Motivation der Mitarbeiter beschreiben lassen (vgl. dazu näher Kap. 4).

Träger, welche die engen lokalen Zuständigkeiten der traditionellen Wohlfahrtspflege (Stadtgebiet, Landkreis) aufgrund von Expansion verlassen und in größeren Versorgungsregionen operieren um Größenvorteile zu nutzen, erwarten von ihren Mitarbeiter/inne/n, dass sie sich dem neuen Operationsmodus des Trägers anpassen, weil Flexibilisierung ansonsten nicht funktioniert. Flexibilitätserwartungen an ihre Mitarbeiter haben mittlerweile alle Träger, z.B., dass sich „Flüchtlingsberater, die für Asylbewerber zuständig waren, innerhalb des Migrationsteams auch umorientieren auf Aussiedler" (Caritas). Die größtmögliche Flexibilisierung liegt dann vor, wenn Mitarbeiter/inne/n nicht nur größte fachliche, sondern auch noch räumliche Flexibilität abverlangt wird.

„Die Region bildet für uns die Wirtschaftseinheit. Und so kann eine Minderauslastung im Bereich der Tagesgruppen z.B. kompensiert werden, indem ein Kollege sich bereit erklärt, in einem bestimmten Umfang dann in die sozialpädagogische Familienhilfe einzusteigen. Wenn die Mitarbeiter auch selbst bereit sind, in regionalen Dimensionen zu denken, dann sind eben unsere Handlungsspielräume wesentlich größer." (Ev. Jugendhilfeträger)

3.7.3 Deprofessionalisierung oder neue Fachlichkeit?

Die neuerdings vielfach erwartete fachliche Flexibilität in der Sozialen Arbeit, die vor allem durch die Budgetierung im Rahmen des Kontraktmanagements in der Jugendhilfe ausgelöst wurde, wirft die Frage auf, ob sich hier eine Gegenbewegung zu dem bislang in der Sozialen Arbeit dominanten Professionalisierungsprojekt (vgl. Dewe/Otto 2001) abzeichnet (vgl. dazu die These von Karges/ Lehner 2003, S. 333). Die Tendenz, „alle Träger machen alles" (insbesondere durch die Sozialraumorientierung und Sozialraumbudgets ausgelöst), stellt für viele Träger „eine Abkehr von den bisherigen fachlichen Standards" dar.

„Alle werden zu Generalisten; alle sollen alles können: sozialpädagogische Familienhilfe, flexible Einzelberatung, Beistandschaft; unabhängig von den bisherigen Stellenbeschreibungen, wird bei den ambulanten Stellen alles verlangt: Auf diese Weise werden fachliche Standards völlig neu definiert." (Kath. Sozialdienst)

Dieser Eindruck verstärkt sich für die meisten Befragten dadurch, dass Leistungsvereinbarungen bislang meist weder „Qualitätsstandards" setzen noch etwas über „berufliche Anforderungen" enthalten.

„So haben wir lediglich Verabredungen über ein Volumen, aber keine echten, im unternehmerischen Sinne, Leistungsverträge ... Wir könnten mehr Einnahmen haben und unser Angebot ausweiten. Erfahrungen in anderen Städten zeigen, dass es eher darum geht, die Leistungsseite unverändert zu lassen und die Kostenseite zu senken ... die Arbeitsverdichtung nimmt zu." (Diakonie)

Zugenommen haben auf jeden Fall die im Rahmen des Kontraktmanagements von den freien Trägern geforderten Verwaltungsaufgaben.

„Ich glaube, das sind mehr als 50% der Arbeitszeit, die wir auf diese Verwaltungsaufgaben verwenden müssen."

Die Qualität der von ihnen bisher geleisteten Arbeit wird von den freien Trägern durchweg als gut eingestuft, was besonders auf die „Spezialisierung" ihrer bisherigen Arbeit zurückgeführt wird. „Spezialisierung ... steigert ja auch die Qualität"; andererseits sieht man aber auch, dass die neuen Anforderungen an die Soziale Arbeit im Zuge des Kontraktmanagements neue Qualifizierungen erfordern, was wiederum die Arbeit anspruchsvoller werden lässt.

„Ich erlebe schon eine Qualitätssteigerung gegenüber früher, ... dadurch dass man sich im Rahmen des Hilfeplanverfahrens mit allen Dingen auseinander setzen muss. Man ist wirklich für alles zuständig und kann nichts mehr delegieren und muss deshalb in diesem Bereich auch fit sein ... Der Unterschied zu früher ist aber, dass heute alles mehr standardisiert ist, mehr nachweisbar, mehr kontrollierbar, was sicherlich mit der Neuen Steuerung zu tun hat, aber auch mit dem Kostenproblem",

berichtet eine ältere erfahrene Sozialarbeiterin in Leitungsfunktion. Vergleicht man die hier versammelten Aussagen mit den Auswirkungen des Kontraktmanagement auf die Arbeitsvollzüge in der Sozialen Arbeit, dann stellt man fest, dass in sehr unterschiedlichen Kontexten mit unterschiedlicher Gewichtung und Wertigkeit immer wieder von (Arbeits-)Standards die Rede ist. Die zuerst beklagte Aufweichung von Standards bezieht sich auf die Professionsstandards, die im Zuge des Professionalisierungsprojekts entwickelt wurden (vgl. dazu ausführlich die Ergebnisse der Befragung in Kap. 5). Beklagt wird hier, dass sich die Professionsstandards, die vor allem aus Handlungsprinzipien für die einzelfallorientierte Klienten- und Fallarbeit bestehen, durch die Vorgaben des Kontraktmanagements auflösen bzw. nicht mehr im Klientenkontakt verwirklichbar sind; substituiert werden sie gegenwärtig durch immer detaillierter werdende Vorgaben, standardisierte Verfahren der Hilfefeststellung, des Hilfeplanverfahrens wie der Fallführung. Der Prozess der Auflösung alter Arbeitsstandards und die Entstehung neuer standardisierter Verfahren in der Sozialen Arbeit wird – wie oben zu sehen – sehr unterschiedlich bewertet. Tendenziell lässt sich aus den Fallstudien eine eher positive Bewertung des Wandels der Arbeitsvollzüge in der Sozialen Arbeit im Zuge des Kontraktmanagements herauslesen, da Kompetenzen und Qualifikationen für den Prozess der Hilfefeststellung, des Hilfeplanverfahrens wie der Fallführung erforderlich sind, die eher nicht befürchten lassen, dass die Fachkräfte der Sozialen Arbeit – zumindest auf diesem Gebieten – durch geringfügig Qualifizierte oder Fachkräfte auf Honorarbasis ersetzt werden können.

„Altgediente" Fachkräfte (Katholischer Sozialdienst) sehen den Wandel, vor dem Hintergrund ihrer langjährigen Erfahrungen mit dem alten System, sehr ambivalent. Die neuen Steuerungsaufgaben des ASD – ob beim öffentlichen oder freien Träger angesiedelt – werden als Aufwertung und sinnvolle Weiterentwicklung der alten Bezirkssozialarbeit des ASD erlebt, aber gleichzeitig wird auch eine zunehmende Arbeitsverdichtung wahrgenommen:

> „Früher hieß der Bezirkssozialdienst Feld-, Wald- und Wiesen-Sozialarbeit; das ist früher sehr abgewertet worden. Durch diese einzelnen Hilfen, die einem jetzt zur Verfügung stehen, das ist ja auch alles sehr viel komplexer geworden, was es da an Angeboten gibt – stationär und ambulant, früher hat man es sich da ja doch oft einfacher gemacht, indem man schneller eine Heimunterbringung beantragt hat – da sehe ich jetzt schon ein qualifizierteres Arbeiten, ... wo man jetzt wirklich für jede Problemlage eine entsprechende Hilfe installieren kann ... Ich kann die vorhandenen Einrichtungen zwar nutzen, aber ich gebe die Verantwortung dafür nicht mehr ab. Das ist jetzt vom Positiven her beschrieben. Dass das ganze Drum-Herum, das teilweise sehr lästig ist, auch dazu gehört, davon habe

ich jetzt bewusst nichts gesagt. Das ist jetzt wesentlich strukturierter geworden, ob ich dazu jetzt professioneller sagen würde, das weiß ich nicht so recht, weil wir ja früher auch sehr professionell gearbeitet haben ...
Rein geschichtlich betrachtet haben wir heute ein besseres Setting. Eine solche Standardisierung hat es ja früher nicht gegeben. Wir haben eine bewusstere und geplante Zusammenarbeit, heute sagt man dazu Vernetzung. Und zwar auch innerhalb unseres Hauses. Wir haben aber auch viel differenziertere Angebote ... Und auch die wissenschaftlichen Erkenntnisse, die der Sozialarbeit zugrunde liegen ... sind wesentlich differenzierter geworden. Auch das bedeutet eine Qualifizierung und Professionalisierung ...
Jetzt also die Aspekte von Dequalifizierung. Das sage ich jetzt einmal aus meiner Perspektive als Leitung: die Kollegen sagen alle, wir haben einen Wahnsinns-Stress. Wir haben in den letzten drei Jahren schon zwei Mal zum Thema ‚Wie kommen wir mit der Fülle der Aufgaben zurecht, um auch qualitätsvolle Arbeit zu leisten, entsprechend unserem Leitbild, aber ohne selber dabei vor die Hunde zu gehen', also zum Thema Arbeitsüberlastung gesprochen. Diese zusätzliche Belastung bringen die neuen Anforderungen zwangsläufig mit sich. Das geht gar nicht anders. Gerade diese gesamte Formalisierung. Und das ist auch für die Leute sehr schwer einzuhalten, denn alle Regelungen, die man einführt, die müssen ja auch alle berücksichtigt und kontrolliert werden ... Bezogen auf die Mitarbeiter möchte ich noch etwas anderes sagen. Dadurch, dass der gesamte Verwaltungsbereich so ausgebaut ist und sich ständig ändert, immer neue Baustellen, müssen die Leute hier extrem flexibel sein. Sie müssen sich immer wieder umstellen, oft täglich."

Die eher positive Sicht der Neuen Steuerung in der Kinder- und Jugendhilfe verdunkelt sich jedoch angesichts der mit der Budgetierung verbundenen Rationierung von Hilfen. Die Hilfedurchführung wird (auf den Fall umgerechnet) aufgrund der gestiegenen Dokumentations- und Berichtspflichten gegenüber dem Kostenträger zeitaufwändiger. Hilfesuchende, die nicht ins Raster der Leistungsvereinbarungen passen, können nicht mehr beraten werden, sodass präventives Arbeiten schwieriger zu leisten ist. Auch die von älteren Sozialarbeiter/inne/n häufig geteilte Sicht, Soziale Arbeit sei Beziehungsarbeit, wird durch das Kontraktmanagement eher unterbunden, was dem Gefühl einer einsetzenden Deprofessionalisierung Vorschub leistet.

„Die Familien, die Hilfe für ihre Probleme erhalten, benötigen einen sehr hohen Zeitaufwand der zur Verfügung stehenden Sozialarbeiter, egal ob von der Kommune oder von Verbands-Sozialarbeit. Aber was ist eigentlich mit den Familien, die keine Hilfen bekommen? Das sehen wir als eine absolute Dequalifizierung an, dass dieser Bereich so vernachlässigt werden muss. Die Arbeit mit solchen Familien, die im Vorfeld von Hilfe zur Erziehung Hilfe benötigen, geht zwangsläufig drastisch zurück, weil wir dafür einfach keine Kapazitäten mehr haben. Auch die allgemeine Sozialberatung wird weniger, obwohl dadurch, dass jetzt

die Leute nicht mehr zur Kommune gehen, landen die jetzt ja noch viel mehr bei uns, denn die suchen sich ja irgendwie ihre Möglichkeiten. Die qualifizierte Beratung der Personen, deren Bereiche nicht so differenziert und standardisiert sind, wird zwangsläufig geringer...
Ich persönlich, ich bin die Älteste hier, bin unverändert der Meinung, dass Sozialarbeit ein künstlerischer Prozess ist. Eine Beziehung zu fördern, zu pflegen, wahrzunehmen, ist ein ausgesprochen kreatives Unternehmen. Und ich bin nicht bereit, davon abzugehen. Wenn ich das nicht mehr verwirklichen kann, geht das aus meiner Sicht nicht mehr. So ganz simple Dinge wie Zuhörenkönnen sind ja wesentlich; sie bedeuten die Bereitschaft, auf beiden Seiten, sich auf einen konstruktiven Veränderungsprozess einzulassen. Dafür ist die Beziehungsaufnahme, die Beziehungshandlung grundlegend. Auch die Theorie des Case Management, des Empowerment, wie diese Methoden heute auch alle heißen, kommen da nicht drum herum, dass Beziehung elementar ist. Dieses neue Gerede vom ‚Management' finde ich total menschenverachtend. ‚Leid kann man nicht managen'. Von diesem simplen Satz kann ich nicht abgehen. Wenn sich das durchsetzen würde, dann könnte ich einen Burn-out kriegen, aber ich habe schon so viele Höhen und Tiefen in der Sozialarbeit erlebt, so viele Theorien kommen und gehen sehen, dass ich das eigentlich nicht glaube: Man muss mit den Menschen umgehen, und das ist ein dialogischer Prozess. Punkt."

3.8 Hürden und Grenzen des Kontraktmanagements

Die „Modernisierung" der Sozialen Arbeit im Gefolge des Kontraktmanagements wird sicherlich nicht an den älteren Sozialarbeiter/inne/n und ihrem Professionalitätsverständnis scheitern; anderseits steht diese Gruppe von Sozialarbeiter/inne/n – wie gesehen – den Modernisierungstendenzen auch gar nicht so ablehnend gegenüber, höchstens ambivalent. Dass sich die Soziale Arbeit gegenwärtig im Gefolge des Kontraktmanagements ändert, ist unstrittig. Wie schnell und wie weit wird sich das Kontraktmanagement letztendlich mit welcher Wirkung durchsetzen? Diese Frage lässt sich noch nicht endgültig beantworten. Auf einige Hürden und Grenzen, die sich nicht zur Seite schieben und wohl auch nicht schnell beseitigen lassen, soll im abschließenden Teil dieses Kapitels eingegangen werden, weil in einigen Fällen auch solche Hürden und Hindernisse sichtbar wurden und zur Sprache kamen.

3.8.1 Betriebsübergang: ein ambitioniertes Projekt zur Etablierung eines Kontraktmanagementsystems in der Kinder- und Jugendhilfe

In einem der in diesem Kapitel schon mehrfach zitierten Fälle (Ostdeutschland) verfolgt die Verwaltung das ambitionierte Vorhaben, sich angesichts des wachsenden Haushaltskonsolidierungsdrucks von (fast) allen noch in kommunaler Trägerschaft befindlichen Einrichtungen der Kinder- und Jugendhilfe zu trennen. Ein regelmäßig stattfindendes interkommunales Benchmarking ostdeutscher Großstädte hat den Entscheidungsträgern gezeigt, dass die Rate der sich in kommunaler Trägerschaft befindenden Einrichtungen der Kinder- und Jugendhilfe zwischen den verglichenen Städten recht unterschiedlich ausgeprägt ist. Für die Verwaltungsspitze waren die Ergebnisse des Benchmarkings Anlass, den politischen Beschluss zu erwirken, sich möglichst schnell von allen kommunalen Einrichtungen zu trennen, um auf diesem Wege einen entscheidenden Beitrag zur Haushaltskonsolidierung zu leisten. Das Benchmarking sei jedoch mit Vorsicht zu genießen, so ein Befragter der Verwaltung, da die Ergebnisse nicht zuverlässig seien und keinesfalls die reale Situation in den Städten widerspiegeln.

„Es gibt keine Kommune über 200.000 Einwohner, außer X, wo ich weiß, dass die nicht noch 50% der Einrichtungen selber haben; wenn nicht im Jugendamt, dann doch im Eigenbetrieb, so z.b. in Y. In Z z.B. sind die Horte im Schulverwaltungsamt und nicht im Jugendamt. In XX hat man noch viel in kommunaler Trägerschaft, YY im Vergleich dazu hat relativ wenig. Die anderen haben wiederum einen Eigenbetrieb gegründet ... Wir haben das mal anonymisiert analysiert, damit nicht jeder sofort die Kommunen identifizieren kann. Wir haben mal mit den ostdeutschen Großstädten einen Vergleich angestellt im Hinblick auf die Kitas, also wie viele sind in kommunaler und freier Trägerschaft. Wir machen das einmal im Jahr, dass wir uns mit den anderen Großstädten zum 31.12. vergleichen. Danach gibt es nur eine Stadt, die überhaupt keine eigene Kitas mehr hat und das ist die Stadt Y, die zu 100% keine kommunalen Einrichtungen mehr hat. Die sind bei denen im Eigenbetrieb und werden deshalb bei denen nicht mehr als kommunale Einrichtungen gezählt.
Die Zahlen sind mit Vorsicht zu genießen. Ein Städtevergleich ist immer schwierig, weil man sich da zuerst einmal einigen muss, wie man was zählt. Wir machen das nur anonymisiert, weil einige Städte Angst haben, wenn das raus kommt, wären sie fällig. Deshalb steht da in der Tabelle immer nur A, B, C usw. Im Kita-Bereich ist das nicht so tragisch, aber im Jugendhilfebereich schon, wenn da der eine Oberbürgermeister sieht, die anderen haben da so und so viel Mitarbeiter, kann das schon Konsequenzen haben."

In dem hier zur Diskussion stehenden Fall hatte das Benchmarking Konsequenzen, weil der Stadtrat auf Betreiben der Verwaltungsspitze beschloss, sich von allen Einrichtungen der Kinder- und Jugendhilfe zu trennen.

„Wir haben im Jugendamt noch verhältnismäßig viele Einrichtungen in kommunaler Trägerschaft. Wir haben ein Verhältnis von etwa 40% freier Trägerschaft und 60% kommunaler Trägerschaft."

Beschlossen wurden deshalb verschiedene Ausschreibungsverfahren, in denen den freien Trägern am Ort insgesamt 72 kommunale Kindergärten (mit ca. 790 Mitarbeiter/innen), 15 kommunale Kinder- und Jugendfreizeiteinrichtungen (KJFE) sowie der kommunale Heimverbund (die kommunalen ambulanten und stationären Hilfen zur Erziehung mit ca. 50 Mitarbeiter/innen) offeriert wurden. Die Überführung von Einrichtungen samt dem Personal sollte nach § 613a BGB als so genannter Betriebsübergang erfolgen.

„Geht ein Betrieb oder Betriebsteil durch Rechtsgeschäft auf einen anderen Inhaber über, so tritt dieser in die Rechte und Pflichten aus den im Zeitpunkt des Übergangs bestehenden Arbeitsverhältnissen ein. Sind diese Rechte und Pflichten durch Rechtsnormen eines Tarifvertrags oder eine Betriebsvereinbarung geregelt, so werden sie Inhalt des Arbeitsverhältnisses zwischen dem neuen Inhaber und dem Arbeitnehmer und dürfen nicht vor Ablauf eines Jahres nach dem Zeitpunkt des Übergangs zum Nachteil des Arbeitnehmers geändert werden ..." (§ 613a BGB)

Dass freie Träger Einrichtungen aus kommunaler Trägerschaft übernehmen, ist nicht neu. In der Regel handelt es sich dabei aber um Einrichtungen und Dienste, die personalfrei sind und dann mit eigenem Personal weiterbetrieben werden können. Vereinzelt ist in anderen Fallstudien berichtet worden, dass man schon Einrichtungen samt Personal übergeben hätte (in Ostdeutschland). Dabei handelte es sich aber immer um die Überleitung ganz konkreter einzelner Einrichtungen. Die im vorliegenden Fall beobachtbare Übertragung großen Stils ist neu und einmalig und dementsprechend sozialpolitisch ambitioniert.

Den freien Trägern wurde angeboten:

„Wir geben die Einrichtungen ab 5% unter den Kosten, die bei uns entstehen bzw. entstanden sind. Diese 5% Einsparungen sind das, was wir jetzt realisieren wollen. Das sind Kosten, die entstehen durch die Stadtkasse, d.h. durch das Eintreiben der Elterngebühren z.B., die entstehen durch unsere Einweiserinnen hier im Jugendamt, die wir dann nicht mehr brauchen, die entstehen im kommunalen Gebäudemanagement, bei den Hausmeistern, der gesamten Gebäudebewirtschaftung, die entstehen im Hochbauamt, wo die Investitionsplanung läuft, die entstehen im Personalamt, wo man künftig 700 Mitarbeiter weniger verwalten muss. Das sind die Kosten, die wir einsparen."

Die im Bereich der Kindertagestätten angebotenen Platzpauschalen waren seitens der Verwaltung „durch Vergleichsrechnungen über Einrichtungen, die schon in freier Trägerschaft sind", errechnet worden.

„Da wissen wir aus der Verwendungsnachweisprüfung, wie die kostenmäßig dastehen; da gibt es große Unterschiede, aber da haben wir jetzt eine einheitliche Pauschale pro zu besetzendem Platz; da liegen die Einrichtungen, die wir jetzt abgeben, deutlich drüber mit ihren Pauschalen Und deswegen rechnen wir damit, dass die Träger das gut finanziert finden."

Beworben haben sich insgesamt 38 Träger.

„Zwei Drittel davon sind Träger, die nur ein, zwei Einrichtungen haben im Bereich der Kindertagesstätten. Der Rest, das sind die großen Träger."
Die hohe Bewerberzahl wurde seitens der Stadt als Beleg gewertet, dass ihr Anreiz groß genug ausgefallen war, um die Träger zu motivieren, die städtischen Einrichtungen zu übernehmen.
In den in § 613a BGB genannten Bedingungen des Betriebsübergangs schienen beide Verhandlungsseiten anfänglich keine Fallstricke zu sehen. Die Verhandlungen wurden aufgenommen und die Sozialverwaltung betrachtete den von ihr zur Haushaltskonsolidierung zu leistenden Beitrag nur noch als Formsache, obwohl der „personalwirtschaftliche Teil" des „Projekts" jetzt erst in die „Phase" kam, „wo es um die Regelung ganz konkreter Sachen" ging. Bedingung der Betriebsüberganges war es, dass die Mitarbeiter/innen der Übernahme durch den jeweiligen Träger zustimmen mussten. Da sich auch kirchliche Träger für die Übernahme von mehreren Einrichtungen beworben hatten, musste auch verhandelt werden, ob die kirchlichen Träger auch nicht kirchlich gebundene Mitarbeiter übernehmen würden:

„In der Regel haben gerade diese Träger auch den Teams, den Beschäftigten, den Eindruck vermittelt, ihr macht hier eine gute Arbeit und wir bauen darauf auf. Die konfessionelle Ausrichtung hat in diesen Gesprächen nicht eine solche Rolle gespielt, weil dann bei den Beschäftigen sofort Vorbehalte, die ja sowieso da sind, gekommen wären. Da muss man sich nichts vormachen, das ist schon eine Hürde. Gerade die konfessionellen Träger – und wir haben hier eine ganze Reihe in der Stadt, die sich beworben haben und auch schon tätig sind – sind noch eine zusätzliche Hemmschwelle. Da wird aber weder die Zugehörigkeit zur Kirche zur Bedingung gemacht – das wäre, denk ich mal, ein k.o. Kriterium aus Sicht der Beschäftigten. Die Träger haben signalisiert, die machen da eine gute Arbeit auch Richtung Stadtteilarbeit, Gemeinwesenarbeit, Öffnung, sonstige zusätzliche Angebote. Wir haben keinen Fall entschieden, in dem ein Konflikt in dieser Hinsicht sichtbar gewesen wäre. Es gibt natürlich Einrichtungen, die haben die Träger abgelehnt, aus unterschiedlichsten Erwägungen heraus. Z.B. sagen die Träger, ich habe ein ganz anderes Konzept, Menschenbild usw. Diese Fälle haben wir auch nicht entschieden, weil das funktioniert dann ja auch nicht."

3.8.2 Hürden: verwaltungsinterne Modernisierungsdefizite und Planungsfehler

Der Betriebsübergang des kommunalen Heimverbundes – als gesonderte Ausschreibung gelaufen – ließ sich aus Sicht der Stadtverwaltung erfolgreich abwickeln, nachdem zwei Bewerbungen konzeptionell geprüft waren und das Mitarbeitervotum zugunsten des evangelischen Bewerbers abgegeben wurde. Der evangelische Bewerber erschien den kommunal bediensteten Sozialarbeiter/innen als der wirtschaftlich potentere Träger, der sich darüber hinaus in der Bezahlung der Mitarbeiter am BAT orientiert (der andere Mitbewerber verfügt zwar durch seine verbandsinterne Tarifgemeinschaft über einen mit der Gewerkschaft verdi ausgehandelten Tarifvertrag, der den Mitarbeiter/inne/n aber im Vergleich zum BAT schlechtere Konditionen bietet). Das andere Ausschreibungsverfahren (Kitas und KJFEs) kam jedoch unerwartet ins Stocken, als die Stadtverwaltung den übernahmebereiten freien Trägern kurz vor Vertragsabschluss (Herbst 2003) eröffnen musste, dass sie die ursprünglichen Übernahmebedingungen nicht aufrecht erhalten könne. Dazu einer der größeren Bewerber:

> „Es gab in der letzten Woche im Jugendhilfeausschuss eine Vorlage, eine Drucksache, in der die angekündigten Pauschalen sehr wesentlich abgesenkt wurden, d.h. die Bedingungen der Übernahme haben sich völlig verändert ... Bei der Übernahme ist an sich gedacht, mit Pauschalen zu arbeiten; nicht genaue Kosten abzurechnen, sondern es sollen Platzpauschalen im Kindergartenbereich, Krippenbereich und Hortbereich gezahlt werden. Im Kindergarten- und Krippenbereich noch einmal gesplittet nach Ganztagsplatz und 5-Stunden-Platz ...
> Die Pauschalen sahen ursprünglich ganz anders aus. Es gibt jetzt Differenzen in den Pauschalen. Bei den Einrichtungen, die uns betreffen, macht das eine Mindereinnahme von 400.000 € aus, um das mal auf den Punkt zu bringen. Das sind Differenzen im Kinderkrippenbereich von 80 € pro Platz und Monat und im Kindergartenbereich von 45 € und von 31 € und im Hortbereich auch noch einmal von 31 €. Es sind sieben Einrichtungen, die wir übernehmen wollen und das wäre ein Haushaltsvolumen im Jahr von 400.000 €, die wir dann nach der neuen Vorlage als Nichteinnahme hätten, also im Vergleich zu den ursprünglichen Bedingungen, nach denen die Einrichtungen übernommen werden sollten ...
> Die Stadt hat noch einmal kalkuliert, was die im Prinzip für Fixkosten haben und was sie für Verwaltungsumlagen haben, und daraus wurden dann die neuen Pauschalen errechnet. Es gibt allerdings kein Material dazu, aus dem nachzuvollziehen ist, warum sie jetzt die Pauschalen so absenken. Es gab eine Seite mit dem Haushaltsplan der Stadt, nach dem man aber überhaupt nicht nachrechnen kann, woher die Differenzen kommen. Es wurde die Drucksache in der letzen Woche dann nicht verabschiedet. Die Drucksache, in der es um die Übertragung von zwei Einrichtungen zum 1.2. 2004 geht, wurde dann gar nicht mehr behandelt. Morgen gibt es eine Anhörung der Träger mit dem Unterausschuss Jugendhilfeplanung mit der Möglichkeit, dass die Mitglieder des Jugendhilfeausschusses daran teilnehmen können. Da haben wir gerade mit den Trägern noch einmal zusammen gesessen, um das für morgen vorzubereiten. Mit diesem Defizit, mit dieser Differenz wird es keinen, keinen weiß ich nicht, aber zumindest keinen großen Träger geben, der unter diesen Bedingungen dann noch Einrichtungen übernimmt."

Die am Bewerbungsverfahren beteiligten freien Träger waren sich anfänglich uneins, ob die Zahlenkorrekturen (die sie erst der Druckvorlage entnehmen konnten) auf Planungspannen oder auf „Absicht" zurückzuführen seien, und ob sie „verärgert" reagieren oder die Panne als verwaltungstypischen Bürokratiefehler betrachten sollten. An Rechnungsfehler meint man nicht glauben zu können:

> „Das ist in der Größenordnung nicht nachvollziehbar ... der Tarifvertrag, da haben sie sicherlich sicherer geplant als wie sie am Ende das Verhandlungsergebnis hatten; ... das ist nachvollziehbar; es wird uns aber nicht nachvollziehbar vorgelegt. Das ist der Punkt. Das Vertrauen ist weg."

Für eine leitende Mitarbeiterin der Sozialverwaltung, die nach dem Scneitern des ersten Übertragungsversuches mit der Weiterführung und Neugestaltung dieses Prozesses beauftragt wurde („Das Ziel der hundertprozentigen Übertragung von Einrichtungen soll nicht aufgegeben werden, das soll weiter verfolgt werden; dann geht das halt eben in mehreren Staffeln"), stellt sich der fehlgeschlagene Versuch der Betriebsüberführung als multifaktoriell verursacht dar. Insbesondere hätte es Fehler in der Haushaltsplanung und Haushaltsanmeldung gegeben, weil die Mitarbeiter/innen der Stadtverwaltung weiterhin vor allem kameralistisch und wenig betriebswirtschaftlich denken; zum anderen sei einiges an Pannen auch der Hektik der Haushaltskonsolidierung geschuldet.

> „Das Hauptproblem ist, wenn ich mir ein Modell überlege, nach dem ich Pauschalen kalkuliere, dann müssen auch die Methodik und die Randannahmen, die ich den Planungen zugrunde lege, festliegen. Und das ist nicht erfolgt. Es ist sicherlich auch so – und das ist keine Frage von richtig und falsch –, dass dieser gesamte Prozess für die betroffenen Mitarbeiter, die in diesen Planungsprozess eingebunden waren, nur schwer nachzuverfolgen war, weil sie die Zusammenhänge nicht erkannt haben und weil aufgrund des Haushaltskonsolidierungsdrucks – ich überzeichne mal – in der Stadtverwaltung immer an 73 Schrauben gleichzeitig gedreht wird und dann schnell Ursache und Wirkung aus dem Blick verloren gehen.
> Die Pauschalen damals hatten als Kostenbasis die tatsächlichen Ausgaben des Jahres 2002 zur Grundlage. Man hat dann zwar die wesentlichen Änderungen wie vom Kinderförderungsgesetz und vom Tarifvertrag her mit eingebaut. Es sind aber ganz einfach auch – Planungspanne ist vielleicht zu hart formuliert –, aber die Wirkungen, die sich aus der Privatisierung der Reinigungsdienstleistungen ergeben haben, sind nicht berücksichtigt gewesen. Dann sah dieses System vor, dass dieses Budget von 2002 genommmen wird und sukzessive in die Haushaltsstellen umverteilt wird, aus denen dann die Pauschalen bezahlt werden. Das heißt, die Haushaltsanmeldungen für die Haushalte 2003 und 2004 hätten so erfolgen müssen, als wenn die Einrichtungen noch alle uns gehört hätten. Das wäre dann der Topf, aus dem sukzessive umverteilt wird. Stattdessen haben die

Ämter, weil dieses Budget, aus dem dann ja bezahlt wird, das wird ja aus verschiedenen Ämtern gespeist: vom Hochbauamt über Rechnungsprüfungsamt, Stadtkasse, Personalamt, Hauptamt usw., die haben ihre Haushaltsansätze so angemeldet, dass sie gedacht haben, da brauche ich ja nichts mehr anmelden, denn in 2004 sind die ja weg. Ich weiß nicht inwieweit Sie mit der Kameralistik vertraut sind. Das führt ganz einfach dazu, dass der Topf, der verteilt wird, kleiner wird. Das ist die Hauptursache. Dann sind aufgrund der Sparzwänge einige Haushaltsansätze einfach nach der Rasenmähermethode gekürzt worden.

Das Ganze hat sich dann so weit dramatisiert, dass man das ursprüngliche Ziel: Abgabe von Einrichtungen an freie Träger und Erreichung des Einsparzieles nur erreicht hätte, wenn man die ursprünglichen Pauschalen um 20% abgesenkt hätte. Das haben wir dann den Anträgern mitgeteilt, was zu dem schmerzhaften Aufschrei vom Januar führte. Es hat dann ein bisschen Hin und Her gegeben; der jetzige Stand ist, dass ein 5%iger Anteil auf die Sachkosten erbracht werden soll; die Personalkosten sind in diesem Kontext für uns Sachkosten. Was auch immer in der allgemeinen Diskussion vergessen wird, das ist diese Geschichte, dass immer grundsätzlich der Verwaltung Ineffizienz unterstellt wird. Aber ganz egal, ob wir unsere Mittel effizient oder nicht einsetzen, es ist ganz einfach so, wenn man die Mittel nimmt, die jetzt nicht Personalkosten sind, und dann da jedes Jahr 5% von dem Topf wegnimmt, dann ist man an der Grenze, wo auch ein freier Träger sagt, damit komme ich nicht mehr klar. Das wäre der große Komplex, der die Haushaltsplanung angeht. Es hat keine Konsistenz gegeben zwischen dem Denkmodell, wie die Pauschalen ausgedacht wurden, und dem Modell der Haushaltsaufstellung 2004, wo der Topf kleiner geworden ist."

Die Kalkulation der Fall- bzw. Platzpauschalen sei insbesondere deshalb fehlerhaft gewesen, da es verwaltungsintern keine zuverlässige, betriebswirtschaftlich fundierte Kosten-Leistungsrechnung gäbe.

„Dann kommt der nächste Aspekt, dass wir in diesem Bereich keine Kosten-Leistungsrechnung haben und die kameralistische Planung dazu verführt – und das ist sicherlich auch ein Stück weit Kultur, was wir uns auch selber anschreiben müssen –, dass zu wenig Plausibilitäten überprüft wurden. Es gibt ganz enorme Kostenunterschiede zwischen den einzelnen Einrichtungen, die sich nicht an irgendwelchen harten Fakten festmachen lassen. Die kann ich nun in diesem Prozess nicht aufklären. Und natürlich ist es so, wenn ich gleichartige Gebäude mit vergleichbaren Quadratmeterzahlen habe und dann bei den Reinigungsleistungen eine Abweichung vom Mittelwert von 60 bis 70% nach oben und nach unten habe, dann gibt es keinen vernünftigen Grund dafür. Es hat aber bei der Vergabe von Reinigungsleistungen nie eine Überprüfung der Quadratmeterreinigungspreise gegeben; es lässt sich keine Korrelation herstellen, weder zu dem Spektrum an Leistungen, was die Einrichtung anbietet; also dass man sagen kann Firma x kostet soviel und Firma y soviel, also das können Sie nicht erkennen. Am Gebäudezustand kann man auch nichts erkennen, zumindestens nichts, was solche Größenordnungen rechtfertigt. Solche Kostenunterschiede lassen sich nicht, also wir als Stadt können da nichts mehr zubuttern. Solche Inkonsistenzen lassen sich dann nicht mehr kompensieren, indem man sagt, gut, kann man nachvollziehen, bekommt ihr halt etwas mehr für Reinigungsleistungen oder ähnliches. Da hat es nie eine Überprüfung gegeben, eine Korrektur oder Ursachenforschung. Das ist sicherlich der Tatsache geschuldet, dass wir erst einmal sehr viele Einrichtungen betreiben und keine Kosten-Leistungsrechnung haben. Solche Analysen muss ich jetzt gewissermaßen im Rückwärtsgang erst einmal machen, sodass ich mir einige Daten einrichtungsbezogen aufgedröselt habe ...

Das Hauptproblem für die Kosten-Leistungsrechnung ist ja die Konkurrenz zur Gemeindehaushaltsverordnung. Wenn wir eine Kosten-Leistungsrechnung einführen, dann müssen wir das andere auch machen. Das ist das Hauptproblem und auch die Schnittflächen, also was automatische Datenaufbereitung angeht; die Softwareprogramme bilden nur das laufende Haushaltsjahr ab, das ist Folge der Kameralistik. Alles was danach passiert, ist da nicht mehr drin. Nehmen Sie nur einmal die Personalkosten. Nach der Kameralistik wird jeder Mitarbeiter so geplant mit seinen voraussichtlichen Kosten im Jahr. Wenn sie eine Mitarbeiterin haben, die im August ausscheidet, dann wird die auch nur bis August geplant. Das würde ein Unternehmen nie machen. Die haben eine Arbeitsmenge und dafür brauchen die eine gewisse Menge an Personal. Ob die Mitarbeiterin im März oder August ausscheidet, ist völlig egal; für die Planung ist entscheidend, ob ich diese Tätigkeit bis zum Jahresende brauche und dann plane ich so. So dürfen wir nicht planen als öffentliche Hand. Dann dürfen Sie auch nicht vergessen, dass wir seit der Wende dabei sind, die Verwaltung ständig umzuwühlen. Im Sozialbereich durch Gesetzesänderungen. Dann mussten Entlassungszyklen verkraftet werden. Ständig wird umstrukturiert, dann werden die Mittel gekürzt. Das passiert dann auch nicht immer da, wo man es am sinnvollsten findet. Dann gibt es immer Konkurrenz durch das Denken in freiwilligen und Pflichtaufgaben. Ruhe, um solche Plausibilitäten zu überprüfen, hatte man eigentlich nie."

Aus den Erfahrungen und Fehlern des Übertragungsprojekts lässt sich vor allem schlussfolgern, dass die Übertragung von Einrichtungen der Kinder- und Jugendhilfe – betriebswirtschaftlich betrachtet und im Vergleich zu weniger komplexen Arbeits- und Aufgabenfeldern der Verwaltung – eine Herausforderung darstellt, die man nicht als Erstes angehen sollte, ohne auf einfacheren Arbeitsfeldern Erfahrungen gesammelt zu haben; Kitas seien ein besonders anspruchsvolles Projekt, „das buchhalterisch ein größerer Aufwand" sei, heißt es, da die gewöhnlich nicht elektronisch vernetzt seien. „Wenn ich Kosten-Leistungsrechnungen einführe, wo mir Leiterinnen Zettel ausfüllen müssen, Erfassungsbögen ausfüllen, die in Papierform hierher kommen und hier jemand sitzen muss und am Rechner eingeben muss", dann sei das eine schlechte Ausgangslage für effiziente Steuerung. Man kann aus den gemachten Erfahrungen auch schlussfolgern, dass die Modernisierung der Verwaltungsumwelt und die Ökonomisierung der Beziehungen zu externen Leistungserbringern nur in dem Maße gelingen kann, wie die Verwaltung intern schon modernisiert ist und über entsprechende, erprobte Steuerungsinstrumente verfügt, um betriebswirtschaftlich fundierte Entscheidungen treffen zu können.

Aber auch die freien Träger scheinen nicht immer kompetent genug zu sein, um ökonomisiertes Denken, betriebswirtschaftliches Handeln und Entscheiden zu praktizieren und in seiner ganzen Tragweite beurteilen zu können. So wird seitens des Kontraktgebers bemängelt, dass ein Teil der Kontraktnehmer nicht verstanden habe, was es mit den Fallpauschalen auf sich habe (zwei Drittel der Bewerber waren bekanntlich eher kleine Träger mit ein bis zwei Einrichtungen). Dazu heißt es kritisch:

„Ich hätte da noch einen dritten Themenkomplex, warum das hier so ins Stocken geraten ist. Das hat damit zu tun, dass das Modell der Pauschalierung einfach gescheitert ist, weil die freien Träger nicht verstanden haben, wie Pauschalierung funktioniert. Das muss ich jetzt mal so hart sagen. Eine Pauschalierung ist immer eine Mittelwertbildung, d.h. es gibt bei meinen Einrichtungen Gewinner und Verlierer. Der Träger muss eigentlich kucken, wenn er neun Einrichtungen übernimmt, komm ich in der Mischkalkulation über neun Einrichtungen mit meinem Budget hin. Wo auch kein Weg zu einander führte, war, dass dann Träger sich hingestellt haben in Ausschusssitzungen und mit einer Einrichtung mit einer ungünstigen Kostenstruktur argumentiert haben. Dass sie eine Einrichtung mit einer ungünstigen Kostenstruktur haben und bei acht ein Plus machen, das wollte dann keiner mehr hören. Der Oberbürgermeister hat deshalb entschieden, dass wir davon Abstand nehmen, denn das führt jetzt nicht weiter, da kann man noch bis ans Ende aller Tage sich gegenseitig die Heizkosten und Telefonkosten unter die Nase halten. Wenn dieses System nicht akzeptiert wird, dann wird es halt nicht akzeptiert".

3.6.3 Grenzen: die Zusatzversorgung der Mitarbeiter/innen

Neben den oben behandelten Hürden des Kontraktmanagements, die die Beteiligten gemeinsam in einem zweiten Anlauf nehmen können, haben sich aber auch Grenzen im hier geschilderten Übertragungsprozess aufgetan; das Überschreiten dieser Grenze hängt von der Mitwirkungsbereitschaft anderer Akteure ab. Die im öffentlichen Dienst obligatorische Zusatzversorgung, eigentlich ein essenzieller Aspekt des Betriebsübergangs, worauf der Personalrat frühzeitig hingewiesen hatte, aber kein Gehör fand, hat sich als eine solche Grenze des Kontraktmanagements erwiesen. Der Betriebsübergang gelingt nur reibungslos, wenn der neue Träger die Beschäftigten für ein Jahr zu den gleichen Bedingungen wie beim alten Träger übernimmt; nach einem Jahr können dann die Arbeitsbedingungen und Arbeitsverträge neu verhandelt werden. Zu den wesentlichen Bestandteilen des Tarifrechts im Öffentlichen Dienst – auch in den neuen Bundesländern – gehört die so genannte Zusatzversorgung. D.h. der Arbeitgeber hat sich tarifrechtlich verpflichtet, sein angestelltes Personal in der Zusatzversorgungskasse (ZVK) des Landes anzumelden, um auf diesem Wege für die Mitarbeiter/innen eine zusätzliche Altersversorgung zu schaffen. Auch freie Träger können Mitglied der ZVK werden, müssen dann aber (so die Satzung) die ganze Belegschaft anmelden und versichern. Die Frage der Zusatzversorgung hat sich als besonders gefährliche Klippe herausgestellt, an der die Übertragung scheitern könnte (auch wenn man sich in finanzieller Hinsicht noch mit den übernahmewilligen freien Trägern einigt).

Unproblematisch ist die Übernahme von Einrichtungen einschließlich des Personals nur für Träger, die selbst Mitglied der ZVK sind; das war zum Zeitpunkt der Bewerbung nur einer, ein zweiter ist mittlerweile Mitglied geworden. Die Situation auf Seiten der Bewerber für die ausgeschriebenen Einrichtungen stellt sich so dar, dass mehr als die Hälfte überhaupt keinem Zusatzversorgungssystem angehört; die Übernahme der vorhandenen Zusatzversorgung wäre auch nur möglich, wenn gleichzeitig die anderen Mitarbeiter auch dort versichert würden, was aber für die meisten Träger eine nicht zu schulternde Kostenbelastung darstellen würde. Die anderen Träger, insbesondere die großen, haben zwar eine Zusatzversorgung für ihre Mitarbeiter, haben diese aber gewöhnlich in anderen Zusatzversorgungssystemen angemeldet.

Das „contracting out" von Dienstleistungen findet in Kommunen auf breiter Front statt. Auch im Untersuchungsfall hat man schon mehrfach vor der Entscheidung „make or buy" gestanden, zuletzt als man den gesamten Reinigungsdienst zum Teil aufgelöst und kommerziellen Anbietern übertragen hat, auch in Form des Betriebsübergangs nach § 613a BGB. Auch hier gab es Probleme, vereinzelt bis hin zu Arbeitsgerichtsprozessen. Auch die Frage der Zusatzversorgung ist schon tangiert gewesen, was aber noch nicht zu Problemen mit der ZVK führte. Diese eher problemlos verlaufenden Betriebsübergänge scheinen die Verwaltung ermutigt zu haben, den großen Wurf im Bereich der Kinder- und Jugendhilfe anzugehen. Da es sich diesmal aber um insgesamt ca. 850 Personen handelte, deren Zusatzversorgung betroffen war, ist die Übertragung aufgrund von Forderungen der ZVK an die Stadtverwaltung ins Schlingern gekommen. Dazu wird berichtet:

> „Die Zusatzversorgungskasse ist hellhörig geworden aufgrund des Umfanges, mit dem wir die Übertragung von Einrichtungen an freie Träger in Angriff nehmen wollten und hat dabei gemerkt, dass die Übertragung bei uns die Unterkapitalisierung, die bei der ZVK existiert, so enorm verschärft, dass das so nicht gehen kann. Sie müssen dabei berücksichtigen, dass die Zusatzversorgungskassen in den neuen Bundesländern erst 1996 gegründet worden sind. Die sind erst

mit einer relativ zaghaften Umlage gegründet worden und gegenläufig dazu war im Vergleich zu den alten Bundesländern kein Zeitraum da, um entsprechend Kapital anzusammeln, so dass die Zusatzversorgungskassen nun davon betroffen sind, wenn jetzt die beitragszahlende Mitgliedschaft wegbricht. Das passiert, wenn ausscheidende Mitarbeiterstellen nicht wiederbesetzt werden, denn dann scheiden Mitarbeiter aus, die Rentenansprüche haben und es kommen keine neuen Mitglieder nach, die Beiträge einzahlen. Mitgliedszahler brechen auch weg über die laufende Haushaltskonsolidierung."

Für das Funktionieren der Zusatzversorgungskassen sind demnach vor allem die nicht wieder besetzten Stellen in den Kommunalverwaltungen ein sich allmählich aufbauendes Problem, das sich durch die Betriebsübergänge (contracting out) noch verschärft. Bislang sah die Satzung vor, dass Arbeitgeber eine Ausgleichzahlung an die ZVK zu leisten hatten, wenn „wesentliche Betriebsteile ausscheiden"; dies soll nun in der Satzung dahingehend geändert werden,

„dass nun für jeden Mitarbeiter, der aus der Zusatzversorgung ausscheidet oder in ein anderes Zusatzversorgungssystem übergeht, Abgeltungs- oder Ablösebeträge fällig werden. Das ist der momentane Stand. Wir gehen davon aus, dass das im Kassenausschuss demnächst auch beschlossen wird."

Durch diese (mittlerweile beschlossene) Satzungsänderung sind Betriebsübergänge mit höheren Kosten für die Stadtverwaltung verbunden. „Jetzt ist es egal ob einer, zwei oder siebenhundert ausscheiden". Ablösebeträge werden jetzt für jeden ausscheidenden Mitarbeiter fällig.

„Um Ihnen einmal die Größenordnung zu nennen: pro Mitarbeiter muss man mit der Größenordnung rechen, in der Altersgruppe, von der wie jetzt reden, wären das 8.000-10.000 € Rentenbarwert pro Mitarbeiter; dann sind Sie schon bei acht Millionen € Abgeltungsbetrag für die, die dann in ein anderes Zusatzversorgungssystem gehen. Wo dann Sondervereinbarungen geschlossen werden, wo dann jedes Mal die Differenz zwischen Beiträgen, die eingegangen sind und dem Barwert fällig werden, auch das wird sich dann mindestens im sechsstelligen Bereich bewegen ... Da wird für jeden Mitarbeiter eine Anwartschaft errechnet. Das ist ein Formelsystem, das durch eine Versicherungsverordnung geregelt wird; daraus ergibt sich ein Wert, das ist der Rentenbarwert. Ich gebe mal ein Beispiel. Der Rentenbarwert würde 10.000 € für den Mitarbeiter x betragen, dann kuckt die ZVK, wie viel ist tatsächlich eingezahlt worden, und dann kommen wir vielleicht nur auf 3.600 €. Wenn die Zusatzversorgung (des anderen Trägers, Verf.) sagt, ich will 10.000 € und unsere ZVK sagt, ich habe aber nur 3.600, dann wollen sie die restlichen 6.400 von uns haben. Das ist ein Politikum, das nicht nur uns wegen der gegenwärtigen Übertragungen betrifft. Alle Vorhaben des Outsourcing und der Privatisierung tangieren die Interessen der Zusatzversorgungskassen in den neuen Bundesländern, da alle mit dieser Unterkapitalisierung zu tun haben."

Das Problem der Zusatzversorgung und ihrer Ablösung bei der ZVK ist auch im Fall der schon abgeschlossenen Betriebsüberleitung „Kommunaler Heimverbund" noch virulent. Der neue „Inhaber" des ehemaligen kommunalen Betriebs ist über sein Zusatzversorgungssystem und den Bundesverband der ZVKs an ein so genanntes Überleitungsabkommen gebunden, in dem geregelt wird, dass sich die zwei betroffenen ZVKs über Ausgleichszahlungen einigen müssen.

„Das ist aber im Grunde nur eine Willenserklärung, dass man willens ist, sich zu einigen. Jetzt wo es um konkrete Mitarbeiter geht, die übergeleitet werden, ist da auch noch keine Einigung erzielt, weil das Rentenversorgungssystem (des übernehmenden Trägers, Verf.) sagt, wir wollen den Rentenbarwert für die Leute haben, die wir aufnehmen, und die ZVK sagt, habe ich nicht. Das ist noch nicht abgeschlossen ... Uns (als Stadtverwaltung, Verf.) betrifft dieses Thema politisch, weil die Unterfinanzierung der ZVK da ist und wir abwägen müssen, welches Interesse haben wir da jetzt strukturell und politisch an diesem Übertragungsprozess. Aber die Einigung über die Erstattung der Rentenbarwerte, das ist ein Verhältnis, das nur zwischen den Zusatzversorgungssystemen passiert. Wir sind da nur mit involviert, weil unsere Zusatzversorgungskasse sagt, könnt ihr alles machen, aber dann gebt uns mal die Knete, damit wir uns das leisten können."

3.8.4 Organisationslernen: Betriebsübergang in kleinen Portionen

Die im untersuchten Fall aufgetretenen Hürden sind nicht unüberwindbar (Regelung der Finanzierungsfrage); die von den Zusatzversorgungskassen gesetzten Grenzen sind schon schwieriger zu meistern, wenn es sich um größere Personalkontingente handelt, die aus der Zusatzversorgungskasse jeweils „freizukaufen" sind. Die Übertragung von Einrichtungen samt Personal, als Antwort auf die Haushaltssituation entwickelt, belastet real den Haushalt zusätzlich, da jetzt für jeden ausscheidenden Mitarbeiter Ausgleichszahlungen an die ZVK fällig werden. Die Verwaltung muss neu rechnen, ob der Verbleib von Betrieben in kommunaler Trägerschaft angesichts der Hürden (die die Transaktionskosten steigen lassen) und Grenzen nicht kostengünstiger ist, auch wenn die Lösung nicht von gleicher Eleganz wie der Betriebsübergang ist.

Ein Teil der Mitarbeiter/innen aus den kommunalen Kitas wollte den Weg in die Selbstständigkeit wählen, anstatt sich von einem freien Träger übernehmen zu lassen, und war mit Unterstützung einer Beratungsorganisation (Arbeit und Leben) auf dem Weg der Gründung einer eigenen Kita-Gesellschaft. Nachdem der Übertragungsprozess insgesamt ins Trudeln gekommen ist, ist auch die Initiative der Ausgründung der Kita-Gesellschaft ins Stocken geraten.

„Vielleicht glauben die auch, dass der ganze Übertragungsprozess in Gänze nicht mehr stattfinden wird. Das muss denen jetzt aber auch noch mal in aller Klarheit nahe gebracht werden, dass es da noch Stellschrauben gibt, um ihnen das Leben hier noch mal ein bisschen sauer zu machen. Zur Zeit warten alle ab ... Wenn die ZVK das so durchzieht, wie sie uns das signalisiert, dann heißt das, alle arrivierten freien Träger sind vor der Tür. Ob das die AWO ist, der DPWV, die Jugendstiftung, die Johanniter, die sind dann alle draußen, wegen der ZVK-Geschichte, das können wir nicht finanzieren. Die kommen dann als Träger nicht mehr in Frage, nur noch über das Leerzugsmodell. Das bedeutet dann für unsere Mitarbeiter auch gewisse Härten; zum einen brauchen die dann für die leergezogenen Einrichtungen auch Personal; nur wenn das nicht in Form der Betriebsübertragung wegen der ZVK Problematik stattfinden kann, würde das heißen, dass unsere Mitarbeiter hier einen Auflösungsvertrag machen müssten und ein neues Arbeitsverhältnis eingehen müssten; dann würden sie aber etliche ihrer Anwartschaften verlieren; wer macht denn das. Wenn wir ein Durchschnittsalter von 46 Jahren haben, dann geht doch keiner weg. Selbst wenn wir die ‚quälen', werden die bei uns bleiben, weil es sich nicht lohnt."

Die Stadtverwaltung hält weiterhin an der Übertragung der Einrichtungen fest, weiß jedoch, dass das ursprüngliche Tempo nicht mehr zu halten ist. Das „Verführerische", Verwaltungsmodernisierung und Haushaltskonsolidierung gleichzeitig zu schaffen, ist entzaubert. Was bleibt, ist der Wille zur Übertragung. Die Leitung der Sozialverwaltung ist auch der Meinung, dass der „Lernprozess", den man durchgemacht hat, „ganz wichtig" war; den Prozess will man jetzt „aufarbeiten und auswerten"; der Vergleich mit anderen Kommunen zeigt auch, dass „die da alle genau so wurstig herangegangen (sind) wie wir". Zwar sei man mit seinen ambitionierten Zielen gescheitert, könne jetzt aber mit den Erfahrungen im Rücken den Prozess der Übertragung in kleinen Schritten und kleinen Portionen weiter beschreiten.

Das Fazit der Leitungsebene in der Sozialverwaltung lautet:

„Wenn man in so einen Prozess hineingeht, dann muss man vorher mehr wissen als wir wussten. Wenn ich z.B. so einen Beteiligungsprozess der Mitarbeiter ... mache, dann geht das nicht, ohne die wesentlichen Tarifkonditionen über alle Träger hinweg abgeklärt zu haben, gekuckt zu haben, wo sind da die Unterschiede zum BAT, also zur Jetztsituation, und was bedeutet das für die Mitarbeiter. Ich frage mich aus meiner Position heraus, wie konnte das Jugendamt das nur machen. Ich selbst war mit der Sache damals noch nicht befasst. Oder auch, dass da Einrichtungen auf den Markt geschmissen wurden, ohne jegliche Strukturvorgabe, nach dem Motto ‚welches Schwein hätten Sie denn gerne?' Da sind eine ganze Reihe von Sachen nicht beachtet worden, z.B. dass da Einrichtungen in Kürze saniert werden müssen und dass vorgesehen ist, die dann zusammenzulegen, so dass die dann auch nur zusammen an einen Bewerber gehen können. Da haben die Leute aus dem Jugendamt nur danach gekuckt, was sind die Anforderungen, was steht in § 80 drin, haben aber kein ganzheitliches Denken: Was ist da drin in diesem Gesamtprozess , was muss da alles getan werden, was könnte für die Mitarbeiter interessant sein, was für den Personalrat, was ist politisch zu transportieren, was ist für die freien Träger wichtig, und das daran ausgerichtet auch zu machen. Man hat beteiligt, ohne zu wissen wofür das gut sein soll. Es gab auch überhaupt keine Regelungen, was für Konzepte einzureichen sind, in welchem Umfang etwas darzulegen ist. Die Bewerbungen gehen von einem DinA4 Blatt, wo draufsteht, die in der Einrichtung machen das toll und wir machen das weiter, bis hin zu dicken Pamphleten aus der Sendung ‚Wünsch dir was'. Für mich sind keine Regeln erkennbar, an denen entlang die Ausschreibung erfolgte. Auch das, was im Jugendhilfeausschuss an Bewertung der Bewerber vorgelegt wurde, bestand aus vielen auslegungsbedürftigen Begriffen. Wenn man sagt, ein Bewertungskriterium ist die Vernetzung des Trägers, dann frage ich mich, woran wird das gemessen. Für mich war da viel Sozialarbeitsprosa drin."

Im Nachhinein wird das ganze Ausschreibungsverfahren auch als rechtlich hochgradig bedenklich eingestuft, denn anhand der Unterlagen würde sich „das Zustandekommen der Entscheidung und eine Gleichbehandlung der Träger nicht transparent machen" lassen.

„Ein freier Träger will die Kommune ja als Partner haben. Wenn der sich nicht gleichbehandelt fühlt, wird er nicht so schnell klagen. Für mich taucht hier auch das Problem auf, dass die freien Träger, mit denen ich jetzt ganz konkret verhandeln muss, anders behandelt werden als die freien Träger, die schon vor einigen Jahren Einrichtungen von uns übernommen haben. Die sind ungünstiger gestellt als die, mit denen wir jetzt verhandeln. Die könnten sich, wenn die das wüssten, eigentlich vor dem Verwaltungsgericht in die Konditionen einklagen, die die anderen jetzt bekommen. In einer strukturellen Diskussion hier im Haus müsste man solche Risiken ins Auge fassen."

Organisationslernen bedeutet also vor allem, Fehler zu erkennen und künftig zu vermeiden, um effektiver und effizienter zu werden. Der Weg in die konsequente Trennung von Durchführungs- und Gewährleistungsverantwortung, das Sich-Reduzieren auf reine Steuerungsaufgaben seitens der Kommune, erweist sich als besonders schwierig und nicht unbedingt als kostengünstige Variante, wenn die Kommune noch über relativ viel Personal in den eigentlich zur Übertragung anstehenden Einrichtungen und Diensten verfügt. Auch zeigt sich, dass das gleichzeitige Verfolgen von Modernisierungszielen und Zielen der Haushaltskonsolidierung selten gut zusammenpasst und dann höchstens zu einer „halbierten Modernisierung" führt.

4. Personalpolitik im Spannungsfeld zwischen steigendem Kostendruck und höheren Arbeitsanforderungen: Folgen für die Beschäftigten

4.1 Vorbemerkung

Die Heterogenität des Sozialsektors lässt generalisierende Aussagen über Veränderungen der Arbeits- und Beschäftigungsbedingungen, Anforderungsprofile und leistungsgerechte Vergütungssysteme der Beschäftigten nur sehr bedingt zu. Denn je nach Größe der Einrichtungen (von Kleinbetrieben bis zu Großkonzernen), deren Betätigungsfeldern, Strategien und Leitbildern lassen sich erhebliche Unterschiede im Einsatz und Umgang mit den Beschäftigten erkennen.

Auch die Entscheidung, dass wir uns in diesem explorativ angelegten Forschungsprojekt auf bestimmte Berufsgruppen konzentrieren (Sozialarbeiterinnen, Sozialpädagogen), löst nicht das Problem, dass unser Untersuchungsfeld ein breites Spektrum von Tätigkeitsfeldern abdeckt, die auf der einen Seite nicht ohne weiteres vergleichbar sind, die auf der anderen Seite aber auch nicht zweifelsfrei von einander zu unterscheiden sind. Dies belegen nicht zuletzt die im Rahmen des Projekts durchgeführten Fallstudien. Auch die von uns befragten Expert/inn/en (hier: Mitarbeitervertretungen, Betriebsräte, Gleichstellungsbeauftragte, Kolleg/inn/en der Gewerkschaften ver.di und GEW sowie die Personalverantwortlichen in den Spitzenverbänden und in den Unternehmen) machen geltend, dass es für sie selbst bisher nicht möglich ist, einen Überblick über die Gesamtsituation der Beschäftigten im sozialen Sektor zu erhalten. Auch und gerade der Bereich der Sozialarbeit/Sozialpädagogik, auf den unser Augenmerk insbesondere gerichtet war, ist von einer weiter zunehmenden Ausdifferenzierung der Anforderungen und Einsatzgebiete gekennzeichnet.

Was den Sektor allerdings tatsächlich eint, ist seine geschlechtsspezifische Ausrichtung: Es handelt sich in allen Subsektoren um ein traditionelles Segment von Frauen(erwerbs)arbeit und damit zugleich um ein klassisches Segment struktureller Benachteiligung von Frauen. Dieser Aspekt war daher auch bei unseren Auswertungen ausdrücklich zu berücksichtigen.

Wir stützen uns im Folgenden im Wesentlichen auf die Schilderungen und Eindrücke der von uns befragten Mitarbeiter(gruppen) und der Interessenvertretungen (BR und MAV, Gleichstellungsbeauftragte), der Personalverantwortlichen sowie der Gewerkschaften ver.di und GEW. Zudem beziehen wir uns auf schriftliche Verlautbarungen und Studien, soweit verfügbar. Dabei erweist sich als – immer wiederkehrendes – Problem das unvermittelte Nebeneinander von sehr spezifischen Beobachtungen vor Ort und von teilweise sehr pauschalen Aussagen und generellen Einschätzungen der Expertinnen und Experten.

4.2 Personalpolitik unter neuen Vorzeichen – Suche nach „flexiblen Lösungen"

Vor dem Hintergrund der neuen politischen und wirtschaftlichen Rahmenbedingungen muss sich die Personalpolitik der sozialen Dienstleister neu aufstellen. Dabei bewegt sich Personalpolitik im Sozialbereich in einer widersprüchlichen Gemengelage:

- Der gesamte Bereich ist seit vielen Jahren tendenziell auf Wachstumskurs, wenngleich in Wellenbewegungen (entsprechend dem Auf und Ab der politischen Förderlandschaft – Stop-and-Go-Politik) und unterschiedlich je nach Handlungs- und Tätigkeitsfeldern. Insgesamt befindet sich der soziale Sektor auf einem schmalen Grat zwischen der proklamierten steigenden gesellschaftspolitischen Bedeutung – und damit hohen Wertschätzung – und einer faktisch eher niedrigen Bewertung der – bezahlten – sozialen Arbeit (vgl. Winter 1994).
- Als zukunftsträchtig gilt der Sektor insbesondere unter der Maßgabe seines weiteren Ausbaus als „Niedriglohnbereich". Zugleich nimmt aber die Komplexität der Probleme und der Anforderungen an Pflegeleistungen, Kinder- und Jugendarbeit etc. tendenziell zu. Die Einschätzungen darüber, ob eher von einem „Fachkräftemangel" oder von einem „Fachkräftebedarf" zu sprechen ist, gehen weit auseinander. Von einer einheitlichen Bewertung der Beschäftigungssituation im sozialen Dienstleistungsbereich kann insofern nicht die Rede sein – Soziale Dienstleistungsberufe gelten als „Zukunfts- und Risikoberufe" zugleich (vgl. Rauschenbach 1999).
- Traditionell ist der soziale Sektor frauendominiert. Noch einmal überproportional häufig befinden sich die weiblichen Beschäftigten in den unteren Lohn- und Gehaltsgruppen, in denen selbst für Vollzeitbeschäftigte kein existenzsicherndes Einkommen mehr zu erreichen ist. Mit dem sozialstaatlichen Umbau (Hartz-Gesetze und deren Umsetzung) verfestigt sich die überkommene Festlegung auf männliche resp. weibliche Geschlechterrollen eher noch („Familienernährer" versus „Mutter" bzw. „Zuverdienerin"). Dies verhindert einmal mehr die Einlösung der langjährigen frauenpolitischen Forderung nach einer gesellschaftlichen Aufwertung und Ausweitung der personenbezogenen Dienstleistungsberufe.
- Obwohl die (Neu-)Bewertung von Frauentätigkeiten heute weniger denn je auf der gesellschaftspolitischen Tagesordnung zu stehen scheint, muss ganz ausdrücklich festgehalten werden, dass es sich hierbei um ein personalpoli-

Personalpolitik im Spannungsfeld

tisches Kernproblem handelt. Der Umstand, dass diese Frage in Deutschland keineswegs mit Vorrang angegangen und einer gesellschaftspolitischen Klärung näher gebracht wird, sollte nicht darüber hinweg täuschen, dass es sich bei der Gestaltung von nicht-geschlechtsdiskriminierenden und damit rechtskonformen Entgeltstrukturen um ein politisch hochrangiges Thema handelt, dessen ernsthafte und kompetente Bewältigung keineswegs „nur" von Frauengruppen und Arbeitswissenschaftlerinnen eingefordert wird, sondern vom EU-Gerichtshof seit Jahren angemahnt wird (Winter 1997; Feldhoff 1998; Stefaniak et al. 2002).

– Die Personalpolitik befindet sich auf einer Gratwanderung: Die Personalkosten sollen resp. müssen unter dem Druck der neuen Wettbewerbsbedingungen auf der einen Seite drastisch gesenkt werden, um die neuen Herausforderungen bewältigen zu können; auf der anderen Seite ist gerade der soziale Dienstleistungssektor in besonderem Maße auf das Engagement und die Motivation gut qualifizierter Mitarbeiter/innen angewiesen. Um konkurrenzfähig zu bleiben – also auch unter betriebswirtschaftlichen Aspekten – muss die so genannte Humanressource dauerhaft erhalten und gepflegt werden.

Vor dem Hintergrund der neuen politischen und wirtschaftlichen Rahmenbedingungen muss die Personalpolitik der Verbände und Einrichtungen also widersprüchliche Anforderungen praktisch umsetzen. Wie unsere Untersuchungsergebnisse zeigen, setzen in dieser schwierigen Gemengelage viele Träger auf den „Faktor Frau", das heißt, sie verlassen sich offenbar darauf, dass die Frauen trotz ihrer teilweise prekären Einkommens- und Beschäftigungssituation mit vollem Einsatz zur Verfügung stehen.

Damit aber stößt die derzeit praktizierte Sparpolitik zum Teil an die Grenzen der eigenen Leitbilder und gesellschaftspolitischen Überzeugungen: Gender-Mainstreaming-Verpflichtung (Abbau von geschlechtsspezifischen Diskriminierungen), Inklusionsstrategien (existenzsichernde Beschäftigung statt Ausgrenzung durch Armut), corporate identity (Motivierungs- und Beteiligungsmodelle), Professionalisierungstendenzen.

Es ist unschwer vorauszusehen, dass viele der jetzt praktizierten, scheinbar einfachen Lösungen mittel- und langfristig fatale Konsequenzen zeitigen werden. Die Personalpolitik steht daher vor der Herausforderung, jetzt „intelligente Lösungen" zu finden, um den vielfältigen neuen Anforderungen zu genügen. Dabei stehen im wesentlichen drei große (Aus-)Handlungsfelder zur Disposition:

1. Erosion der „Leitwährung BAT",
2. Deregulierung, Pluralisierung und Fragmentierung der Arbeits- und Beschäftigungsverhältnisse,

3. Polarisierung in Management- und einfache Funktionen. Ausdehnung des Niedriglohnbereichs.

Alle Handlungsfelder weisen zugleich betriebliche, tarif- und gesellschaftspolitische Dimensionen auf und müssen daher auch auf allen Ebenen verhandelt und entschieden werden. Dabei gilt es, die divergierenden Bedürfnisse und Ansprüche der Kunden und der Beschäftigten und die wirtschaftlichen Belange der Sozialunternehmen in ein neues Gleichgewicht zu bringen.

4.2.1 Erosion der „Leitwährung BAT" – Zunehmender „Wildwuchs" bei den Arbeits- und Beschäftigungsbedingungen

Im Unterschied zum öffentlichen Dienst, wo der Bundesangestelltentarif – bis jetzt noch – flächendeckend gilt, beruht im sozialen Dienstleistungssektor die Anlehnung an den BAT auf der freien Entscheidung der Verbände und Einrichtungen. Trotzdem galt es über viele Jahrzehnte als Selbstverständlichkeit, dass sich die gemeinnützigen Sozialunternehmen und Verbände in ihren Strukturen und Arbeitsverträgen an denen des öffentlichen Dienstes orientierten und der BAT insofern auch in diesem Sektor wie ein Flächentarif wirkte. Einige Wohlfahrtsverbände (AWO, DRK) haben eigene Tarifverträge mit der Gewerkschaft abgeschlossen, die sich inhaltlich im Wesentlichen an den BAT anlehnen. Den Trägern und Einrichtungen, die sich dem DPWV angeschlossen haben, bleibt es selbst überlassen, ob sie sich am BAT – oder an einem anderen Tarifvertrag – orientieren.

Anders war und ist dies bei den kirchlichen Verbänden Caritas und Diakonie, die eigene arbeits- und tarifrechtliche Wege gehen (zum „Dritten Weg" vgl. auch Kap. 2.3.1 sowie Pkt. 2.4 in diesem Kapitel). Sie haben Arbeitsvertragslinien, AVR, geschaffen, die in weiten Teilen eine Vergleichbarkeit, vielfach sogar wörtliche Übereinstimmungen mit dem BAT aufweisen. Insofern gab es auch hier traditionell immer eine große Nähe zum Tarifsystem BAT. Allerdings werden die AVR – wegen der Untergliederung in die weitgehend autark agierenden Landeskirchen resp. Diözesen – nicht überall gleich gehandhabt. Zudem agieren die kirchlichen Verbände teilweise anders als die Kirchen selbst. Dazu kommen immer mehr Haustarife und andere Sonderregelungen. In der Konsequenz gibt es zunehmende Differenzen zwischen den Arbeits- und Beschäftigungsbedingungen in den diakonischen Einrichtungen sowie bei der verfassten Kirche.

Der Grad der Verbindlichkeit und die Nähe zum Tarifsystem BAT bzw. zu den jeweiligen Tarifverhandlungsergebnissen wurde also – in den alten Bundesländern – je nach Verbandszugehörigkeit partiell immer schon unterschiedlich gehandhabt; die Leitfunktion des BAT war im Kern jedoch über lange Jahre hinweg unumstritten.

Personalpolitik im Spannungsfeld 163

Im Gefolge der veränderten Refinanzierungsbedingungen hat sich diese Situation nun gravierend verändert. Die bislang selbstverständliche Orientierung am BAT wird insbesondere auch von den kirchlichen Verbänden schrittweise aufgekündigt. Denn mit dem Systemwechsel bei der Refinanzierung sozialer Dienstleistungen (Abkehr vom Subsidiaritätsprinzip Abkehr vom Zuwendungsprinzip und Einführung von Leistungsverträgen, Subjektfinanzierung statt Trägerfinanzierung) sind auch die früheren Auflagen des Zuwendungsrechts entfallen, nach denen der BAT als Orientierungsmaßstab für die Arbeits- und Beschäftigungsbedingungen zu gelten habe („Besserstellungsverbot"). Die Vermarktlichung der sozialen Dienstleistungen beinhaltet daher, dass das zuvor geltende Selbstkostendeckungsprinzip schrittweise durch neue Entgeltsysteme ersetzt wird: Soziale Dienstleistungen und Entgeltstrukturen müssen neu auf einander bezogen werden.

Die bisherige automatische Koppelung an den BAT erweist sich aus Sicht der Spitzenverbände der Freien Wohlfahrtspflege aber auch deshalb als zunehmend problematisch, weil mit der Einführung neuer Kostenstrukturen immer auch eine Deckelung des Personaletats verbunden ist. Der BAT wird mittlerweile von vielen als „unbezahlbar" bezeichnet. Ein Unterlaufen bzw. Umgehen des BAT-Tarifsystems sei unumgänglich, um den Faktor Arbeit durch Verbilligung wettbewerbsfähiger zu machen.

Die meisten Interessenvertretungen (Gewerkschaften, Mitarbeitervertretungen, Betriebsräte ...) kommentieren diese Strategien einer „Flucht aus dem BAT" dagegen mit großer Skepsis: Aus ihrer Sicht spielen in vielen Fällen auch unternehmerische Fehlentscheidungen eine zentrale Rolle. Viele der beantragten „Notlagen" seien im Vorfeld durchaus vermeidbar gewesen, wenn man sich rechtzeitig über Alternativen verständigt hätte.

Zu konstatieren ist jedoch allgemein, dass die bisherige Funktion des BAT als einer gemeinsamen „Leitwährung" generell zur Disposition steht. Die zuvor übliche, quasi-automatische Bindung der Träger und Verbände an den BAT ist ernsthaft gefährdet, vielfach bereits außer Kraft gesetzt bzw. hat sich niemals wirklich etabliert: In den östlichen Bundesländern konnte der BAT im sozialen Sektor noch nie eine wirkliche Bindekraft entfalten. Während im Westen daher zur Zeit eine schleichende Aushöhlung tariflicher Standards zu beobachten ist, ist man im Osten schon einen Schritt weiter. Strategien der Nicht-Anwendung bzw. des Unterlaufens von Tarifergebnissen ebenso wie die Tarifflucht durch Ausgründungen bzw. Outsourcing von Betriebsteilen gelten hier bereits seit vielen Jahren als Normalität.

4.2.2 Abkoppelung vom Tarifsystem BAT. Die ostdeutschen Bundesländer als Vorreiter

Da es in der ehemaligen DDR keine frei-gemeinnützige Wohlfahrtspflege gab, blicken die Verbände der Freien Wohlfahrtspflege in den ostdeutschen Bundesländern auf keinerlei verbandseigenen Traditionen zurück. Das betrifft auch die – in den westlichen Bundesländern bisher übliche – Orientierung am BAT. Von einem einheitlichen Tarifsystem für die Freie Wohlfahrtspflege kann daher in Ostdeutschland noch weniger die Rede sein als im Westen.

Insbesondere vor dem Hintergrund der chronisch angespannten Finanzlage in fast allen Kommunen ist seit einigen Jahren die Tendenz zu beobachten, durch neue verbands- oder betriebsinterne Vergütungsregeln den steigenden Kostendruck aufzufangen. Alle Verbände betrachten das am BAT orientierte Vergütungssystem als reform- bzw. abschaffungsbedürftig. Gewerkschafter/innen sehen die in Ostdeutschland seit Jahren beobachteten Entwicklungen zur Ausgestaltung neuer Vergütungsregeln im Spektrum von „Tarifflucht" bis „überlegenswerte Entwicklungen". Tariftreue, so übereinstimmend die Auskunft, stelle in den ostdeutschen Bundesländern nicht die Regel, sondern eher die Ausnahme dar.

Sowohl im Bereich der AWO als auch beim DRK, beim Paritätischen sowie beim Diakonischen Werk sind so genannte Arbeitgeber- bzw. Tarifgemeinschaften entstanden, die von den Spitzenverbänden auf Bundesebene keineswegs immer wohlwollend gesehen und unterstützt werden (vgl. dazu auch Kap. 2.3.2).

So besteht im Paritätischen seit 1993 von Berlin ausgehend eine eigene Tarifgemeinschaft, der sich andere ostdeutsche Landesverbände angeschlossen haben. In den ostdeutschen Bundesländern haben die Paritätischen Tarifgemeinschaften auf Landesebene sowohl mit ver.di als auch mit anderen gewerkschaftsähnlichen Organisationen Tarifverträge abgeschlossen – allerdings unterhalb des BAT-Tarifs:

> „Wir haben zum Beispiel den Landesverband Sachsen-Anhalt, der ist Mitglied in unserer Tarifgemeinschaft. Und die haben mit ver.di vor Ort einen guten Tarifvertrag abgeschlossen, der vom BAT abgekoppelt ist. Thüringen hat jetzt auch eine Tarifgemeinschaft gegründet, vom Landesverband angestoßen ... Thüringen ist aber mit ver.di nicht klar gekommen und schließt jetzt mit der christlichen Gewerkschaft ab. Die machen das Gleiche, was wir hier in Berlin gemacht haben. In allen Verbänden gibt es Bewegung ..." (Geschäftsführer eines Landesverbandes des Paritätischen)

Auch die AWO-Ost ist den Weg der Gründung eigener Tarifgemeinschaften gegangen. Die Loslösung vom BAT gestaltete sich jedoch schwieriger als bei den andern Verbänden, da der Bundesverband mit der Gewerkschaft ver.di einen alle Landesverbände bindenden Manteltarifvertrag abgeschlossen hat. Die AWO-Verbände Brandenburg, Sachsen, Sachsen-Anhalt und Thüringen versuchten zwar, sich davon mit einem eigenen Tarifvertrag abzukoppeln, unterlagen jedoch in einem Rechtsstreit vor dem Bundesarbeitsgericht. Dabei wurde ausdrücklich die Gültigkeit der für das gesamte Bundesgebiet abgeschlossenen Tarifverträge festgestellt (AZ 1 AZR 143/03).

Von allen Verbänden wird übereinstimmend berichtet, dass es aktuell eine sich dynamisch entwickelnde Abwärtsspirale gebe, die im Zusammenhang mit den knapper werdenden öffentlichen Finanzmitteln, restriktiven Entgeltvereinbarungen der Kommunen und stagnierenden bis sinkenden Einkommen bei den Leistungserbringern selbst zu sehen sei. Die Gefahr der Unterfinanzierung ist nach allgemeiner Darstellung in den Bereichen am größten, die von den Kreisen und Kommunen finanziert werden müssten (insbesondere betrifft dies die Beratungsdienstleistungen). Hier werde seit vielen Jahren eine offensive Marktbereinigung betrieben, um das „zu hohe" Trägerangebot noch einmal deutlich zu reduzieren.

„Wir müssen erkennen, dass wir in einzelnen Bereichen die Stellen kaum so schnell abbauen können, wie die öffentlichen Hände die Refinanzierung entziehen. Die dann verbleibenden niedrigeren Standards werden in einzelnen Fällen mittelfristig zur Schließung von Angeboten führen." (Schuth 2003, S. 53)

Die von den Kommunen praktizierten Ausschreibungen und die Übertragung von kommunalen Betrieben an freie Träger führen dazu, dass aus Sicht der Verbände kein qualitätsbestimmter Wettbewerb mehr geführt werden kann. Beklagt wird von ihnen der zunehmend ruinöse Preiskampf, den ausschließlich die Bewerber mit dem billigsten Angebot gewinnen können. In fast allen Bereichen sei zudem ein wachsender Mangel an qualifizierten Fachkräften zu verzeichnen. Stagnierende Lohn- und Gehaltsentwicklungen in der Sozialen Arbeit bei gleichzeitiger Tendenz, in vielen Leistungsbereichen nur noch befristete Verträge abzuschließen, verstärkt die schon bekannten – und für die Versorgungssituation wie für die Einrichtungen der neuen Länder – bedrohlichen Wanderungsbewegungen von Ost- nach Westdeutschland.

In Ostdeutschland, so bilanziert ver.di, lasse sich die Reaktion der Wohlfahrtsverbände auf die mit Wettbewerb und Leistungsvereinbarungen verbundenen neuen Herausforderungen daher primär als eine Strategie des „Kostenmanagement durch Tarifflucht" beschreiben. Der Osten nimmt insofern im sozialen Sektor eine Vorreiterfunktion bei der Aushebelung des Flächentarifs ein – so wie das von Tarifexpert/inn/en bereits seit Jahren auch für andere Wirtschaftszweige und Sektoren konstatiert wird (Artus 2001; Bahnmüller/Bispinck 2003). Dies aber beinhaltet in der Regel nicht nur eine Abweichung von gemeinsamen Regelungen, sondern auch eine „schleichende Auflösung der Tarifstandards als Mindeststandards" (Schmidt et al. 2003, S. 244).

In der Konsequenz bedeutet dies für die Beschäftigten, dass für sie keinerlei festen Standards mehr existieren, was Lohn-/Gehaltshöhe, Arbeitszeitregelungen und Arbeitsvertragsbedingungen anbelangt.

4.2.3 Sonderregelungen, Öffnungsklauseln, Haustarife

Wie alle Gesprächspartner/innen hervorheben, wird von Sondermaßnahmen inzwischen so weit verbreitet Gebrauch gemacht, dass von einer Einheitlichkeit der Beschäftigungsbedingungen im sozialen Sektor längst nicht mehr die Rede sein kann.

Dazu zählen sowohl einseitig gewählte Strategien der Tarifflucht (durch Ignorieren, Ausgründung, Unterlaufen) als auch gemeinsam mit der Gewerkschaft oder mit der Interessenvertretung vereinbarte Sonderregelungen auf Einrichtungsebene (Sanierungstarifverträge, betriebliche Härtefall- und Notlagenregelungen). Bei solchen Einzelfallregelungen geht es zur Zeit insbesondere um Maßnahmen wie Einfrieren, Verschieben oder Aussetzen des Weihnachts- oder Urlaubsgeldes sowie um Gehaltskürzungen und Arbeitszeitverlängerungen, wofür im Gegenzug z.B. auf betriebsbedingte Kündigungen verzichtet werden kann.

Da es sich hier jedoch vielfach um Maßnahmen handelt, die auf betrieblicher Ebene, oft auch ohne jede Absprache mit den Interessenvertretungen, durchgesetzt werden, ist es nicht möglich, einen Überblick über die Verbreitung der einzelnen Strategien zu erhalten. Die weitgehende Intransparenz der Entscheidungsstrukturen bei den Sozialverbänden und -einrichtungen sehen die Interessenvertretungen denn auch als eines ihrer Hauptprobleme an. Gemeint ist damit von Seiten der Gewerkschaften vor allem die systematische Abschottung der – kirchlichen – Verbände gegen gewerkschaftliche Aktivitäten und das Fehlen von echten Mitwirkungs- und Mitbestimmungsregelungen (analog Betriebsverfassungsgesetz in der Privatwirtschaft oder dem Personalvertretungsgesetz im öffentlichen Dienst). Das erschwere bzw. verunmögliche alle Versuche, Einzelfallentscheidungen und Sonderregelungen entsprechend zu überprüfen, um sie auf dieser Basis gegebenenfalls mit tragen oder auch ablehnen zu können. Von Interessenvertretungen wird verschiedentlich die Vermutung ausgesprochen, dass bei vielen Insolvenzanträgen Managementfehler vorliegen, also Fehlentscheidungen z.B. wegen Unwissenheit, mangelndem betriebswirtschaftlichem Know-how oder auch, weil aus Bequemlichkeit nicht intensiv nach geeigneten Lösungen gesucht werde. Daher würden die neuen unternehmerischen Risiken von der Betriebsebene auf die Beschäftigten vielfach nur überwälzt, statt gemeinsam nach tragfähigen, intelligenten Lösungen zu suchen.

Die folgende Einschätzung eines Betriebsrats über die Probleme der neuen Leitungsstrukturen in den Sozialunternehmen wird auch von vielen Mitarbeitervertretungen kirchlicher Einrichtungen ausdrücklich geteilt:

Personalpolitik im Spannungsfeld 167

„Unsere Führungskräfte sind ja in der Regel eher Sozialarbeiter als BWLer, von daher fehlt ihnen einfach nicht nur die Ausbildung, sondern auch der entsprechende Durchblick und die Einstellung. Zudem wird die Leitung der Wohlfahrtsverbände eben noch immer überwiegend von Laien besetzt. ‚Unternehmerisches Risiko' – das war für alle zunächst ja ein absolutes Fremdwort. Was wir allerdings vehement kritisieren, ist der Umgang unserer Geschäftsführung mit diesen neuen Anforderungen: Das unternehmerische Risiko wurde einfach auf die Mitarbeiter abgeschoben."

Bei den kirchlichen Verbänden tritt erschwerend die spezifische Intransparenz der Entscheidungsstrukturen und das Fehlen wirksamer Mitbestimmungsstrukturen hinzu, weil sie nicht den gesetzlichen Mitwirkungsregelungen unterliegen. Die Mitarbeitervertretungen werden daher vielfach in die anstehenden Umstrukturierungsmaßnahmen nicht aktiv einbezogen. In gewissem Umfang trifft dies aber auch für die AWO (als Tendenzbetrieb) zu, wie der Gesamtbetriebsrat eines großen Sozialunternehmens schildert:

„Als in unserem Unternehmen ein neues (Qualitätsmanagement-)System eingeführt werden sollte, pochte der Betriebsrat auf seine Mitbestimmungsrechte. Die Rechtmäßigkeit dieser Mitbestimmungspflicht wurde jedoch vom Arbeitgeber vehement angezweifelt, weshalb der Betriebsrat große Mühe hatte, sich überhaupt einzubringen. Dabei argumentierte die AWO vor allem damit, sie sei ein Tendenzbetrieb, der Betriebsrat habe daher keine Mitbestimmungsrechte wie in anderen Unternehmen.
Dabei ist es der Arbeitgeberseite ganz offensichtlich vor allem darum gegangen, die Einsicht in ihre Wirtschaftsführung zu verhindern. Denn als Tendenzbetrieb verfügt die AWO nicht – wie normale Unternehmen – über einen Wirtschaftsausschuss. Dieser Tendenzschutz, den es für Unternehmen wie die AWO ja tatsächlich gibt, wird allerdings nach unserer Ansicht in dem Maße schizophren, wie ‚wirtschaftliches Arbeiten' vorgeschrieben ist. Denn damit muss das ja auch von außen bzw. für Dritte überprüfbar werden. Genau das ist aber nach wie vor ein Riesenproblem. Der AWO-Vorstand will sich einfach nicht in die Karten sehen lassen.
Der Gesamtbetriebsrat und die örtlichen Betriebsräte wiederum müssen wissen, wie groß der Topf ist, aus dem u.a. die Personalkosten bezahlt werden, um mit beurteilen und überprüfen zu können, ob die Argumentation des Arbeitgebers tatsächlich stimmt, dass ‚nichts mehr zu verteilen' sei."

Ähnlich argumentiert auch die Gewerkschaft ver.di in der Frage nach Öffnungsklauseln: Sofern klar sei, das heißt von Seiten der Unternehmen und Einrichtungen deutlich gemacht werden könne, dass tatsächlich eine Ausnahmesituation vorliege, sei es auch kein Problem, von den entsprechenden betrieblichen Notlagenregelungen Gebrauch zu machen (z.B. Verzicht auf Urlaubsgeld, Kürzung des Weihnachtsgeldes, Verlängerung der Wochenarbeitszeit). Dies aber setze die Bereitschaft voraus, darüber mit allen Betroffenen offen zu verhandeln. Im Prinzip könne man immer davon ausgehen:

„Wenn wirklich Notlagen existieren, legen die Arbeitgeber normalerweise auch ihre Karten offen!"

Geschieht dies nicht, gehe man im Umkehrschluss davon aus, dass es sich auch bei vielen der angemeldeten Insolvenzverfahren um „hausgemachte", d.h. selbst verschuldete Probleme handle (Fehlkalkulationen, Fehlspekulationen, Missmanagement), die lediglich auf dem Rücken der Mitarbeiter/innen ausgetragen werden sollten. Dafür aber stehe die Gewerkschaft nicht zur Verfügung.

4.2.4 Atomisierung des kirchlichen Arbeitsrechts. Ein „System nach Gutsherrenart"?

Fast drei Viertel der im Wohlfahrtssektor Tätigen sind bei der Caritas und beim Diakonischen Werk beschäftigt. Für die Dienstnehmer/innen der kirchlichen Verbände aber gelten im Rahmen des kirchlichen Sonderweges eigene Arbeits- und Tarifrechte (kirchliches Arbeitsrecht, die Arbeitsvertragsrichtlinien, AVR und die „an den BAT angelehnten" Vergütungssysteme der Kirchen, BAT-KF – kirchliche Fassung).[21] Für die kirchlichen Verbände ist es daher ohne weiteres möglich, Ergebnisse aus Tarifverhandlungen zu modifizieren, sich also vom BAT partiell abzukoppeln und ihn damit auszuhebeln. Dies wird seit einigen Jahren verstärkt praktiziert, wobei es heute nicht mehr um eine *Besserstellung* gegenüber dem BAT geht, sondern um eine *Absenkung* der Arbeitsbedingungen und Gehälter nach unten.

Die Abkoppelung des Dienstrechts bzw. der Besoldung von Beamten von den Vereinbarungen im Tarifbereich des öffentlichen Dienstes hat diese Entwicklung noch bestärkt; viele kirchliche Landesverbände bzw. Diözesen orientieren sich heute stärker am „Vorbild" der Beamtenbesoldung als am BAT (z.B. in Bezug auf die Verlängerung der Wochenarbeitszeit und die Abstriche bei Weihnachts- und Urlaubsgeld). Dabei wird insbesondere von den Sozialunternehmen

---

21 Die kirchlichen tarif-, arbeits-, und mitbestimmungsrechtlichen Beziehungen zum Arbeitgeber/zur Arbeitgeberin unterscheiden sich zu ansonsten üblichen Vertragsbeziehungen im außerkirchlichen Bereich durch drei Punkte (vgl. Liebig 2005): den Kirchen wird im Grundgesetz ein Selbstbestimmungsrecht zugestanden, das für sie ein Selbstordnungs- und Selbstverwaltungsrecht enthält, welches auch Teile des Arbeitsrechts einschließt, die Kirchen verfolgen eine „Dritten Weg", bei dem die Gestaltung der Arbeitsverhältnisse durch ein besonderes Leitbild der „Dienstgemeinschaft" geprägt ist und die darauf basierende kirchliche Betriebsverfassung unterscheidet sich von der Wirtschaft und im öffentlichen Dienst geltenden Bestimmungen dadurch, dass an die Stelle staatlicher Betriebsverfassung das Recht der Mitarbeitervertretungen tritt.

Personalpolitik im Spannungsfeld 169

und -verbänden (z.B. vom VdDD) entsprechender Druck ausgeübt; noch stärker als die Kirchen selbst plädieren sie für bestimmte Modifizierungen des Tarifsystems BAT bzw. für eine stärkere Lohnspreizung. Im Wettbewerb der Träger um Aufträge und Marktanteile treten daher neuerdings die kirchlichen Verbände als Konkurrenten an, die den BAT-Tarif tendenziell unterbieten – und damit zur Unterhöhlung seiner früheren Leitfunktion offensiv beitragen.

Aufgrund dieser Entwicklungen, so betonen übereinstimmend alle Gesprächspartner/innen, sei keineswegs gewährleistet, dass alle Einrichtungen, die zum DW oder zur Caritas gehören, deren tarifpolitische Vorgaben auch tatsächlich einhalten. Schon jetzt ergeben sich daher teilweise gravierende Unterschiede bei den Beschäftigungsbedingungen. Die Vorstellung einer einheitlichen Vergütungsstruktur und vergleichbarer Arbeitsbedingungen sei also im kirchlichen Bereich lediglich eine Fiktion.

„Der klassische BAT kirchlicher Fassung" werde, so ein Vertreter des DW in NRW, „am laufenden Band durchlöchert"; verschiedene Öffnungsklauseln, z.B. bezogen auf die Reduktion des Weihnachtsgeldes, Nicht-Auszahlung von Urlaubsgeld u.a., seien Usus. Zwar müssten solche Ausnahmeregelungen bei der zuständigen Arbeitsrechtlichen Kommission beantragt und genehmigt werden, doch gebe es hier eine breite „Grauzone". Das Nebeneinander unterschiedlicher Vergütungssysteme, die Aushöhlung des BAT-KF und die (de facto) zunehmende Unkontrollierbarkeit der Entwicklungen bei den Sozialunternehmen, die dadurch entstehende „Undurchschaubarkeit des Systems Diakonie", wird auch von anderen Gesprächspartnern des DW ausdrücklich bestätigt.

„Die diakonischen Einrichtungen sind zwar dazu verpflichtet, als Mitglied der Diakonie das kirchliche Arbeits- und Tarifrecht anzuwenden (sonst verlieren sie ihre kirchlichen Privilegien), doch tatsächlich kontrolliert dies niemand. Was jeweils im Einzelnen wirklich geschieht, weiß man daher nicht."

Nur auf dem Papier gelte das Prinzip:

„'Wer Mitglied des DW ist, der muss die Arbeitsvertragsrichtlinien einhalten.'
... Eigentlich muss jede Einrichtung die AVR anwenden. Punkt. Aber: Sie tun es nicht."

Da die Auflösungstendenzen weniger von den Kirchen als vielmehr von den Sozialunternehmen ausgehen – und zwar sowohl beim Diakonischen Werk als auch beim Caritasverband – wird auch die Diskrepanz zwischen den kirchlichen und den diakonischen Einrichtungen immer offensichtlicher: Insbesondere die großen Sozialunternehmen, so die Mitarbeitervertretung eines führenden Unternehmens, „agieren völlig losgelöst von den kirchlichen Strukturen, die eher als Ballast angesehen werden."

Die Mitarbeitervertretung (MAV) eines solchen Unternehmens erläutert an diesem Beispiel die aktuelle Situation, die sicherlich als exemplarisch auch für andere Unternehmen und Standorte angesehen werden kann.

„Wir haben hier vor Ort zwei große Sozialunternehmen, die ein gemeinsames evangelisches Krankenhaus betreiben. Da ist es natürlich besonders problematisch, dass X ein anderes Vergütungssystem und andere Gehälter hat als Y. Bei X gelten die Arbeitsvertragsrichtlinien Diakonie, in der Vergütung liegt X damit um ca. 5-8% niedriger als der BAT kirchliche Fassung, der bei Y angewandt wird. Für beide Systeme gibt es eigene Arbeitsrechtliche Kommissionen, das ist für alle Beteiligten völlig undurchschaubar und erscheint hoch willkürlich. Auch in ihrer Personalpolitik gehen beide Unternehmen ganz unterschiedliche Wege, jedes Unternehmen hat seine eigenen Fortbildungsprogramme, eigene Führungsstrukturen etc.

Das macht uns natürlich große Probleme, weil die Mitarbeiter sich ja fragen, warum sie unterschiedlich für ihre Arbeit bezahlt werden, obwohl sie das Gleiche tun. Aber wir als MAV sind in diese Entscheidungsprozesse nicht einbezogen und können dagegen eigentlich überhaupt nichts unternehmen.

... Gerade die großen Sozialunternehmen können machen, was sie wollen, sie sind in ihren Aktivitäten faktisch autark. Die Strategie des VdDD unterstützt diese Tendenzen noch; sie geht vor allem dahin, die Tarifprobleme auf die betriebliche Ebene zu verlagern, also alle Verhandlungen möglichst den Betrieben zu überlassen; unsere MAV ist strikt dagegen, sie will solche Dammbrüche möglichst rechtzeitig erkennen und verhindern. In dieser Frage gibt es auch eine gemeinsame Strategie der landesweiten MAV-AG."

Die Interessenvertreter/innen (MAV, Gleichstellungsbeauftragte und Gewerkschafter) sind sich vor diesem Hintergrund weitgehend darin einig, dass „Willkür" als vorherrschendes Prinzip anzusehen sei, „ein totaler Wildwuchs, was die Anwendung des kirchlichen Arbeitsrechts, aber auch was die Bindung an den BAT-kirchliche Fassung anbelangt."

„Zwischen den einzelnen Dienstgebern, insbesondere zwischen den großen Konzernen und den kleinen Trägern mit ehrenamtlicher Führung, sind die Arbeitsbedingungen völlig unterschiedlich, dazwischen klaffen Welten!" (eine Gleichstellungsbeauftragte)

Ihre Schlussfolgerung:

„Was wir hier haben, ist ein System nach Gutsherrenart."

4.2.5 (Neu-)Bewertung der personenbezogenen Dienstleistungen?

Ob die Beschäftigten im sozialen Bereich über- oder unterqualifiziert, über- oder unterbezahlt sind, wird – nicht nur zwischen den Tarifpartnern, sondern auch in wissenschaftlichen Diskursen und Gutachten – extrem unterschiedlich eingeschätzt. In keinem anderen Arbeitsmarkt- und Berufssegment gelten Tätigkeiten gleichen oder ähnlichen Zuschnitts als so unterschiedlich anspruchsvoll, schwanken die Einschätzungen so stark zwischen professioneller, „hoch qualifizierter" und „einfacher" Anlerntätigkeit, die – insbesondere von Frauen auf Grund ihrer einschlägigen familiären Erfahrungen – ohne weiteres zu bewältigen sei. Auch im Rahmen wissenschaftlicher Debatten sind die Ansichten hier äußerst uneinheitlich (vgl. dazu auch Krüger 1999; Rawert/Zauner 2000; Rabe-Kleberg 1997). So steht der Forderung nach einer stärkeren Akademisierung der Erziehungs- und Pflegeberufe (um den immer komplexer werdenden Anforderungen gerecht zu werden) ganz unvermittelt die Forderung gegenüber, gerade in diesen Bereichen verstärkt Frauen einzusetzen, die ihre einschlägigen Erfahrungen aus der häuslichen und familiären Arbeit unentgeltlich einbringen sollen. „Persönliche", „weibliche" Fähigkeiten werden dabei als vor- und nicht-beruflich abgewertet (Rabe-Kleberg 1993, S. 63).

So schreibt z.B. Evers (2002) im Zusammenhang mit ehrenamtlicher Tätigkeit: „Für viele Aspekte von Betreuungsarbeit" (zum Beispiel Schulsozialarbeit, Altenpflege, d.V.) „qualifiziert bereits die Familientätigkeit. ... Sonst nicht verwertbare Qualifikationen von Frauen können hier von Vorteil sein" (S. 541). Ähnlich argumentiert auch die EKD-Studie „Soziale Dienste als Chance" (2002, S. 21).

F. Hengsbach (2002) stellt demgegenüber die hohen Kompetenzen in den Vordergrund:

„Personennahe Arbeit ist sprachlich vermittelte, verständigungsorientierte Beziehungsarbeit, die auf Gegenseitigkeit beruht. Im Dialog werden Handlungsorientierungen und Lebensentwürfe geändert, Menschen zu guten und richtigen Entscheidungen ermächtigt, psychosoziale, politische und moralische Lernprozesse angestoßen ... Sie ist alles andere als einfache, niedrig entlohnte Beschäftigung für Langzeitarbeitslose mit geringer Qualifikation. Um sie zu leisten, braucht es eine hohe fachliche und soziale Kompetenz."

Personenbezogene Dienstleistungen – so resümiert H. Nickel (2000) unter Bezug auf die mangelnden Abgrenzungen zwischen qualifizierter und unqualifizierter Tätigkeit – „sind ‚niedrigproduktive' Tätigkeiten, weil sie arbeitsintensiv sind, aber in den meisten Fällen sind es nicht ‚niedrigqualifizierte' Tätigkeiten, sondern qualifizierte, die als solche aber oft unterbewertet und unterbezahlt sind" (S. 253).

Vor diesem Hintergrund ist es um so bemerkenswerter, dass in den Debatten um eine Ausweitung des Niedrigqualifikations- resp. Niedriglohnbereichs keineswegs auf entsprechend veränderte neue Anforderungsprofile an einfache Tätigkeiten verwiesen wird, die solche Personaleinsatz- resp. Abgruppierungsstrategien begründen würden. Vielmehr wird die Anreicherung von einfachen Tätigkeiten (Mischarbeit) sowie die Professionalisierung der sozialen Dienstleistungen in den letzten Jahrzehnten – sowie die Eingruppierung und Vergütung nach Ausbildungsniveau – als Fehlentwicklung kritisiert, die rückgängig gemacht werden müsse. Dabei wird – exemplarisch in der EKD-Studie 2002 – im Wesentlichen auf beschäftigungspolitische Gründe (Arbeitsplätze für niedrig Qualifizierte) und Kostengründe (Refinanzierungsprobleme der sozialen Dienste) verwiesen:

> „Zu den großen Erfolgen in der inhaltlichen Gestaltung sozialer Dienste zählt ihre Professionalisierung. Historisch hat es eine Weile gedauert, bis klar wurde, dass auch die Zuwendung zum Menschen nicht nur guten Willen erfordert, sondern auch fachliche Qualifikationen. Als dann in der Nachkriegszeit Menschen mit einfacher Qualifikation von den Fließbändern der Industrie angezogen wurden, kam ein neuer Aspekt hinzu. Über die Professionalisierung und die damit verbundene Qualifikation versuchte man die sozialen Dienste attraktiv zu machen. Da es schwierig war, Arbeitskräfte für einfache Hilfstätigkeiten zu gewinnen, wurden deren Aufgaben in professionell orientierte Arbeitsplätze integriert. Es entstanden die so genannten Mischarbeitsplätze, die wegen ihrer Höherwertigkeit durchaus positiv eingeschätzt wurden.
> Im Nachhinein erwies sich dies als Fehlentwicklung. Im industriellen Strukturwandel wurden Menschen mit einfacher Qualifikation arbeitslos. Für sie gab es dort keine Beschäftigungsmöglichkeiten mehr. Ein ähnlicher Prozess spielte sich in Teilen der sozialen Dienste ab, auch hier wurden insbesondere Menschen mit einfachen Qualifikationen ausgegliedert, zum Teil weil sie relativ teuer geworden waren.
> Mit dieser Entwicklung ist die Frage nach dem Verhältnis von professionell qualifizierter Tätigkeit zu einfacher Tätigkeit neu gestellt. ..." (EKD-Studie 2002, S. 22 f.)

Obgleich von allen Verbänden unisono eine „leistungsgerechtere" und „stärker aufgabenbezogene" Vergütung eingefordert wird, ist es bisher noch nicht gelungen, neue – tätigkeitsadäquate – Leistungsbeschreibungen der sozialen Tätigkeiten zu formulieren. Eine tarifpolitische Neubewertung der personenbezogenen Tätigkeiten gibt es im Moment ebenso wenig wie ein ernsthaftes Interesse an der Erstellung einer arbeitswissenschaftliche Analyse über neue Anforderungen und (z.B. psycho-soziale) Belastungen auch bei den so genannten einfachen personenbezogenen Tätigkeiten. Unsere These ist daher, dass die allgemein propagierte weitere Ausweitung des Niedriglohnbereichs in der Sozialwirtschaft sich mehr oder weniger ausschließlich aus der Suche nach Einsparmöglichkeiten im Personalbereich ergibt. Angesichts der enger werdenden Finanzspielräume wird vor allem nach Möglichkeiten gesucht, die Personalkosten deutlich zu verringern.

Exemplarisch wird dies von der Mitarbeitervertretung eines großen Sozialunternehmens dargestellt:

„Wir sehen bei uns eine immer stärkere Differenzierung der Aufgaben und der Lohnniveaus: Bei bleibend hohen fachlichen Ansprüchen werden immer weniger Fachkräfte eingestellt, dafür beobachten wir eine Tendenz zur Einstellung von Hilfskräften und zur Einführung von Niedriglöhnen. Es entstehen auch immer neue Helferberufe bzw. sie werden vermehrt eingestellt: Man sucht nach Möglichkeiten einer zunehmenden Aufspaltung von komplexen Tätigkeiten. Zum Beispiel: Erzieherinnen plus Kinderpflegerinnen und Sozialhelferinnen für die ‚Alltagstätigkeiten' wie Füttern, Waschen, Ankleiden, Erledigung von Besorgungen ..."

4.2.6 Auswirkungen der „Hartz-Gesetze" auf die Bewertung der sozialen Dienstleistungen

Diese Tendenzen zur Aufspaltung ganzheitlicher sozialer Dienstleistungen werden durch die aktuellen Arbeitsmarkt- und Sozialreformen („Hartz-Gesetze") noch einmal nachhaltig verstärkt.

Dabei stand zunächst die Umwandlung von Vollzeit- und Teilzeitstellen in kleinteilige, prekäre Beschäftigungsformen im Vordergrund. Bereits im ersten Jahr nach Inkraft-Treten der Hartz-Gesetze I und II ist eine Vielzahl von Mini- und Midijobs sowie von Ich-AGs im sozialen Sektor entstanden, die im sozialen Sektor fast ausschließlich von Frauen besetzt sind.[22]

Mit der Einführung der so genannten Ein-Euro-Jobs – „Hartz IV" – werden sich die Rahmenbedingungen für die sozialen Berufe noch einmal deutlich verändern. Es steht zu vermuten, dass sich damit die Trennlinien zwischen qualifizierten Tätigkeiten und unterstützenden Einfachst-Tätigkeiten noch weiter vertiefen werden. Denn die Ein-Euro-Jobber/innen sollen vor allem in den Bereichen Jugendhilfe, Sozialarbeit und Altenpflege flächendeckend eingesetzt werden und (nicht nur) die wegfallenden Stellen der Zivildienstleistenden und ABM-Kräfte ersetzen.

Vor dem Hintergrund des dramatischen Personalabbaus der letzten Jahre bei Wohlfahrtsverbänden und Kommunen wird befürchtet, dass verstärkt auch Fachkräfte durch Ein-Euro-Jobs ersetzt werden sollen.

Damit aber – so Norbert Hocke, stellvertretender Bundesvorsitzender der GEW – sinke die Bildungsqualität in den Kindertagesstätten weiter:

„Wir können nicht Bildung, Erziehung und Betreuung jeweils einzelnen Kräften zuordnen. Man kann den Kindern nicht die Auswahl lassen, ob sie gerade Lust

---

22 So ergab eine Auswertung der Bundesknappschaft vom März 2004, dass im Wirtschaftszweig „Gesundheits-, Veterinär- und Sozialwesen" 83,5% der geringfügig Beschäftigten weiblich sind (www.minijob-zentrale.de).

auf Bildung, Erziehung oder Betreuung haben und sich dann das jeweilige Personal greifen. Das ist absurd."[23]

Ähnliche Einwände gelten für Sozialarbeit wie auch für Pflegedienstleistungen. In dem Maße, wie die zeitintensive „Arbeit am Menschen" abgespalten wird von „qualifizierter" Tätigkeit, verstärkt sich die Tendenz, dass Professionalität und Beziehungsarbeit (ursprünglich der „Kern Sozialer Arbeit") immer stärker von einander separiert werden. Die unmittelbare Arbeit am und mit Menschen wird zunehmend als einfache Hilfstätigkeit klassifiziert, die als schlecht bezahlte Jobs oder auch im Rahmen unentgeltlich geleisteter, ehrenamtlicher „Jede-Frau"-Tätigkeit ausgeübt wird. Das aber verstärkt nur noch einmal das gesellschaftliche Vorurteil, dass es sich bei sozialer Zuwendung um eine bloße Zutat, nicht aber um einen integralen Bestandteil Sozialer Arbeit handle und bedeutet eine schleichende Abwertung der personenbezogenen Dienstleistungen.

4.2.7 Frauen im Reinigungs-, Catering-, Küchenbereich: Beschäftigte ohne Lobby?

Zentrale Kritikpunkte der Träger und Verbände am BAT sind dessen „Starrheit" und der „mangelnde Leistungsbezug" (vgl. Pkt.1.8). Die Arbeitgeber und Dienstgeber sind daher bereits jetzt bestrebt, eine stärkere Leistungsdifferenzierung und Lohnspreizung einzuführen. Dabei soll insbesondere für den mittleren und höheren Einkommensbereich das Prinzip der „leistungsorientierten Entlohnung" eingeführt werden. In diesem Sinne gab es in den letzten Jahren verschiedene Ansätze zur Erprobung von materiellen Leistungsanreizsystemen; bisher werden diese allerdings nach unseren Erkenntnissen noch nirgendwo umgesetzt. Hier liegen demnach keine Erfahrungen vor.

Faktisch konzentrieren sich die Aktivitäten daher auf die Einführung bzw. den Ausbau des Niedriglohnbereichs, also die Absenkung des Einkommensniveaus bei den unteren Lohn- und Gehaltsgruppen. Aus Sicht der Arbeitgeber und Dienstgeber stellt dies die einzige Möglichkeit dar, angesichts dramatisch sinkender Refinanzierungsstrukturen (Pflegesätze!) und der zunehmenden Konkurrenz privater Träger wettbewerbsfähig zu bleiben und am Markt zu überleben. Betroffen sind davon im Wesentlichen die hauswirtschaftlichen Bereiche (Küche, Catering, Reinigung) sowie „einfache Hilfstätigkeiten" im Bereich Kinder- und Altenpflege. Es handelt sich also Domänen der Frauenarbeit im sozialen Dienst.

Hier versuchen derzeit alle Sozialunternehmen, durch Umgehung der Tarifstrukturen Kosten zu sparen, um – vor dem Hintergrund der drastisch gesunke-

---

[23] „Ein-Euro-Jobs für Kinderbetreuung. Pädagogik zum Billiglohn?" (Interview in der Jungen Welt vom 9. September 2004).

Personalpolitik im Spannungsfeld 175

nen Refinanzierungsstrukturen – dem zunehmenden Druck der privaten und anderen nicht-tarifgebundenen Anbieter Stand halten und sich am Markt behaupten zu können. Dies geschieht bei den tarifgebundenen oder am BAT orientierten Trägern insbesondere durch Ausgründungen oder Ausgliederungen (Umwandlung in „Service-GmbHs").

Die kirchlichen Verbände haben für diesen Bereich Sonderregelungen geschaffen, die ihnen eine Absenkung der Löhne und Gehälter erlauben, ohne diese Bereiche aus dem kirchlichen Unternehmen ausgliedern zu müssen. Dies ist beim Caritasverband in der Anlage 18 zum AVR geregelt; bei der ev. Kirche und DW gibt es die so genannten W-Gruppen (Beschäftigte im Wirtschaftsbereich) bzw. BA-Gruppen (Mitarbeiter/innen in besonderen Arbeitsbereichen). Die Arbeitsrechtlerin Feldhoff (2002) geht davon aus, dass die Sonderregelungen der kirchlichen Träger für diese Beschäftigtengruppen Signalwirkungen auch für andere Bereiche haben werden. Sie erläutert und kommentiert dies wie folgt:

BA-Gruppen

„Mit Wirkung zum 1. Januar 2002 hat die Arbeitsrechtliche Kommission Rheinland-Westfalen-Lippe neue Vergütungsregelungen für Mitarbeiterinnen und Mitarbeiter in ‚besonderen Arbeitsbereichen' beschlossen. Die neuen Regelungen gelten für Mitarbeiter/innen in ‚handwerklichen, landwirtschaftlichen und hauswirtschaftlichen Hilfstätigkeiten' bei verfasster Kirche und Diakonie, sowie diakonischen Einrichtungen in eigener rechtlicher Trägerschaft (e.V., gGmbH), wenn sie Mitglied des Diakonischen Werkes Westfalen sind.

Die Einführung der BA-Gruppen wird damit begründet, dass eine Ausgliederung (Outsourcing) verhindert werden soll. Um dieses Ziel zu erreichen, sind Kündigungen bis zum 31.1.2007 wegen Outsourcing und dadurch bedingten Wegfall der Arbeitsplätze nicht zulässig.

Bewertung der BA-Gruppen

- BA-Gruppen bedeuten einen Ausstieg aus dem Entgeltniveau des öffentlichen Dienstes mit der Folge von erheblichen Einkommensreduzierungen zum Teil in Höhe von mehreren hundert Euro.
- BA-Gruppen bedeuten niedriges Einkommen vor allem für Frauen. Ihr Anteil an den Betroffenen liegt bei 90-100%; beim Anstellungsträger Landeskirche ist z.B. von 83 Beschäftigten nur ein Mann betroffen.
- BA Gruppen bedeuten kein existenzsicherndes Einkommen, sondern verfestigen die Arbeitsvergütungen der Frauen als ‚Zuverdienst'. ... Teilzeit-Beschäftigung ist im hauswirtschaftlichen Bereich schon fast die Regel.

Selbst bei einer Vollzeit-Beschäftigung ist eine Existenzsicherung für ledige Frauen kaum zu erreichen ...
- BA-Gruppen bedeuten einen Paradigmenwechsel im Vergütungssystem der Ev. Kirche und ihrer Diakonie in Westfalen. ... den Einstieg in eine neue Vergütungsstruktur. An die Stelle der Steigerungen durch Lebensalter und Bewährung treten Festbeträge und Leistungszulagen. Nur die Sozialzuschläge erinnern an das alte Gefüge. Es ist deutlich, dass dieser strukturelle Bruch mit dem BAT-KF das vorrangige Motiv für die Einführung der BA-Gruppen ist. ... Es geht um ein neues Entgeltsystem und die BA-Gruppen sind der erste Schritt auf dem Weg; weitere werden in Kürze folgen, wahrscheinlich zunächst im Bereich der ambulanten Diakoniestationen.
- BA-Gruppen mit der Möglichkeit der Leistungszulage bedeuten die Weitergabe der Anforderungen eines ‚Sozialmarktes' an die Beschäftigten. ... Nun hat niemand etwas dagegen einzuwenden, wenn besondere Leistungen von Beschäftigten – ... – durch höheres Entgelt honoriert werden. Aber: die Kriterien und Maßstäbe müssen feststehen und dies ist bei den Dienstleistungen ungleich schwieriger als im Produktionsbereich. Wie wird z.B. die ‚besondere Leistung' einer Reinigungskraft bestimmt? Hier liefern die BA-Gruppen keine Anhaltspunkte; ... (die Einschätzung erfolgt) im alleinigen Ermessen der Dienststellenleitung, (was den) Eindruck von ‚Nasenprämien' (erweckt)" (Feldhoff 2002, S. 58-60).

Anlage 18

Auch bei den Caritasverbänden wurden speziell für geringfügig Beschäftigte Tarifkorridore eingeführt, die eine Öffnung nach unten zulassen, die von den Einrichtungen nach eigenem Bedarf bzw. Belieben zu definieren ist. Insbesondere diese Absenkung der Vergütung in Abs. 3 § 3 für die unteren Lohn- und Gehaltsgruppen ist zwischen Dienstgeber- und der Mitarbeiterseite hoch umstritten. In der Anlage 18 („Ordnung für geringfügig beschäftigte Mitarbeiter") der Richtlinien für Arbeitsverträge in den Einrichtungen des Deutschen Caritasverbandes, AVR, heißt es dazu:

„(3) Im ausdrücklichen Einvernehmen und nach Belehrung über die sich in sozialversicherungsrechtlicher Hinsicht ergebenden Folgen sowie über das Widerrufsrecht kann
    a)   eine von Absatz 1 abweichende geringere Vergütung vereinbart werden,
    b)   von den Regelungen über die Gewährung von Zulagen, Zeitzuschlägen und Weihnachtszuwendungen einzelvertraglich abgewichen werden."

In einem Info des „AK-Info-Teams" vom 20. Juni 2002 wird die Anlage 18 von den Mitarbeitervertretungen heftig kritisiert und als „gesetzwidrig" bezeichnet;

Personalpolitik im Spannungsfeld 177

sie führen – so die Argumentation – zu einer willkürlichen Absenkung der Vergütung von Geringverdiener/inne/n:

„Gar nichts mit dem BAT oder den anderen KODAen hatte die Dienstgeberseite am Hut, als es um die bereits zugesagte Abschaffung der gesetzwidrigen Anlage 18 ging. Der wollten sie, wenn überhaupt, nur dann näher treten, wenn für die betroffenen Einrichtungen und Branchen gleichzeitig Billiglohntarife als Ersatz geschaffen würden. Die abgesenkten Vergütungen für die Geringverdiener würden somit zur Grundeingruppierung auch für alle Teilzeit- und Vollzeitkräfte werden. Der von der Dienstgeberseite vergötterte ‚Markt' und die ‚Konkurrenzfähigkeit' rechtfertigen offenbar jede soziale Ungerechtigkeit." (Arbeitsgruppe Öffentlichkeitsarbeit der Mitarbeiterseite in der Arbeitsrechtlichen Kommission des Deutschen Caritasverbandes)

Ausgründungen im kirchlichen Bereich

Neben diesen Sonderregelungen gibt es auch im kirchlichen Bereich Beispiele für Ausgründungen, was – wie im folgenden Fall beschrieben – für die betroffenen Mitarbeiter/innen faktisch auch den Verlust jeder Interessenvertretung beinhaltet. Einige der von uns befragten Mitarbeitervertretungen machten darauf aufmerksam, dass gerade die Beschäftigten der untersten Einkommensgruppen sozusagen ohne Lobby seien. Weil sie nicht mehr zur Kernbelegschaft zählen, würden sie auch in den Debatten um die Neugestaltung des Tarifrechts einfach „vergessen".

„Im Kreis X haben kürzlich Arbeitgeber ein Genehmigungsverfahren beim bischöflichen Generalvikariat eingeholt. Damit sind sie jetzt zwar zu 51% noch beteiligt an dieser outgesourcten Einrichtung, wenden aber nicht mehr das MAV-Gesetz an; es handelt sich dabei in der Regel um Bereiche wie Reinigungskräfte, Küchenkräfte etc. Und dann kommt es sehr oft vor, dass sie gar nichts mehr haben, überhaupt keine Vertretung – weder MAV noch BR. Denn die haben nur noch Überleitungsverträge und haben nun Angst, dass sie ihre Arbeitsplätze ganz verlieren. Sowohl MAV als auch Gewerkschafter haben in diesem Fall versucht, die Mitarbeiter zu aktivieren, aber die wollen nicht, haben teilweise auch gar nicht die intellektuellen Fähigkeiten, sich mit dem Arbeitsrecht zu beschäftigen.
Die sagen dann, mir ist das egal, ich halte den Mund, manche können ja auch den Mund gar nicht aufmachen, weil sie der deutschen Sprache nicht mächtig sind." (BAG Caritas)

4.2.8 Zur Diskussion um die Neugestaltung des Tarifrechts

Vor dem Hintergrund der geschilderten Entwicklungen (Abkehr vom „Besserstellungsverbot", Erosion der „Leitwährung BAT") ist die Diskussion nach einem neuen, leistungs- und anforderungsgerechteren Entgeltsystem entbrannt. Diese Suche beschäftigt seit einigen Jahren alle Wohlfahrtsverbände – bisher haben die Überlegungen zur Einführung neuer Tarifsysteme jedoch noch nicht zu greifbaren Ergebnissen geführt. In den kirchlichen Verbänden Diakonie und Caritas sind die Debatten um die Zukunft des „Dritten Weges" neu entfacht worden; dabei unterscheiden sich wiederum die Überlegungen der Kirchen grundsätzlich von denen der Verbände, was die Einigung auf gemeinsame tarifpolitische Strategien noch zusätzlich erschwert.

Faktisch wird vielfach – wie oben geschildert – der scheinbar einfachste Weg eingeschlagen: Schaffung von Wettbewerbsvorteilen durch Nicht-Einhaltung und Unterlaufen der Tarife (Prekarisierung, Dumpinglöhne, Ausgründungen von Betriebsteilen). Da es sich im Bereich der sozialen Dienstleistungen aber nicht um einen „echten" Markt, sondern um politisch überformte quasi-marktliche Strukturen handelt – die Kostenstrukturen werden nicht über den Wettbewerb ausgehandelt, sondern als „politische Preise" vorgegeben –, kann dies auf Dauer keine tragfähige Strategie sein. Solche Individualstrategien tragen letztlich zur Selbstzerstörung der Anbieter und zu einer Auflösung der Trägerlandschaft „von innen" bei. Dies ist, jenseits aller tarifpolitischen Auseinandersetzungen, auch den Tarifparteien klar: Als Verhandlungspartner sitzen der Gesetzgeber bzw. die Versorgungssysteme (Arbeitslosen-, Renten-, Kranken- und Pflegeversicherungen) sozusagen immer mit am Verhandlungstisch.

Positionen der Tarifparteien

Bei allen Verbänden der Freien Wohlfahrtspflege herrscht Einigkeit in der Überzeugung, dass der BAT in seiner bisherigen Fassung den neuen Anforderungen nicht mehr gerecht werde. Die zu erbringenden Leistungen der Träger stehen hinsichtlich ihres Umfangs, ihrer Qualität und ihres Preises verstärkt unter Wettbewerbs- und Legitimationsdruck (Stichwort: Einführung von Kontraktmanagement). Desgleichen aber müssen die Personalkosten im Verhältnis zu den Arbeitsanforderungen resp. -leistungen neu begründet werden. Welche Gestaltungserfordernisse, welche Gestaltungsfreiheiten bestehen also auf Seiten der Einrichtungen, welche bei den Sozialpartnern? Was muss getan werden, um hier weiter zu kommen? „Wir brauchen" – so stellvertretend für alle ein Vertreter des Caritasverbandes – „eine Reform hin zu einer aufgabenorientierten und wettbewerbsgerechten Vergütung, die sich an den tatsächlichen Bedürfnissen orientiert, die am Arbeitsmarkt da sind".

Kritisiert werden von den Spitzenverbänden übereinstimmend vor allem die folgenden Punkte:

- die „aus dem Gedanken der Beamtenalimentation entwickelte Grundstruktur" (Versorgungsorientierung, Alimentationsprinzip),

Personalpolitik im Spannungsfeld 179

- die familienbezogenen Bestandteile,
- das Lebensaltersstufenprinzip,
- der fehlende Leistungsbezug/Bewährungsaufstiege,
- die Kompliziertheit bzw. Unübersichtlichkeit der Regelungen,
- die Eingruppierungsautomatik.

Auch von Seiten der Gewerkschaften GEW und ver.di steht außer Zweifel: Das Tarifsystem BAT ist nicht mehr zeitgemäß, eine Modernisierung daher überfällig.

Vor diesem Hintergrund ist das Tarifsystem BAT in Bewegung geraten und soll bis 2005 in wesentlichen Punkten reformiert werden. Bereits seit mehreren Jahren steht eine grundlegende Modernisierung des BAT auf der Agenda der Tarifparteien des öffentlichen Dienstes, die auch für den Wohlfahrtssektor eine Signalwirkung haben dürften. Die Verhandlungen zwischen Arbeitgeber- und Gewerkschaftsseite sind derzeit noch nicht beendet. Wir dokumentieren daher im Folgenden die Vereinbarungen, auf die man sich bereits geeinigt hat (Stand: September 2004).

Grundsatzeinigung der Tarifparteien zur Eckeingruppierung

Die – nach dem Ausscheiden der Tarifpartner der Länder (TdL) neu zusammen gesetzte – Lenkungsgruppe des Neugestaltungsprozesses für das künftige Tarifrecht des öffentlichen Dienstes hat im Sommer 2004 eine Grundsatzeinigung zur Eckeingruppierung sowie zur Arbeitszeitregelung erzielt.

Arbeitgeber und Gewerkschaft stimmen darin überein, dass durchschaubare, zeitgemäße und gerechte Regelungen geschaffen werden müssen. Das neue Tarifrecht wird einfacher und zudem stärker tätigkeitsorientiert sein als in der Vergangenheit: Bei entsprechenden Fähigkeiten soll eine gleichwertige Tätigkeit auch zur gleichen Bezahlung und Eingruppierung (leistungsgerechte Bezahlung) führen. Die Arbeitszeitregelungen werden deutlich flexibilisiert. Dabei wird an der Dauer der bisherigen Wochenarbeitszeit festgehalten.

Als „vorläufige Ergebnisse", die in weiteren Verhandlungen noch weiter zu konkretisieren sind, stehen bisher – nach Information der Gewerkschaft ver.di – folgende Punkte fest (Stand: September 2004; vgl. Übersicht 1).

4.3 Personalpolitik im Spannungsfeld zwischen steigendem Kostendruck und höheren Arbeitsanforderungen

Auch unterhalb der Schwelle rechtlicher oder tariflicher Änderungen vollzieht sich auf breiter Ebene ein Prozess der Flexibilisierung sozialer Tätigkeiten. Dieser Prozess wird von den Wohlfahrtsverbänden selbst aktiv vorangetrieben

Übersicht 1a: Verhandlungsstand zur Eingruppierung

Bewährungs-, Zeit- und Tätigkeitsaufstiege entfallen.
Vorschriften zur Eingruppierung und Einreihung von Arbeiter/innen und Angestellten werden vereint.
Das Tarifrecht soll Benachteiligungen abbauen.
Zentrale, bundesweite Vorschrift zur Eingruppierung kann in Landesbezirken ausgestaltet werden.
Es gibt 15 Entgeltgruppen. Die Eck-Eingruppierungen sind:
- E 5 für Tätigkeiten, die eine dreijährige (oder vergleichbare) Ausbildung voraussetzen,
- E 9 für Fachhochschul- und Bachelor-Abschlüsse,
- E 13 für wissenschaftliche Hochschul- und Master-Abschlüsse.

System wird durchlässiger für Beschäftigte ohne Ausbildung, aber in entsprechenden Tätigkeiten.
Führung auf Zeit oder Probe wird möglich von der ersten Heraushebungsgruppe E 10 an (Fachhochschul-Abschluss). Sie bringt deutlich höheres Entgelt als direkte Eingruppierung.

Übersicht 1b: Verhandlungsstand zur Arbeitszeit

Wochenarbeitszeit bleibt bei 38,5 Stunden im Westen und 40 Stunden im Osten.
Wochenarbeitszeit wird vermindert um dienstplanmäßig ausgefallene Stunden an Wochenfeiertagen.
Pause bei Wechselschicht wird bezahlt.
Arbeitszeitkorridor und Rahmenarbeitszeit schaffen mehr betriebliche Flexibilität (nicht bei Schicht oder Wechselschicht), innerhalb dieses Rahmens werden keine Überstundenzuschläge gezahlt. Eingeführt wird dies auf betrieblicher Ebene.
Mit Arbeitszeitkonten können Beschäftigte Arbeitszeit individuell gestalten, bei Krankheit werden Stunden nicht vom Konto abgebucht, Zeitzuschläge können in Zeitguthaben umgewandelt werden, gebucht wird nur auf Wunsch des/der Beschäftigten.
Mit Betriebs- oder Dienstvereinbarungen werden Details vor Ort geregelt.
Überstunden werden ausgeglichen bis zum Ende der darauf folgenden Woche, bei Schicht- und Wechselschichtarbeit wird's täglich oder im Turnus des Schichtplans geregelt.

Quelle: Ver.di: Neugestaltung tarifRECHT öffentlicher Dienst. Informationen für Beschäftigte bei Bund, Ländern und Gemeinden. September 2004.

und unterstützt. Auf Einrichtungsebene – und damit für die Beschäftigten – führen die geschilderten Aushöhlungstendenzen des BAT bzw. BAT-KF und damit das Nebeneinander unterschiedlichster arbeitsvertraglicher und Vergütungsregelungen daher zu einer zunehmenden Zersplitterung und zu einer verstärkten Ungleichbehandlung der Beschäftigten – je nach Handlungsfeld, Träger (öffentlich/privat) und Verbandszugehörigkeit der Träger.

Dieser Deregulierungstrend gilt mit Vorrang für die ostdeutschen Bundesländer, die hier Vorreiterfunktion wahrnehmen, in zunehmendem Maße aber auch

Personalpolitik im Spannungsfeld

für die westdeutschen Länder, und zwar auch da, wo die Tarifbindung offiziell noch nicht in Frage gestellt wird. Hier ist – wie von allen Gesprächspartnern, mit besonderer Vehemenz aber von den Interessenvertretern, hervorgehoben wird – eine erhebliche Grauzone entstanden. Entsprechend wächst die Bedeutung einzelbetrieblicher personalpolitischer Strategien und Lösungswege.

Von den Interessenvertretungen der Mitarbeiter/innen wird diese Entwicklung zwar in der Regel als eine notwendige Anpassungsleistung an die veränderten politischen und ökonomischen Rahmenbedingungen im Großen und Ganzen akzeptiert, doch wird auch mit Skepsis beobachtet, ob und inwieweit die Modernisierungsprozesse einseitig zu Lasten der Beschäftigten gestaltet werden. Dabei heben sie insbesondere auf die Zunahme der Arbeitsbelastungen bei geringerer Bezahlung wie auch auf die Prekarisierung der Beschäftigungsverhältnisse ab.

Auch von Seiten der Personalverantwortlichen wird das zugrundeliegende Dilemma konstatiert, dass sie nämlich vor „steigenden Anforderungen bei sinkenden Einnahmen" stehen: „Führungskräfte im sozialen Bereich üben sich an der Quadratur des Kreises." (Evangelischer Pressedienst 2002, S. 4)

Auf Verbands- wie auf Einrichtungsebene muss vor diesem Hintergrund nach neuen Wegen in der Organisations- und Personalentwicklung gesucht werden:

> „Wenn man sich einmal überlegt, dass es sich bei über 80% der Kosten in unserem Bereich um Personalkosten handelt, und wir mit nur dieser Personalarbeit – im Guten wie im Schlechten – unsere Kostenstrukturen beeinflussen können, dann kann man sich vorstellen, wo eigentlich das Gewicht der Strategien eines Verbandes hingehen muss. Neben den wirtschaftlichen und organisatorischen Überlegungen ist eine intelligente Personalpolitik das A und O. Wir haben dazu seit Jahren schon verschiedene Modelle ausprobiert und umgesetzt. Dabei ist vor allem wichtig, dass das von den Spitzen her – also auf Geschäftsführungsebene, aber auch auf Einrichtungs- und Abteilungsebene – als Proprium angesehen wird und auch als Leitbild tatsächlich vorgelebt wird. Das muss auch mutig angegangen und umgesetzt werden.
> Wenn man also wirklich davon überzeugt ist, dass die Mitarbeiter unser ‚Humankapital' sind, dann muss man da sehr viel investieren." (Geschäftsführung eines örtlichen Caritasverbandes)

Was aber bedeutet „intelligente Personalpolitik" im sozialen Dienstleistungssektor? Wie kann Personalpolitik strategisch aktiv und gestaltend betrieben werden, wenn die äußeren Rahmenbedingungen – und damit die vorgegebenen, nur wenig beeinflussbaren Variablen des eigenen Handelns – sich als so unstet und unkalkulierbar darstellen wie zur Zeit? Ähnlich wie auf tarifpolitischer und Verbandsebene heißt auch auf Träger- und Einrichtungsebene die Antwort im Wesentlichen: Destandardisierung, Erhöhung der Mobilität und der Flexibilität (durch eine Flexibilisierung der Beschäftigungsverhältnisse, der Arbeitszeiten, der Arbeitsorganisation, der Einsatzorte).

Notwendigerweise bewegen sich die personalpolitischen Strategien daher immer auf der schmalen Gratwanderung zwischen neuen Zumutungen einerseits und Motivierung der Mitarbeiter andererseits. Komplementär zu den vehementen Problemen, die eine diskontinuierliche („hire and fire") Beschäftigungspolitik für die Mitarbeiter/innen bedeutet, besteht aus Arbeitgebersicht die negative Kehrseite einer radikalen Flexibilisierung im Mangel an konstanten und verlässlichen Personaleinsatzmöglichkeiten. Gerade in den Bereichen, die ohnehin von hoher Fluktuation und von Fachkräftemangel gekennzeichnet sind (z.b. in Krankenhäusern und Altenheimen), ist eine weitere Destabilisierung und Demotivierung äußerst kontraproduktiv. Konsequenterweise ist in diesen Bereichen der Druck – und die Bereitschaft der Arbeit-/Dienstgeber – offenbar am größten, neue Lösungsmodelle zu entwickeln.

4.3.1 Deregulierung, Pluralisierung und Fragmentierung der Arbeits- und Beschäftigungsverhältnisse

Flexible Arbeitszeiten (Sonntags-, Nacht- und Schichtarbeitszeiten) waren im Sozialsektor schon immer verbreitet. Für viele Segmente der personen- und haushaltsbezogenen Dienstleistungen (Pflege, Jugend- und Familienarbeit, Erziehung ...) ist eine Rund-um-die-Uhr-Bereitschaft geradezu konstitutiv. Die neue Flexibilisierungswelle hat ihre Grundlage dagegen in der Verbetriebswirtschaftlichung der sozialen Dienste, sie stellt eine Reaktion auf die zunehmenden unternehmerischen Risiken dar, nachdem die Entgeltsysteme zunehmend von der Trägervollfinanzierung (Jahresbudgets) auf personenbezogene Finanzierungsmodelle (z.B. Pflegesätze) umgestellt worden sind und diskontinuierliche Refinanzierungsstrukturen (Programm- und Projektförderung statt Regelförderung) in vielen Bereichen zur Regel geworden sind. In dem Versuch, die verfügbaren Personalkapazitäten möglichst optimal auszunutzen, setzen die Träger nun verstärkt auf flexible Arbeitszeitmodelle und fragmentierte Beschäftigungsformen. Das Ideal einer „atmenden Fabrik", also einer zeitlich und vom Arbeitsvolumen her möglichst frei einsetzbaren Belegschaft, die den schwankenden Konjunkturen und wechselnden Auslastungen ständig flexibel angepasst werden kann, erhält auch in den Sozialunternehmen eine zunehmende Bedeutung. Damit scheint der von Arbeitszeitforscher/inne/n seit längerem konstatierte „Paradigmenwechsel" in der Arbeitszeitpolitik, in dessen Zentrum die Flexibilisierung der Arbeitszeiten steht (vgl. Lehndorff 2003), auch in der Sozialwirtschaft angekommen zu sein.

Die Befristung von Arbeitsverträgen ist insbesondere, aber keineswegs ausschließlich, im Osten mittlerweile üblich geworden, weil auch die Ausschreibungen zeitlich begrenzt sind. Ein Gesprächspartner erläutert diese Entwicklung stellvertretend für viele andere:

„Die Vergabe von Diensten aufgrund von Ausschreibungen erfolgt im Land immer befristet auf eine Dauer von zwei bis fünf Jahren. Der Fall, dass die Ausschreibung nicht verlängert wird und die geschaffene Infrastruktur folglich abgebaut oder umgelagert werden muss, muss schon bei der Bewerbung einkalkuliert werden. Mit den Mitarbeitern werden deshalb nur noch befristete Arbeitsverträge abgeschlossen."

Insbesondere für die Beschäftigten großer und traditionsreicher Sozialunternehmen – so ein Mitarbeitervertreter –

„erfordern diese Entwicklungen ein völliges Umdenken: Lebenslange Beschäftigung, auch über die Generationen hinweg, war bisher üblich und eher selbstverständlich. X ist hier vor Ort der größte Arbeitgeber. Wir hatten üblicherweise in allen Bereichen lange Betriebszugehörigkeitszeiten – auch in den Altenpflegeberufen. Das hat sich jetzt geändert. Es werden praktisch keine unbefristeten Verträge mehr ausgestellt."

Um so wichtiger ist es, nach Modellen zu suchen, die darauf gerichtet sind, auch die Bedürfnisse der Mitarbeiter nach Kontinuität, Planungs- und Beschäftigungssicherheit zu berücksichtigen, die also versuchen, Flexibilisierung und Sicherheit so weit wie möglich zu verknüpfen („Flexicurity") . Da es hierbei um das Austarieren von persönlichen und betrieblichen Bedarfen, zwischen persönlich gewünschter und betrieblich diktierter Arbeitszeitgestaltung geht, handelt es sich um einen äußerst sensiblen Bereich. Dies gilt insbesondere in einer Branche, in der weit überwiegend Frauen beschäftigt sind, wo also die Vereinbarkeit zwischen Familien- und Berufsleben eine besonders große Rolle spielt.

Um in der Konkurrenz zu privaten Anbietern überhaupt bestehen zu können, so wird am folgenden Beispiel deutlich, ist es für die Träger unerlässlich, gut ausbalancierte Flexibilisierungsstrategien zu entwickeln.

„Dass wir – gerade im Bereich der Altenhilfe – überhaupt noch gegenüber den Privaten konkurrenzfähig sind und unsere Kostenstrukturen einigermaßen im Griff behalten, verdankt sich unseren ausgeklügelten Arbeitszeitregelungen, den intelligenten Arbeitszeitmodellen. ...
Wir haben grundsätzlich in allen Bereichen flexiblere Arbeitsverhältnisse in neuen Arbeitsverträgen. Das bedeutet z.B., dass wir in den Stellen, die jetzt neu zu besetzen sind, z.B. in Sozialstationen, in denen wir früher eine Stelle mit 38,5 Wochenstunden hatten, einen festen Vertrag für 36 Stunden im Jahresschnitt machen. Dazu haben wir Arbeitszeitkonten, verteilt über das ganze Jahr, wo bei Bedarf auf bis zu 38,5 Wochenstunden – tariflich vergütet – aufgestockt werden kann. Aber innerhalb dieses Vertrags ist das variabel gestaltet. Eine Flexibilität in Bezug auf die Arbeitszeiten ist insbesondere auch erforderlich in der Alten-

pflege. Dabei müssen sich die Arbeitszeiten der Mitarbeiter nach den Bedürfnissen der Bewohner richten, das ist der erste Grundsatz, dann kommen die Bedürfnisse der Mitarbeiter, z.b. der Frauen mit Familienpflichten. Wenn wir früher in den Altenwohnheimen eine Arbeitszeit von 7 bis 13.30 Uhr hatten, dann ist das jetzt nicht mehr möglich, sondern die Einsatzpläne sind entsprechend der Spitzeneinsatzzeiten gestaltet, also z.b. morgens und mittags mehr als zu anderen Tageszeiten. Mit diesem System haben wir zwei große Aufgabenbereiche aufrecht erhalten können: Insbesondere standen die Sozialstationen zur Disposition. 1995, mit der gesetzlichen Veränderung, das stand damals auf der Kippe; wir hatten innerhalb eines Jahres enorme finanzielle Einbrüche, die zu Veränderungen gezwungen haben. Wir mussten damals auf der Leitungsebene (Overhead-Kosten) ebenso nachdenken wie über eine verstärkte Flexibilität beim Einsatz der Mitarbeiter. Nur so können wir diese Systeme auf Dauer halten. Und wir nehmen nach wie vor Abstand von Honorarverträgen und von befristeten Stellen.

Wir haben zur Zeit einen Wiederbesetzungsstop bei den Stellen, die aktuell von Kürzungen betroffen sind (Unsicherheit bzgl. der Landesmittel). Wir sprechen aber keine präventiven, betriebsbedingten Kündigungen aus und wollen das auch auf absehbare Zeit auf keinen Fall tun. Aber das wird zunehmend schwieriger, verbandsweit, nicht nur bei uns." (GF Caritasverband)

4.3.2 Labilisierung und Diskontinuität von Arbeitsverträgen – Planungsunsicherheit als Normalität

Schon seit einigen Jahren lässt sich feststellen, dass – vor allem in den ostdeutschen Bundesländern – überwiegend Teilzeitstellen angeboten werden, während Vollzeitstellen tendenziell rückläufig sind. Insbesondere in den ostdeutschen Bundesländern handelt es sich dabei häufig um eine vom Arbeitgeber erzwungene Arbeitszeitreduzierung. Mittlerweile ist davon auszugehen, dass sich in den sozialen Dienstleistungsunternehmen ein breites Spektrum verschiedenster Arbeitsverhältnisse mit höchst unterschiedlicher institutioneller Absicherung auffinden lässt. Dazu gehören die Befristung von Voll- und Teilzeitstellen ebenso wie atypische resp. prekäre Beschäftigungsformen – von geringfügiger Beschäftigung (Mini- und Midijobs) über (schein-)selbstständige Tätigkeiten (Ich-AGs, Honorarkräfte etc.). Dabei gehen die Teilzeitbeschäftigungen in den unteren Lohn- und Gehaltsgruppen teilweise nahtlos in die finanziellen Größenordnungen von Minijobs über („Armutslöhne").[24]

---

24 Mit besonderer Aufmerksamkeit wird in Zukunft auch die Entwicklung der Ein-Euro-Jobs im sozialen Bereich zu beobachten sein. insbesondere sind – allen offiziellen Dementis der Wohlfahrtsverbände zum Trotz – Dequalifizierungs- und Substitutionseffekte zu erwarten (vgl. Kap. 4.2.6).

Personalpolitik im Spannungsfeld

Es gibt also eine zunehmend größere Bandbreite von traditionellen – relativ stabilen – und hoch labilisierten Beschäftigungsverhältnissen; diese sind abhängig vom Einrichtungstyp und dessen Refinanzierungsmodalitäten, aber auch von den personalpolitischen Strategien der Verbände resp. der einzelnen Träger. Während in den Handlungsfeldern, in denen nach wie vor mit einem relativ kontinuierlichen Mittelfluss der Auftraggeber gerechnet werden kann, der Trend zur Flexibilisierung noch nicht so deutlich ausgeprägt ist, sind andere Bereiche stärker im Visier. Hier wirken vor allem die projektförmig finanzierten Aufträge und die Refinanzierung auf Fachleistungsstunden-Basis destabilisierend.

Immer mehr Einrichtungen sehen sich vor dem Problem, dass sie ihre fest angestellten Mitarbeiter/innen nicht mehr zuverlässig refinanzieren können:

„Unser Problem aber ist jetzt und in Zukunft: Wie kann man diese Auftragsschwankungen, diese Risiken, das Unplanbare ausgleichen, wie können wir in einer solchen Situation noch steuern? Wir sehen z.B., dass wir im nächsten Monat 100 Stunden nicht finanzieren können, aber was sollen wir jetzt machen? Die Leute sind ja bei uns beschäftigt in diesem Bereich. Wenn man das umrechnet, dann entsprechen 1.700 Fachleistungsstunden einer Planstelle, das sind so die Größenordnungen. Und da müssen wir uns überlegen, wie wir künftig solche Probleme behandeln können.
Das können die Träger nicht alleine entscheiden, da müssen auch andere mit ran. Insbesondere müssen wir mit den Mitarbeitern Gespräche führen. Die müssen da mitziehen, müssen Verantwortung übernehmen, mit darüber nachdenken, wie sie längerfristig finanziert werden können, also auch nicht nur bis zum nächsten Monat mitdenken. Dass sie aber über das ganze Jahr hinaus ausgelastet sein müssen, das lernen sie erst ganz allmählich, das wird den Mitarbeitern so langsam jetzt klar, dass sie da auch Mitverantwortung tragen, das können wir als Träger nicht allein. Wenn die Aufträge nicht da sind, müssten wir sonst ja Leute entlassen, wir können ja keine Bank überfallen. Nur durch mehr Flexibilität der Mitarbeiter können wir diese Risiken bewältigen. Das heißt natürlich, dass sie auch tatsächlich mehr Gestaltungsspielräume bekommen müssen.
Und das heißt auch tendenziell, dass die Mitarbeiter stärker nach Leistung finanziert werden müssten, nicht wie bisher nach BAT. Wer sich mehr engagiert, sollte auch mehr bekommen. Bisher gibt es ja nach BAT nur die Instrumente Änderungskündigung oder Entlassung." (Geschäftsführung eines Jugendhilfeträgers)

Insbesondere in den Qualifizierungs- und Beschäftigungsgesellschaften stellt sich die Beschäftigungssicherheit zur Zeit als besonders prekär dar, weil bei ihnen innerhalb kürzester Zeit Personal in großer Zahl freigesetzt wurde und wird. Hier droht die drastisch gestiegene (fachlich hoch qualifizierte) Konkurrenz auf dem Arbeitsmarkt tendenziell zu einer zunehmenden Prekarisierung der Beschäftigungsverhältnisse bei Dumpinglöhnen zu führen.

So berichtet der Mitarbeiter einer relativ großen regionalen Qualifizierungs- und Beschäftigungsgesellschaft, dass sich die Geschäftsführung vor dem Hintergrund der Einbrüche und ständig wechselnden Programme gezwungen sieht, Teile des Mitarbeiterstammes periodisch (vorsorglich) zu kündigen, solange Anschlussaufträge und -finanzierungen nicht gesichert sind:

„Seit neun Jahren bin ich hier bei der Einrichtung X beschäftigt; gestern habe ich buchstäblich meine sechzehnte Kündigung erhalten."

Selbst die „fest" angestellten Mitarbeiter/innen sehen sich also einer ständigen Bedrohung ihrer Weiterbeschäftigung ausgesetzt.

Mitarbeitervertretungen und Betriebsräte beurteilen die damit verbundenen negativen Folgewirkungen in der Regel deutlich skeptischer als die Personalverantwortlichen. So schildert der Gesamtbetriebsrat eines großen AWO-Verbandes am Beispiel der Altenheime aus seiner Sicht die Folgen des „drastischen Stellenabbaus", der seit zehn bis fünfzehn Jahren stattfindet:

„Seit Einführung des Pflegegesetzes sind beim Personal Kürzungen um 70% vorgenommen worden, was großenteils darüber umgesetzt wurde, dass Vollzeit- in Teilzeitstellen umgewandelt wurden. Damals sind von den 4.000 Beschäftigten noch 99% Vollzeitbeschäftigte gewesen, jetzt sind Teilzeitverträge völlig normal.
Damit hat der Arbeitgeber es geschafft, seinen Personalkörper flexibel einsetzen zu können (zur Abdeckung der Spitzenzeiten: vormittags und abends und Verhinderung von ‚Leerlaufzeiten'). Diese jetzt nicht mehr vorhandenen Zwischenzeiten wurden früher dazu genutzt, Angebote für die Heimbewohner zu machen. Jetzt sind diese Freiräume gestrichen, alles, was unter die Rubrik ‚Kommunikationstätigkeiten' fällt, gibt es jetzt nicht mehr: Das ist bei den Pflegesätzen nicht berücksichtigt, wird also nicht mehr bezahlt (‚Funktionspflege'). Damit geht der ganzheitliche Ansatz kaputt, der soziale, menschliche Aspekt der Pflege wird auf ein Minimum reduziert. Die Alten werden reduziert auf ihren Pflegezustand. Dieser neue Umgang mit den Heimbewohnern wird durch die Tendenz zur Teilzeitbeschäftigung noch verschärft: während die Pflegekräfte früher mit den Leuten ‚zusammen gelebt' haben – oft mehr als mit der eigenen Familie –, sind sie jetzt nur noch stundenweise im Heim beschäftigt.
Außerdem werden heutzutage neue Arbeitsverträge fast durchwegs befristet ausgestellt – häufig für einige Monate, bis zu max. ein Jahr. Länger als zwei Jahre kann man daher mittlerweile bei der AWO nicht beschäftigt sein (Kettenverträge!). Dies hat natürlich seinerseits wieder Auswirkungen auf die Durchführung der Arbeit: Die ‚Job Mentalität' ändert sich, die ‚Corporate Identity' wird ausgehöhlt. Wer in den AWO-Seniorenheimen beschäftigt ist, identifiziert sich weniger als früher mit seiner Arbeit, aber ebenso wenig mit der AWO als Einstellungsträger."

Personalpolitik im Spannungsfeld

4.4 Folgen für die Soziale Arbeit

Im Zuge der Einführung Neuer Steuerungsmodelle und der durch Kostensenkungsstrategien verursachten Einsparungen in der Sozialen Arbeit ist die Veränderung der Arbeitsbedingungen und der Arbeitsvollzüge in sozialen Diensten ein dauerhaft diskutiertes Thema. Insbesondere nimmt mit der Vermarktlichung sozialer Dienste die Bedeutung von administrativen bzw. betriebswirtschaftlichen Arbeiten insgesamt erheblich zu. Von einem „dramatischen Entwertungsprozess der Profession" (Karges/Lehner 2003, S. 333) ist in diesem Zusammenhang die Rede und es wird eine Re-Taylorisierung der Arbeitsvollzüge befürchtet, in der nach industriellem Vorbild die in sozialen Berufen Tätigen zu Rationalisierungs-Akteuren des Stellenabbaus und der Intensivierung von Arbeit gemacht werden (vgl. Krölls 2000). Schaarschuch (2000) prognostiziert vor diesem Hintergrund eine zunehmende „Polarisierung von Management und ausführender Sozialarbeit".

Im Einzelnen wird in diesen Debatten auf folgende Veränderungen hingewiesen, die für die zukünftige Entwicklung der Sozialen Arbeit prägend sein dürften:

- Verringerung des Umfangs und der Qualität der Leistungen;
- Absenkung des Bezahlungsniveaus;
- Erhöhung der zu bearbeitenden Betreuungsfälle für die einzelnen Mitarbeiter;
- Zunehmende Erosion des Normalarbeitsverhältnisses;
- Zunahme des Einsatzes von „geringqualifizierten" Arbeitskräften nach dem „bewährten Muster" der Pflege;
- Zuwachs an bürokratischen Elementen der Tätigkeit durch aufwändige Produktbeschreibungen, Dokumentations-, Berichts-, Abrechnungs- und Kontrollverfahren zwischen Kostenträgern und Leistungserbringern.

Diese Hypothesen und die darin enthaltenen Implikationen einer zunehmenden geschlechtsspezifischen Segregation des sozialen Dienstleistungsbereichs waren Ausgangspunkt für unsere empirischen Untersuchungen (vgl. dazu auch die Ergebnisse der schriftlichen Befragung, Kapitel 5). Dabei lässt sich zeigen, dass sich diese Tendenzen für die Berufsgruppe der Sozialarbeiter/Sozialpädagoginnen (bisher) nicht ohne weiteres belegen lassen.

4.4.1 „Managerialisierung" der Sozialen Arbeit: Kontraktmanagement, Qualitätsmanagement, Casemanagement

Durch die Anwendung von neuen Verfahren zur Steuerung, Controlling, Qualitätssicherung und Dokumentation der Sozialen Arbeit (Implementierung von Leistungsverträgen – „Kontraktmanagement") verändern und erweitern sich die

Anforderungen an ausführende Soziale Arbeit wie auch an Geschäftsführungs- und (mittlere) Managementfunktionen.

Soziale Arbeit ändert damit ihren Charakter: Nicht nur das Wohl des Klienten und die Standards der eigenen Fachlichkeit, sondern die Effizienz der geleisteten Arbeit werden zum Kriterium für Qualität (Wirksamkeitsorientierung). Unter dem Druck der „leeren Kassen" ist dieser Prozess gleichbedeutend mit einer Infragestellung der gesellschaftlichen Finanzierung und damit des Fortbestands Sozialer Arbeit in ihrer bisherigen Form. Die rechtzeitige Neu- und Umorientierung wird vielfach zur Frage des eigenen Überlebens. Dabei ergeben sich je nach Einsatzgebiet und Tätigkeitsfeld erhebliche Unterschiede.

Für die betroffenen Mitarbeiter/innen ist dieser Umstellungsprozess oft mit mentalen (Selbstverständnis-)Problemen, immer aber mit erheblichen Mehrbelastungen verbunden. Dazu gehören organisatorische und administrative Aufgaben sowie aufwändigere Fallbearbeitung und -dokumentation (Case-Management), Projektakquisition und -abwicklung (Kontaktaufnahme, Verhandlungen mit den Kontraktpartnern, neue Verfahren der Antragstellung und Abrechnung), Strategien zur Kundenwerbung, Marktbeobachtung etc., die Einführung und Pflege von Qualitätssicherungssystemen, moderierende Aufgaben, Zusammenführung und Verknüpfung von Funktionen (Teamarbeit). Dabei ist davon auszugehen, dass diese neuen Funktionen nicht additiv zu den traditionellen Tätigkeiten hinzutreten, sondern – vor dem Hintergrund von Personalabbau und Stellenkürzungen – integrativ bewältigt werden müssen: durch unbezahlte Mehrarbeit, Einschränkung bisheriger Tätigkeitsgebiete oder Delegation von Arbeitsaufgaben (z.B. an Ehrenamtliche).

4.4.2 Einsatz von neuen Steuerungs- und Controllingverfahren: „Retaylorisierung"?

In unseren Fallstudien konnten wir beobachten, dass die Einführung betriebswirtschaftlich orientierter Steuerungsinstrumente gegenwärtig noch nicht so weit fortgeschritten ist, dass damit eine tatsächliche inhaltliche Steuerung der Berufsvollzüge im Sinne einer „Re-Taylorisierung der Arbeitsvollzüge" möglich wäre (vgl. Kap. 3).

Denn in den von untersuchten Fallbeispielen werden die Instrumente neuer Steuerung (Controllingverfahren, Berichtswesen) zwar auf die freien Träger als Leistungserbringer ausgedehnt, sie dienen aber zum gegenwärtigen Zeitpunkt primär der Reflexion zielgerichteter beruflicher Interventionen und der Organisationspraxis. Ein Beispiel aus Stadt X verdeutlicht dies:

> „Im Rahmen des neuen Controllingverfahrens der Stadt X erstellen wir vierteljährlich Produktberichte (in Form von Strichlisten über unsere Tätigkeiten in den Familien), die an das Jugendamt gehen und dem Jugendhilfeausschuss vor-

Personalpolitik im Spannungsfeld 189

gelegt werden. ... Aus unserer Sicht steht dabei der Transparenzgewinn – nicht etwa die Einführung eines bezirksübergreifenden Benchmarking – im Vordergrund, was wir selbst auch ausdrücklich befürworten. Dafür ist ein Mehr an Dokumentation der Preis. Wir sehen das aber eher pragmatisch: Das ist Teil unserer Arbeit, es gibt einen gesellschaftlichen Auftrag und von daher gibt es auch eine legitime Anforderung an entsprechende Rückmeldung. Das ist mit den bisherigen Instrumenten noch nicht gewährleistet.

Auf Basis der Daten, die jetzt und künftig erhoben werden, ist ein bezirksübergreifender Vergleich durchaus möglich, allerdings nicht bis auf die Ebene der Tätigkeiten von einzelnen Mitarbeitern. Wir haben damit kein Problem, auch keine Befürchtungen, dass wir als Träger anders kontrolliert und stärker gesteuert werden sollen als bisher."

Von einer Reorganisation personenbezogener sozialer Dienstleistungen im Sinne einer „Industrialisierung sozialarbeiterischer Tätigkeit" (Fabricant/Burghardt 1992, zitiert bei Schaarschuch 2000, S. 155) kann insofern (noch) nicht die Rede sein. Dennoch führt der Einsatz von neuen Steuerungs- und Controllingverfahren auch zu neuen Anforderungen an die Arbeitsorganisation und die Arbeitsinhalte und beinhaltet daher auch im Kern ein neues Berufsverständnis Sozialer Arbeit. Soziale Arbeit steht insbesondere unter einem neuen Legitimationsdruck und muss stärker als bisher darauf achten, die Leistungen transparent zu machen, was oft mit erheblichem Dokumentationsaufwand verbunden ist.

Dies wurde in unseren Fallstudien, zum Beispiel in einem Gruppengespräch mit Sozialarbeiter/inne/n eines Fachverbandes ausdrücklich thematisiert. Dabei zeigte sich, dass die Implikationen der neuen Effizienzorientierung im Einzelfall sehr unterschiedlich interpretiert werden. Ob es sich dabei um eine Deprofessionalisierung oder um eine neue Form der Professionalität handelt, wird sehr unterschiedlich interpretiert (vgl. dazu auch die Ergebnisse der schriftlichen Befragung, Kap. 5).

4.4.3 Paradigmenwechsel: „Geld für Leistung", Trend zur Wirksamkeitsorientierung

Die Einführung von Kontraktmanagement, der Trend zur Ausschreibung von Projekten und von definierten Leistungen sowie die Bezahlung nach Fachleistungsstunden bedeuten eine grundsätzliche Umstellung des Koordinatensystems, in dem sich Sozialarbeit und Sozialpädagogik bisher bewegt haben.

Von Seiten der Verbände, aber auch von den einzelnen Beschäftigten, werden diese Entwicklungen hin zur Ergebnis- oder Wirksamkeitsorientierung insgesamt sehr unterschiedlich beurteilt. Viele freie Träger sehen sich durch die neuen Vorgaben, die ihnen im Rahmen von Kontraktmanagement gemacht werden, in ihrer bisherigen fachlichen Arbeit nicht mehr ausreichend gewürdigt: Bei der damit einhergehenden Neubewertung der Fachlichkeit von Sozialer Arbeit würden deren bisherige fachliche Standards nicht mehr anerkannt. Die Effektivität von Maßnahmen, deren Qualität bisher unbestritten war, stehe neuerdings unter einem ganz generell formulierten Legitimationsdruck:

> „Was wir im Zusammenhang mit der output-orientierten Steuerung zur Zeit überwiegend wahrnehmen, ist nicht die Kontinuität unserer bisherigen Beziehungen zwischen den Freien Trägern und der Verwaltung, sondern ein Bruch mit allen bisherigen Maßstäben: Wir beobachten, dass die Effektivität der Jugendhilfe generell bezweifelt wird. Das gab es früher nicht." (Kirchlicher Fachdienst)

Sozialarbeit gerate so tendenziell in eine gesellschaftliche Defensivposition, weil sie sich an Vorgaben halten bzw. messen lassen müsse, die nicht realistisch seien. Verantwortlich dafür sei, so in diesem Beispiel der Vertreter eines Fachdienstes, eine teilweise viel zu pauschale (politische) Zielsetzung, die praktisch nicht zu realisieren sei, nun aber verstärkt den freien Trägern überantwortet und angelastet würde.

> „Wenn hier zum Beispiel beschlossen wurde, dass nach zwei Jahren Schluss sein muss mit der Heimunterbringung, dann halten wir das für sehr problematisch. Dieses Versprechen ist von keinem Träger einzuhalten, der seriös arbeitet".

Andere sehen gerade darin eine Chance, sich perspektivisch und nachhaltig am Markt neu zu positionieren, indem sie die Leistungsfähigkeit Sozialer Arbeit im Sinne einer neu definierten Wirksamkeit unter Beweis stellen, ohne darüber ihre Identität als werteorientierte Träger zu verlieren (ausführlicher siehe dazu unten).

4.4.4 Ausdifferenzierung des Berufsbildes Soziale Arbeit durch Flexibilisierung der Personaleinsatzstrategien

Die im Rahmen der Fallstudien erhobenen Trends machen deutlich, dass sich ein verändertes Tätigkeitsprofil abzeichnet, das insbesondere durch eine zunehmende Vielfältigkeit und Ausdifferenzierung der Aufgaben und Zuständigkeiten charakterisiert ist. Das Berufsbild der Sozialarbeiter/Sozialpädagogen wird zunehmend diffuser. Für die Mitarbeiter/innen in den Sozial- und Jugendämtern verändert sich ihr Arbeitszuschnitt ebenso wie für Mitarbeiter/innen bei den Trägern, jedoch wiederum stark variierend je nach Einrichtung und Handlungsfeld.

So berichtet der Jugendamtsleiter einer ostdeutschen Kommune, dass sich – komplementär zu den Ausgliederungen – die Arbeitsanforderungen an die im Jugendamt verbliebenen Mitarbeiter, und damit deren berufliches Selbstverständnis, gravierend verändern. Nicht alle seien diesen Anforderungen gleichermaßen gewachsen:

"Mit der zunehmenden Ausgliederung von Einrichtungen der Jugendhilfe aus der Zuständigkeit der Kommunalverwaltung hin zu freien Trägern verändert sich das Personal und die Anforderungen an das städtische Personal: In der Verwaltung müssen zunehmend Leute sitzen, die sich in Vertragsrecht, Vertragsgestaltung, Formulierung von Leistungskontrakten, Controlling auskennen. Es gibt Sozialarbeiter, denen bereitet das körperliche Schmerzen, dann gibt es aber auch Leute, die gut in Rechtskategorien denken können."

Im Wesentlichen sind drei komplementäre Tendenzen zu beobachten:

- *Generalisierung* im Sinne einer unspezifischen Ausweitung der Tätigkeitsfelder,
- *Spezialisierung* der Tätigkeiten und der erforderlichen Qualifikationen,
- *Marginalisierung* durch Verdrängungseffekte von oben wie von unten.

Diese Ausdifferenzierung von Funktionen beinhaltet sowohl vertikale als auch horizontale Anreicherungen der Tätigkeiten bzw. Schwerpunktverschiebungen, die aus internen Reorganisations- und Rationalisierungsmaßnahmen, aber auch aus externen Veränderungen resultieren. Sie kann also sowohl eine Aufwertung bedeuten (vermehrte Übernahme von Führungspositionen, die früher überwiegend oder ausschließlich Akademiker/inne/n mit Universitätsabschluss vorbehalten waren) als auch eine Abwertung im Vergleich zum bisherigen Status (Übernahme von niedriger wertigen und/oder niedriger bezahlten Funktionen). Es lassen sich zudem Tendenzen zu einer Anreicherung mit gleichwertigen, aber im traditionellen Verständnis „berufsfremden" Tätigkeiten erkennen. Dazu gehören insbesondere administrative, Dokumentations- und Verwaltungsaufgaben.

All diese Trends beinhalten im Umkehrschluss aber auch die Gefahr der Marginalisierung, das heißt die Ersetzbarkeit der eigenen Profession durch andere Berufs- oder Funktionsgruppen .

Arbeitsverdichtung durch Arbeitsanreicherungen (job enlargement, job enrichment)

„Die Arbeitsverdichtung nimmt bei uns seit Jahren ständig zu, die Leute müssen immer mehr leisten."

Diese Aussage wiederholt sich so oder ähnlich bei fast allen Gesprächspartnern. Grund dafür sind neben den Sparmaßnahmen der Kostenträger insbesondere die zusätzlichen Anforderungen, die sich in erster Linie aus den zunehmenden Dokumentations- und Verwaltungstätigkeiten ergeben. Alle Beteiligten gehen daher davon aus, dass sich beide Trends (mehr Arbeitsaufwand bei geringerer Bezahlung) auch künftig fortschreiben werden.

Dabei können die zeitlichen Anteile für solche – bisher als „berufsfremd" klassifizierten – Leistungen von den Gesprächspartnern in der Regel nur schlecht quantifiziert werden; die Schätzwerte schwanken in großer Bandbreite.

"„... Ich mache seit 34 Jahren Sozialarbeit und ich beobachte, dass in den letzten zehn Jahren die Voraussetzung von Verwaltungshandeln immer mehr standardisiert und mit Papier hinterlegt worden ist. Die gesamten Hilfeplanverfahren sind ja standardisierte Verwaltungsverfahren. Und im Rhythmus von bis zu sechs Wochen müssen die alle immer wieder aktualisiert werden. Es ist einfach nun so, dass ein immenses Abarbeiten an Papier notwendig ist, um dem Gesetz und den Verwaltungsaufgaben gerecht zu werden.

...Das Fachcontrolling ist im Grund ersetzt worden durch das Erstellen und die Fortschreibung dieser Hilfepläne – ein immenser Verwaltungsaufwand!! Und er nimmt uns die Zeit weg, die wir eigentlich für Betreuungsarbeit brauchen. Ich glaube, das sind eher mehr als 50% der Arbeitszeit, die wir auf diese Verwaltungsaufgaben verwenden müssen." (Leiterin eines Fachdienstes)

„...Allein schon der Controllingprozess, das ist ein gigantischer Zusatzaufwand, früher lief das irgendwie so nebenbei, jetzt geht das nicht mehr."

Andere schätzen den Anteil der notwendigen Verwaltungsleistungen auf „20% der Tätigkeiten – das ist grauenhaft". (Gruppengespräch Sozialdienst)

Zu betonen ist aber auch, dass der Mehraufwand als solcher überwiegend zwar als lästig, aber von der generellen Zielsetzung her nicht als negativ betrachtet wird: Sowohl die Schaffung von mehr Kostentransparenz als auch die Einführung von Qualitätsstandards und Kontrollmechanismen werden als notwendig angesehen und auch die verstärkte Rechenschaftspflicht gegenüber dem Auftraggeber wird durchweg akzeptiert. Beklagt wird letztlich weniger der Verwaltungsaufwand als solcher, sondern eher deren substitutiver Charakter.

Die Abteilungsleiterin eines katholischen Fachdienstes erläutert dies:

„Bei uns klagen alle über den gewachsenen, hohen Verwaltungsanteil. Den Mitarbeitern ist das immer zu viel! Sie sind sehr ungern mit diesen Arbeiten beschäftigt. Sicherlich ist der Aufwand auch gestiegen, es sind immer mehr Formblätter auszufüllen: Antragsformulare, EDV-Erfassung der wirtschaftlichen Verhältnisse, der Protokolle über die Fachgespräche und des ersten Hilfeplans; das bedeutet pro Fall sicherlich einen Tag Arbeit. Zudem sind die Fallzahlen gestiegen, die Arbeit wird schnelllebiger, es müssen viel mehr HzE-Fälle eingeleitet werden.

Aus meiner Sicht ist das alles aber vor allem eine Frage des Zeitmanagements und der inneren Haltung, der Einstellung dazu. Solche Klagen über Mehrarbeit und zu viel Papierkram höre ich nun schon seit zehn Jahren. Aber das muss eben sein, dazu sind wir gesellschaftlich verpflichtet, und wir sind auch davon überzeugt, dass dies richtig und notwendig ist."

Übernahme von mehr Verantwortung

Eine andere Dimension der – vertikalen – Arbeitsanreicherung besteht in der Übernahme von mehr Verantwortung, z.B. durch die Übertragung von Aufgaben

Personalpolitik im Spannungsfeld 193

der Kommune (z.B. nach § 76 KJHG). Die Arbeit wird dadurch vielfach als anspruchsvoller und qualitativ höherwertig erlebt.

„Uns sind ja viele neue Aufgaben übertragen worden. Wir haben jetzt z.b. das gesamte Hilfeplanverfahren übernommen, wir führen die Gespräche mit den Familien, überlegen mit den Familien, welche Art von Hilfe möglich ist und erstellen dann die Hilfepläne bzw. sind für die Fortschreibung der Hilfepläne zuständig. Da müssen wir natürlich jetzt detailliert nachweisen, wofür wir das Geld ausgeben.

Das heißt, wir haben jetzt mehr Kompetenzen, was natürlich mit mehr Verwaltungsaufwand verbunden ist; das eine bedingt das andere. Unsere Arbeit ist sicher umfangreicher und aufwändiger geworden, aber sie ist auch anspruchsvoller als früher – ich sehe darin eine echte Qualitätssteigerung. Man ist wirklich für alles zuständig und kann nichts mehr delegieren, deshalb muss man in diesem Bereich dann auch immer ganz fit sein. Insbesondere muss man die Gesetze und die Rechtsprechungslage ganz genau kennen, um zu wissen, welche Möglichkeiten durch die neuen Gesetze für die Familien gegeben sind und worauf sie Anspruch haben." (Mitarbeiterin eines Fachdienstes)

Unter diesem Aspekt wird der zusätzliche Dokumentations- und Verwaltungsaufwand oft auch ausdrücklich als entlastend angesehen, weil dies mehr Sicherheit im eigenen Tun gewährleiste.

„Wir werden ja auch zur Verantwortung gezogen, zum Beispiel wenn die Rechtmäßigkeit des Verfahrens vor Gericht angezweifelt wird. Deshalb ist das gut, dass alles, was wir tun, jederzeit überprüfbar ist."

Mehr Mobilität in Bezug auf die Einsatzbereiche

Bei den Trägern und Einrichtungen, so scheint es, werden Sozialarbeiter/Sozialpädagoginnen überall da eingesetzt, wo unspezifische neue Bedarfe auftauchen, die keinem der vorhandenen Berufsbilder unmittelbar zuzuordnen sind. Mehr oder weniger gravierende Neuorientierungen ergeben sich zudem dort, wo die öffentliche Finanzierung für sozialpädagogische Beratung und Begleitung wegbricht und für vorhandenes Personal nach neuen Verwendungsmöglichkeiten beim Einstellungsträger gesucht wird oder werden muss. Dabei handelt sich also nicht unbedingt um neue sozialarbeiterische Funktionen, sondern um das Bemühen, frei gewordenes Personal intern anderweitig einzusetzen. Angesichts des flächendeckenden Wegbrechens der öffentlichen Finanzierung von „sozialpädagogischer Betreuung" scheint dieser Trend aber durchaus verbreitet zu sein.

So konstatiert die EKD-Studie vom November 2002 – als Konsequenz aus den Rationalisierungsmaßnahmen der letzten Jahre – die Tendenz: „Verwaltungskräfte wurden zu Lasten der sozialpädagogischen Fachkräfte eingespart."

Eine Betriebsrätin bestätigt dies aus ihrem Erfahrungshintergrund für den Bereich Altenheime:

„Das Tätigkeitsfeld für unsere Mitarbeiter/innen im sozialen Dienst hat sich in den letzten Jahren radikal verändert; alles was an Kommunikation und Krisenintervention noch stattfindet, ist aus dem Alltagsgeschäft konsequent heraus verlagert worden. Geronto-psychiatrische Gruppen gibt es mittlerweile in keinem unserer Seniorenheime mehr. Die Sozialarbeiter sind bei uns in ihrer täglichen Arbeit fast ausschließlich beschäftigt mit Formalien, mit besserer Verwaltungsarbeit sozusagen: Heimaufnahme, Anamnese, formelle Begleitung der Heimbewohner bis zu ihrem Auszug/Tod."

4.4.5   Einbindung von Ehrenamtlichen

Unter den neuen personalpolitischen Vorzeichen wird auch nach neuen Formen der internen Arbeitsteilung gesucht (Zerlegung in Teilaufgaben). Nicht zuletzt geht es dabei auch darum, wie ehrenamtliche Kräfte stärker eingebunden und gezielter eingesetzt werden können, um die Dienstleistungen für die Klientel zu verbessern und das Personal in seiner laufenden Arbeit zu unterstützen. Insbesondere ist zu beobachten, dass versucht wird, die „Arbeit am Menschen" von der professionellen Sozialen Arbeit sozusagen abzuspalten und an Ehrenamtliche zu übertragen, so weit dies möglich ist bzw. sinnvoll erscheint. Die neuen Arbeitsaufgaben und die damit verbundene neue Arbeitsteilung verlaufen also weniger denn je in den bisher definierten „traditionellen" Berufsgrenzen, sondern entgrenzen bisherige Berufs- und Handlungsfelder.

Im Folgenden wird diese Strategie näher erläutert. Der Einsatz von Ehrenamtlichen wird in diesem Fallbeispiel als überwiegend entlastend empfunden, weil gezielt versucht werde, Arbeitstätigkeiten so zuzuschneiden, dass ehrenamtlich Tätige einen definierten Part übernehmen, der für die professionellen Kräfte aus Zeitgründen nicht mehr oder nicht mehr so intensiv wie früher zu erledigen ist:

„Die Erfahrungen ... zeigen, dass die Aufgaben für die Ehrenamtlichen sehr klar definiert sein müssen. Es muss ein begrenztes Aufgabenfeld sein. ... In der Wohnungsvermittlung geht es zum Beispiel darum zu ermitteln, wer hat welchen Wohnungsbedarf, was gibt der Mietspiegel her, wie ist der finanzielle Rahmen, der durch die Sozialhilfe festgelegt ist. Dann werden die Zeitungsangebote studiert und gemeinsam mit dem Betroffenen geguckt, ob was für ihn drin ist; die telefonieren für die Hilfebedürftigen mit den Wohnungsträgern oder potentiellen Vermietern. ...
Wo die Ehrenamtlichen nicht weiter kommen, ist, wenn weiter gehende Hilfen nötig sind; bei Klienten, die außer dem Wunsch nach einer neuen Wohnung noch andere Probleme haben. Das, glaube ich, erkennen die Professionellen schon eher und veranlassen dann gleich, dass entsprechende Termine vereinbart

Personalpolitik im Spannungsfeld 195

werden. Bei den Ehrenamtlichen funktioniert das im Einzelfall auch, aber die Beratungsqualität ist in dieser Hinsicht auf einem anderen Niveau. Das thematisieren wir immer wieder und machen auch die Wege deutlich, insofern investieren wir auch in eine regelmäßige Begleitung und den Erfahrungsaustausch, wir lassen die Ehrenamtlichen da nicht alleine. ...
Die Ehrenamtlichen haben mehr Zeit, können sich daher oft intensiver auf Gespräche und Themen einlassen als dies die Professionellen auf ihrer Schiene tun können. In der Wohnungsberatung könnten wir dieses Angebot ohne die Ehrenamtlichen vermutlich in der Form überhaupt nicht mehr vorhalten."

In anderen Verbänden ist eine solche Strategie erst als eine denkbare Option ins Auge gefasst, die aber bisher noch nicht konkretisiert wurde.

„Ehrenamtliche Mitarbeit gibt es bei uns nur ganz ausnahmsweise. In unserem Bereich haben wir dafür nicht so die Möglichkeiten wie in anderen Fachdiensten. Ich kann mich an einen Fall erinnern, wo sich eine Patientin den goldenen Schuss gesetzt hat, da hat sich ein Ehrenamtlicher bei der Reha mit eingeklinkt, vor allem, was die körperliche Reha betrifft. Aber Hausaufgabenbetreuung oder so etwas, das fällt bei uns eher nicht an.
Insofern haben wir aber auch nicht das Problem, dass wir im Einsatz von Ehrenamtlichen eine Dequalifizierungs-, Abwertungstendenz für unsere Arbeit sehen könnten. Das ist im Verein aber eine offene Diskussion. Jahrelang hatten wir eigentlich die ehrenamtliche Arbeit überhaupt nicht etabliert. Aber der Verein ist ja vor hundert Jahren entstanden aus dem sozialen Engagement von Ehrenamtlichen (Frauen). Insofern ist uns das gar nicht so fremd. Aber wir hier finden keine entsprechend qualifizierten Leute, die sich engagieren möchten. Der Einsatz Ehrenamtlicher ist aber bei uns schon in der Überlegung. Z.B. in unserem Projekt ‚Pilgerfahrt nach Santiago', da wäre es vielleicht sinnvoll, Ehrenamtliche als Begleitpersonen einzusetzen oder ‚Paddeln für Jugendliche', auch der Einsatz für die Begleitung von Behinderten wird von uns überlegt. Wir denken auch darüber nach, ob wir nicht auf diesem Wege PC-Kurse für sozial benachteiligte Kinder oder Jugendliche anbieten könnten. Das alles spielt aber im Moment für uns aber eigentlich noch keine wesentliche Rolle." (Kirchlicher Fachdienst)

4.4.6 Suche nach neuen Betätigungs- und Beschäftigungsfeldern (und neuen Einnahmequellen)

Vor dem Hintergrund rückläufiger öffentlicher Gelder für Sozialarbeit suchen viele Träger und Einrichtungen verstärkt nach neuen Finanzquellen und/oder nach völlig neuen Einsatz- und Betätigungsfeldern für Soziale Arbeit, um sich an die veränderten gesellschaftlichen Anforderungen anzupassen und ihr eigenes Überleben zu sichern. Hier steht daher die Frage im Vordergrund, wo sich – auch jenseits der traditionellen öffentlichen Förderung – Geschäftsideen finden und realisieren lassen, die sinnvoll erscheinen und sich in das eigene unternehmerische und soziale Leitbild und in die Gesamtkonzeption einfügen lassen. Dabei sollen private Interessenten für die Finanzierung von Sozialdienstleistungen gefunden werden. Dies aber gelingt nur dann und nur in dem Maße, wie sich Soziale Arbeit als eine – wie auch immer – lohnende Investition darstellen kann.

Mit solchen Überlegungen befinden sich die meisten Einrichtungen sicherlich noch ganz am Anfang. Angesichts der zur Zeit rapide zusammenbrechenden Finanzierungsstrukturen des sozialen Bereichs kann man allerdings davon ausgehen, dass Ideen-Wettbewerbe dieser Art in Zukunft verstärkt stattfinden werden. Eine solche Entwicklung, auch dies wird an den Beispielen deutlich, beinhaltet auch ein entsprechendes Umdenken bei den Mitarbeitern über das Selbstverständnis Sozialer Arbeit. Teilweise wird versucht, dadurch den aktuellen Trend zu arbeits- und vertragsrechtlichen Flexibilisierungen zu stabilisieren oder auch, ihm einen neuen Rahmen zu geben.

Hier findet derzeit also ein Prozess des Umdenkens statt: Parallel zum politischen Paradigmenwechsel zum aktivierenden Staatsverständnis sehen auch die Träger und Einrichtungen ihre Zukunft eher in einer präventiven als in einer klassisch „fürsorgenden" sozialpädagogischen Orientierung. Dazu zwei Beispiele:

„In unserem Projekt geht es um Prävention zur Verhinderung von Wohnungslosigkeit, indem neue Medien (Internet) aktiv genutzt werden sollen, einmal um den freien Wohnungsmarkt besser erschließen zu können, also eine Weiterentwicklung unserer Wohnungssprechstunde und zum Zweiten geht es darum, dass wir mit den Wohnungsbaugesellschaften, also den großen Anbietern hier auf dem Wohnungsmarkt, ins Geschäft kommen wollen. Mit denen wollen wir verhandeln, dass wir als Dienstleister für sie tätig werden: als Makler, wenn jemand umziehen möchte, aber vor allem wollen wir aktiv werden, wenn einer droht, wohnungslos zu werden, weil er aus irgendwelchen Gründen seine Miete nicht mehr bezahlen kann oder auch, wenn es Schwierigkeiten in der Hausgemeinschaft gibt. Dass man also guckt, wieso hat einer ständig Stress mit seinen Nachbarn. Diese Dienstleistungen wollen wir den Wohnungsgesellschaften anbieten. ...

Wir wollen im Grunde keine Kopfpauschalen, sondern wir wollen eine Gesamtdokumentation, wo wir in der Summe der Einzelfälle und eben auch im Einzelfall sagen können, die Mietschulden sind – sagen wir – um 30% gesunken und es lohnt sich, davon 20% an uns weiter zu geben, damit wir diese Arbeit weiter machen können. Wir wollen dokumentieren, auch harte Kriterien haben, wo die Wohnungsgesellschaften sagen, es reicht uns nicht, dass sich die Familie sozial besser fühlt – das ist ihnen zwar vielleicht auch wichtig, aber nicht messbar –, sondern wir können das an den Mietschulden festmachen. Und das wollen wir auch offensiv vorschlagen. ... Es wird eben heute nicht mehr grundsätzlich vor-

Personalpolitik im Spannungsfeld 197

ausgesetzt, dass Soziale Arbeit eine gute Sache ist, von daher wird sie pauschal bezahlt, das läuft heute nicht mehr so." (kirchlicher Fachdienst)

Ein weiteres Beispiel:

„Unsere Vision wäre es, Familiendienstleistungen so anzubieten, dass sie jederzeit abrufbar sind. Sozusagen ein ‚ADAC der Familienhilfen', wobei der Vergleich natürlich hinkt. Was ich aber damit sagen möchte, ist, dass viele Familien einen viel stärkeren Beratungsbedarf haben als dies bisher bekannt ist. Man muss mit der Beratung und den Hilfeangeboten wesentlich früher ansetzen als man dies bisher macht. Zudem müssen wir versuchen, andere Zielgruppen zu akquirieren als unsere traditionelle Klientel: alle haben Familien-, Erziehungsprobleme!
Der Wandel muss aktiv betrieben werden, das ist unsere Devise. Eben darauf zu achten, welche Bedarfe in der Region entstehen und darauf hin mit eigenen Konzepten den Jugendämtern ein Angebot zu machen. Nicht mehr einfach abwarten und enttäuscht sein, wenn die eigenen Angebote nicht mehr nachgefragt werden, sondern etwas Neues entwickeln. Das sind so meine Erfahrungen auch aus den letzten 20 Jahren. Unter Arbeitsmangel in dem Sinne haben wir nie gelitten, sondern wir haben eben das falsche Angebot am falschen Platz gehabt. Für die Mitarbeiter bedeutet das, dass sie mehr von der ausführenden Tätigkeit, also pädagogisch zu denken bezogen auf schon vorhandene Klienten, eher zu dispositiven Fähigkeiten kommen müssen. ... Dies beinhaltet natürlich auch, dass wir andere Anforderungen an unsere Mitarbeiter stellen. Dazu gehört zum einen die Bereitschaft, sich mit verantwortlich zu fühlen, nach neuen Geschäftsfeldern und -ideen Ausschau zu halten etc. Zum anderen gehört dazu aber auch eine stärkere Flexibilität als dies der BAT bisher zulässt. Hier stoßen wir momentan noch auf Schranken: wir können die Mitarbeiter nicht zugleich in den gGmbHs und in den GmbHs beschäftigen, was eine Kombination von tariflicher Absicherung und neuen Risiken (etwa auf Honorarbasis) bedeuten würden. Das verhindert bei uns ein aktueller Gesellschafterbeschluss. Ich glaube aber, dass wir uns in diese Richtung weiter entwickeln müssen, denke zum Beispiel an ein Modell, in dem die Mitarbeiter zur Hälfte über eine halbe Planstelle abgesichert sind und die andere halbe Stelle aufstocken durch einen Honorarvertrag. In dieser Zeit könnten sie auch alle Ideen entwickeln oder kleinere Hilfsdienste anbieten, die nicht ausreichen, um auf Dauer eine ganze Stelle zu finanzieren. Damit wären wir auch in unseren Angeboten wesentlich flexibler." (Ev. Jugendhilfe-Träger)

5. Berufsbilder und Arbeitsvollzüge in der Sozialen Arbeit – Modernisierungsauswirkungen in den sozialen Diensten

Ergebnisse einer schriftlichen Befragung

5.1 Ausgangspunkt und Hypothesen der schriftlichen Befragung

Die auf Bundes- und Landesebene durchgeführten Experteninterviews wie die im Rahmen der Fallstudien geführten Interviews geben nur bedingt Auskunft über den Wandel konkreter Arbeitsvollzüge und neue Formen der Arbeitsorganisation in der Sozialen Arbeit; wie dies von den Fachkräften wahrgenommen und beurteilt wird, ist den Experteninterviews nur sehr bedingt zu entnehmen, da hier verständlicherweise in erster Linie die Sichtweise des Managements abgefragt wurde. Das hat aber auch noch andere Gründe: So sind die Befragten in den Spitzenverbänden auf Bundes- oder Landesebene vor allem mit Fragen der Organisationspolitik befasst und von den praktischen Aspekten und Belangen in der Sozialen Arbeit in den Einrichtungen und Diensten auf örtlicher Ebene „weit weg". Die im Rahmen der Fallstudien befragten Geschäftsführer, (leitenden) Mitarbeiter/innen und Mitarbeitervertretungen der lokalen Wohlfahrtsverbände sind auch wiederum stark mit Organisationspolitik und dem lokalen sozialpolitischen Geschehen befasst; darüber hinaus sind sie für eine Vielzahl sozialer Berufe, die in ihren Organisationen tätig sind, zuständig und differenzieren nicht immer, welche Auswirkungen und Folgen Entwicklungen und Entscheidungen für die jeweils einzelne Berufsgruppe in ihrer Organisation haben könnte. Der Blick auf die Fachkräfte in den genuin sozialarbeiterischen und sozialpädagogischen Arbeitsfeldern ist deshalb häufig überlagert und getrübt durch andere Problemstellungen, die sich der Managementebene in multifunktionalen und multiprofessionellen Organisationen stellen. Die von uns gesammelten Auskünfte über den Wandel der Arbeit in den sozialen Diensten und Einrichtungen waren von daher eher allgemeiner Natur und vielfach schon durch die Brille von Leitungskräften gefiltert.

Will man wissen, wie sich Arbeitsvollzüge in den sozialen Diensten und die Professionalität der Sozialen Arbeit in der Praxis verändert – ein Teilanliegen der Projektfragestellung –, muss man die Untersuchung auch auf die Ebene der Sozialarbeiter/innen herunterbrechen, um auf dieser Ebene Umfang und Ausmaß der Auswirkungen der in der öffentlichen und freien Wohlfahrtspflege laufenden

Modernisierungsprozesse zu erfassen. Um dieser Fragestellung auf dieser Ebene eingehender nachgehen zu können, wurden sozialarbeiterische und sozialpädagogische Fachkräfte Ende 2003 zusätzlich mit einem schriftlichen Fragebogen befragt. Diese Befragung ergänzt und vertieft die qualitativen Interviews, die im Rahmen der Fallstudien (teilweise als Gruppengespräche) geführt worden sind.

In der sozialarbeitswissenschaftlichen und sozialpädagogischen Fachliteratur gibt es seit längerem eine Unzahl von Beiträgen, in denen über die Auswirkungen der Neuen Steuerung auf die Soziale Arbeit oder die Auswirkungen der Modernisierungsprozesse in der Freien Wohlfahrtspflege diskutiert wird. Die empirischen Belege in diesen Diskussionen sind nicht sehr zuverlässig. Selbsterfahrung, Deduktionen oder Selbstbeschreibungen von Organisationsentwicklungsprojekten, die deshalb eher normativ als empirisch angelegt sind, machen einen Großteil der Beiträge aus. Empirische Fallstudien über Handlungsfelder oder einzelne Dienste und Einrichtungen bilden eher die Ausnahme (vgl. dazu diverse Beiträge in der Zeitschrift „Widersprüche"); Befragungen sind noch seltener zu finden (vgl. Karges/Lehner 2003).

Ziel der Befragung war es, zum einen das Berufsbild von Sozialarbeiter/innen und Sozialpädagog/inn/en zu erfassen, und zum anderen den von den Befragten erlebten und wahrgenommenen Wandel der Arbeitsorganisation in den sozialen Diensten sowie den möglichen Wandel des Umgangs mit Klienten zu erfassen. Der Fragebogen bestand aus zwei großen Fragekomplexen: Der erste Teil befasste sich mit der Messung des Berufsbildes der Befragten und mit ihrem Professionalitätsverständnis. Wir ließen uns dabei von der Annahme leiten, dass das Professionalitätsverständnis der berufstätigen Sozialarbeiter/innen mehrdimensional ist und sich nicht unbedingt damit deckt, was die vorgelagerte, für die Ausbildung verantwortliche Disziplin (also die Sozialpädagogik und Sozialarbeitswissenschaft) gewöhnlich als Professionalität diskutiert. Folgt man der Literatur, dann sind es gerade diese von der Disziplin und Profession entwickelten Arbeits- und Handlungsprinzipien, die das Berufsbild und das Professionalitätsverständnis bislang prägen, die aber auch einem durch den Modernisierungsprozess ausgelösten gravierenden Wandel unterzogen werden. Das bislang dominante Berufsbild und Professionalitätsverständnis lässt sich idealtypisch (im Sinne von Max Weber) rekonstruieren und wie folgt beschreiben:

Das so genannte „System organisierten Helfens" hat sich in den letzten 30 Jahren nicht nur quantitativ, sondern auch in qualitativer Hinsicht stark verändert. In quantitativer Hinsicht sind zunehmend mehr Sozialarbeiter/innen und Sozialpädagog/inn/en hauptberufliche Beschäftigungsverhältnisse eingegangen, Soziale Arbeit hat sich akademisiert, Fachhochschulen und Universitäten produzieren angesichts reger Nachfrage seitens der Studierenden kontinuierlich hohe Abgängerzahlen, und auf Grund neuartiger sozialer Problemlagen haben sich Berufsfelder und Tätigkeitsbereiche für das zunehmend akademisch ausgebildete Personal des sozialen Dienstleistungssektors kontinuierlich vermehrt. Auch in qualitativer Hinsicht haben – auf organisatorischer, fachlicher und methodischer Ebene – Veränderungsprozesse der Sozialen Arbeit stattgefunden; es haben sich gerade aufgrund der Hochschulverankerung *fachliche, methodische und organisatorische Standards* entwickelt, die die Arbeitserledigung in der Sozialen Arbeit anleiten.

– Soziale Arbeit ist auf Helfen spezialisiert und sieht sich als sozial- und gesellschaftspolitisch mandatiert: der gesellschaftliche Auftrag der Sozialen Arbeit ist die *Bearbeitung sozialer Ungleichheit*; die Inanspruchnahme der Hilfe, die geboten wird, basiert bis auf wenige Ausnahmen auf *Freiwilligkeit*, und dementsprechend hat sich professionelles Helfen auch zunehmend aus „Zwangskontexten" befreit; es hat sich dadurch auch eine klare Arbeitsteilung zwischen Sozialer Arbeit und Instanzen sozialer Kontrolle (wie z.B. Polizei und Justiz) etabliert.

– Im Zuge der Akademisierung Sozialer Arbeit haben sich zwei Leitdisziplinen für die Soziale Arbeit herausgebildet: die Sozialpädagogik in den Universitäten und die Sozialarbeitswissenschaft in den Fachhochschulen; dadurch – stärker aber wohl durch die Sozialpädagogisierung, die älteren Datums ist – ist das sozialpolitische Ziel der Sozialen Arbeit: nämlich „Hilfe zur Selbsthilfe", inhaltlich stark überformt worden: Die Sozialpädagogik hat neue Ziele und Handlungsprinzipien generiert wie „Lebensweltorientierung" und das durch die Sozialgesetzgebung vorgegebene Ziel „Hilfe zur Selbsthilfe" (vgl. Tilk 2002) auf das Ziel „gelingendes Leben" oder „*Lebensbewältigung*" (was immer mehr als nur Anpassung an gesellschaftliche Normen beinhaltet) verschoben. Die von der Sozialpädagogik vorangetriebene pädagogische Fokussierung beruflichen Handelns hat auf der Ebene des beruflichen Alltags „Lebensweltorientierung" zum Kernbestandteil des Selbstbildes werden lassen, was auf methodischer Ebene „*hermeneutisches Fallverstehen*" zum Kernelement sozialer Arbeit gemacht hat: Soziale Arbeit ist professionalisierte methodengeleitete „Fallarbeit" geworden.

– Es haben sich Handlungsprinzipien etabliert, die es der Sozialen Arbeit schwer machen, ihre Arbeit als Erstellung eines Produktes zu betrachten: Soziale Arbeit versteht sich auch als *Anwalt des Falles*; deshalb soll berufliches Handeln partnerschaftlich mit dem Klienten erfolgen; soziale Arbeit will dem Klienten deshalb mit Toleranz und Akzeptanz begegnen.

– Anerkannt – und in den Sozialgesetzen entsprechend verankert – ist auch der Tatbestand einer *ethisch-normativen Programmierung* der Sozialen Arbeit. Die Durchsetzung pluraler Formen der Leistungserbringung, die Akzeptanz wertrational begründeter Handlungsvollzüge und die Ablehnung einer auf „Kausaltechnologie" abzielenden einseitigen Wirkungsdebatte kennzeichneten u.a. die spezifische „Arbeitskultur" der Sozialen Arbeit.

Angesichts des gesellschafts- und sozialpolitischen Wandels lässt sich fragen, ob sich diese Handlungsprinzipien im Rahmen einer zunehmend auf Wettbewerb programmierten Wohlfahrtspflege, die sich auf dem Weg in die Sozialwirtschaft befindet, noch aufrecht erhalten lassen und wie die Fachkräfte in der Sozialen Arbeit den Wandel mit seinen Herausforderungen und Anforderungen in ihr Berufsbild integrieren. Der erste Teil des Fragebogens fragte nach den Elementen, aus denen sich heute das Berufsbild und Professionalitätsverständnis zusammensetzt, wobei die Frage im Mittelpunkt stand, wie sich die klassische klientenzentrierte autonome Fallarbeit durch die neuen Wirtschaftlichkeitsanforderungen in den sozialen Diensten und den zunehmenden Wettbewerb im Sozialsektor wandeln.

Im zweiten Teil des Fragebogens wurden Fragen zum Wandel der Arbeitsbedingungen und zu den Auswirkungen des zunehmenden Wettbewerbes auf die Organisation und Erledigung der Arbeit in den jeweiligen Tätigkeitsbereichen der Befragten gestellt. Insbesondere wurden so genannten „Modernisierungsfragen" gestellt, um zu erfassen, welche Elemente sich in welchem Umfang mit welchen Auswirkungen tatsächlich in den Einrichtungen und Diensten der Sozialen Arbeit, also im beruflichen Alltag, nachweisen lassen.

5.2 Beschreibung der Stichprobe

Die schriftliche Befragung wurde in Zusammenarbeit mit der Hauptgeschäftsstelle des *Deutschen Berufsverbands für Soziale Arbeit (DBSH)* in Essen vorbereitet. Der DBSH stellte 250 Adressen von Mitgliedern zur Verfügung, die nach dem Zufallsprinzip aus seiner Mitgliederdatei ausgewählt wurden. Verschickt wurden die Fragebögen im November 2003. Insgesamt sind *115 ausgefüllte Fragebögen* zur Auswertung gekommen (nach der ersten Auswertung kamen noch Fragebögen zurück, die aber nicht mehr berücksichtigt wurden). Anzumerken ist, dass bis auf vier Fragebögen alle Antworten aus westlichen Bundesländern kommen; das Sample ist also ausgesprochen „west-lastig" – über die unterschiedlichen Sichtweisen der Beschäftigten in den alten und neuen Bundesländern können deshalb keine Aussagen gemacht werden.

Die ausgewertete Stichprobe lässt sich wie folgt beschreiben:

Qualifikation

Nahezu alle 115 Befragten verfügen über einen Fachhochschulabschluss (Diplom-Sozialarbeiter/in, Diplom-Sozialpädagoge/in). Vereinzelt kommen auch

Abschlüsse wie Diplom-Pädagoge/Diplom-Pädagogin, Diplom- Religionspädagoge/Religionspädagogin, Diplom-Heilpädagoge/Heilpädagogin vor. Fast die Hälfte der Befragten verfügt nach eigenen Angaben über zusätzliche Fort- und Weiterbildungsabschlüsse. Neben therapeutischen Zertifikaten oder Abschlüssen (wie Gesprächsführung, systemische Familientherapie, Suchttherapie, Gestalttherapie, Supervision) werden auch Qualifikationen genannt, die von sozialwirtschaftlicher Bedeutung sind: ca. 18% der Befragten haben einen berufsbildenden Abschluss oder verfügen über Fort- und Weiterbildungszertifikate oder -abschlüsse: z.b. staatlich geprüfter Betriebswirt, Diplom-Betriebswirt, Sozialmanagement (Zertifikat bis Masterabschluss), Fachwirt für Organisation und Führung, Management in sozialen Organisationen, EFQM-Assessor, TQM-Auditor, Sozialsponsoring, Qualitätsentwicklung, Organisationsentwicklung.

Geschlecht

Von den 115 Befragten sind 69 (60%) *weiblichen* und 46 (40%) *männlichen* Geschlechts. Diese Verteilung entspricht ziemlich exakt dem realen Anteil von Frauen und Männern in der Sozialen Arbeit. Von den Frauen arbeiten 26 (38%), von den Männern 6 (13%) in Teilzeit. 17 Frauen (25%), aber lediglich 4 Männer (9%) haben befristete Arbeitsverträge.

Alter

Das Alter der Befragten wurde für die Auswertung nach folgenden Gruppen zusammengefasst: 9% (10) der Befragten sind Berufsanfänger/innen und unter 30 Jahre alt; 35% (40) sind in der Gruppe der 30 bis 39jährigen und 34% (39) gehören der Altersgruppe zwischen 40 und 49 Jahren an; weitere 9% (10) sind in den Fünfzigern (einer der Befragten ist über 60 Jahre alt). Die Gruppe der 30 bis 49jährigen und der 40 bis 49jährigen ist in etwa gleich groß.

Arbeitsverhältnis

Der größte Teil der Befragten (82%, 94) steht in einem *unbefristeten Arbeitsverhältnis*; 18% (21) sind gegenwärtig in einem *befristeten Arbeitsverhältnis* beschäftigt. Von den Befragten haben etwa drei Viertel (das sind 83 der Befragten) einen *Vollzeitarbeitsvertrag* und gut ein Viertel (32 Befragte) haben einen *Teilzeitarbeitsvertrag*.

Dabei ist anzumerken, dass in unserem Sample nur sechs Männer, aber 26 Frauen in Teilzeit arbeiten – 81% der Teilzeitbeschäftigten sind also weiblich.

Abb. 5: Alter der Befragten

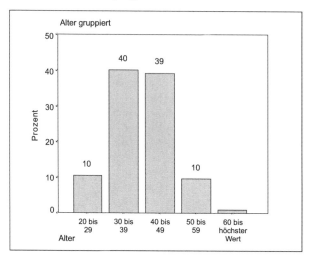

Arbeitsfelder

Die Befragten arbeiten in sehr unterschiedlichen Arbeitsfeldern; die Arbeitsfelder mit den meisten Beschäftigen in der Stichprobe sind die Jugend- und Familienhilfe (29%), gefolgt von dem Arbeitsfeld: Behindertenhilfe/Psychisch Kranke/ Altenhilfe (25%) und den Hilfen in besonderen sozialen Situationen (z.b. Schuldnerberatung, Migration, Straffälligen-, Sucht-, Wohnungslosenhilfe) sowie vom Aus-, Fort- und Weiterbildungssektor (jeweils 12%).

Der überwiegende Anteil der Befragten ist im Bereich *ambulanter Hilfen und Angebote* tätig; im Bereich *stationärer Hilfen* sind 18% der Befragten beschäftigt.

Beschäftigte bei öffentlichen und freien Trägern

Bei 112 der Befragten war aus den Angaben ersichtlich, ob sie bei einem öffentlichen oder privaten (frei-gemeinnützigen wie auch privat gewerblichen) Träger beschäftigt sind; 80 Befragte (71%) arbeiten für private Träger, 32 Befragte (29%) sind bei einem öffentlichen Träger beschäftigt; die öffentlich Bediensteten arbeiten überwiegend in sozialen Diensten und Einrichtungen, ein kleinerer Teil (vgl. *Arbeitsfelder*) gibt ausdrücklich an, in der Sozialverwaltung mit Leitungs- und/oder Planungsaufgaben befasst zu sein. Die Stichprobe repräsentiert in etwa die geschätzte Verteilung der Fachkräfte der Sozialen Arbeit auf öffentliche und freie/private Träger (geschätzt wird, dass ein Viertel bis etwa ein Drittel bei einem öffentlichen Träger beschäftigt sind).

Berufsjahre und Berufserfahrung

Soziale Arbeit ist ein Beruf, der gewöhnlich als Generalistentum bezeichnet wird; d.h. die Ausbildung befähigt zum Einsatz in den verschiedensten Handlungsfeldern Sozialer Arbeit, und entsprechend sammeln die meisten im Laufe ihres Berufslebens Kenntnisse in einer Mehrzahl verschiedenen Arbeitsfeldern. Lediglich neun der Befragten (8%) haben bislang nur in einem Arbeitsfeld gearbeitet (Berufsanfänger); 33 der Befragten (29%) haben schon in zwei verschiedenen Arbeitsfeldern gearbeitet; 30 (26%) kennen drei verschiedene und 42 der Befragten (37%) haben sogar in vier und mehr Arbeitsfeldern (sozialen Einrichtungen und Diensten) während ihrer Berufstätigkeit gearbeitet. Der größte Teil der Befragten hat also Kenntnisse über mehrere Arbeitsfelder und verfügt über eine größere Berufserfahrung. Etwa ein Fünftel der Befragten (24) ist erst relativ kurz im Beruf (fünf Jahre und weniger). Eine etwa gleich große Gruppe (27 der Befragten) ist zwischen sechs und zehn Jahren im Beruf; die Mehrzahl ist schon länger als zehn Jahre als Fachkraft für Soziale Arbeit im Beruf (56%).

Differenzierung nach Leitungsfunktionen und ausführender Tätigkeit

Eine exakte Erfassung der Platzierung in der betrieblichen Hierarchie, und damit eine Zuordnung der Befragten zu Leitungsfunktionen („mittleres" oder „höheres" Management") bzw. zu „ausführender Sozialarbeit" war leider nicht möglich. Die Heterogenität der Arbeitsfelder und Beschäftigungsverhältnisse (öffentliche, freie Träger) sowie die sehr unterschiedliche Größe der Einrichtungen (Anzahl der Beschäftigten) und die Unterschiedlichkeit ihrer internen Organisation (beispielsweise Organisation in Kleingruppen oder Teams) ließen eine solche Differenzierung nicht zu. Sie hätte unter Umständen gerade für die Interpretation der genderbezogenen Fragen von Bedeutung sein können.

5.3 Berufsbilder und Professionalitätsverständnis in der Sozialen Arbeit

5.3.1 Berufsorientierung und die Standards der Profession

In der Diskussion über die Auswirkungen und Folgen der vom Sozialgesetzgeber gewollten Wettbewerbs- und Effizienzorientierung in den sozialen Diensten wird vielfach unterstellt, dass die professionellen Standards der Sozialen Arbeit und ihre sozialstaatliche Orientierung in Konflikt geraten bzw. im Widerspruch stehen zu den laufenden sozialwirtschaftlichen und betriebswirtschaftlichen Entwicklungen. Die Befragten sind demgegenüber mehrheitlich der Auffassung (70%), dass die gleichzeitige Berücksichtigung von Wirtschaftlichkeits- und Gerechtigkeitsaspekten keinen Widerspruch darstellt (Var 007).

Abb. 6: Zustimmung zu der Aussage „Soziale Gerechtigkeit und Wirtschaftlichkeit vertragen sich nicht." (Var 007)

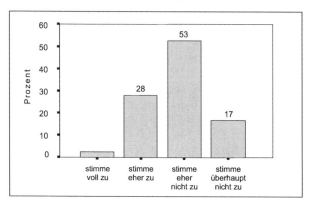

Dabei wird die Auffassung, dass Soziale Arbeit einen *sozialstaatlichen*, auf soziale Ungleichheit fokussierten *Veränderungsauftrag* hat (Var 034), von allen Befragten geteilt; uneingeschränkt bejahen 61% der Befragten diese Frage; skeptische Zustimmung erhält die Frage von etwa einem Drittel der Befragten. Ein Widerspruch zwischen diesem sozialstaatlichen Gerechtigkeitsauftrag und dem betriebswirtschaftlichen Auftrag, den Wirtschaftlichkeitsaspekten in den sozialen Diensten und Einrichtungen mehr Geltung zu verschaffen, wird eher nicht gesehen; vielmehr ist man nahezu einstimmig der Meinung, dass die Berücksichtigung von Wirtschaftlichkeitsfragen mittlerweile zum Bestandteil der alltäglichen Sozialen Arbeit gehört (70% stimmen voll zu; etwas skeptisch, aber doch noch zustimmend sehen das 29% der Befragten). Der Widerspruch wird möglicherweise deshalb nicht wahrgenommen, weil der Ressourcendruck auf der Handlungsebene bisher noch nicht so stark wahrgenommen wird (vgl. dazu auch die Ergebnisse der Fallstudien, Kapitel 3).

Professionen kennzeichnen sich bekanntlich auch durch ein hohes Maß an Selbststeuerung und Autonomie. Zu den *Standards*, die im Laufe des Professionalisierungsprozesses in der Sozialen Arbeit gegenüber den Anstellungsträgern durchgesetzt wurden, gehören unter anderem die Zusammenarbeit mit den Professionellen anderer Träger, also mit den Kolleg/inn/en, die bei potentiellen Mitbewerbern beschäftigt sind. Auch die kollegiale Selbstkontrolle in der eigenen Organisation (Selbstevaluation statt Fremdkontrolle) gehört dazu, ebenso wie die Supervision durch Organisationsexterne. Diese drei Standards sind im Zuge der Professionalisierung entwickelt und in den sozialen Einrichtungen und Diensten mehr oder weniger perfekt implementiert worden und dienen als fach-

Abb. 7: Zustimmung zu der Aussage „Soziale Arbeit hat auch die Aufgabe, soziale Ungleichheit zu verändern." (Var 034)

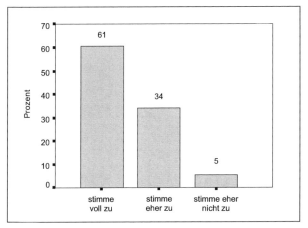

liche Korrektivinstrumente, um Arbeitsabläufe, Klienteninteraktion und Wirksamkeit der Arbeit kollegial und im Lichte der Maßstäbe der Profession zu reflektieren und zu verbessern. „Supervision als Qualitätsmerkmal guter Sozialarbeit" erfährt die höchste Zustimmung; 70% stimmen diesem Item voll zu, 21% mit etwas Skepsis und lediglich 9% der Befragten sehen Supervision nicht unbedingt als einen Qualitätsstandard an. Die Kooperation mit Kollegen außerhalb der eigenen Organisation (Var 002) wird in der Tendenz ähnlich bewertet (volle Zustimmung durch 64%; eingeschränkte Zustimmung durch 29% und Ablehnung durch 7% der Befragten). Die Funktion und Wirksamkeit kollegialer Selbstkontrolle (Var 040) wird eher zwiespältig beurteilt und wird nicht unbedingt förderlich für die Weiterentwicklung der Arbeit (53%) eingeschätzt.

Das *Verhältnis zwischen Professionellen und Anstellungsträger* wird häufiger als angespannt betrachtet, weil die Interessen der beiden Gruppen nicht deckungsgleich sein müssen. Gegenwärtig scheint es so, als würden die Fachkräfte zunehmend die besondere Interessenlage des Träger akzeptieren und ihre eigenen Interessen als zweitrangig betrachten. Die Konflikte zwischen beiden Gruppen sind davon unberührt, denn diese werden als wachsend beschrieben (vgl. weiter unten Kap. 5.5) An einigen Punkten soll das verdeutlicht werden: Der Umfang an Supervision (Var 070) hat in den letzten Jahren abgenommen und wird auch offenbar als Qualitätsstandard der Sozialen Arbeit immer mehr in Frage gestellt. 58% der Befragten geben an, dass der Umfang an Superversion abgenommen hat. Dass die professionelle Selbstkontrolle via Supervision durch

Abb. 8: Zustimmung zu der Aussage „Kollegiale Selbstkontrolle hat Grenzen und kann die Weiterentwicklung der Arbeit behindern." (Var 040)

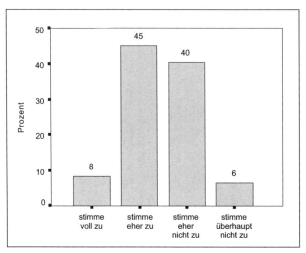

fachliche Kontrollmechanismen des Anstellungsträgers ersetzt wird und damit die Fremdkontrolle der Profession wächst, wird von 52% der Befragten bestätigt (Var 048). Zu einem das Verhältnis von Profession und Anstellungsträger berührenden Standard zählt auch die „advokatorische" Funktion der Fachkräfte in der Sozialen Arbeit, d.h. der Auftrag an die Sozialarbeit, Klienteninteressen nicht nur gegenüber dem Kostenträger, sondern auch gegenüber dem eigenen Anstellungsträger geltend zu machen und zu vertreten. Etwa 68% der Befragten sind – mit Abstufung – der Meinung, dass die vertrauensvolle Zusammenarbeit mit den Klienten Vorrang vor Trägerinteressen haben müsse (Var 030).

22% der Befragten können sich aber auch vorstellen, dass unter Umständen im Konflikt mit dem Träger fachliche Belange und Sichtweisen hinten den Interessen des Trägers zurückstehen müssten (Var 013). Die Loyalität gegenüber dem Anstellungsträger wird im Allgemeinen hoch veranschlagt (Var 012); aber 20% sind der Ansicht, dass die Loyalität unter Umständen keinen Vorrang hat.

Fragt man nach einzelnen professionellen Standards für die Arbeit und die Klienteninteraktion, wie z.B. den advokatorischen Auftrag, die Wirkungsorientierung, den Aktivierungsauftrag, die Förderung von Unabhängigkeit und Verselbständigung, die Beratungs- und Aufklärungspflicht, die Freiwilligkeit der Kooperation zwischen Sozialarbeiter/in und Klient (Var 003, 016, 022, 026, 029, 051), dann bekommt man fast immer 90%ige Zustimmung; auch stimmt ein großer Teil (36%) der Auffassung zu, dass Soziale Arbeit sich nicht auf Fallarbeit reduzieren lässt (Var 005).

Abb. 9: Zustimmung zu der Aussage „Im Konfliktfall ist der Klient wichtiger als die Loyalität gegenüber dem Träger." (Var 030)

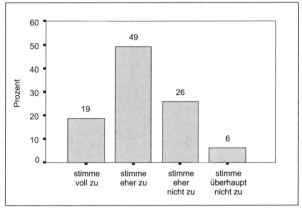

Abb. 10: Zustimmung zu der Aussage „Soziale Arbeit muss die Fachlichkeit zurückstellen können, wenn Interessen des Trägers Vorrang haben." (Var 013)

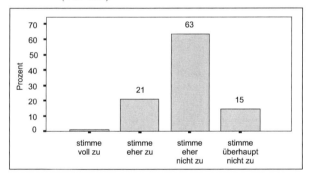

Dennoch ist ein Großteil (53%), ganz allgemein gefragt, der Meinung, dass es in der Sozialen Arbeit immer noch zu wenige verbindliche Standards für die Alltagsarbeit gebe (Var 011).

Das heißt, es gibt zwar so etwas wie einen unausgesprochenen, aber doch weit geteilten ethischen Kodex für den Umgang mit Kollegen, mit dem Träger und Klienten sowie für die Soziale Arbeit im Allgemeinen, die vorhandenen Instrumente und Methoden für die Alltagsarbeit werden aber scheinbar als hochgradig defizitär empfunden, da es hier offensichtlich an Regeln zur Erledigung der Alltagsarbeit, an Verbindlichkeiten und Richtschnüren mangelt. Ob dieses

Defizit behebbar ist, ist zu bezweifeln, denn Soziale Arbeit ist ein komplexes und hoch spezifisch auf den Einzelfall oder die Eigenheiten der Feldarbeit zugeschnittenes Unterfangen. Soziale Arbeit stellt keine „Produkte" her (Var 052), denken immer noch zwei Drittel der Befragten, obwohl auch hier angesichts der zunehmenden sozialwirtschaftlichen Tendenzen wie der innerbetrieblich zunehmenden Wirtschaftlichkeitsaspekte immerhin ein Drittel der Befragten sich die Soziale Arbeit auch als eine produktorientierte Tätigkeit vorstellen kann.

5.3.2 Die Sozialwirtschaft und der Wandel des Berufsbilds

Ein zentrale Frage des Projektes widmete sich der Frage, ob sich das klassische, professionstheoretisch begründete, auf Autonomie und Selbststeuerung rekurrierende Berufsbild und Professionalitätsverständnis durch die Modernisierungstendenzen in der Sozialpolitik und in den sozialen Diensten auflöst oder ob die Profession in der Lage ist, sich den wandelnden Verhältnissen anzupassen, ohne dass es zu Identitätsproblemen führt. Wichtig war es deshalb zu erfragen, wie sich die Fachkräfte in der Sozialen Arbeit mit den Modernisierungsentwicklungen im Sozialsektor arrangieren, d.h. wie sie sich vor allem der neuen Wettbewerbssituation in der entstehenden Sozialwirtschaft und wie sie sich dem betriebswirtschaftlich gerichteten, organisationalen Wandel in den sozialen Diensten und Einrichtungen stellen. Zu diesem Zweck enthielt der erste Teil der Befragung eine Reihe von Items, die dem modernisierungstheoretischen Diskurs entstammen; gefragt wurde, ob man sich vorstellen kann (zustimmend – ablehnend), dass diese sich entwickelnden und zum Teil schon implementierten Instrumente und Methoden Bestandteil des Berufsbildes in der Sozialen Arbeit sind bzw. werden können.

Wir haben schon festgestellt, dass die neuen Wirtschaftlichkeitsregeln, die ja vorrangig betriebsintern implementiert werden, von einer großen Mehrheit als vereinbar mit dem klassischen, sozialstaatlich abgeleiteten Auftrag der Sozialarbeit/Sozialpädagogik angesehen werden. Es gibt mittlerweile einen breiten wissenschaftlichen und praktischen Diskurs über die Modernisierung der Wohlfahrtspflege wie auch über einzelne betriebswirtschaftliche Instrumente und Managementtechniken; die Fortbildungsangebote in dieser Richtung sind kaum noch zählbar, und mittlerweile sind eine Reihe von Fachkräften in sozialwirtschaftlicher und (sozial-) betriebswirtschaftlicher Hinsicht weiter- und fortgebildet und verfügen sogar vereinzelt auch über neue sozialwirtschaftliche Hochschulabschlüsse. Geht man mit den gestellten Fragen ins Detail und fragt danach, wie einzelne betriebswirtschaftliche Instrumente und Managementtechniken bewertet werden, erhält man ein die allgemeine Tendenz betätigendes Resultat, allerdings mit Differenzierungen.

Weit verbreitet ist mittlerweile die Strategie – auch weil der Sozialgesetzgeber das so vorgegeben hat –, in den sozialen Betrieben der Wohlfahrtsverbände wie auch der Kommunalverwaltungen Qualitätsmanagementsysteme zu implementieren. Die Spannbreite der implementierten Systeme ist groß und lässt im einzelnen für die Betriebe und Mitarbeiter viel Spielraum (vgl. Merchel 2000). Die vorhandenen Qualitätsmanagementsysteme können von ISO 9000, EFQM, Benchmarking-Verfahren bis hin zu evaluativen Ansätzen reichen. Das Qualitätsmanagement wird von einer sehr großen Mehrheit der Befragten (86%) begrüßt, weil sie darin vor allem ein Instrument zur Verbesserung ihrer Fachlichkeit sehen (Var 009). D.h. Qualitätsmanagement wird erst einmal als anschlussfähig an die bisherige professionsbasierte Praxis eingestuft.

Hier sind es insbesondere die Mitarbeiter/innen bei privaten (frei-gemeinnützigen) Trägern, die die Einführung von Qualitätsmanagement-Verfahren ausdrücklich als Gewinn begrüßen, während die im öffentlichen Dienst Beschäftigten diese Entwicklung eher skeptisch beurteilen (20 Prozentpunkte Differenz).

Abb. 11: Einschätzung (nach Trägertypus kategorisiert) der Aussage „Durch Qualitätsmanagement konnte die Fachlichkeit der Sozialen Arbeit verbessert werden." (Var 0671)

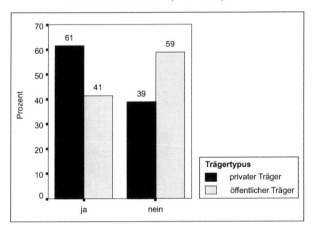

Auch Controllingverfahren zum Monitoring und zur Steuerung operativer und strategischer Ziele, sind mittlerweile weiter verbreitet und werden mehrheitlich als geeignetes Instrument (allerdings unter Vorbehalt) zur Verbesserung der Fachlichkeit wie zur Steigerung der Wirksamkeit betrachtet (Var 020).

Abb. 12: Zustimmung zu der Aussage „Controlling ist eine geeignete Methode, Soziale Arbeit mit ihren Ergebnissen zu konfrontieren." (Var 020)

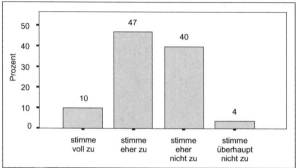

Bei der Frage, ob Evaluationen im Rahmen der Sozialarbeit (die bekanntlich keine reine Produktorientierung zulässt) besser als Controllingverfahren geeignet seien, Ergebnisse und Wirksamkeit der Arbeit zu kommunizieren (Var 045), stimmen 34% „voll" und 47% der Befragten „eher" zu. Ähnlich verhält es sich mit dem Qualitätsmanagement, das etwa 40% der Befragten auch und vor allem als ein Wettbewerbsinstrument der Träger untereinander ansehen.

Auch der – in den sozialwissenschaftlichen Diskussionen durchaus umstrittene – „Kunden"begriff ist in den sozialen Diensten mittlerweile angekommen: Dass Klienten als „Kunden" zu betrachten sind, „die ein soziales Dienstleistungsangebot in Anspruch nehmen" (Var 031), gilt den meisten (82%) als selbstverständlich; 28% der Befragten halten „Kundenorientierung" ohne wenn und aber für einen Standard „moderner Sozialer Arbeit" (Var 057) und weitere 59% stimmen dieser Aussage zu.

Dabei lässt sich deutlich beobachten, dass für die jüngeren Kolleg/inn/en die Betrachtung ihrer Klientel als „Kunden" (mit 88% Zustimmung) bereits sehr viel selbstverständlicher erscheint als für die Älteren, die diese Sichtweise nicht so umstandslos teilen können (77% Zustimmung).

Zugleich beobachten die Sozialarbeiter/innen aber auch, dass das Prinzip der neuen Kundenorientierung auf Einrichtungsebene bisher unterschiedlich verwirklicht wird (Var 88). So stellen insgesamt 31% der Befragten fest: „Die Kundenorientierung, von der immer wieder gesprochen wird, kommt bei uns entschieden zu kurz" (Var 104). Hier sind es insbesondere die bei öffentlichen Trägern Beschäftigten, die solche Umsetzungsdefizite beklagen (44% gegenüber 24% bei den privaten Trägern).

Abb. 13: Einschätzung (nach Berufsjahren kategorisiert) der Aussage „Klienten sind Kunden, die ein soziales Dienstleistungsangebot nutzen." *(Var 0311)*

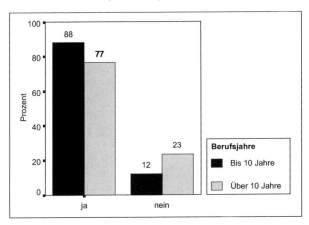

Abb. 14: Einschätzung (nach Trägertypus kategorisiert) der Aussage „Kundenorientierung kommt bei uns entschieden zu kurz." *(Var 1041)*

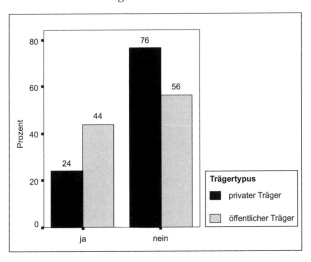

In der Debatte um die Qualität sozialer Dienstleistungen ist verschiedentlich betont worden (Bauer 1996; Hansen 1997), dass sich die *Qualitätsdiskurse* in den einzelnen Ländern sehr unterscheiden. Deutschland wird dabei gewöhnlich attestiert, dass in der Qualitätsdiskussion professionelle Sichtweisen und dementsprechend paternalistische Qualitätsdefinitionen dominierten und deshalb „konsumeristische" Verfahren des Qualitätsmanagements (Beschwerdemanagement; Kundenbefragungen, Verbraucher- und Patientenschutz) unterentwickelt seien. Die hohe Zustimmung zum Qualitätsmanagement und zur Kundenorientierung kann demnach daraus resultieren, dass diese Fragen aus Sicht der Profession interpretiert werden und davon ausgegangen wird, dass Professionen immer schon wissen, was Qualität und Kundenorientierung kennzeichnen. Stellt man „konsumeristisch" gefärbte Fragen, wird das Bild auf die Kundenorientierung differenzierter. Die Frage, ob wir im Zuge der Entwicklung einer Sozialwirtschaft und der Verbetrieblichung der sozialen Dienste auch einen verbesserten Verbraucherschutz benötigen – von der Monopolkommission (1997) als Korrektiv zur Wettbewerbsstrategie empfohlen – wird von einem Drittel der Befragten verneint.

Abb. 15: Zustimmung zu der Aussage „Wir brauchen in der Sozialen Arbeit einen besseren Verbraucherschutz." (Var 106)

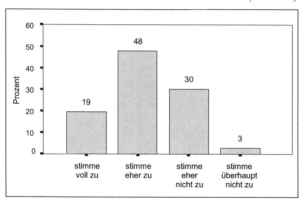

Betrachtet man zusammenfassend die Auswirkungen des neuen Wirtschaftlichkeitsdenkens auf das Selbstbild der Sozialen Arbeit, dann scheint die Soziale Arbeit in der Sozialwirtschaft angekommen zu sein. Die organisationalen Veränderungen im Zuge der Transformation der sozialen Dienste zu Sozialbetrieben mit entsprechend neuen Führungs- und Lenkungsinstrumenten bereitet den Fachkräften offenbar eher wenig Probleme.

Das dürfte – so unsere These – vor allem damit zusammenhängen, dass Arbeitsvollzüge und Arbeitsleistungen in der Sozialen Arbeit sich der betriebswirtschaftlichen Produktlogik bisher noch weitgehend entziehen (können). Dadurch werden die betriebswirtschaftlichen Steuerungsinstrumente und neuen Managementmethoden auch nicht als Bedrohung für die Profession gesehen, sondern eher als Möglichkeit, dadurch die eigene Fachlichkeit weiter zu entwickeln. Wirtschaftlichkeit (Var 001), Ergebnisorientierung (Var 022), Qualitätsmanagement (Var 009), Kundenorientierung (Var 057), Controllingverfahren (Var 020), Dienstleistungsorientierung (Var 031) sowie Zielvereinbarungen (Var 047) werden mehrheitlich, zum Teil mit überwältigender Mehrheit, als „sinnvolle Sache" betrachtet – wahrscheinlich deshalb, weil man sie im Sinne der Professionsstandards (um)interpretieren kann. Nur die Fragen nach der Neujustierung des Verhältnisses von Professionellen und Anstellungsträgern in den Organisationen anlässlich der zunehmenden Wettbewerbs- und Wirtschaftlichkeitsorientierung lassen erste Brüche und Ungereimtheiten im Berufsbild und Professionalitätsverständnis erkennen. Hier lassen sich erste Anzeichen der Einschränkung von Autonomie und Selbststeuerung der Profession registrieren (Var 048).

5.3.3 Wettbewerbsorientierung in den sozialen Diensten

Bislang hat sich die Darstellung der Ergebnisse hauptsächlich auf die binnenorganisatorischen Auswirkungen der sozialwirtschaftlichen Entwicklung bei den Trägern konzentriert. Die Entwicklung hin zum Betrieb bereitet – wie geschildert – den Fachkräften eher keine Probleme. Da die Sozialwirtschaft jedoch maßgeblich aus dem *Wettbewerb zwischen Leistungserbringern* entstehen und darauf aufbauen soll, befassen sich einige Fragen ausdrücklich mit der neuen Wettbewerbsorientierung: Wie sieht es mit den Entwicklungen außerhalb des eigenen Betriebes und zwischen den Betrieben aus?

Abb. 16: Zustimmung zu der Aussage „Wettbewerb in der Sozialen Arbeit führt dazu, dass die soziale Praxis besser wird." (Var 025)

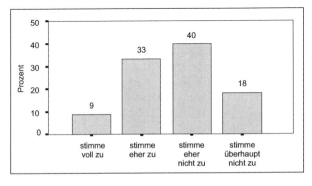

Ein Teil der Befragten gab an, dass Qualitätsmanagement für sie vor allem auch ein Wettbewerbsinstrument zwischen den Trägern ist. Wie das bewertet wird, war den Antworten nicht zu entnehmen. Um zu überprüfen, wie der Wettbewerb als konstitutives neues Element der Sozialwirtschaft beurteilt wird und wie er in das Berufsbild integrierbar ist, wurden eine Reihe von Fragen speziell dazu gestellt.

Verspricht man sich von den neuen innerbetrieblichen Lenkungs- und Steuerungsmitteln noch positive Impulse für die eigene fachliche Arbeit, so wird die neue, gewollte und größtenteils schon realisierte Wettbewerbssituation wesentlich negativer und kritischer für die Weiterentwicklung und die Qualität der eigenen Arbeit beurteilt (Var 025). Lediglich 9% der Befragten sehen den Wettbewerb uneingeschränkt als Motor zur Verbesserung der Sozialen Arbeit; 33% können sich vorstellen, dass es zu Verbesserungen kommen könnte, aber die Mehrheit (58%) ist skeptisch oder sogar sicher, dass es durch den Wettbewerb nicht zu einer verbesserten sozialen Praxis kommen wird. Angesichts der immer noch vorhandenen korporatistischen Strukturen und angesichts der in weiten Feldern der Sozialen Arbeit vom Sozialgesetzgeber geforderten „partnerschaftlichen Zusammenarbeit" zwischen Kostenträgern und Leistungserbringern ist der Wettbewerb in den sozialen Diensten noch lange nicht so weit entwickelt wie im medizinischen oder pflegerischen Dienstleistungsbereich. Dass der Wettbewerb im Bereich der Sozialen Arbeit noch an Intensität zunehmen sollte, wird von einer großen Mehrheit (85%) abgelehnt (Var 041).

In der Sozialen Arbeit ist es häufig wichtig, schnell und innovativ auf neu entstandene soziale Problemlagen zu reagieren. Sowohl die Fachkräfte als auch die Träger haben deshalb Innovation und Reaktionsgeschwindigkeit angesichts neuer Herausforderungen immer sehr hoch gehalten. Daraus haben insbesondere die freien Träger immer ihre Überlegenheit gegenüber öffentlichen Trägern abgeleitet und dies auch in ihren Selbstdarstellungen als zweite Säule des Sozialstaats betont. In der traditionellen, gewerblichen Wirtschaft gilt bekanntlich der Wettbewerb als treibender Motor für innovative Entwicklungen. Das wird für die heraufziehende Sozialwirtschaft offenbar völlig anders gesehen. Der Wettbewerb ist den von uns befragten Fachkräften in der Sozialen Arbeit nicht ganz geheuer. Fast die Hälfte (46%) sieht die Innovationsfähigkeit der Sozialen Arbeit durch den Wettbewerb bedroht (Var 043). Der andere Teil mag den Wettbewerb nicht gerade begrüßen (vgl. Var 041), als Gefahr für die Innovationsfähigkeit wird er jedoch von ihnen nicht eingestuft.

Werden die innerbetrieblichen und innerverbandlichen Modernisierungsprozesse noch als Herausforderung gesehen, denen sich die Soziale Arbeit nicht verweigern kann und die man mit dem eigenen Professionalitätsverständnis in Einklang bringen muss, so ist es mit dem Wettbewerb ganz anders bestellt. Der mit der Sozialwirtschaft verbundene neue Wettbewerb wird mehrheitlich mit

Argwohn betrachtet, wenn auch nicht rundherum abgelehnt; er wird als nicht ohne weiteres kompatibel mit dem etablierte Berufsbild eingestuft und damit latent wohl als Bedrohung empfunden, der der – mehrheitlich abgelehnten – Produktlogik Vorschub leistet bzw. ihr zuarbeitet.

Abb. 17: Zustimmung zu der Aussage „Wettbewerb ist weniger geeignet, zu Innovationen in der Sozialen Arbeit beizutragen." (Var 043)

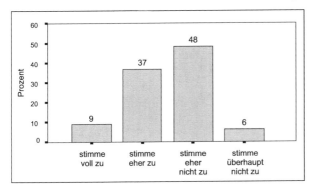

5.4 Das „neue" Aktivierungsprinzip – die andere Modernisierungsstrategie

Die Aktivierung von Bürgern im Rahmen der Gemeinwesenarbeit ebenso wie die Aktivierung von Klienten in den unterschiedlichsten Betreuungsformen kann man als klassischen Standard in der Sozialarbeit betrachten, ist doch der sozialstaatliche Auftrag „Hilfe zur Selbsthilfe" durchaus als Aktivierungsauftrag zu verstehen. Die Befragten stimmen denn auch mit überwältigender Mehrheit zu, wenn gefragt wird, ob sie Aktivierung als eine wichtige Aufgabe der Sozialen Arbeit betrachten (Var 016). Der zu Aktivierende sollte allerdings freiwillig mitarbeiten; Zwang gilt gewöhnlich als ein Faktor, der dem angestrebten Ziel im Wege steht und nicht zum gewünschten Ziel führt. Die Freiwilligkeit der Inanspruchnahme von Hilfe und Erfolg der Hilfsmaßnahme bedingen sich gegenseitig, so zumindest eine breit geteilte Handlungsmaxime in der Sozialen Arbeit (Var 051); ein Viertel der Befragten kann sich aber durchaus vorstellen, dass Erfolg in der Arbeit mit Klienten und Freiwilligkeit der Inanspruchnahme von Hilfe nicht unbedingt zusammengehen müssen.

Weit verbreitet – zumindest wird das unterstellt – ist in der Sozialen Arbeit auch die Auffassung, dass Soziale Arbeit „nicht direktiv" arbeiten sollte, also

Abb. 18: Zustimmung zu der Aussage „Soziale Arbeit kann nur erfolgreich sein, wenn der Klient die Hilfe freiwillig in Anspruch nimmt." (Var 051)

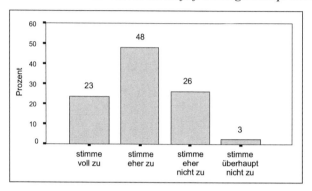

Abb. 19: Zustimmung zu der Aussage „Gute Soziale Arbeit darf nicht direktiv (lenkend, vorschreibend) sein." (Var 019)

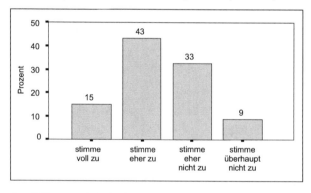

den Klienten nicht lenken und ihn nicht mit rigiden, lebensweltfernen Vorschriften steuern sollte (Var 019). Die befragten Praktiker sehen das mehrheitlich auch so, aber 9% stimmen dem überhaupt nicht zu und sehen demnach durchaus den Sinn von lenkenden Maßnahmen; ein weiteres Drittel kann sich auch Situationen vorstellen, in denen dieses Handlungsprinzip auch mal außer Kraft gesetzt werden könnte.

Dass Klienten über ihre Rechte und Pflichten aufgeklärt werden müssen, ist im Sozialrecht verankert und ist daher ein über das Sozialrecht vermittelter Beratungsstandard. Je nach Hilfe- und Interventionsbereich kann dazu aber auch gehören (z.B. in der Bewährungshilfe oder wenn Transferleistungen in Anspruch genommen werden), dass vom Klienten ein gewisses Maß an Kooperation erwartet wird, um seine akute Lebenssituation zu überwinden; in diesem Kontext gehört es zu den Arbeitsstandards, dass man Klienten deutlich die Konsequenzen der Nichtkooperation klar macht und Folgen der Nichtkooperation verdeutlicht (Var 004). Bislang hatten die Fachkräfte der Sozialen Arbeit aber viel Ermessensspielraum, wenn ein Klient nicht kooperierte, wenn er die „Koproduktion" verweigert, wie es heute dienstleistungstheoretisch heißt. Alle von uns befragten Fachkräfte der Sozialen Arbeit haben diesen Standard mittlerweile offenbar übernommen: 57% stimmen dem voll zu, der Rest mit Einschränkung.

Das Aktivierungsprinzip ist in jüngster Zeit neu kontextuiert worden und ist über die Soziale Arbeit hinaus einer breiteren Öffentlichkeit bekannt geworden, seit in der Sozialhilfe wie in der Arbeitsmarktpolitik neue Aktivierungsregeln in Kraft gesetzt worden sind. Der Kreis derjenigen, an die sich die Aktivierungsmaßnahmen richten, ist heute merklich größer geworden und umfasst neben den auf soziale Hilfe angewiesenen Klient/inn/en des Sozialstaats heutzutage alle Arbeitslosen, die Arbeitslosengeld I und insbesondere Arbeitslosengeld II in Anspruch nehmen. Mit der Politik des „Forderns und Förderns" verfolgt der aktivierende Staat, so das Leitbild der gegenwärtigen rot-grünen Bundesregierung, das Ziel, dass sich die Klienten des Sozialstaats aus dem Bezug öffentlicher Förderung möglichst schnell wieder verselbständigen und in Arbeit vermittelt werden („Beschäftigungsbefähigung"). Wer dabei nicht kooperiert, also sich nicht aktiv an *Fördermaßnahmen* zur Wiedereingliederung in den Arbeitsmarkt beteiligt bzw. auf die Angebote nicht eingeht, soll durch Fallmanager entsprechend gefordert werden – sofern nötig, auch mit Sanktionen belegt werden. Dieser neue „Arbeits- und Bildungspaternalismus" in der Sozialpolitik hat die Standards für den Umgang mit Arbeitslosen und Hilfebedürftigen, also mit denjenigen, die Ansprüche auf soziale Hilfen oder Transferleistungen haben, nachhaltig verändert und neu justiert. Vor diesem Hintergrund, dem Paradigmenwechsel in der Sozialpolitik, stellt sich die berechtigte Frage, wie die Profession der Sozialen Arbeit mit dieser Standarddrift umgeht, widerspricht doch die neue Praxis in wesentlichen Punkten den etablierten, traditionellen Handlungsprinzipien und Arbeitsstandards der Sozialarbeit und Sozialpädagogik. Es stellt sich also die Frage, ob sich gegenwärtig, aber besonders zukünftig, das neue Aktivierungsprinzip in das bestehende Berufsbild integrieren lässt oder ob es zu massiven Identitätsproblemen bei den Fachkräften der Sozialen Arbeit führt. Mit einigen Fragen, die das Aktivierungsprinzip graduell variieren lassen, wurde ausgelotet, inwieweit die neue, sanktionsbasierte Aktivierung von den befragten Fachkräften geteilt wird.

In einer ersten Frage wurde getestet, was zu tun ist, wenn Klienten nicht kooperieren. Gefragt wurde, ob es legitim und vorstellbar ist, die Arbeit mit schwierigen Klienten auch einzustellen (Var 006). Mehr als die Hälfte (54%)

kann sich vorstellen, dass die *Beendigung der Arbeit* mit dem Klienten sinnvoll sein könnte (einfache Form der Sanktionierung).

Abb. 20: Zustimmung zu der Aussage „Wenn der Klient nicht kooperiert, muss die Arbeit mit ihm eingestellt werden." (Var 006)

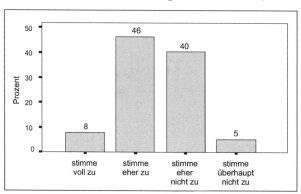

Hier zeigen sich allerdings ganz deutliche Unterschiede zwischen den Antworten der Beschäftigten bei freien Trägern und im öffentlichen Dienst (Var 0061). Im Vergleich zu den Mitarbeiter/inn/en der öffentlichen Träger stimmen wesentlich *mehr Mitarbeiter/innen privater Träger* dieser Aussage zu.

Abb. 21: Einschätzung (nach Trägertypus kategorisiert) der Aussage „Wenn der Klient nicht kooperiert, muss die Arbeit mit ihm eingestellt werden." (Var 0061)

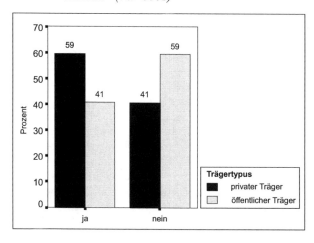

Berufsbilder und Arbeitsvollzüge in der Sozialen Arbeit 221

Den Abbruch der Arbeit mit Klienten bei Nichtkooperation kann man zwar analytisch als erste Sanktionierungsstufe bezeichnen, das muss aber von den Befragten nicht auch so gesehen und geteilt werden. Der Abbruch der Arbeit muss von den Befragten mit anderen Worten nicht als Sanktion gesehen werden. Deshalb wurde auch noch ganz explizit nach Sanktionen als möglicher Folge der Nicht-Mitarbeit gefragt (Var 014). Benutzt man den Begriff „Strafe", wird der Anteil derjenigen, die Sanktionen ablehnen, gegenüber der Frage nach dem „Abbruch der Arbeit" höher. Der Anteil der „Strafbereiten" bei Verstoß gegen Auflagen und vorgegebene Regeln bleibt aber in etwa gleich groß. Insofern bestätigt sich die Vermutung, dass sich die Arbeitsprinzipien und Arbeitsstandards in der Sozialen Arbeit derzeit wandeln und das von der Disziplin gezeichnete Berufsbild in Bewegung gekommen ist. Leider lässt sich nicht überprüfen – mangels regelmäßiger Befragungen der Fachkräfte in der Sozialen Arbeit –, ob diese Drift wirklich neu ist, oder ob immer schon eine (latente) Strafbereitschaft bestanden hat. Zumindest ist diese Strafbereitschaft jetzt manifest. In unserem Sample ist sie bei den Männern deutlich stärker ausgeprägt als bei den befragten Frauen (vgl. näher Kap. 5.6.3).

Abb. 22: Zustimmung zu der Aussage „Wenn Klienten gegen ihnen vorgegebene Regeln verstoßen, müssen auch Strafen möglich sein." (Var 014)

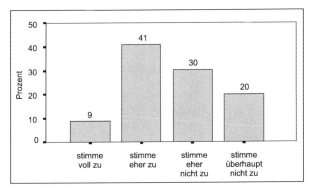

Die beiden Sanktionierungsfragen sind eng verkoppelt mit eindeutig definierten Situationen: in dem ersten Fall kooperiert der Klient nicht und im zweiten Fall werden ganz gezielt vorgegebene Regeln verletzt. Die Sanktionsbereitschaft wird also an konkret vorstellbaren Sachverhalten getestet. Die oben geschilderte Bereitschaft zu abgestuften Sanktionen in der Sozialen Arbeit kann also durchaus etwas mit vorstellbaren Einzelfällen zu tun haben, die jede/r schon in der Alltagsarbeit erlebt hat, wo professionelle Kompetenz an Grenzen stößt. Deshalb wurde noch einmal allgemeiner nach dem *Zusammenhang von Aktivie-*

rungsmaßnahmen und Sanktionsmöglichkeiten gefragt (Var 050), und zwar in der Richtung, ob Aktivierungsmaßnahmen nur erfolgreich sein können, wenn man gleichzeitig und für alle Beteiligten erkennbar über Sanktionierungsmaßnahmen verfügt (so wie gegenwärtig schon in der Sozialhilfe und in der Arbeitsmarktpolitik).

Abb. 23: Zustimmung zu der Aussage „Die Aktivierung von Klienten kann nur erfolgreich sein, wenn man auch über Sanktionsmöglichkeiten verfügt." (Var 050)

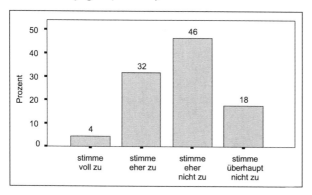

Nimmt die Frage diese Richtung, dann nimmt die Sanktionsbereitschaft wieder etwas ab, sie bleibt aber immer noch relativ hoch. Die Abnahme kann mit dem Kontext der Frage zu tun haben: Sanktionsmöglichkeiten werden eng mit *Erfolg der Arbeit* in Beziehung gesetzt. Bei dieser Frage können sich die Fachkräfte der Sozialen Arbeit sicherlich auch vorstellen, was ihre Antwort in die vorliegende Richtung lenkt, dass der Aktivierungserfolg nicht nur von der Sanktionsdrohung abhängt, sondern entscheidend auch von ihren fachlichen Kompetenzen im Umgang mit Klienten. Das kann einen Teil der Befragten veranlasst haben, hier abweichend – im Vergleich zu Var 006 und Var 014 – zu antworten.[25]

5.5 Wandel der Arbeitsvollzüge und der Arbeitsorganisation

Der erste Teil der Befragung erhob Daten zum Berufsbild und zum aktuellen Professionalitätsverständnis. Die Fragen waren allgemein, arbeitsplatzunabhängig gehalten. Im zweiten Teil wurden Fragen aufgelistet, die Daten zu aktuellen

---

[25] Eine schriftliche Randnotiz scheint dies zu bestätigen: „Was sind Sanktionen? Wer Hilfen ablehnt, erhält auch keine. Ist das eine Sanktion?"

Wandlungstendenzen am Arbeitsplatz der Befragten erheben sollten. Hier stand die Hypothese im Vordergrund, dass die Modernisierungstrends in der öffentlichen und freien Wohlfahrtspflege in den sich entwickelnden Sozialbetrieben zu Veränderungen in der Arbeitsorganisation und den Arbeitsvollzügen beitragen müssen, wenn die Wohlfahrtsverbände im Wettbewerb bestehen wollen und die innerbetriebliche Arbeitsorganisation und -abläufe auf mehr Wirtschaftlichkeit orientiert sind. Die vorliegenden Daten werden nach folgenden Gesichtspunkten gruppiert und ausgewertet:

- Veränderungen am Arbeitsplatz
- Wandel der fachlichen Standards
- Organisationale Auswirkungen der sozialwirtschaftlichen Transformation.

5.5.1 Veränderungen am Arbeitsplatz

Gefragt wurde unter anderem nach der gegenwärtigen Zufriedenheit am Arbeitsplatz, ob in letzter Zeit schon mal in Erwägung gezogen wurde, den Beruf zu wechseln, und ob sich Berufs- und Familienleben vereinbaren lassen (Var 58, 80, 95) . Da sich die Antworten auf diese Fragen nicht unmittelbar in einen Zusammenhang mit den gegenwärtigen sozialwirtschaftlichen Transformationen bringen lassen, sondern auch ganz persönlich motiviert sein können,[26] sollen sie im Folgenden weniger mit Bezug auf die laufenden Modernisierungsprozesse, sondern vor allem unter dem Aspekt des Vergleichs der unterschiedlichen Teilgruppen dargestellt werden. Denn gerade in Bezug auf Arbeitsplatzsicherheit und Arbeits-/Berufszufriedenheit ergeben sich hier teilweise signifikante Unterschiede (siehe dazu auch die Auswertung unter geschlechtsspezifischen Gesichtspunkten, Kap. 5.6).

Wir wollen im Folgenden zunächst vorrangig die Daten auswerten, die sich eindeutiger auf den sozialwirtschaftlichen Transformationsprozess beziehen lassen und uns dabei auf Arbeitsplatzsicherheit und Anstellungsverhältnis sowie auf die kollegialen Beziehungen am Arbeitsplatz sowie die Arbeitsorganisation konzentrieren.

Fragt man nach der Arbeitsplatzsicherheit, dann fühlt sich ein Großteil (65%) beruflich gut bis relativ abgesichert; immerhin 20% sehen allerdings die Sicherheit ihres Arbeitsplatzes bedroht und 17% sogar ganz konkret gefährdet (Var 061). Erinnert man sich daran, dass in unserem Sample 82% der Befragten unbefristet beschäftigt sind, erscheint die hier geäußerte Sorge um einen Verlust des eigenen Arbeitsplatzes durchaus bemerkenswert. Sehr deutlich lassen sich gerade hier auch spezifische Differenzen bei den Teilgruppen erkennen.

---

26 Unzufriedenheit mit dem Beruf im weitesten Sinne kann strukturell oder situativ bedingt sein.

Die Arbeitsplatzsicherheit wird je nach Anstellungsträger (öffentlich/privat), je nach Geschlechtszugehörigkeit und Berufsdauer sowie nach Vollzeit- oder Teilzeitbeschäftigungsverhältnis deutlich unterschiedlich eingeschätzt. Insbesondere zeigt sich, dass diejenigen, die weniger als zehn Jahre beschäftigt sind, weit häufiger mit einem Verlust ihres Arbeitsplatzes rechnen als die langjährig Beschäftigten (59% gegenüber 72% sehen ihre Arbeitsplatz als gesichert an), was vermutlich mit der allgemein beobachteten Zunahme der Befristung von Arbeitsverträgen bei gleichzeitigen Stellenstreichungen zusammenhängt.

Abb. 24: 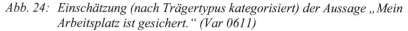 Einschätzung (nach Trägertypus kategorisiert) der Aussage „Mein Arbeitsplatz ist gesichert." (Var 0611)

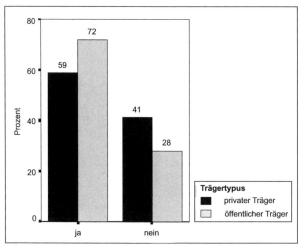

Kumuliert man die Ergebnisse, so schätzen vollzeitbeschäftigte Männer, die mehr als zehn Jahre bei öffentlichen Trägern beschäftigt sind, die Sicherheit ihrer Arbeitsplätze am günstigsten ein. Die Befragten argumentieren mit anderen Worten – je nach Teilgruppe – vor dem Hintergrund eines doch sehr unterschiedlich ausgeprägten persönlichen Arbeitsplatzrisikos.

Mit der Einschätzung der Bedrohung des eigenen Arbeitsplatzes hängt sicherlich auch zusammen, dass die Befristung der Arbeitsverträge in der Sozialen Arbeit generell zunimmt (Var 63). Auch wenn man sich selbst nicht davon betroffen wähnt, scheint man doch zu registrieren, dass beim eigenen oder bei anderen Trägern diese Tendenz zunimmt. Über 90% der Befragten stimmen voll oder bedingt zu, dass es einen Trend zu befristeten Arbeitsverhältnissen gibt. Dass der Anteil der Honorarkräfte an ihrem Arbeitsplatz zugenommen hat (Var

Berufsbilder und Arbeitsvollzüge in der Sozialen Arbeit 225

Abb. 25: Einschätzung (nach Vollzeit/Teilzeit ausgewertet) der Aussage „Mein Arbeitsplatz ist gesichert." (Var 0611)

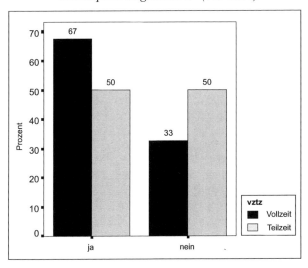

Abb. 26: Zustimmung zu der Aussage „Die Zunahme von Teilzeitarbeit ist Folge des stärkeren Wettbewerbes." (Var 078)

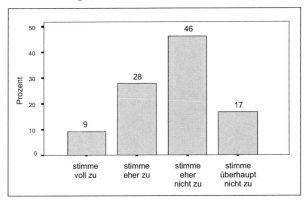

100), wird allerdings hier nicht bestätigt; nur 23% der Befragten sehen diese Entwicklung. Fragt man, ob man als Ursache für diesen Trend (bezogen auf die Teilzeitarbeit) die Wettbewerbssituation verantwortlich machen könnte (Var 078), wird das nur bedingt bestätigt (37%). Der Wettbewerb ist sicherlich nur ein Faktor für diese Entwicklung; andere wesentliche Faktoren sind gegenwärtig eher nicht wettbewerbsbedingt. Neben Individualisierungstendenzen in der Arbeitszeitgestaltung muss auch berücksichtigt werden, dass Teilzeitarbeit auch als Folge der insgesamt knapper werdenden öffentlichen Zuwendungen gesehen werden muss.

Veränderungen in der Arbeitsorganisation machen sich in der Regel dadurch bemerkbar, dass frei werdende Stellen nicht wieder besetzt werden und dass Arbeit auf die vorhandenen Mitarbeiter/innen umverteilt wird. Man ist mehrheitlich der Überzeugung, dass heute das Arbeitspensum durch weniger Kolleg/innn/en erledigt wird (Var 065) und dass die Büro- und Verwaltungsarbeit (Var 066) im Verhältnis zur Klientenbetreuung deutlich zugenommen hat (87%); auch gibt gut die Hälfte an, dass das Maß der zu leistenden Überstunden gestiegen sei (Var 076). Dass sich das Zeitregime in der Sozialen Arbeit zu ändern scheint, kommt darin zum Ausdruck, dass man angibt (in beiden Fällen etwas mehr als 60%), weniger Zeit für den Klienten zu haben (Var 074) und dass auch die Zeit für Team- und Fallbesprechungen abgenommen hat (Var 069). Dadurch entsteht der Eindruck, dass der Gestaltungsspielraum am Arbeitsplatz, die Freiheitsgrade in der Arbeit (ein wesentliches Merkmal für Professionen) abgenommen hätten (Var 102). Dass zunehmender Wettbewerb, dezentrale Ressourcenverantwortung und Ergebnisorientierung auf Seiten der Mitarbeiter/innen zu mehr Autonomie und Selbstverantwortung beitragen, kann also nicht bestätigt werden. Die neue Arbeitswelt wird als mit vielen Einschränkungen verbunden wahrgenommen.

Auch scheint das Verhältnis zwischen Anstellungsträgern und Mitarbeiter/inne/n konfliktreicher geworden zu sein (Var 089). Etwa 56% der Befragten sehen zumindest heute mehr Konfliktstoff zwischen sich und dem Anstellungsträger.

Abb. 27: Zustimmung zu der Aussage „Ich habe heute in meiner Arbeit mehr Gestaltungsspielraum als früher." (Var 102)

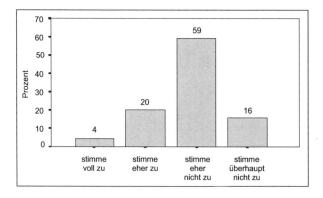

Für die zunehmenden Konflikte wie für den sich wandelnden Arbeitsalltag in den neuen Sozialbetrieben wird aber nur bedingt der Anstellungsträger verantwortlich gemacht. Dass der Anstellungsträger gegenüber früher klarere Vorstellungen über die Arbeitserledigung hat, wird nur von 43% bestätigt (Var 064); für den Wandel der Arbeitsbedingungen wollen 42% den Träger eher nicht und 15% überhaupt nicht verantwortlich machen. Es scheint so, als würden die Fachkräfte in der Sozialen Arbeit die Ursachen für den Wandel der Arbeitsbedingungen und des Zeitregimes eher in externen Ursachen sehen; d.h. wie schon bei der Frage nach dem „Einfluss des Wettbewerbs auf das Entstehen von Teilzeitarbeit" (Var 078) wird wohl eher der Sozialgesetzgeber und Kostenträger als Ursache für den Wandel ausgemacht als der Anstellungsträger.

Abb. 28: Zustimmung zu der Aussage „Der Träger hat klare Vorstellungen, wie die Arbeit zu erledigen ist." (Var 064)

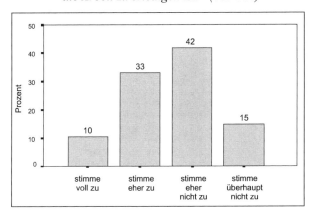

5.5.2 Wandel fachlicher Standards

Die Auswertung der Angaben zum Berufsbild und Professionalitätsverständnis ergaben, dass Handlungsprinzipien und Arbeitsstandards – allgemein und handlungsfeldübergreifend betrachtet – von den Befragten als sich im Wandel befindend beurteilt wurden. Blickt man jetzt genau auf die Angaben zu den Veränderungen am eigenen Arbeitsplatz, zeigen sich einige Parallelen: Der Wandel des Berufsbildes im allgemeinen wird vor dem Hintergrund eigener Erfahrungen reflektiert. Zu den Standards, die sich auflösen, gehört die Supervision. 58% bestätigen, dass der Umfang an Supervision abgenommen hat (Var 070). Auch wird von der Hälfte der Befragten berichtet, dass die kollegiale Zusammenarbeit mit Mitarbeiter/inne/n anderer Träger abgenommen hat und zwar wegen des wachsenden Wettbewerbs (Var 060). Die kollegiale Selbstkontrolle, eigentlich nicht so hoch geschätzt (vgl. Kap. 5.3), hat noch nicht überall an Bedeutung verloren; allerdings meinen 37% der Befragten, dass bei ihnen die Fremdkontrolle (durch den Träger wie durch den Kostenträger) die kollegiale Selbstkontrolle und Selbstevaluation als Instrument der Wirkungskontrolle schon abgelöst hat (10%) oder dabei ist, stärker an Bedeutung zu gewinnen (27%).

Abb. 29: Zustimmung zu der Aussage „Die kollegiale Selbstkontrolle wird immer mehr durch Fremdkontrolle ersetzt." (Var 071)

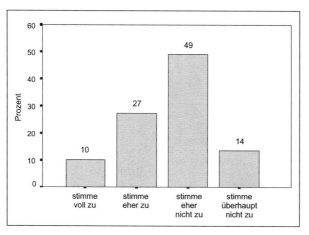

Wirtschaftliche Aspekte – so wird es fast mehrheitlich empfunden – bestimmen auch immer stärker als früher die direkte Klienteninteraktion, das Herzstück Sozialer Arbeit (Var 068). Das äußert sich nach Meinung der Befragten besonders darin, dass man weniger Zeit für Klienten hat (Var 74), was auch darauf zurückzuführen ist, dass die Büro- und Verwaltungsarbeit stark zugenommen hat (Var 066).

Dass etablierte Handlungsprinzipien und Arbeitsstandards sich aufweichen und im Begriff stehen sich zu verflüchtigen bzw. durch neue ersetzt zu werden, wird auf das stärkere betriebswirtschaftliche Denken in den Einrichtungen und Diensten und auf den Wettbewerb zurückgeführt. Dass dadurch auch fachliche Standards aufgeweicht werden (Var 072), wird mehrheitlich so gesehen, aber 29% stimmen dem eher nicht zu und 8% überhaupt nicht. Trotz zunehmenden Wettbewerbs, trotz Zeitmangels für die Klientenarbeit, trotz zunehmender wirtschaftlicher Kalküle in der Alltagsarbeit glaubt ein größerer Teil, dass man fachliche Standards weiterhin aufrecht erhalten kann.

*Abb. 30: Zustimmung zu der Aussage „Ich habe weniger Zeit für die Klienten."
(Var 074)*

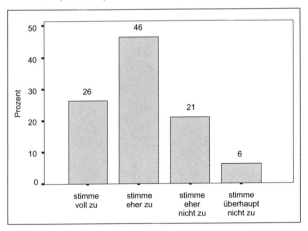

*Abb. 31: Zustimmung zu der Aussage „Aufgrund der wirtschaftlichen
Anforderungen ist es zu einer Aufweichung professioneller
Standards gekommen." (Var 072)*

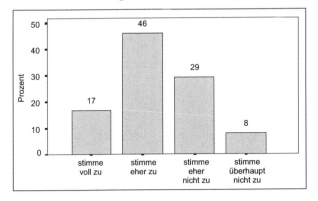

Insbesondere die advokatorische Funktion der Sozialen Arbeit scheint unter Druck zu geraten (Var 085), denn Parteinahme für Klienten wird nach Aussage von 54% der Befragten zunehmend schwieriger.

Dass der lange Schatten des aktivierenden Staats (mit seinen Handlungsprinzipien: Fördern, Fordern, Sanktionieren) mittlerweile auch bis in die sozialarbei-

Abb. 32: Zustimmung zu der Aussage „Es ist schwieriger geworden, für Klienten Partei zu ergreifen." (Var 085)

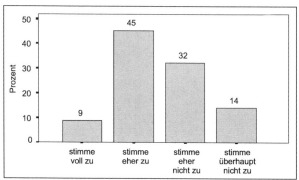

terisch und sozialpädagogisch arbeitenden sozialen Einrichtungen und Dienste reicht, lässt sich der Tatsache entnehmen, dass „Druck machen" auf Klienten (Var 084) in letzter Zeit häufiger praktiziert wird. 52% stimmen zu, wenn man fragt, ob, das Ausüben von „Druck" häufiger anzutreffen ist.

Abb. 33: Zustimmung zu der Aussage „In letzter Zeit ist man gehalten, häufig Druck auf Klienten auszuüben." (Var 084)

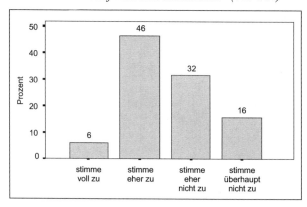

5.5.3 Organisationale Auswirkungen der sozialwirtschaftlichen Transformation

Bei der Darstellung der Daten zum Berufsbild und zum Professionalitätsverständnis wurde schon ersichtlich, dass dem Qualitätsmanagement seitens der Befragten ein hoher Stellenwert beigemessen wird, weil man es eigentlich als ein Instrument zur Verbesserung der eigenen Fachlichkeit einstuft (Var 009). Das Qualitätsmanagementsystem im eigenen Betrieb wird dagegen weit weniger positiv gesehen (Var 067). Zwar sehen noch 57% der Befragten positive Auswirkungen auf die Fachlichkeit, 30% stimmen dem aber eher nicht zu und 13% überhaupt nicht. Wird die Frage etwas abgewandelt gestellt (Var 090), ergeben sich ähnliche Antworttendenzen.

Abb. 34: Zustimmung zu der Aussage „Durch die Maßnahmen der Qualitätssicherung konnte die Qualität der Sozialen Arbeit verbessert werden." (Var 067)

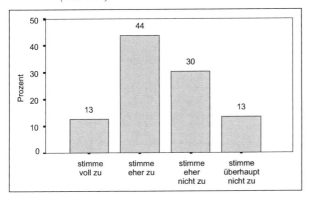

Dass Qualitätsmanagementsysteme eher der Kontrolle der Mitarbeiter/innen dienen als der Weiterentwicklung von Fachlichkeit (Var 101), bestätigen 37% der Befragten; die anderen 63% sehen – abgestuft – darin aber eher kein Kontrollinstrument für Mitarbeiter/innen.

Weiter oben wurde schon angemerkt, dass Qualitätsmanagement in Deutschland häufig paternalistische Züge trage, da Qualität weitgehend aus professioneller Perspektive und weniger aus Kundenperspektive definiert werde. Kundenorientierung (Var 088, 104) spielt laut Aussagen der Befragten in den Betrieben zunehmend eine Rolle, aber lediglich 23% (Var 088) stimmen dem uneingeschränkt zu. Behauptet man, dass die Kundenorientierung, von der heutzutage so viel gesprochen wird, entschieden zu kurz käme (Var 104), stimmen 10% voll und 21% mit Vorbehalt zu.

Dass der Kostenträger aufgrund der neuen wettbewerbsorientierten Finanzierungsregeln (Leistungsvereinbarungen, Ausschreibungsverfahren u.ä.) stärkeren (indirekten) Einfluss als zu Zeiten der Zuwendungsfinanzierung auf die Arbeit

Abb. 35: Zustimmung zu der Aussage „Qualitätssicherung dient vor allem der Kontrolle der Mitarbeiter." (Var 101)

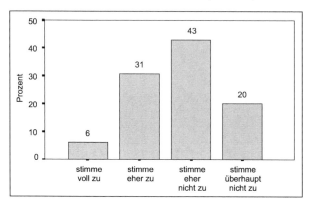

in den sozialen Diensten und Einrichtungen hat, wurde schon öfter hervorgehoben. Fragt man gezielt danach, ob der Kostenträger auch Vorgaben für den Arbeitsalltag macht (Var 087), dann zeigt sich folgendes Bild:

Abb. 36: Zustimmung zu der Aussage „Immer häufiger müssen im Arbeitsalltag Vorgaben des Kostenträgers berücksichtigt werden." (Var 087)

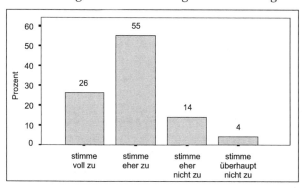

Die sozialpolitisch organisierte Wettbewerbsorientierung und die veränderte, direktive Rolle des Kostenträgers verändern Arbeitsorganisation, Arbeitsvollzüge und Klienteninteraktionen, führen aber auch dazu, dass die organisationale Rahmung der Arbeit sich verändert und soziale Einrichtungen und Dienste sich zu Sozialbetrieben entwickeln, was Effizienzdenken und Wirkungsorientierung in den Mittelpunkt ihres Planens und Handelns rücken lässt. Ein wichtiger Indikator für den sozialwirtschaftlichen Transformationsprozess und den Wandel der Einrichtungen und Dienste zu Betrieben könnte die Tatsache sein, dass die Träger in den letzten Jahren verstärkt die Leitbildentwicklung forcieren und sich dadurch die Organisationskultur ändert (Var 094); 64% der Befragten bestätigen, dass sich in ihren Bereichen das Leitbild des Einrichtungsträgers stark gewandelt hat.

Dass die Entwicklung in Richtung Sozialwirtschaft an Fahrt gewonnen hat, kommt auch dadurch zum Ausdruck, dass ein Großteil der Befragten (64%) das Gefühl hat, Soziale Arbeit würde sich gegenwärtig zunehmend auf reine Leistungserbringung reduzieren (Var 075).

5.6 Gender matters – Geschlechtsspezifisch unterschiedliche Einschätzungen der Berufsbilder und der Arbeitsvollzüge in der Sozialen Arbeit

Wir haben die Ergebnisse unserer schriftlichen Befragung bisher im Wesentlichen ohne Bezug auf das geschlechtsspezifische Antwortverhalten dargestellt. Denn die Aussagen der Sozialarbeiterinnen und Sozialarbeiter über die zu beobachtenden Trends stimmen in der Tendenz im Großen und Ganzen durchaus überein.

Dennoch ergeben sich in der Interpretation der sich wandelnden Berufsbilder sowie in der Beurteilung ihrer eigenen Arbeitssituation teilweise erhebliche Differenzen. Insbesondere zeigt sich bei einer geschlechtsspezifischen Betrachtung, dass die Frauen die derzeitigen sozialpolitischen Veränderungen (Ökonomisierungstendenzen) und deren Auswirkungen auf das eigene Berufsbild (Professionsverständnis) skeptischer beurteilen und dass sie in ihrem Arbeitsalltag (Arbeits- und Betriebsklima, Konfliktpotentiale, eigene Karrierechancen) deutlich unzufriedener sind als ihre männlichen Kollegen. Bei 33 (von insgesamt 106) Items weichen die Antworten von Frauen und Männern um 10 Prozentpunkte und mehr ab; in einzelnen Fällen (Var 059: „Die Teamarbeit hat sich bei uns verbessert" und Var 096: „Für gezielte Frauenförderung wird bei uns zu wenig getan") liegen die Einschätzungen sogar um mehr als 30 Prozentpunkte auseinander.

Ein Grund für diese teilweise gravierenden Unterschiede in der Einschätzung dürfte darin liegen, dass Sozialarbeiterinnen und -pädagoginnen vermehrt in prekäreren Arbeitsverhältnissen beschäftigt sind: Sie sind überproportional häufig in Teilzeitarbeit und befristet tätig – 38% der Frauen in unserem Sample sind auf Teilzeitstellen (Männer: 13%); 25% sind befristet beschäftigt (Männer: 9%)! Vor diesem Hintergrund kann auch nicht verwundern, dass die Frauen diese Entwicklungen im Vergleich zu den Männern signifikant häufiger als eine gesellschaftliche Tendenz herausstellen (Var 078 „Die Zunahme von Teilzeitarbeit ist Folge des stärker gewordenen Wettbewerbs").

Zudem befinden sie sich im Vergleich zu den Männern in niedrigeren und schlechter bezahlten Funktionen. Dies ist auf Basis unserer Befragungsergebnisse zwar nicht direkt nachweisbar, weil es angesichts der Heterogenität der Arbeitsfelder und Beschäftigungsverhältnisse nicht möglich war, exakte – und damit vergleichbare – Hinweise zur beruflichen/innerbetrieblichen Stellung zu erfragen (vgl. dazu auch Kap.5.2 „Beschreibung der Stichprobe").[27] Sehr wohl lässt sich allerdings erkennen, dass sich die Frauen selbst eher in Positionen einstufen, die (zu) niedrig bewertet sind: So sehen sie ihre Aufstiegschancen als deutlich schlechter an als die der Männer (Var 051) und klagen über eine zu geringe gezielte Frauenförderung (Var 096). Zudem konstatieren sie ausnahmslos, dass sich die Bezahlung ihrer Tätigkeit in den letzten Jahren nicht verbessert hat (Var 082).

Um zu zeigen, wo und wie sich geschlechtsspezifische Differenzen ergeben, stellen wir im Folgenden zunächst die Antworten zu den Fragen vor, die sich ausdrücklich mit dem Gender-Aspekt befassen; daran anschließend werden einzelne Fragenkomplexe aufgegriffen, die von Frauen und Männern signifikant unterschiedlich bewertet werden.

5.6.1 Unterschiede im Berufsverständnis und in der beruflichen Stellung von Männern und Frauen in der Sozialen Arbeit

Dass soziale Dienstleistungen überwiegend von Frauen ausgeübt werden, ist eine – allgemein bekannte – Tatsache. Mit der Aussage: „Soziale Arbeit ist eher ein Frauenberuf" (Var 039) sollte daher vor allem überprüft werden, ob dies von den Befragten als selbstverständlich angesehen wird oder eher als eine gesellschaftliche Zuschreibung ihres Berufsfeldes betrachtet wird. Insofern ist es durchaus nicht verwunderlich, dass zwei Drittel der Befragten dieser Aussage „überhaupt nicht" oder „eher nicht" zustimmen können.

Dabei sind es überwiegend die Männer, die diese Ansicht nicht teilen,[28] während die Frauen der Aussage, es handle sich hier um einen „Frauenberuf", etwas häufiger zustimmen: Von den männlichen Befragten stimmen 26% dieser Aussage (eher) nicht zu, bei den Frauen sind dies 39%.

---

27 In der Befragung von Karges und Lehner (2003), in der auch die Höhe des Einkommens von Sozialarbeiter/innen und -pädagogen/innen thematisiert wurde, werden deutliche geschlechtsspezifische Unterschiede festgestellt (dabei geht es um die Eingruppierung nach BAT. S. 355ff.).

28 In einer Randnotiz findet sich dazu die Bemerkung: „Um einen Frauenberuf handelt es sich de facto, nicht von der Sache her."

Berufsbilder und Arbeitsvollzüge in der Sozialen Arbeit

*Abb. 37: Zustimmung zu der Aussage „Soziale Arbeit ist eher ein Frauenberuf."
(Var 039)*

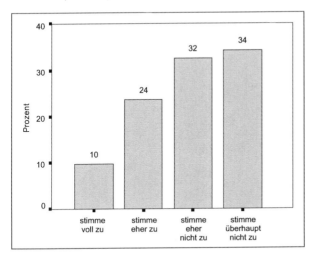

Gehen Frauen anders mit Klient/inn/en um, bearbeiten Frauen die Fälle anders als Männer? Die Mehrheit der Befragten bejaht dies. Interessanterweise sind davon ganz deutlich (noch) mehr Männer überzeugt als Frauen (89% gegenüber 68%). Da die Frage nicht mit einer Wertung verbunden war, gibt das Antwortverhalten keine Auskunft darüber, mit welchen Konnotationen diese Einschätzung gegebenenfalls verknüpft ist. Sie enthält jedoch durchaus einen wichtigen Hinweis darauf, dass die Fallbearbeitung und der Umgang mit Klienten keineswegs als „objektiv" im Sinne von geschlechtsneutral angesehen wird. Dies bestätigen auch die Ergebnisse unserer Befragung, sofern es um Fragen zum Arbeits- und Berufsverständnis von Männern und Frauen geht (vgl. dazu unten, Kap. 5.6).

Bei der Frage, ob „mehr Frauen in Führungsverantwortung der Sozialen Arbeit gut tun" würden, steht dagegen das Werturteil im Vordergrund (Var 038). Die Frage rekurriert zudem auf die Tatsache, dass Frauen in Führungspositionen traditionell – auch im Bereich der sozialen Dienste – unterrepräsentiert sind. Insofern ist darin indirekt auch die Aussage enthalten, dass es sich hier um eine gesellschaftliche Fehlentwicklung handelt, die korrigiert werden müsste.

Hier sind es mehr Frauen als Männer, die sich von einer verstärkten Präsenz weiblicher Führungskräfte positive Effekte resp. einen Imagegewinn der Sozialen Arbeit erhoffen; doch ist ausdrücklich zu vermerken, dass auch zwei Drittel der Männer diese Ansicht teilen.

Abb. 38: Zustimmung zu der Aussage „Wenn mehr Frauen in Führungsverantwortung wären, würde das unserer Arbeit gut tun." *(Var 038)*

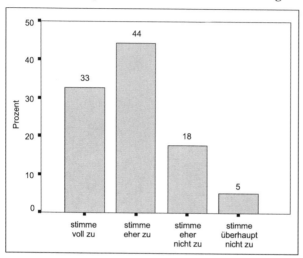

Abb. 39: Einschätzung (ausgewertet nach Geschlecht) der Aussage „Mehr Frauen in Führungsverantwortung sind positiv für die Soziale Arbeit." *(Var 0381)*

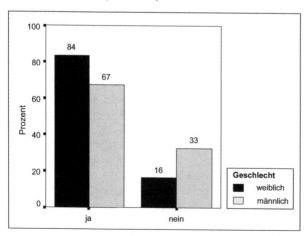

Auffallend differenzierte Einschätzungen geben dazu auch die Beschäftigten mit mehr (als zehn) oder weniger (als zehn) Berufsjahren: Die – nach Berufsjahren –

Berufsbilder und Arbeitsvollzüge in der Sozialen Arbeit

Jüngeren verbinden damit positivere Erwartungen als die Älteren (Differenz: 13 Prozentpunkte).

Auch Teilzeit- und Vollzeitkräfte vertreten hier deutlich unterschiedliche Standpunkte: Eine überwältigende Mehrheit von 84% der Teilzeitkräfte (gegenüber 72% Vollzeitkräfte) sieht dies als eine positive Perspektive.

Die praktischen Erfahrungen zeigen demgegenüber allerdings, dass „Männer in der Sozialen Arbeit die besseren Aufstiegschancen haben". Diese Überzeugung äußern insgesamt 70% der Befragten, mit stark geschlechtsspezifischer Färbung: 80% der weiblichen und 54% der männlichen Befragten teilen diese Einschätzung. Hier lassen sich also deutliche geschlechtsspezifische Beurteilungsmuster erkennen. Die Tatsache, dass mehr als die Hälfte der Männer die Einschätzung teilt, verweist allerdings auch sehr eindrücklich darauf, dass hier übereinstimmend ein echter Handlungsbedarf gesehen wird.

Abb. 40: Einschätzung (ausgewertet nach Geschlecht) der Aussage „Männer haben in der Sozialen Arbeit die besseren Aufstiegschancen."
(Var 0551)

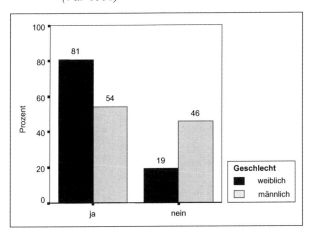

Zudem sind die Befragten mehrheitlich der Ansicht, dass für eine gezielte Frauenförderung (die sicherlich auch, wenngleich nicht nur die Vorbereitung auf Führungsfunktionen beinhaltet) zu wenig getan wird. Dieser Meinung sind insgesamt 59% der Befragten (davon 27% „stimme voll zu" und 32% „stimme eher zu"). Hier sind es weit überwiegend die weiblichen Beschäftigten, die diesen Bereich als defizitär kennzeichnen (71% gegenüber 39%). Auch zwischen Teilzeit- und Vollzeit-Beschäftigten lassen sich deutliche – wenngleich weit weniger konträre – Positionen erkennen: Mit 54% (VZ) gegenüber 69% (TZ) ergibt sich eine Differenz von 15 Prozentpunkten.

Mit der Frage, ob „Frauen nicht so flexibel einsetzbar (sind) wie Männer" (Var 054), wurde vor allem auf die Vereinbarkeitsproblematik (Berufs-/Familienleben) abgezielt. Macht es – für die Kolleg/inn/en, aber auch aus Trägersicht – einen Unterschied, ob Männer oder Frauen beschäftigt werden, weil Frauen stärker an fixe Arbeitszeitregelungen gebunden sind als Männer? Die Antworten sind in ihrer Tendenz eindeutig: 87% antworten mit „nein" oder „eher nein", wobei sich Männer und Frauen nicht signifikant unterscheiden.

Bemerkenswert ist dieses Ergebnis auch mit Blick auf die komplementäre Frage danach, wie sich im tatsächlichen Arbeitsalltag die Abstimmung zwischen Berufs- und Privatleben gestaltet (Var 095). Deutlich *weniger* Frauen als Männer (56% gegenüber 78%) machen geltend, dass sie „*Familien- und Berufsleben problemlos miteinander vereinbaren*" können. Fast die Hälfte der Frauen sieht dagegen hier für sich persönlich mehr oder weniger große Schwierigkeiten, die sie praktisch selbst zu bewältigen haben. Dahinter steht das nach wie vor prägende gesellschaftliche Leitbild einer geschlechterbezogenen Rollenverteilung – Familienarbeit ist überwiegend weiblich, in der Sozialwirtschaft nicht anders als in anderen (gewerblichen) Branchen.

Verständlicherweise ergeben sich für die jüngeren Mitarbeiter/innen (die weniger als zehn Jahre im Berufsleben stehen) tendenziell größere Schwierigkeiten als für die (länger als zehn Jahre beschäftigten) älteren Kollegen, weil für die jüngeren Beschäftigten Probleme der Kinderbetreuung etc. stärker im Vordergrund stehen dürften (59% gegenüber 70% sehen für sich keine Vereinbarkeitsproblematik).

Für die Teilzeitbeschäftigten dagegen stellen sich die Abstimmungsprobleme nicht wesentlich geringer dar als für die Vollzeitbeschäftigten (69% der Teilzeitbeschäftigten und 64% der Vollzeitbeschäftigten können die Anforderungen aus Berufs- und Familienleben problemlos vereinbaren).

5.6.2 Einschätzung der beruflichen Arbeitssituation und der Veränderungen am Arbeitsplatz

Frauen befinden sich tendenziell in prekäreren Arbeitsverhältnissen als die männlichen Sozialarbeiter. Dies zeigt sich ganz unmittelbar bei der Frage, inwiefern sie ihren Arbeitsplatz als „gesichert" ansehen (Var 061). Hierbei ergeben sich gerade unter geschlechtsspezifischen Aspekten ganz gravierende Einschätzungsunterschiede. Während 72%, also beinahe drei Viertel der Männer dieser Aussage „eher" oder ganz entschieden zustimmen, sind dies bei den Frauen lediglich 57%. Dabei ist die Arbeitsplatzunsicherheit bei den Teilzeitbeschäftigten vergleichsweise am stärksten ausgeprägt (vgl. dazu die Ausführungen in Kap. 5.5); auch dies betrifft mehrheitlich weibliche Beschäftigte.

Abb. 41: Einschätzung (ausgewertet nach Geschlecht) der Aussage „Mein Arbeitsplatz ist sicher." (Var 0611)

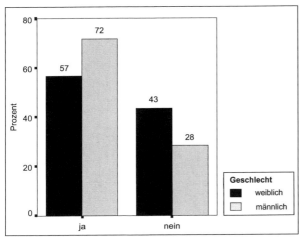

Frauen sehen sich zudem offenbar weit häufiger als ihre männlichen Kollegen in Teilzeitbeschäftigungen „gedrängt". So beantworten 25% der Frauen – gegenüber 48% der Männer – die Frage, ob Teilzeitarbeitsverhältnisse als Folge des Wettbewerbs zunehmen, eher oder entschieden mit „ja" (Var 078).

Ergänzend wird hierzu von einigen Frauen ausdrücklich angemerkt, dass sie zwangsweise – z.B. auf dem Wege einer Änderungskündigung – von einer Vollzeit- auf eine Teilzeitstelle wechseln mussten, weil durch Arbeitszeitreduzierung Personal eingespart wurde. Sie betonen damit, dass sie den von ihnen registrierten Trend zu mehr Teilzeitbeschäftigung nicht nur aus allgemeiner Beobachtung ableiten, sondern auch aus eigener Betroffenheit.

Keine einzige Frau (aber immerhin 10% der männlichen Befragten) kann für sich eine Verbesserung der Bezahlung in den letzten Jahren feststellen (Var 082). Betont wird demgegenüber von allen, dass Arbeitsbelastungen und Mehrarbeit/Überstunden in den letzten Jahren deutlich zugenommen haben.

Betrachten wir vor diesem Hintergrund die Aussagen der Frauen zur Arbeitszufriedenheit sowie zum Arbeits- und Betriebsklima im Vergleich zu den Männern, so fällt auf, dass sie insgesamt deutlich weniger zufrieden sind, wobei insgesamt hervorzuheben ist, dass in unserer Befragung die Berufszufriedenheit – im Vergleich zu früheren Untersuchungen über „Berufskrisen" in der Sozialen Arbeit (vgl. Blinkert 1976) – relativ bis sehr hoch ist. Die geschlechtsspezifischen Unterschiede bei den einschlägigen Fragestellungen sind jedoch durchwegs signifikant.

So geben 83% der Frauen – gegenüber 96% der Männer – an, dass sie sich in ihrem Beruf „überwiegend zufrieden fühlen" (Var 058). Immerhin 41% haben „in letzter Zeit schon einmal in Erwägung gezogen, den Beruf zu wechseln und etwas anderes zu machen" (bei den Männern sind das lediglich 28%).

Abb. 42: Einschätzung (ausgewertet nach Geschlecht) der Aussage „Ich habe schon einmal in Erwägung gezogen, den Beruf zu wechseln."(Var 0801)

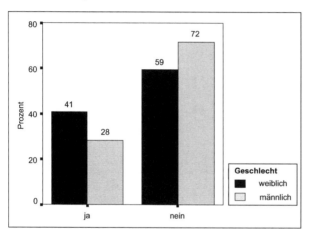

Dieser Eindruck verstärkt sich noch, wenn man ergänzend weitere Items in die Betrachtung einbezieht, die sich mit dem Wandel der Arbeit und der Arbeitsvollzüge, also der konkreten Arbeitssituation, befassen. Besonders signifikante Unterschiede zwischen den weiblichen und männlichen Beschäftigten ergeben sich bei den Variablen:

- *059:* „Die Teamarbeit hat sich bei uns verbessert." (Hier stimmen lediglich 48% der Frauen, aber 78% der Männer eher oder völlig zu)
- *102:*„Ich habe heute mehr Gestaltungsspielräume als früher" (Dies geben 18% der Frauen, aber immerhin 35% der Männer an)
- *070:* „Der Umfang der Supervision hat abgenommen." (65% der Frauen gegenüber 48% der Männer)
- *097:* „Auf neue Aufgaben fühle ich mich ausreichend vorbereitet." (Dies sehen lediglich 44% der Frauen gegenüber 72% der Männer für sich als gegeben)

- *098:* „Es gibt viel zu wenig gute Fort- und Weiterbildungsangebote für Sozialarbeiter/innen." (51% der Frauen gegenüber 35% der Männer)
- *086:* „Den Besuch von Fort- und Weiterbildungsveranstaltungen bezahle ich weitgehend selbst." (Diese Feststellung treffen 58% der Frauen gegenüber 39% der Männer. Hier sind es noch einmal in besonderem Maße die Teilzeitbeschäftigten, die überproportional häufig ihre Weiterqualifizierung selbst finanzieren müssen: 63% gegenüber 46% der Vollzeitbeschäftigten geben dies an)

Abb. 43: *Einschätzung (ausgewertet nach Geschlecht) der Aussage „Ich habe heute mehr Gestaltungsspielraum als früher."(Var 1021)*

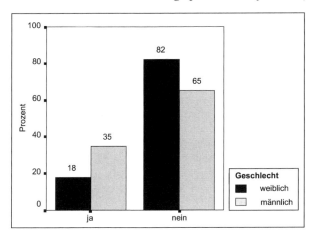

Fasst man diese Ergebnisse zusammen, so ist zu konstatieren, dass Frauen zum einen stärker als Männer eine Verschlechterung ihrer Arbeitssituation (Arbeitsplatzsicherheit etc.), Beeinträchtigungen des Betriebsklimas und eine zunehmende Einengung von Gestaltungsspielräumen sowie einen Verlust an professionellen Standards beklagen (vgl. dazu auch die Ausführungen in Pkt. 3.1) und dass sie sich zum Zweiten im Vergleich zu den Männern in der Personalentwicklung eher vernachlässigt sehen. Dazu gehören neben den Einarbeitungs- und Fortbildungsmaßnahmen natürlich auch die oben bereits erwähnten (im Urteil vieler Frauen defizitären) Maßnahmen zur gezielten Frauenförderung.

5.6.3 Die aktuellen Modernisierungstrends und ihre Auswirkungen auf das berufliche Selbstverständnis aus Sicht der weiblichen Beschäftigten

Wir haben an anderer Stelle die Befragungsergebnisse zum Wandel der Berufsbilder und des Professionalitätsverständnisses in der Sozialen Arbeit bereits ausführlich dargestellt. Im Vergleich zu den insgesamt überwiegend positiven Einschätzungen des Wandels und seiner Folgen für die Soziale Arbeit ist unter geschlechtskritischen Aspekten zu konstatieren: Im Vergleich zu den männlichen Befragten beurteilen die von uns befragten Frauen den – durch die aktuellen Modernisierungstrends hervorgerufenen – Wandel des Berufsbildes deutlich skeptischer. Stärker als ihre männlichen Kollegen nehmen sie bestimmte Brüche und Widersprüche zwischen der neuen Effizienzorientierung und ihrem beruflichen Selbstverständnis als Sozialarbeiterinnen/Sozialpädagoginnen wahr und sehen auch die traditionellen professionellen Standards stärker in Gefahr. Dabei muss allerdings unterstrichen werden, dass der in Kapitel 5.3 geschilderte generelle Eindruck, dass sich die in der Sozialen Arbeit Beschäftigten mit den neuen Anforderungen im Wesentlichen arrangiert haben, dass sie diese viel häufiger begrüßen als ablehnen, durchaus bestehen bleibt.

Geschlechtsspezifische Differenzen werden vor allen Dingen bei den Fragen erkennbar, die die neue Wettbewerbsorientierung der sozialen Dienste („Sozialwirtschaft") und deren Auswirkungen auf Soziale Arbeit thematisieren. Es ist unübersehbar, dass die Frauen bei allen Fragen, in denen explizit der zunehmende Wettbewerb, Wirtschaftlichkeit und Wirkungsorientierung thematisiert werden, um zehn und mehr Prozentpunkte von den Meinungen der Männer abweichen.

So unterstreichen die befragten Frauen signifikant häufiger als Männer die Aussage: „Soziale Gerechtigkeit und Wirtschaftlichkeit vertragen sich nicht." (38% gegenüber 20%)

Skeptischer zeigen sich die weiblichen Beschäftigten auch in Hinblick auf die Effekte der neuen Wettbewerbsorientierung (Var 022, 025, 041):

- *Var 022:* „Soziale Arbeit muss wirkungsorientiert sein." (w: 83% – m: 98%)
- *Var 025:* „Der Wettbewerb in der Sozialen Arbeit führt dazu, dass die soziale Praxis besser wird." (w: 36% – m: 50%)
- *Var 041:* „Der Wettbewerb unter den Trägern muss noch stärker werden." (w: 10% – m: 23%)

Frauen beklagen stärker den drohenden Verlust professioneller Standards (Var 072: 65% gegenüber 56% bei den Männern). Dabei sind es insbesondere die Teilzeitkräfte, die hier gravierende Veränderungen sehen.

Berufsbilder und Arbeitsvollzüge in der Sozialen Arbeit

- *Var 072:* „Aufgrund der wirtschaftlichen Anforderungen ist es zu einer Ausweichung professioneller Standards in der Arbeit mit Klienten gekommen" (hier stimmen 58% der TZ- und 39% der VZ-Beschäftigten zu)

Im Vergleich zu den Männern lehnen Frauen zudem häufiger die Tendenz zu strafenden Maßnahmen ab (hier ergibt sich eine Differenz von 19 Prozentpunkten!)

- *Var 014:* „Wenn Klienten gegen die ihnen vorgegebenen Regeln verstoßen, müssen auch Strafen möglich sein." (w: 42% – m: 61%)

Frauen, so lässt sich resümieren, schätzen offenbar die Effekte der sozialwirtschaftlichen Ausrichtung auf ihre Arbeit eher als eine Gefährdung ihres beruflichen Selbstverständnisses ein; sie betonen stärker die Rechte ihrer Klient/inn/en und sehen sich im Zweifelsfall auch eher als Männer in Dissonanz zu ihrem Anstellungsträger (Var 012: „Die Loyalität gegenüber dem Anstellungsträger ist in der Sozialen Arbeit wichtig"; Abweichung von 17 Prozentpunkten).

Abb. 44: Einschätzung (ausgewertet nach Geschlecht) der Aussage „Soziale Gerechtigkeit und Wirtschaftlichkeit vertragen sich nicht."(Var 0071)

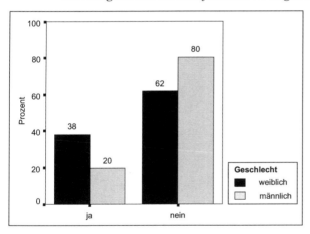

Abb. 45: Einschätzung (ausgewertet nach Geschlecht) der Aussage „Die Loyalität gegenüber dem Träger ist in der Sozialen Arbeit wichtig." (Var 0121)

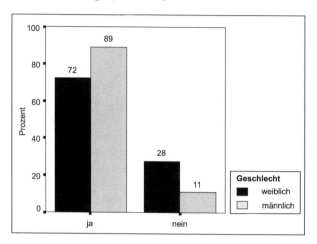

6. Zukunft der Freien Wohlfahrtspflege

Organisations- und Verbandsentwicklung jenseits einer
„halbierten Modernisierung"

6.1 Wandel des Subsidiaritätsverständnisses – zur Entwicklung einer neuen Ordnungsstruktur im sozialen Dienstleistungssektor

Die sozialwirtschaftliche Transformation der Träger und Einrichtungen der Freien Wohlfahrtspflege in der Bundesrepublik ist Ausdruck eines Trends zur Ökonomisierung des Sozialsektors. Gemeint ist damit ein Prozess, in dem politisch verhandelte Standards abgelöst werden durch eine stärkere „Monetarisierung", d.h. eine Festlegung von Output-Zielen, Controlling von Input und Output, Vergleichbarkeit von Produkten, Betonung der Effizienz der Leistungserbringung sowie der Leistungsmessung u.ä.. Dies korrespondiert mit einer Vermarktlichung sozialer Dienste, die durch das Pflegeversicherungsgesetz deutlich akzentuiert wurde: Die Wahlmöglichkeiten zwischen Geld- und Sachleistungen und die Gleichstellung privat-gewerblicher und frei-gemeinnütziger Anbieter sollen den Klienten als Steuerungsinstanz stärken und langfristig die Objektfinanzierung durch die Subjektfinanzierung ersetzen (Stichwort: persönliche Budgets).

Diese Entwicklung wirkt sich nicht nur auf der konkreten Ebene der Leistungserbringung aus, sondern sie nimmt auch Einfluss auf die Gestaltung und praktische Ausgestaltung von Subsidiarität als Leitidee eines besonderen Zusammenwirkens von staatlichen Agenturen und frei-gemeinnützigen Trägern. Die Entscheidungen über die Ausgestaltung der Anbieterstruktur erfolgen daher immer weniger auf dem Fundament einer nach korporativem Muster funktionierenden Bedarfsermittlung aller beteiligten Akteure bzw. der Anbieter selbst, sondern diese Struktur ergibt sich weitgehend aus einer Fülle individuell getroffener Entscheidungen.

Das für das deutsche Sozialstaatsmodell so fundamentale Subsidiaritätsprinzip verliert auf diese Art und Weise allmählich seine sozialpolitische Ordnungsfunktion, die sich vor allem auch darin äußerte, dass die Fortentwicklung der sozialen Infrastruktur nicht nur als partnerschaftliche Zusammenarbeit zwischen öffentlichen und frei-gemeinnützigen Trägern vonstatten ging, sondern darüber hinaus dem Prinzip der bedarfsorientierten Planung sozialer Infrastruktur verpflichtet war. Subsidiarität, obwohl weiterhin im Sozialgesetzbuch verankert, wird dieser Bedeutung zunehmend entkleidet und in wachsendem Maße zu einer Folie für Privatisierungsprozesse und für die Deregulierung sozialer Dienste. Dieses neue Subsidiaritätsverständnis betont demnach mit Entschiedenheit die persönliche Eigenverantwortung und entlastet den Staat von seiner Leistungsverpflichtung, indem es die staatliche Gewährleistungsfunktion der Leistungsfunktion überordnet. Die – für das alte Subsidiaritätsprinzip konstitutive – Gesamtverantwortung des Staates (bestehend aus seiner Finanzierungs-, Planungs- und Letztverantwortung) wird merklich ausgedünnt.

Vieles spricht zudem dafür, dass sich auch der gegenwärtig zu beobachtende Wandel der allgemeinen sozialpolitischen Rahmenbedingungen (Ablösung des Wohlfahrtsstaates durch den „nationalen Wettbewerbsstaat", vgl. Jessop 1993; Streeck 1998) auf Umfang, Ausmaß, Qualität und Dauer sozialer Dienstleistungen auswirken wird. Diese Entwicklungen aber haben auch deutliche Konsequenzen für die sozialen Dienste (vgl. Wiesner 2003); dies impliziert Trends wie abnehmende staatliche Gewährleistung, abnehmende soziale Rechte, Qualitätsabbau, Dequalifizierung des Personals, Taylorisierung sozialer Arbeit mit großer Lohnspreizung, subsidiäre Mobilisierung der Zivilbevölkerung („do it yourself Gesellschaft") usw.

Wo und in welcher Intensität politischer Gegendruck zu solchen Trends entwickelt werden kann, ist derzeit schwer voraus zu sagen. Auch ist die Wirksamkeit von politischem Druck wenig kalkulierbar, weil sich die angedeuteten Entwicklungen allenfalls im Rahmen internationaler Vereinbarungen (z.B. „gegen Sozialdumping") beeinflussen lassen. Gerade die amorphe Struktur der sozialen Dienste könnte hier eine „schleichende" Situationsverschlechterung erzeugen, ohne in gleicher Weise öffentlich bemerkbar zu werden wie zum Beispiel Veränderungen in der Arbeitsmarktpolitik oder in der Rentenpolitik, wo ein weiterer Leistungsabbau vorprogrammiert scheint. Ohne allzu spekulativ zu sein, wird man jedoch voraus sagen können, dass das quantitative und qualitative Niveau der sozialen Dienste, das am Ende des 20. Jahrhunderts erreicht wurde, zukünftig nicht mehr gelten wird.

6.2 Modernisierung ohne Ziel – die betriebswirtschaftliche Restrukturierung der Freien Wohlfahrtspflege

Betrachtet man die sozialwirtschaftliche Bedeutung der Freien Wohlfahrtspflege (einschließlich der neuen privat-gewerblichen Leistungserbringer), dann steht außer Frage: Das System sozialer Dienste hat mittlerweile eine außerordentlich große wirtschaftliche, vor allem aber auch arbeitsmarktpolitische Bedeutung erlangt (vgl. Kap. 1). Betrachtet man hingegen die Organisations- und Arbeitsstrukturen, in denen sich die Freie Wohlfahrtspflege bislang überwiegend bewegt hat, dann erkennt man schnell eine Diskrepanz zwischen gesellschaftlich-wirtschaftlicher Bedeutung einerseits und Organisationsformen der sozialen Dienste andererseits.

Der sozialwirtschaftliche Transformationsprozess stellt sich im Wesentlichen als exogen verursacht, nicht aber als Resultat interner Klärungsprozesse dar. Dabei spielt die europäische Wettbewerbsordnung ebenso eine Rolle wie der nationalstaatlich organisierte Wettbewerb. Die von der Monopolkommission (1997) geforderte wettbewerbliche Rahmenordnung für die Gesundheits- und sonstigen sozialen Dienste ist insofern mittlerweile in fast allen Feldern der Sozialen Arbeit Realität (vgl. Kap. 2).

Im Rahmen der bundesrepublikanischen, föderalistischen Struktur und des stark ausgebauten kommunalen Selbstverwaltungssystems kann der Gesetzgeber allerdings nur eine Initialfunktion für Transformationsprozesse im sozialen Dienstleistungsbereich übernehmen. Die Implementierung der wettbewerblichen Rahmenordnung und der Umbau der institutionalisierten Beziehungen zwischen öffentlichen Kostenträgern und privaten Leistungsgerbringern obliegen im Wesentlichen der kommunalen Ebene. Die Kommunen verfügen über viel Ermessensspielraum im Umsetzungsprozess. Von daher stellen sich die funktionalen Umbauarbeiten im lokalen Sozialstaat und die Neupositionierung der lokalen sozialpolitischen Akteure als relativ vielschichtig und unübersichtlich dar. Das heißt, sachlich betrachtet können die Umbauprozesse ganz unterschiedliche Schwerpunkte und Prioritätensetzungen haben und zeitlich betrachtet weisen die Umbauprozesse eine Gleichzeitigkeit der Ungleichzeitigkeit auf (vgl. Kap. 3).

Angesichts fehlender zentraler Monitoringinstanzen sind „Best-practice-Beispiele" auf kommunaler Ebene nur schwer zu erkennen und zu würdigen. Unbestreitbar ist allerdings, dass Modernisierungsprozesse im Bereich der sozialen Dienstleistungserbringung überall begonnen haben. Die Umprogrammierung „Leistungsvereinbarungen statt Subventionierung" ist mittlerweile überall vollzogen, auch wenn es mit der Leistungs- bzw. Ergebnissteuerung und mit Verfahren der Leistungsmessung und -kontrolle in den sozialen Diensten örtlich noch sehr unterschiedlich bestellt ist.

Die Wohlfahrtsverbände sehen sich insbesondere durch die neuen Finanzierungsformen, die Teil des organisierten Wettbewerbs sind, einem Anpassungsdruck ausgesetzt, der sich fundamental auf alle Verbandsfunktionen auswirkt und damit organisatorische Umstrukturierungsprozesse auf allen Ebenen notwendig macht. Das geht von der Einführung neuer betriebswirtschaftlicher Steuerungsinstrumente bis hin zu primär betriebswirtschaftlich motivierten Fusionen zwischen Einrichtungen oder auch einzelnen örtlichen Untergliederungen der Verbände; auch die verbandsinterne Schaffung von Verbundsystemen zwischen verwandten sozialen Diensten gehört in diese Kategorie der betriebswirtschaftlich motivierten Modernisierung.

Dabei ist festzustellen, dass ausformulierte und diskutierte verbandspolitische Strategien zur Bewältigung der neuen Herausforderungen weitgehend fehlen. Die Aktivitäten sind daher kein Resultat einer verbandspolitischen Modernisierungsstrategie bzw. einer Stärken-Schwächen-Analyse durch die Verbände und ihre Mitgliedsorganisationen, sondern sie reagieren lediglich auf externe, sozialrechtlich erzwungene Veränderungsprozesse. Wir sprechen vor dem Hintergrund dieses Befundes von einer *halbierten Modernisierung*, die sich lediglich auf die eingesetzten Mittel, nicht aber auf gemeinsam definierte Zielsetzungen bezieht. Dies trifft für die Organisationspolitik der Freien Wohlfahrtspflege ebenso zu wie für die Personalpolitik. Auch die personal-, beschäftigungs- und tarifpolitischen Maßnahmen weisen charakteristische konzeptionelle Mängel auf und erschöpfen sich meist auf Maßnahmen zur kurzfristigen Einsparung von Personalkosten(vgl. Kap. 4). Dies erweist sich vor allem deshalb als fatal, weil der Bereich der personenbezogenen Dienstleistungen in besonderem Maße darauf angewiesen ist, dass „intelligente", also einvernehmlich entwickelte und getragene, Personaleinsatz- und Vergütungsmodelle gefunden werden. Davon aber sind vor allem die kirchlichen Dienstgemeinschaften noch weit entfernt.

Hier liegen daher die zentralen Herausforderungen für die Entwicklung nach vorne gerichteter, zukunftsfester Strategien der Verbände und Einrichtungen der Freien Wohlfahrtspflege.

6.3 Die Organisationsfrage – Die Multifunktionalität der Wohlfahrtsverbände auf dem Prüfstand

Da die betriebswirtschaftliche Modernisierung der Freien Wohlfahrtspflege im Wesentlichen eine erzwungene Reaktion auf das neue Sozialmarktmodell und den organisierten Wettbewerb darstellt, weisen die Modernisierungskonzepte in der Regel keine lange Halbwertzeit auf. Es zeigt sich daher, dass der Modernisierungsdiskurs in den Verbänden seit einiger Zeit zwar mit gesteigerter Intensität geführt wird, das Ergebnis aber eher zu einer Partikularisierung von Modernisierungsstrategien führt.

Angesichts der (betriebs-)wirtschaftlichen Dynamik, die einige Verbände bzw. Teile von ihnen entwickelt haben, lässt sich die alte These vom funktionalen Dilettantismus der Freien Wohlfahrtspflege (Seibel 1994) heute nur noch schwer aufrechterhalten. Insbesondere in den pflegesatzfinanzierten Einrichtungen lässt sich gegenwärtig verstärkt beobachten, dass diese sich in wichtigen Fragen vom Verband abkoppeln, wenn dieser für die aus ihrer Sicht betrieblichen und arbeitgeberischen Probleme kein Ohr hat und sich ihrer Probleme nicht zeitnah genug annimmt. Die Palette der von den größeren Sozialunternehmen in Gang gesetzten Vorstöße und Veränderungen reicht von der Gründung eigener verbandsunabhängiger Arbeitgebervereinigungen und Tarifgemeinschaften bis hin zur Wahrnehmung einer eigenen verbandsunabhängigen sozialpolitischen Interessenvertretung (sozialpolitisches Lobbying). Diese Entwicklungen betrachtend könnte man den Eindruck gewinnen, die Wohlfahrtsverbände und ihre Betriebe hätten den Zug der Zeit erkannt und wären den ihnen im Gefolge des Gutachtens der Monopolkommission erteilten Ratschlägen gefolgt. Tatsächlich sind die Trends in Richtung Sozialwirtschaft und betriebswirtschaftlicher Neupositionierung ja nicht zu übersehen. Man würde jedoch der Realität in der Freien Wohlfahrtspflege nicht gerecht, wenn man die gegenwärtige Entwicklung nur so deuten würde, als folge man beherzt den wirtschaftswissenschaftlichen Ratschlägen und als würde man sich, der Einsicht in die Notwendigkeit beugend, freiwillig der eisernen Disziplin des Marktes unterwerfen, um gestärkt in der alten Verfasstheit wieder auferstehen zu können. Die Organisationsfrage wird in der Praxis wesentlich vielschichtiger debattiert, denn eine einseitige betriebswirtschaftliche Erneuerung (auch wenn dies von selbstbewussten Unternehmen durchaus gefordert und betrieben wird) würde die Wohlfahrtsverbände insgesamt in der jetzigen Situation vor eine Zerreißprobe stellen, deren Ausgang ungewiss wäre. Da die Debatte über die Zukunft der Freien Wohlfahrtspflege in Deutschland (bzw. die Zukunft der einzelnen Verbände) meist hinter geschlossenen Türen und unter Ausschluss der Öffentlichkeit geführt wird, ist dieser Aspekt der Organisationsmodernisierung allerdings nicht so gut dokumentiert wie die betriebswirtschaftliche Erneuerungsdebatte.

Nach wie vor aber sind Wohlfahrtsverbände in ihrem Selbstverständnis gemeinnützige Nonprofit-Organisationen, die sich vor allem durch Multifunktionalität auszeichnen. Würden Wohlfahrtsverbände den Empfehlungen der Wirtschaftswissenschaftler folgen, müssten sie zwangsläufig diese multiple Identität preisgeben und sich einiger ihrer Aufgaben und Aktionsfelder entledigen. Die in allen Verbänden beobachtbaren Konflikte zwischen Verbands- und Betriebsinteressen deuten durchaus den Spagat an, den die Verbände gegenwärtig vollführen müssen und den die Leitbilddiskussionen mit sich bringen, wenn darum gerungen wird, wie zukünftig die Interessen des Gesamtverbandes mit den Betriebsinteressen auszutarieren sind. Die Modernisierungsdiskussionen in den Wohlfahrtsverbänden kreisen deshalb vor allem um die Frage, wie sich das Verhältnis von Betrieben und Gesamtverband neu justieren lässt. Dabei hat die Betriebsebene gegenüber dem Idealverein stark an Bedeutung gewonnen. Die Aufwertung der betrieblichen Ebene wirft jedoch die Frage nach ihrer zukünftigen Stellung im Gesamtverband auf.

Dass sich die Wohlfahrtsverbände zukünftig nur noch auf die Produktion marktfähiger Güter beschränken werden, erscheint gegenwärtig und in einer überschaubaren Zukunft eher unwahrscheinlich, weil dies das Wesen der Freien

Wohlfahrtspflege so grundlegend verändern würde, dass dies einer „Selbstaufgabe" gleichkäme.

Gerade angesichts eines immer stärker steuernden Sozialstaats (Kontraktmanagement), der nicht nur Ergebnisse und Wirkungen vorschreibt, sondern auch – trotz anders lautender Bekundungen – immer mehr Einfluss auf die konkreten Arbeitsvollzüge nimmt, müssen Wohlfahrtsverbände daher ihren sozialpolitischen Anspruch neu formulieren und organisieren. Dies wird auch von den Verbänden zunehmend als eine für sie überlebenswichtige Aufgabe angesehen: Sie selbst sehen ihre Zukunft nicht als Alternative zwischen den Optionen „Sozialwohlstrategie" oder „Sozialwirtschaftsstrategie" (Ottnad et al. 2000), sondern sind durchweg auf der Suche nach einem dritten Weg (vgl. z.B. Manderscheid 2003). Hier existiert daher ein erheblicher Diskussions- und Klärungsbedarf.

6.4 Zur Entwicklung einer postkorporativen Identität des verbandlichen Handelns

Mit Blick auf die geschilderten Entwicklungen der Wohlfahrtsverbände steht in Zukunft vor allem eine neue Klärung des Verhältnisses zwischen ihrer Anwaltschaftsrolle und ihrer Rolle als soziale Dienstleister an. Denn nach wie vor ist die Verknüpfung von Dienstleistungsauftrag und Sozialanwaltschaft für alle Verbände, die sich auch als Wertegemeinschaften sehen, konstitutiv und hat u.a. dazu geführt, dass auf der Ebene der sozialpolitischen Interessenvertretung die Verbände über lange Zeit hinweg wenig Aktivitäten entfaltet haben, die sich im Rahmen ihrer sozialstaatlichen Rolle vor allem auf fachpolitische Fragen der Dienstleistungserbringung konzentriert haben. Ein solcher Begriff von Anwaltschaft aber gerät in die Krise, wenn Dienstleistungserbringung nicht mehr automatisch mit der Bekämpfung von Not- und Konfliktlagen in Eins gesetzt werden kann. Die Expansion der sozialen Dienste bei gleichzeitiger Kodifizierung ihrer Inanspruchnahme, Erbringung und Finanzierung hat dieser Vorstellung ihre Grundlage entzogen.

Für die Verbände der Freien Wohlfahrtspflege gilt insofern die Formel, dass sie sich in einem post-subsidiären und „post-korporativen" Sozialsystem neu erfinden müssen (vgl. Nokielski/Pankoke 1996). Schon jetzt ist für einige Verbände die Entwicklung der Mitgliedschaftszahlen bedrohlich und insbesondere die kirchlichen Verbände stellen sich vermehrt die Frage nach ihrer zukünftigen, aus diakonischem oder caritativem Auftrag heraus begründeten Identität.

So zeichnen sich in Caritas und Diakonie Diskussionslinien ab, die einen Rückzug aus der Sozialwirtschaft für notwendig halten, weil diese das kirchliche Profil eines Verbandes gefährde und unkalkulierbare wirtschaftliche Risiken mit sich bringe. Andere Verbände denken darüber nach, sich zu Dachorganisationen des Nonprofit-Sektors zu entwickeln und auf diesem Weg neues verbandspolitisches Profil zu gewinnen. Die enge (auch sozialpolitische) Anlehnung an den Staat, die in einem sich auch verbandspolitisch auszahlenden Korporatismus mühelos durchzuhalten war, erweist sich nun als Problem, weil eine verbandspolitische Programmatik, die eine neue Mitgliedschaftslogik begründet, fehlt. Auch die immer wieder neu belebten Elemente des Korporatismus (zum Beispiel durch die neue „Hartz"-Gesetzgebung) helfen hier nicht weiter, weil dieser immer weniger zur verbandspolitischen Profilierung taugt.

Die neue, sich am Horizont schon abzeichnende, Sozialstaatlichkeit, führt daher zum einen zu einer Aufwertung direkter marktbezogener Steuerungselemente, zum anderen aber auch zu einem Wohlfahrtsmix aus staatlicher Vorsorge, der Mobilisierung von Sozialkapital und bürgerschaftlichem Engagement wie zur Aufwertung philanthropischer Elemente sozialer Interventionen. Das bedeutet im Ergebnis, dass die klassische Aufgabenteilung zwischen Staat und Verbänden als Auslaufmodell charakterisiert werden kann und die bundesrepublikanischen Besonderheiten der sozialpartnerschaftlichen Einbindung werteorientierter Verbände in die Politikgestaltung ein Ende findet. Dies aber bedeutet zugleich das Ende des Systems der Freien Wohlfahrtspflege in seiner gegebenen Form.

Die Entwicklung und Gewinnung einer *postkorporativen Identität* ist unter diesen Bedingungen nur vorstellbar, wenn es gelingt, betriebliche Modernisierung und verbandspolitische Erneuerung organisational zu entkoppeln. In den Verbänden wird über die möglichen Konsequenzen einer solchen Entkoppelung zur Zeit teilweise intensiv diskutiert. Das Festhalten an den Besonderheiten des bundesdeutschen Subsidiaritätsmodells und die gleichzeitige Forcierung einer unternehmerischen Verbandsidentität (unternehmerische Diakonie; unternehmerische Caritas), welche (angeblich) keinen Gegensatz zur anwaltschaftlichen Interessenvertretung darstellt, ist als eine Besonderheit der wohlfahrtsstaatlichen Transformation in der Bundesrepublik zu werten. Wenn es den Verbänden nicht gelingt, sich als Anwalt der Betroffenen zukünftig glaubwürdig zu positionieren, dann werden sich in Folge des Sozialstaatsumbaus (und die Umsetzung der Hartz-Gesetze kündigt eine solche Entwicklung schon an) nicht nur vermehrt private Anbieter auf dem Markt positionieren, sondern auch Interessenorganisationen der Betroffenen hervorbringen, die den Verbänden auf Grund ihrer sozialwirtschaftlichen Eigeninteressen die Legitimität eines sozialpolitischen Mandats bestreiten.

Vor diesem Hintergrund stellt sich die Organisationsfrage als Kern der aktuellen Herausforderung aller Wohlfahrtsverbände dar. Sie wird darüber mitentscheiden, wie sich die Wohlfahrtsverbände in Zukunft darstellen werden. Dabei beinhaltet die Organisationsfrage keineswegs nur ein technisch-instrumentelles Problem; sie wird vielmehr entscheidend dafür sein, ob die (bislang) halbierte Modernisierung überwunden werden kann, um auch die Organisationsziele in den Modernisierungsdiskurs mit einzubeziehen. Mit der Organisationsfrage und ihrer Beantwortung wird sich entscheiden, wie zukunftsfähig die Freie Wohlfahrtspflege ist.

6.5 Personalpolitik als Gratwanderung zwischen Kostendruck und Qualitätsansprüchen

Der Bereich personenbezogener Dienstleistungen befindet sich bereits seit vielen Jahren im Spannungsfeld zwischen einer proklamierten steigenden gesellschaftspolitischen Bedeutung – und damit hohen Wertschätzung – und einer faktisch (zu) niedrigen Bewertung und Vergütung der geleisteten Tätigkeiten. Dieser Widerspruch wird durch die aktuellen sozialpolitischen und wirtschaftlichen Rahmenbedingungen noch forciert. Die Abkehr vom Selbstkostendeckungsprinzip und die Einführung von personenbezogenen Fallpauschalen stellt die bisherigen Vergütungsregelungen – Orientierung an der „Leitwährung" BAT – massiv in Frage.

Dementsprechend agiert die Personalpolitik der Freien Wohlfahrtspflege auf einem schmalen Grat: Einerseits sollen bzw. müssen die Personalkosten unter dem Druck der neuen Konkurrenzbedingungen drastisch gesenkt werden, andererseits ist gerade der soziale Dienstleistungssektor auf das Engagement und die Motivation gut qualifizierter Mitarbeiter/innen existenziell angewiesen. Auch und gerade in der betriebswirtschaftlichen Logik gelten daher die Beschäftigten mehr denn je als eine *Humanressource*, die es dauerhaft zu erhalten und zu pflegen gilt. Dass das Einsparen von Personal nach der „Rasenmähermethode" in dem personalintensiven sozialen Sektor auf Dauer keine Überlebensstrategie darstellt, sondern vielmehr die wichtigsten Ressourcen massiv untergräbt, ist daher nicht nur den Interessenvertretungen, sondern in der Regel auch den Personalverantwortlichen völlig bewusst. Dennoch stellt dies bislang die am weitesten verbreitete Strategie dar.

Die sozialwirtschaftliche Transformation impliziert eine radikale personalpolitische Um- und Neuorientierung in der Freien Wohlfahrtspflege. Dies gilt noch einmal in besonderem Maße für die Einrichtungen, die sich in kirchlicher Trägerschaft befinden. Bisher reagieren sie auf die veränderten Rahmenbedingungen vor allem durch eine schrittweise Abkoppelung vom BAT-Tarifsystem wie von den konkreten Verhandlungsergebnissen. Je stärker sich jedoch die Einrichtungen von Diakonie und Caritas zu wirtschaftlich operierenden Sozialunternehmen hin entwickeln, desto mehr geraten die Besonderheiten des kirchlichen Arbeits- und Tarifrechts („Dritter Weg") in Widerspruch zu den im Wirtschaftsleben sonst geltenden Normen und Gesetzen. Der Wandel vom kirchlichen Dienstgeber-Dienstnehmerverhältnis („Dienstgemeinschaft") zu einem ganz

„normalen" Arbeitgeber-Arbeitnehmerverhältnis und die Abkehr vom kirchlichen Tarif- und Arbeitsrecht wäre eine logische Konsequenz des Wandels von den Wohlfahrtsverbänden zur Sozialwirtschaft. Dies aber beinhaltet ein grundsätzliches Umdenken auf beiden Seiten – nicht nur von Seiten der Verbände, sondern auch von Seiten der Mitarbeiterinnen und Mitarbeiter, die sich damit erstmalig auf den Weg einer eigenständigen, (gewerkschaftlich) organisierten Aushandlung ihrer Interessen begeben würden (vgl. Busch 2000; Hammer 2000).

Darüber hinaus stellt sich im Gefolge der Modernisierung des sozialen Sektors verstärkt die Frage nach einer tariflichen Neubewertung der personenbezogen resp. sozialen Dienstleistungen. Dies geschieht zumindest in Ansätzen im Kontext der Verhandlungen um ein neues Tarifrecht zwischen der Gewerkschaft ver.di und den Arbeitgebern des öffentlichen Dienstes. Mit dieser Tarifreform wurde ein Abschied vom alten BAT eingeleitet, verbunden u.a. mit stärker aufgaben- und leistungsbezogenen Vergütungsregelungen, mit einer erhöhten Flexibilisierung der Arbeitszeitmodelle, mit einer Angleichung der unterschiedlichen Entgeltsysteme für Arbeiter und Angestellte sowie mit einer Integration der Entgelte der Kranken- und Altenpfleger in die allgemeine Tariftabelle.

Damit allerdings sind längst nicht alle strittigen (Tarif-)Probleme geklärt und gelöst. Denn es geht dabei keineswegs nur um die Übertragbarkeit der bisher erzielten Verhandlungsergebnisse auf weitere Beschäftigten- und Statusgruppen, sondern noch immer um grundsätzliche Fragen einer tatsächlich leistungsadäquaten und gerechten Eingruppierung der frauentypischen Tätigkeiten im sozialen Dienst (vgl. Kühnlein et al. 2003).

Literatur

Alber, J. (2002): Modernisierung als Peripetie des Sozialstaats? In: Berliner Journal für Soziologie, 12. Jg., S. 5-35

Angerhausen, S., Backhaus-Maul, H.; Offe, C.; Olk, Th.; Schiebel, M. (1998): Überholen ohne einzuholen. Freie Wohlfahrtspflege in Ostdeutschland. Opladen

Arnold, U.; Maelicke, B. (Hg.) (1998): Lehrbuch der Sozialwirtschaft. Baden-Baden

Artus, I. (2001): Krise des deutschen Tarifsystems. Die Erosion des Flächentarifvertrags in Ost und West. Opladen

Backhaus-Maul, H. (1996): Trägerkonkurrenz und Wirtschaftlichkeit im Sozialsektor. In: Nachrichtendienst des Vereins für öffentliche und private Fürsorge, Jg. 76, S. 280-286

Backhaus-Maul, H.; Olk, Th. (1994): Von Subsidiarität zu „outcontracting". Zum Wandel der Beziehungen von Staat und Wohlfahrtsverbänden in der Sozialpolitik. In: Streeck, W. (Hg.): Staat und Verbände. Politische Vierteljahresschrift, Sonderband 25. Opladen, S. 100-135

Backhaus-Maul, H.; Olk, Th. (1997): Vom Korporatismus zum Pluralismus? Aktuelle Tendenzen im Verhältnis zwischen Staat und Wohlfahrtsverbänden. In: Theorie und Praxis der sozialen Arbeit, Heft 4, S. 25-32

BAG der Freien Wohlfahrtspflege (2002): Die Freie Wohlfahrtspflege. Freiburg

Bahnmüller, R.; Bispinck, R. (Hg.) (2003): Industrielle Beziehungen. Zeitschrift für Arbeit, Organisation und Management (Schwerpunktthema: Tarifpolitik in Deutschland), Jg. 10/Heft 2

Bandemer, S.; Blanke, B.; Hilbert, J.; Schmid, J. (1995): Staatsaufgaben – Von der schleichenden Privatisierung zum aktivierenden Staat. In: Behrens, F. et al. 1995, S. 41-60

Bandemer, S.; Hilbert, J. (1998): Vom expandierenden zum aktivierenden Staat. In: Bandemer, S. et al. (Hg.): Handbuch zur Verwaltungsreform. Opladen, S. 25-32

Bandemer, St. (1998): Qualitätsmanagement. In: Blanke, B.; v. Bandemer, S.; Nullmeier, F. (Hg.), S. 369-379

Banner, G. (1991): Von der Behörde zum Dienstleistungsunternehmen. In: Verwaltungsführung, Organisation, Personalwesen (VOP), 1, S. 6-11

Bauer, R. (2001): Personenbezogene soziale Dienstleistungen. Begriff, Qualität und Zukunft. Wiesbaden

Bauer, R. (1996): „Hier geht es um Menschen, dort um Gegenstände". Über Dienstleistungen, Qualität und Qualitätssicherung. Zur Begriffssystematik und zur politisch-ökonomischen Erklärung der gegenwärtigen Entwicklungslinien sozialer Dienstleistungen in der Bundesrepublik. In: Widersprüche, Heft 61, S. 11-49

Becher, B. (2000): Vernetzung und strategisches Verbandsmanagement. In: Dahme, H.-J.; Wohlfahrt, N. (Hg.): Netzwerkökonomie im Wohlfahrtsstaat. Berlin. S. 267-289

Behrens F.; Heinze, R.; Hilbert, J.; Stöbe, S.; Walsken. E. (Hg.) (1995): Den Staat neu denken. Reformperspektiven für die Landesverwaltungen. Berlin

Blanke, B.; v. Bandemer, S.; Nullmeier, F. (Hg.) (2001): Handbuch zur Verwaltungsreform (2. Auflage). Opladen

Blinkert, B. (1976): Berufskrisen in der sozialen Arbeit: eine empirische Untersuchung über Verunsicherung, Anpassung und Professionalisierung von Sozialarbeitern. Weinheim

Boeßenecker, K.-H.; Trube, A.; Wohlfahrt, N. (Hg.) (2000): Privatisierung im Sozialsektor. Münster

Brückers, R. (1999): Die Freie Wohlfahrtspflege auf dem Prüfstand (III) – Erosion der Verbandsstrukturen durch Ausgliederung sozialer Betriebe? In: Theorie und Praxis der Sozialen Arbeit, Heft 12, S. 443-449

Brückers, R. (2002): Strategische Steuerung durch Qualitätsmanagement. In: Maelicke, B. (Hg.): Strategische Unternehmensentwicklung in der Sozialwirtschaft. Baden-Baden, S. 98-119

Brückers, R.; Engel, M.; Wittenius, U. (2002): Qualitätsmanagement als Methode für einen ständigen Verbesserungsprozess in der sozialen Arbeit. In: Nachrichtendienst des Deutschen Vereins (NDV), Heft 3, S. 92-96

Bundesministerium für Familie, Senioren, Frauen und Jugend (2001): Dokumentation der Tagung „Die Zukunft der sozialen Dienste in Europa", 5. Oktober 2001. Brüssel

Busch, G. (2000): Caritative Beschäftigung in unsozialen Verhältnissen? Arbeitsbeziehungen in der Kirche: Zweiter oder Dritter Weg? In: Industrielle Beziehungen, Heft 3, S. 301-307

Czada, R. (2000): Dimensionen der Verhandlungsdemokratie. Konkordanz, Korporatismus, Politikverflechtung. Polis Nr. 46/2000 (FernUniversität – Gesamthochschule Hagen)

Dahme, J.; Grunow, D.; Hegner, F. (1980): Aspekte der Implementation sozialpolitischer Anreizprogramme: Zur Überlassung von Programmentwicklung und Programmimplementation am Beispiel der staatlichen Förderprogramme für Sozialstationen. In: Mayntz, R. (Hg.): Implementation politischer Programme. Frankfurt/M., S. 154-175

Dahme, J.; Kühnlein, G.; Wohlfahrt, N. (Hg.) (2003): Freie Wohlfahrtspflege im Modernisierungsprozess: Organisations- und personalpolitische Herausforderungen und Konsequenzen. Dokumentation des Workshops vom 14. März 2003 in Düsseldorf. sfs-Beiträge aus der Forschung, Band 135. Dortmund

Dahme, H.-J.; Otto, H.-U.; Trube, A.; Wohlfahrt, N. (Hg.) (2003): Soziale Arbeit für den aktivierenden Staat. Opladen

Dahme, H.-J.; Wohlfahrt, N. (2002): Aktivierender Staat – Ein neues sozialpolitisches Leitbild und seine Konsequenzen für die soziale Arbeit. In: Neue Praxis, Heft 1, S. 10-32

Dewe, B.; Otto, H.-U. (2001): Profession. In: Otto, H.-U., Thiersch, H. (Hg.): Handbuch Sozialarbeit – Sozialpädagogik. Neuwied, S. 1399-1423

Domscheit, S.; Kühn,M. (1980): Die Kindergartenreform. Eine Fallstudie bundesdeutscher Sozialpolitik. Frankfurt/M.

Europäischer Rat (2000): Mitteilungen zur Sozialpolitik. Brüssel

Evangelischer Pressedienst, epd sozial Nr. 47 vom 6.12.2002, S. 4.

Evers, A. (2002): Arbeit und Engagement bei sozialen Dienstleistungen – welches Leitbild? In: WSI Mitteilungen, Heft 9, S. 539-544

Feldhoff, K. (1998): Der Anspruch auf gleichen Lohn für gleichwertige Arbeit. Zur mittelbaren Diskriminierung von Frauen in Entgelttarifverträgen. Baden-Baden

Literatur

Feldhoff, K. (2002): Gerechtigkeit für Frauen in der kirchlich-diakonischen Arbeitswelt!? In: Lila Blätter, Nr. 25 (Mai), S. 58-60

Flierl, H. (1992): Freie und öffentliche Wohlfahrtspflege. Aufbau, Finanzierung, Geschichte, Verbände. München

Flynn, N. (1997): Public Sector Management. London

Freier, D. (1995): Öffentliche Finanzierung sozialer Dienste und Einrichtungen. In: Theorie und Praxis sozialer Arbeit, Heft 10, S. 388-398

Früchtel, F. (2001): Fallunspezifische Arbeit oder: Wie lassen sich Ressourcen mobilisieren. In: Früchtel, F. et al. (Hg.): Umbau der Erziehungshilfe. Weinheim, S. 155-163

Gehrmann, G.; Müller, K. D. (1993): Management in sozialen Organisationen. Berlin

GEW (2000): Eckpunkte zur Aus- und Weiterbildung für personenbezogene Dienstleistungsberufe. Frankfurt/M.: Diskussionspapier

Giddens, A. (1999): Der dritte Weg. Die Erneuerung der sozialen Demokratie. Frankfurt/M.

Goll, E. (1991): Die freie Wohlfahrtspflege als eigener Wirtschaftssektor. Theorie und Empirie ihrer Verbände und Einrichtungen. Baden-Baden

Grunow, D.; Köhling, K. (2003): Abschlussbericht der Begleitforschung zum Modellversuch „Neustrukturierung der Förderung sozialer Hilfen in Hessen". Duisburg: Rhein-Ruhr-Institut für Sozialforschung und Politikberatung

Hammer, U. (2000): Was Beschäftigte vom Arbeitgeber Kirche wissen sollten. In: Sozial Extra, Heft 11, S. 14-18

Hansen, E. (1997): Qualitätsaspekte Sozialer Dienstleistungen zwischen Professionalisierung und Konsumentenorientierung. Qualitätsdiskurse in Großbritannien und Deutschland. In: Zeitschrift für Sozialreform, Jg. 43, S. 1-28

Hengsbach, F. (2002): Die Zukunft liegt in der „personennahen Arbeit". In: Frankfurter Rundschau vom 18.09.2002 (Dokumentationsseite)

Heinze, R.; Olk, Th. (1981): Die Wohlfahrtsverbände im System sozialer Dienstleistungsproduktion. Zur Entstehung und Struktur der bundesrepublikanischen Verbändewohlfahrt. In: Kölner Zeitschrift für Soziologie und Sozialpsychologie, Jg. 33, S. 94-114

Heinze, R.; Schmid, J.; Strünck, C. (1997): Zur politischen Ökonomie der sozialen Dienstleistungsproduktion. Der Wandel der Wohlfahrtsverbände und die Konjunkturen der Theoriebildung. In: Kölner Zeitschrift für Soziologie und Sozialpsychologie, Jg. 49, S. 242-271

Heinze, R.; Strünck, C. (2003): Der steinige Weg in die Dienstleistungsgesellschaft – Strategien für neue Beschäftigungsfelder. In: Theorie und Praxis der sozialen Arbeit, Heft 4, S. 10-29

Heinze R.; Voelzkow, H. (1998): Verbände und „Neokorporatismus". In: Wollmann, H.; Roth, R. (Hg.): Kommunalpolitik. Politisches Handeln in den Gemeinden (2. Aufl.). Bonn, S. 227-239

Haring, S. (2001): „Auf der Suche nach einer besseren Welt" – Soziologische Modernisierungstheorien im Lichte dreier Jahrhunderte. In: newsletter Moderne, Sonderheft 1/2001, S. 4-10

Institut der deutschen Wirtschaft – IW (2004): Wohlfahrtsverbände in Deutschland. Auf den Schultern der Schwachen. Köln

Jessop, B. (1993): Towards the Schumpeterian Workfare State? Preliminary Remarks on Post-Fordist Political Economy. In: Studies in Political Economy, Jg. 40, S. 7-39

Karges, R.; Lehner, M. (2003): Soziale Arbeit zwischen eigenem Anspruch und beruflicher Realität – Veränderung der Arbeitsbedingungen und der Arbeitsvollzüge. In: Dahme/ Otto/Trube/Wohlfahrt 2003, S. 333-368

Kirchenamt der Evangelischen Kirche in Deutschland (Hg.) (2002): Soziale Dienste als Chance. EKD Texte, 75. Stuttgart (zitiert als „EKD-Studie")

Kloos, B. (2000): Große Träger machen mobil. In: caritas, Heft 7, S. 8-11

Kommunale Gemeinschaftsstelle – KGSt (1993): Das neue Steuerungsmodell: Begründung, Konturen, Umsetzung (Bericht Nr. 5/1993). Köln

Kommunale Gemeinschaftsstelle – KGSt (1998): Kontraktmanagement zwischen öffentlichen und freien Trägern der Jugendhilfe (Bericht Nr. 12/1998). Köln

Krölls, A. (2000): Die Ökonomisierung der Sozialarbeit. Die Reform des Sozialstaats und der Zeitgeist der Standortpflege in Wissenschaft und Berufspraxis. In: Lindenberg, M. (Hg.): Von der Sorge zur Härte. Bielefeld, S. 55-88

Krüger, H. (1999): Personenbezogene Dienstleistungen. Schlüsselqualifikationen eines Niedriglohnsektors? In: Senatsverwaltung für berufliche Arbeit, Bildung und Frauen. Berlin: Kompetenz, Dienstleistung, Personalentwicklung. Welche Qualifikationen fordert die Arbeitsgesellschaft der Zukunft (2. erweiterte und überarbeitete Ausgabe). Berlin, S. 261-280

Kühn, D. (1995): Sozialmanagement. Konzepte und ihre Relevanz für die Soziale Arbeit. In: Soziale Arbeit, Heft 2, S. 38-44

Kühnlein, G.; Sczesny, C.; Stefaniak, A. (2003): Neue Impulse für die Tarifpolitik durch eine Neubewertung personenbezogener Dienstleistungen. In: Industrielle Beziehungen, Heft 2, S. 296-319

Kulbach, R.; Wohlfahrt, N. (1996): Modernisierung der öffentlichen Verwaltung? Konsequenzen für die freie Wohlfahrtspflege. Freiburg i. Brsg.

Landenberger, M. (1994): Pflegeversicherung als Vorbote eines anderen Sozialstaats. In: Zeitschrift für Sozialreform, Jg. 40, S. 314-342

Leibfried, S. (2000): Nationaler Wohlfahrtsstaat, Europäische Union und „Globalisierung": Erste Annäherungen. In: Allmendinger, J.; Ludwig-Mayerhofer, W. (Hg.): Soziologie des Sozialstaats. Weinheim, München, S. 79-108

Lehndorff, St. (2002): Auf dem Holzweg in die Dienstleistungsgesellschaft? Gute Dienstleistungsarbeit als Politikum. In: WSI Mitteilungen, Heft 9, S. 491-497

Lehndorff, St. (2003): The Long Good-Bye? Tarifvertragliche Arbeitszeitregulierung und gesellschaftlicher Arbeitszeitstandard. In: Industrielle Beziehungen, Heft 2, S. 273-295

Manderscheid, H. (2003): Was bedeutet Werteorientierung für die modernisierte Freien Wohlfahrtspflege? In: Dahme/Kühnlein/Wohlfahrt 2003, S. 76-88

Manderscheid, H. (2004): Kommunalisierung der Sozialpolitik. Beispiel Hessen: Wie Reformwille und Spardruck sich immer wieder gegenseitig paralysieren. In: Blätter der Wohlfahrtspflege, Heft 1, S. 11-13

Maurer, H. (1997): Allgemeines Verwaltungsrecht. München

Mehls, S.; Salas-Gomez, P. (1999): Von der Zuwendung zum Leistungsvertrag. In: Blätter der Wohlfahrtspflege, Heft 1-2, S. 5-11

Literatur

Meifort, B. (2002): Personenbezogene Dienstleistungen im Wandel: Neue Unternehmens- und Wirtschaftsformen – neue berufliche Anforderungen – neue Berufe. In: Berufsbildung in Wissenschaft und Praxis (BWP), Heft 1, S. 34-35

Merchel, J. (Hg.) (2000): Qualitätsentwicklung in Einrichtungen und Diensten der Erziehungshilfe. Methoden, Erfahrungen, Kritik, Perspektiven. Frankfurt/M.

Merchel, J. (2001): Sozialmanagement. Eine Einführung in Hintergründe, Anforderungen und Gestaltungsperspektiven des Managements in Einrichtungen der Sozialen Arbeit. Münster

Merchel, J. (2003): Trägerstrukturen in der Sozialen Arbeit. Weinheim, München

Meyer, D. (1997): Steuerungsmängel im System der Freien Wohlfahrtspflege. In: Sozialer Fortschritt, Heft 6-7, S. 158-168

Meyer, D. (1999): Wettbewerbliche Neuorientierung der Freien Wohlfahrtspflege. Berlin

Miegel, M. (2002): Die deformierte Gesellschaft. Wie die Deutschen ihre Wirklichkeit verdrängen. München

Monopolkommission (1997): Marktöffnung umfassend verwirklichen. Zwölfter Bericht der Monopolkommission gemäß § 24b Abs. 5 Satz 1 GWB, 1996/97. Bonn

Müller-Schöll, A.; Priepke, M. (1983): Sozialmanagement. Zur Förderung systematischen Entscheidens, Planens, Organisierens, und Kontrollierens in Gruppen. Frankfurt/M.

Münder, J. (1998): Von der Subsidiarität über den Korporatismus zum Markt? In: neue praxis. Heft 1, S. 3-12

Neumann, V. (2003): Raum ohne Rechte? Zur Rezeption von Sozialraumkonzeptionen durch die Sozialpolitik. In: Recht sozialer Dienste und Einrichtungen, Heft 55, S. 30-46

Neumann, V.; Bieritz-Harder, R. (2001): Vergabe öffentlicher Aufträge in der Sozial- und Jugendhilfe? In: Recht sozialer Dienste und Einrichtungen, Heft 48, S. 1-28

Nickel, H. (2000): Ist Zukunft feministisch gestaltbar? Geschlechterdifferenz(en) in der Transformation und der geschlechtsblinde Diskurs um Arbeit. In: Lenz, I.; Nickel, H.; Riegraf, B. (Hg.): Geschlecht – Arbeit – Zukunft. Münster, S. 243-268

Nokielski, H.; Pankoke, E. (1996): Post-korporative Partikularität. Zur Rolle der Wohlfahrtsverbände im Welfare-Mix. In: Evers, A.; Olk, Th. (Hg.): Wohlfahrtspluralismus. Opladen, S. 142-16

Oess, A. (1994): Total Quality Management (TQM): Eine ganzheitliche Unternehmensphilosophie. In: Stauss, B. (Hg.): Qualitätsmanagement und Zertifizierung. Wiesbaden, S. 199-222

Olk, Th. (1995): Zwischen Korporatismus und Pluralismus: Zur Zukunft der Freien Wohlfahrtspflege im bundesdeutschen Sozialstaat. In: Rauschenbach, Th.; Sachße, Ch.; Olk, Th. (Hg.): Von der Wertegemeinschaft zum Dienstleistungsunternehmen. Jugend- und Wohlfahrtsverbände im Umbruch. Frankfurt/M., S. 98-122

Ottnad, A.; Wahl. S.; Miegel, M. (2000): Zwischen Markt und Mildtätigkeit. München

Pabst, S. (1996): Sozialanwälte. Wohlfahrtsverbände zwischen Interessen und Ideen. Augsburg

Pabst, S. (1998): Interessenvermittlung im Wandel. Wohlfahrtsverbände und Staat im Postkorporatismus. In: Arbeitskreis Non-Profit-Organisationen (Hg.): Nonprofit-Organisationen im Wandel. Ende der Besonderheiten oder Besonderheiten ohne Ende? Frankfurt/M., S. 177-197

Priller, E.; Zimmer, A.; Anheier, H. K. (1999): Der Dritte Sektor in Deutschland. Entwicklung, Potential, Erwartung. In: Aus Politik und Zeitgeschehen, B9/99, S. 12-21

Puschmann, H. (1999): Caritas als sozialer Dienstleister und Anwalt der Benachteiligten. In: Lehner, M.; Manderscheid, M. (Hg.): Anwaltschaft und Dienstleistung, Organisierte Caritas im Spannungsfeld. Freiburg i. Brsg., S. 179-193

Rabe-Kleberg, U. (1993): Verantwortlichkeit und Macht. Ein Beitrag zum Verhältnis von Geschlecht und Beruf angesichts der Krise traditioneller Frauenberufe. Bielefeld.

Rabe-Kleberg, U. (1997): Frauen in sozialen Berufen – (k)eine Chance auf Professionalisierung? In: DGFE Kommission Frauenforschung. Pädagogik zwischen Staat und Markt. Halle

Rauschenbach, T. (1999): Das Sozialpädagogische Jahrhundert. Weinheim

Rawert, M.; Zauner, M. (2000): Personenbezogene Dienstleistungsberufe. Ein konkretes Handlungsfeld von Frauenpolitik und Gender-Mainstreaming. Zeitschrift für Sozialistische Politik und Wirtschaft, Bd. 114/2000

Rüth, S. (1999): Szenarien zur Rolle der Freien Wohlfahrtspflege im 21. Jahrhundert. In: Jahrbuch der sozialen Arbeit 1999. Münster, S. 48-57

Sachße, C. (2003): Subsidiarität – Leitidee des Sozialen. In: Hammerschmidt, P.; Uhlendorff, U. (Hg.): Wohlfahrtsverbände zwischen Subsidiarität und EU-Wettbewerbsrecht. Kassel, S. 15-38

Schaarschuch, A. (2000): Kunden, Kontrakte, Karrieren. Die Kommerzialisierung der Sozialen Arbeit und die Konsequenzen für die Profession. In: Lindenberg, M. (Hg.): Von der Sorge zur Härte. Kritische Beiträge zur Ökonomisierung Sozialer Arbeit. Bielefeld, S. 153-164

Schuth, W. (2003): Entwicklungstrends in der Wohlfahrtspflege in Ostdeutschland. In: Dahme/Kühnlein/Wohlfahrt 2003, S. 52-58

Schedler, K.; Proeller, I. (2000): New Public Management. Bern

Schmidt, R.; Röbenack, S.; Hinke, R. (2003): Prekarisierung des kollektiven Tarifsystems am Beispiel der ostdeutschen Metallindustrie. In: Industrielle Beziehungen, Heft 2, S. 220-249

Schmitter, P. C. (1981): Interessenvermittlung und Regierbarkeit. In: Alemann, U.; Heinze, R. (Hg.): Verbände und Staat. Vom Pluralismus zum Korporatismus. Opladen, S. 92-114

Seibel, W. (1994): Funktionaler Dilettantismus. Erfolgreich scheiternde Organisationen im „Dritten Sektor" zwischen Markt und Staat. Baden-Baden

Spiegelhalter, F. (1990): Der dritte Sozialpartner. Die Freie Wohlfahrtspflege – ihr finanzieller und ideeller Beitrag zum Sozialstaat. Freiburg i. Brsg.

Spiegelhalter, F. (1999): Die sozialwirtschaftliche Bilanz der Freien Wohlfahrtspflege. Köln

Stähr, A.; Hilke, A. (1999): Die Leistungs- und Finanzierungsbeziehungen im Kinder- und Jugendrecht vor dem Hintergrund der neuen §§ 78a bis 78g SGB VIII. In: Zentralblatt für Jugendrecht, Jg. 86, S. 155-194

Stefaniak, A.; Tondorf, K.; Kühnlein, G.; Webster, J.; Ranftl, E. (2002): „Alles, was Recht ist". Entgeltgleichheit durch diskriminierungsfreie Arbeitsbewertung in Deutschland, Großbritannien und Österreich. Ergebnisse eines Forschungsprojekts. München, Mering

Literatur

Streeck, W. (1998): Einleitung: Internationale Wirtschaft, nationale Demokratie? In: Streeck, W. (Hg.): Internationale Wirtschaft, nationale Demokratie. Herausforderungen für die Demokratietheorie. Frankfurt/M., S. 11-58

Tilk, A. (2002): Lebensbewältigung zwischen Bildungsansprüchen und gesellschaftlicher Anpassung. Zum Verhältnis von Sozialarbeitswissenschaft und Sozialpädagogik. Münster

ver.di-Bundesvorstand (2001): Eckpunkte für tarifvertragliche Regelungen im Bereich des Gesundheitswesens, der Kirchen und der Wohlfahrtsverbände. Berlin

Wiesner, R. (2003): Der Kostendruck frisst die Qualität auf. In: neue caritas, Heft 19, S. 10-15

Winter, R. (Hg.) (1994): Frauen verdienen mehr. Berlin

Winter, R. (1997): Aufwertung von Frauentätigkeiten. Ein Gutachten im Auftrag der Gewerkschaft Öffentliche Dienste, Transport und Verkehr. Stuttgart

Wohlfahrt, N. (1997): Mehr Wettbewerb – Folgen für freie Träger und ihre sozialen Dienste. In: Theorie und Praxis der sozialen Arbeit, Heft 8, S. 5-13

Zapf, W. (1994): Modernisierung, Wohlfahrtsentwicklung und Transformation. Berlin

Verzeichnis der Abbildungen und Tabellen

Abbildungen

Abb. 1:	Neue wettbewerbliche Rahmenordnung	17
Abb. 2:	Wirtschaftliche Bedeutung der Freien Wohlfahrtspflege im Vergleich (2002)	27
Abb. 3:	Sozialpflegerische Berufe – Beschäftigungsentwicklung	30
Abb. 4:	Sozialpflegerische Berufe – Arbeitslose	33
Abb. 5:	Alter der Befragten	204
Abb. 6:	Zustimmung zu der Aussage „Soziale Gerechtigkeit und Wirtschaftlichkeit vertragen sich nicht" (Var 007)	206
Abb. 7:	Zustimmung zu der Aussage „Soziale Arbeit hat auch die Aufgabe, soziale Ungleichheit zu verändern" (Var 034)	207
Abb. 8:	Zustimmung zu der Aussage „Kollegiale Selbstkontrolle hat Grenzen und kann die Weiterentwicklung der Arbeit behindern" (Var 040)	208
Abb. 9:	Zustimmung zu der Aussage „Im Konfliktfall ist der Klient wichtiger als die Loyalität gegenüber dem Träger" (Var 030)	209
Abb. 10:	Zustimmung zu der Aussage „Soziale Arbeit muss die Fachlichkeit zurückstellen können, wenn Interessen des Trägers Vorrang haben" (Var 013)	209
Abb. 11:	Einschätzung (nach Trägertypus kategorisiert) der Aussage „Durch Qualitätsmanagement konnte die Fachlichkeit der Sozialen Arbeit verbessert werden" (Var 0671)	211
Abb. 12:	Zustimmung zu der Aussage „Controlling ist eine geeignete Methode, Soziale Arbeit mit ihren Ergebnissen zu konfrontieren." (Var 020)	212
Abb. 13:	Einschätzung (nach Berufsjahren kategorisiert) der Aussage „Klienten sind Kunden, die ein soziales Dienstleistungsangebot nutzen." (Var 0311)	213
Abb. 14:	Einschätzung (nach Trägertypus kategorisiert) der Aussage „Kundenorientierung kommt bei uns entschieden zu kurz." (Var 1041)	213
Abb. 15:	Zustimmung zu der Aussage „Wir brauchen in der Sozialen Arbeit einen besseren Verbraucherschutz." (Var 106)	214
Abb. 16:	Zustimmung zu der Aussage „Wettbewerb in der Sozialen Arbeit führt dazu, dass die soziale Praxis besser wird." (Var 025)	215
Abb. 17:	Zustimmung zu der Aussage „Wettbewerb ist weniger geeignet, zu Innovationen in der Sozialen Arbeit beizutragen." (Var 043)	217

Verzeichnis der Abbildungen und Tabellen

Abb. 18:	Zustimmung zu der Aussage „Soziale Arbeit kann nur erfolgreich sein, wenn der Klient die Hilfe freiwillig in Anspruch nimmt." (Var 051)	218
Abb. 19:	Zustimmung zu der Aussage „Gute Soziale Arbeit darf nicht direktiv (lenkend, vorschreibend) sein." (Var 019)	218
Abb. 20:	Zustimmung zu der Aussage „Wenn der Klient nicht kooperiert, muss die Arbeit mit ihm eingestellt werden." (Var 006)	220
Abb. 21:	Einschätzung (kategorisiert nach Trägertypus) der Aussage „Wenn der Klient nicht kooperiert, muss die Arbeit mit ihm eingestellt werden." (Var 0061)	220
Abb. 22:	Zustimmung zu der Aussage „Wenn Klienten gegen ihnen vorgegebene Regeln verstoßen, müssen auch Strafen möglich sein." (Var 014)	221
Abb. 23:	Zustimmung zu der Aussage „Die Aktivierung von Klienten kann nur erfolgreich sein, wenn man auch über Sanktionsmöglichkeiten verfügt." (Var 050)	222
Abb. 24:	Einschätzung (nach Trägertypus kategorisiert) der Aussage „Mein Arbeitsplatz ist gesichert." (Var 0611)	224
Abb. 25:	Einschätzung (nach Vollzeit/Teilzeit ausgewertet) der Aussage „Mein Arbeitsplatz ist gesichert." (Var 0611)	225
Abb. 26:	Zustimmung zu der Aussage „Die Zunahme von Teilzeitarbeit ist Folge des stärkeren Wettbewerbes." (Var 078)	225
Abb. 27:	Zustimmung zu der Aussage „Ich habe heute in meiner Arbeit mehr Gestaltungsspielraum als früher." (Var 102)	226
Abb. 28:	Zustimmung zu der Aussage „Der Träger hat klare Vorstellungen, wie die Arbeit zu erledigen ist." (Var 064)	227
Abb. 29:	Zustimmung zu der Aussage „Die kollegiale Selbstkontrolle wird immer mehr durch Fremdkontrolle ersetzt." (Var 071)	228
Abb. 30:	Zustimmung zu der Aussage „Ich habe weniger Zeit für die Klienten." (Var 074)	229
Abb. 31:	Zustimmung zu der Aussage „Aufgrund der wirtschaftlichen Anforderungen ist es zu einer Aufweichung professioneller Standards gekommen." (Var 072)	229
Abb. 32:	Zustimmung zu der Aussage „Es ist schwieriger geworden, für Klienten Partei zu ergreifen." (Var 085)	230
Abb. 33:	Zustimmung zu der Aussage „In letzter Zeit ist man gehalten, häufig Druck auf Klienten auszuüben." (Var 084)	230

Abb. 34: Zustimmung zu der Aussage „Durch die Maßnahmen der 231
Qualitätssicherung konnte die Qualität der Sozialen Arbeit
verbessert werden." (Var 067)

Abb. 35: Zustimmung zu der Aussage „Qualitätssicherung dient vor allem 232
der Kontrolle der Mitarbeiter." (Var 101)

Abb. 36: Zustimmung zu der Aussage „Immer häufiger müssen im Arbeits- 232
alltag Vorgaben des Kostenträgers berücksichtigt werden." (Var 087)

Abb. 37: Zustimmung zu der Aussage „Soziale Arbeit ist eher ein Frauen- 235
beruf." (Var 039)

Abb. 38: Zustimmung zu der Aussage „Wenn mehr Frauen in Führungsverant- 236
wortung wären, würde das unserer Arbeit gut tun." (Var 038)

Abb. 39: Einschätzung (ausgewertet nach Geschlecht) der Aussage „Mehr 236
Frauen in Führungsverantwortung sind positiv für die Soziale Arbeit."
(Var 0381)

Abb. 40: Einschätzung (ausgewertet nach Geschlecht) der Aussage „Männer 237
haben in der Sozialen Arbeit die besseren Aufstiegschancen."
(Var 0551)

Abb. 41: Einschätzung (ausgewertet nach Geschlecht) der Aussage „Mein 239
Arbeitsplatz ist sicher." (Var 0611)

Abb. 42: Einschätzung (ausgewertet nach Geschlecht) der Aussage „Ich habe 240
schon einmal in Erwägung gezogen, den Beruf zu wechseln."
(Var 0801)

Abb. 43: Einschätzung (ausgewertet nach Geschlecht) der Aussage „Ich habe 241
heute mehr Gestaltungsspielraum als früher."(Var 1021)

Abb. 44: Einschätzung (ausgewertet nach Geschlecht) der Aussage „Soziale 243
Gerechtigkeit und Wirtschaftlichkeit vertragen sich nicht."(Var 0071)

Abb. 45: Einschätzung (ausgewertet nach Geschlecht) der Aussage „Die 244
Loyalität gegenüber dem Träger ist in der Sozialen Arbeit wichtig."
(Var 0121)

Tabellen

Tab. 1: Bedeutung der verschiedenen Arbeitsbereiche für die Freie 22
Wohlfahrtspflege

Tab. 2: Marktanteile, Einrichtungsgröße und Personaleinsatz in 25
verschiedenen Arbeitsbereichen

Tab. 3: Sozialpflegerische Berufe – Beschäftigte 2004 29

Tab. 4: Teilzeitquoten (Teilzeitbeschäftigte in Prozent aller Beschäftigten) 31

Anhang

Fragebogen der schriftlichen Befragung

A. Fragen zum Berufsbild

Im Folgenden sind einige Aussagen die Soziale Arbeit betreffend aufgelistet, zu denen wir Sie bitten, zustimmend oder ablehnend Stellung zu nehmen.
Ihre Antwortmöglichkeiten (keine Mehrfachantworten):
1. Stimme voll zu 2. Stimme eher zu 3. stimme eher nicht zu 4. stimme überhaupt nicht zu
Bitte ankreuzen!

1. Die Berücksichtigung wirtschaftlicher Gesichtspunkte ist heute Bestandteil Sozialer Arbeit.
2. Die Zusammenarbeit mit Kollegen/innen anderer Träger und Einrichtungen ist wesentlicher Bestandteil Sozialer Arbeit.
3. Soziale Arbeit muss für Klienten Partei ergreifen.
4. Soziale Arbeit muss schwierigen Klienten klare Grenzen setzen und sie gegebenenfalls auch mit Konsequenzen ihres Handelns konfrontieren.
5. Professionelle Soziale Arbeit ist vor allem Fallarbeit.
6. Wenn der Klient nicht kooperiert, muss die Arbeit mit ihm abgebrochen oder eingestellt werden.
7. Soziale Gerechtigkeit und Wirtschaftlichkeit vertragen sich nicht.
8. Sozialarbeiter/innen und Sozialpädagogen/innen sind in der alltäglichen Arbeit vor allem ihrer Fachlichkeit verpflichtet.
9. Qualitätsmanagement ist ein Instrument zur Stärkung der Fachlichkeit in der Sozialen Arbeit.
10. Fort- und Weiterbildung ist Bestandteil einer professionellen Fachlichkeit in der Sozialen Arbeit.
11. In der Sozialen Arbeit gibt es zu wenige Standards, an denen man sich in der Alltagsarbeit orientieren kann.
12. Die Loyalität gegenüber dem Anstellungsträger ist in der Sozialen Arbeit wichtig.
13. Soziale Arbeit muss die eigene Fachlichkeit auch einmal zurückstellen können, wenn Interessen und Belange des Trägers Vorrang haben.
14. Wenn Klienten gegen die ihnen vorgegebenen Regeln verstoßen, müssen auch Strafen möglich sein.
15. Qualitätsmanagement ist vor allem ein Wettbewerbsinstrument des Trägers.
16. Die Aktivierung von Klienten ist eine wichtige Aufgabe der Sozialen Arbeit.
17. Regelmäßige Weiterbildung und Qualifizierung der Mitarbeiter ist vor allem Aufgabe des Trägers.
18. Externe, trägerübergreifende Qualitätsstandards für die verschiedenen Handlungsfelder in der Sozialen Arbeit wären hilfreich und würde ich begrüßen.

19. Gute Soziale Arbeit darf nicht direktiv (lenkend, vorschreibend) sein.
20. Controlling ist eine geeignete Methode, um Sozialarbeiter/innen und Sozialpädagogen/innen mit den Ergebnissen ihrer Arbeit zu konfrontieren.
21. Klienten sind Bürger, die einen Rechtsanspruch auf Hilfe haben.
22. Soziale Arbeit muss wirkungsorientiert sein.
23. Supervision ist ein Qualitätsmerkmal guter Sozialer Arbeit.
24. Gute Praxis muss Verfahren vorhalten, damit unzufriedene Klienten sich beschweren können.
25. Der Wettbewerb in der Sozialen Arbeit führt dazu, dass die soziale Praxis besser wird.
26. Soziale Arbeit muss die Unabhängigkeit von Klienten und Nutzern sozialer Dienste fördern.
27. Soziale Arbeit muss die Würde von Klienten und ihre Privatsphäre respektieren.
28. Soziale Arbeit muss Klienten über Verhaltensweisen und Situationen, die zu Konflikten führen können, genauestens informieren.
29. Soziale Arbeit muss Klienten befähigen, ihre Rechte zu verstehen und wahrnehmen zu können.
30. Im Konfliktfall ist für mich eine vertrauensvolle Zusammenarbeit mit Klienten wichtiger als die Loyalität gegenüber dem Anstellungsträger.
31. Klienten sind für mich Kunden, die ein soziales Dienstleistungsangebot in Anspruch nehmen.
32. Der Bedarf von Klienten oder Nutzern sozialer Dienste muss möglichst schnell ermittelt und ein Hilfeplanverfahren eingeleitet werden.
33. Die partnerschaftliche Zusammenarbeit mit den Kostenträgern ist wesentlicher Bestandteil Sozialer Arbeit.
34. Soziale Arbeit hat auch die Aufgabe, darauf hinzuwirken, soziale Ungleichheit und die sie verursachenden sozialen Verhältnisse zu verändern.
35. Eine wichtige Aufgabe des Trägers ist die Personalentwicklung.
36. Die Qualität Sozialer Arbeit wird überwiegend durch finanzielle und politische Rahmenbedingungen beeinflusst.
37. Professionelle Soziale Arbeit sollte angemessen vergütet werden.
38. Wenn mehr Frauen in Führungsverantwortung wären, würde das unserer Arbeit gut tun.
39. Soziale Arbeit ist eher ein Frauenberuf.
40. Kollegiale Selbstkontrolle in der Sozialen Arbeit hat Grenzen und kann die Weiterentwicklung der Arbeit behindern.
41. Der Wettbewerb unter den Trägern muss noch stärker werden.
42. In der Sozialen Arbeit muss innerbetrieblich klar unterscheidbar sein, wer die Leitung hat und wer für die Arbeit zuständig ist.
43. Wettbewerb ist eher weniger dazu geeignet, zu Innovationen in der Sozialen Arbeit beizutragen.
44. Outputorientierung und Soziale Arbeit sind kein Widerspruch.
45. Um den Erfolg Sozialer Arbeit zu beurteilen, sind wissenschaftliche Evaluationen besser geeignet als betriebswirtschaftliche Controllinginstrumente.
46. Kompetenzen in Sachen Projektentwicklung werden zunehmend wichtiger.
47. Zielvereinbarungen zwischen Träger und Mitarbeitern sind eine sinnvolle Sache.
48. Heutzutage ist die Wahrnehmung der Fachaufsicht durch den Träger genauso wichtig wie Supervision.

49. Die Forderung nach mehr Transparenz in der Sozialen Arbeit ist berechtigt und ihr muss offensiv nachgekommen werden werden.
50. Die Aktivierung von Klienten kann nur erfolgreich sein, wenn man auch über Sanktionsmöglichkeiten verfügt.
51. Die Soziale Arbeit kann nur erfolgreich sein, wenn der Klient die Hilfe freiwillig in Anspruch nimmt.
52. Soziale Arbeit produziert keine Produkte.
53. Soziale Arbeit sollte immer auch dazu beitragen, dass Klienten ein für sie und andere zufriedenstellendes Leben führen können.
54. Frauen sind nicht so flexibel einsetzbar wie Männer.
55. Männer haben in der Sozialen Arbeit die besseren Aufstiegschancen.
56. Weibliche und männliche Kollegen bearbeiten ihre Fälle unterschiedlich.
57. Kundenorientierung ist ein Markenzeichen moderner Sozialer Arbeit.

B. Fragen zum Wandel der Arbeit und der Arbeitsvollzüge

Im Folgenden stellen wir Ihnen einige Fragen zu konkreten Veränderungen an Ihrer Arbeitsstelle und bei Ihrem Anstellungsträger. Überlegen Sie bitte bei der Beantwortung der Fragen, ob sich in Ihrem Arbeitsfeld (an Ihrem Arbeitsplatz) solche Veränderungen abzeichnen oder schon vorliegen.

Ihre Antwortmöglichkeiten (keine Mehrfachantworten):

1. Stimme voll zu 2. Stimme eher zu 3. stimme eher nicht zu 4. stimme überhaupt nicht zu

Bitte ankreuzen!

58. Ich fühle mich in meinem Beruf überwiegend zufrieden.
59. Die Teamarbeit hat sich bei uns verbessert.
60. Angesichts des zunehmenden Wettbewerbs wird die kollegiale Zusammenarbeit mit Mitarbeitern/innen anderer Träger schwieriger.
61. Mein Arbeitsplatz ist gesichert.
62. Die Aufstiegsmöglichkeiten in der Sozialen Arbeit sind besser geworden.
63. Es gibt heute mehr befristete Arbeitsverträge als früher.
64. Der Anstellungsträger hat ganz klare Vorstellungen darüber, wie die Arbeit zu erledigen ist.
65. Mit weniger Kollegen/innen erledigen wir heute das gleiche Arbeitspensum.
66. Die Büro- und Verwaltungsaufgaben haben deutlich zugenommen.
67. Durch die bei uns eingeleiteten Maßnahmen zur Qualitätssicherung (Qualitätsmanagement) konnte die Qualität/Fachlichkeit der Sozialen Arbeit verbessert werden.
68. Wirtschaftliche Aspekte spielen bei der Arbeit mit Klienten eine zunehmende Rolle.
69. Die Zeit für intensive Team- und Fallbesprechungen hat abgenommen.
70. Der Umfang von Supervision hat abgenommen.
71. Die kollegiale Selbstkontrolle wird immer mehr durch Fremdkontrolle ersetzt.
72. Aufgrund der wirtschaftlichen Anforderungen ist es zu einer Aufweichung professioneller Standards in der Arbeit mit Klienten gekommen.
73. Aufgrund der neuen Rahmenbedingungen in der Sozialen Arbeit ist es schwieriger, innovative Projekte durchzuführen.

74. Ich habe weniger Zeit für die Klienten.
75. Soziale Arbeit reduziert sich heutzutage immer mehr auf reine Leistungserbringung.
76. Ich leiste heute mehr Überstunden.
77. Gegenüber früher bleibt mir zur Vor- und Nachbereitung der Arbeit weniger Zeit.
78. Die Zunahme von Teilzeitarbeit ist Folge des stärker gewordenen Wettbewerbs.
79. Die neuen Anforderungen an die Soziale Arbeit haben dazu beigetragen, dass das gesellschaftliche Ansehen des Berufes gestiegen ist.
80. Ich habe in letzter Zeit schon einmal in Erwägung gezogen, den Beruf zu wechseln und etwas anderes zu machen.
81. Ich kenne Kollegen/innen, die angesichts der Veränderungen und neuen Anforderungen die Innere Kündigung vollzogen haben.
82. Die Bezahlung der Kollegen/innen hat sich verbessert.
83. Qualitätsmanagement ist vor allem Papierkram.
84. In letzter Zeit ist man gehalten, häufiger Druck auf Klienten auszuüben.
85. Es ist schwieriger geworden, für Klienten Partei zu ergreifen.
86. Den Besuch von Fort- und Weiterbildungsveranstaltungen bezahle ich weitgehend selbst.
87. Es kommt immer häufiger vor, dass ich im Arbeitsalltag Vorgaben des Kostenträgers zu berücksichtigen habe.
88. Kundenorientierung spielt bei uns eine zunehmend wichtigere Rolle.
89. Das Zusammenwirken zwischen Träger und Mitarbeitern/innen ist konfliktreicher geworden.
90. Die neuen Qualitätssicherungsmaßnahmen steigern die professionelle Fachlichkeit.
91. Der Nachweis, dass Soziale Arbeit auch Wirkungen zeitigt, wird bei uns immer wichtiger.
92. Wir haben ein Qualitätssicherungskonzept, in dem Klienten und ihren Bedürfnissen ein breiter Raum zukommt.
93. Bei uns sind Controllingmaßnahmen eingeführt worden.
94. Die Organisationskultur (das Leitbild) hat sich bei meinem Anstellungsträger in den letzten Jahren geändert.
95. Berufs- und Familienleben kann ich problemlos vereinbaren.
96. Für gezielte Frauenförderung wird bei uns zu wenig getan.
97. Auf neue Aufgaben fühle ich mich ausreichend vorbereitet.
98. Es gibt viel zu wenig gute Fort- und Weiterbildungsangebote für Sozialarbeiter/innen bzw. Sozialpädagogen/innen.
99. Für Weiterbildung habe ich eigentlich überhaupt keine Zeit.
100. Der Anteil an Honorarkräften ist bei uns angestiegen.
101. Qualitätsmanagement dient vor allem zur Kontrolle der Mitarbeiter.
102. Ich habe in meiner Arbeit heute mehr Gestaltungsspielraum als früher.
103. Der neue Trend zum Generalistentum untergräbt die Fachlichkeit.
104. Die Kundenorientierung, von der immer wieder gesprochen wird, kommt bei uns entschieden zu kurz.
105. Aufgrund des sich verschärfenden Wettbewerbes in der Sozialen Arbeit müssten die Kunden/Klienten mehr Rechte haben.
106. Wir brauchen in der Sozialen Arbeit einen besseren Verbraucherschutz.

Fragebogen der schriftlichen Befragung 269

C. Personenbezogene und trägerbezogene Fragen

107.
Alter:................................. Jahre
Bitte ankreuzen:
108.

| Geschlecht | ☐ | weiblich | ☐ | männlich |

109. Wie ist gegenwärtig Ihr Beschäftigungsstatus?
Bitte ankreuzen: Mehrfachnennungen sind möglich
unbefristet beschäftigt ☐
befristet beschäftigt ☐
Honorar-/Werkvertrag ☐
selbstständig ☐

110. Arbeiten Sie gegenwärtig als
Bitte ankreuzen: Mehrfachnennungen sind möglich
–Vollzeitkraft ☐
–Teilzeitkraft ☐
– Sonstiges (z.B. auf Honorarbasis) ☐

111. In welchem Arbeitsfeld der Sozialen Arbeit sind Sie gegenwärtig tätig?
112. Über welche Qualifikationen und beruflichen Abschlüsse verfügen Sie?
113. Wie viele Jahre arbeiten Sie schon im Bereich der Sozialen Arbeit?
114. In wie vielen verschiedenen Arbeitsfeldern der Sozialen Arbeit haben Sie Berufserfahrungen sammeln können?
115. Nennen Sie bitte die wichtigsten Arbeitsfelder, in denen Sie bisher tätig waren:
116. Ist Ihnen in der Vergangenheit schon einmal aus betrieblichen Gründen die Kündigung ausgesprochen worden, z.B. weil der Träger Insolvenz anmelden musste oder weil der Kostenträger die Gelder gekürzt hat?
117. Wenn das der Fall war, nennen Sie uns bitte die Gründe dafür:
118. Bei welchem Träger sind Sie gegenwärtig beschäftigt?
119. In welchem Dachverband ist Ihr Träger Mitglied?
120. Wie viele hauptamtliche Mitarbeiter/innen sind bei Ihrem Träger beschäftigt?
121. In welchem Bundesland ist Ihr Träger ansässig?

Vielen Dank für Ihre Mitarbeit!

Ebenfalls bei edition sigma – eine Auswahl

Heinz-Jürgen Dahme, Norbert Wohlfahrt (Hg.)
Netzwerkökonomie im Wohlfahrtsstaat
Wettbewerb und Kooperation im Sozial- und Gesundheitssektor
2000   334 S.   ISBN 3-89404-481-0   € 19,90

Adalbert Evers, Ulrich Rauch, Uta Stitz
Von öffentlichen Einrichtungen zu sozialen Unternehmen
Hybride Organisationsformen im Bereich sozialer Dienstleistungen
Modernisierung des öffentlichen Sektors, Sonderband 16
2002   285 S.   ISBN 3-89404-766-6   € 19,90

Wolfgang Hinte, Gerd Litges, Werner Springer
Soziale Dienste: Vom Fall zum Feld
Soziale Räume statt Verwaltungsbezirke
Modernisierung des öffentlichen Sektors, Sonderband 12
1999, 2. Aufl. 2000   202 S.   ISBN 3-89404-762-3   € 15,90

Claus Reis, Matthias Schulze-Böing (Hg.)
Planung und Produktion sozialer Dienstleistungen
Die Herausforderung „neuer Steuerungsmodelle"
Modernisierung des öffentlichen Sektors, Sonderband 9
1998   224 S.   ISBN 3-89404-759-3   € 17,90

Friederike Maier, Angela Fiedler (Hg.)
Gender Matters
Feministische Analysen zur Wirtschafts- und Sozialpolitik
fhw forschung, Bd. 42/43
2002   268 S.   ISBN 3-89404-791-7   € 17,90

Gunnar Folke Schuppert, Friedhelm Neidhardt (Hg.)
Gemeinwohl – Auf der Suche nach Substanz
WZB-Jahrbuch 2002
2002   447 S.   ISBN 3-89404-298-2   € 27,90

Dieter Gosewinkel, D. Rucht, W. van den Daele, J. Kocka (Hg.)
Zivilgesellschaft – national und transnational
WZB-Jahrbuch 2003
2004   438 S.   ISBN 3-89404-299-0   € 27,90

– bitte beachten Sie auch die folgende Seite –

Ebenfalls bei edition sigma – eine Auswahl

_____ In der Reihe »Forschung aus der Hans-Böckler-Stiftung« _____

Irene Becker, Richard Hauser
Soziale Gerechtigkeit – eine Standortbestimmung
Zieldimensionen und empirische Befunde
Forschung aus der Hans-Böckler-Stiftung, Bd. 55
2004   134 S.   ISBN 3-89404-986-3   € 12,90

Irene Becker, Richard Hauser
Anatomie der Einkommensverteilung
Ergebnisse der Einkommens- und Verbrauchsstichproben 1969-1998
Forschung aus der Hans-Böckler-Stiftung, Bd. 50
2003   315 S.   ISBN 3-89404-981-2   € 18,90

Holger Stein
Anatomie der Vermögensverteilung
Ergebnisse der Einkommens- und Verbrauchsstichproben 1983-1998
Forschung aus der Hans-Böckler-Stiftung, Bd. 52
2004   374 S.   ISBN 3-89404-983-9   € 19,90

Ronald Gebauer, Hanna Petschauer, Georg Vobruba
Wer sitzt in der Armutsfalle?
Selbstbehauptung zwischen Sozialhilfe und Arbeitsmarkt
Forschung aus der Hans-Böckler-Stiftung, Bd. 40
2002   231 S.   ISBN 3-89404-971-5   € 14,90

Mechthild Veil
Alterssicherung von Frauen in Deutschland und Frankreich
Reformperspektiven und Reformblockaden
Forschung aus der Hans-Böckler-Stiftung, Bd. 41
2002   198 S.   ISBN 3-89404-972-3   € 14,90

Markus Pohlmann, D. Sauer, G. Trautwein-Kalms, A. Wagner (Hg.)
Dienstleistungsarbeit: Auf dem Boden der Tatsachen
Befunde aus Handel, Industrie, Medien und IT-Branche
Forschung aus der Hans-Böckler-Stiftung, Bd. 51
2003   310 S.   ISBN 3-89404-982-0   € 18,90

▭ Der Verlag informiert Sie gern umfassend über sein Programm. Kostenlos und unverbindlich.

▶ | edition sigma | Tel. [030] 623 23 63 | und jederzeit
  | Karl-Marx-Str. 17 | Fax [030] 623 93 93 | aktuell im Internet:
  | D-12043 Berlin | Mail verlag@edition-sigma.de | **www.edition-sigma.de**